Paris
1873

Schiller,   Frederich von

Esthetique

Tome 8

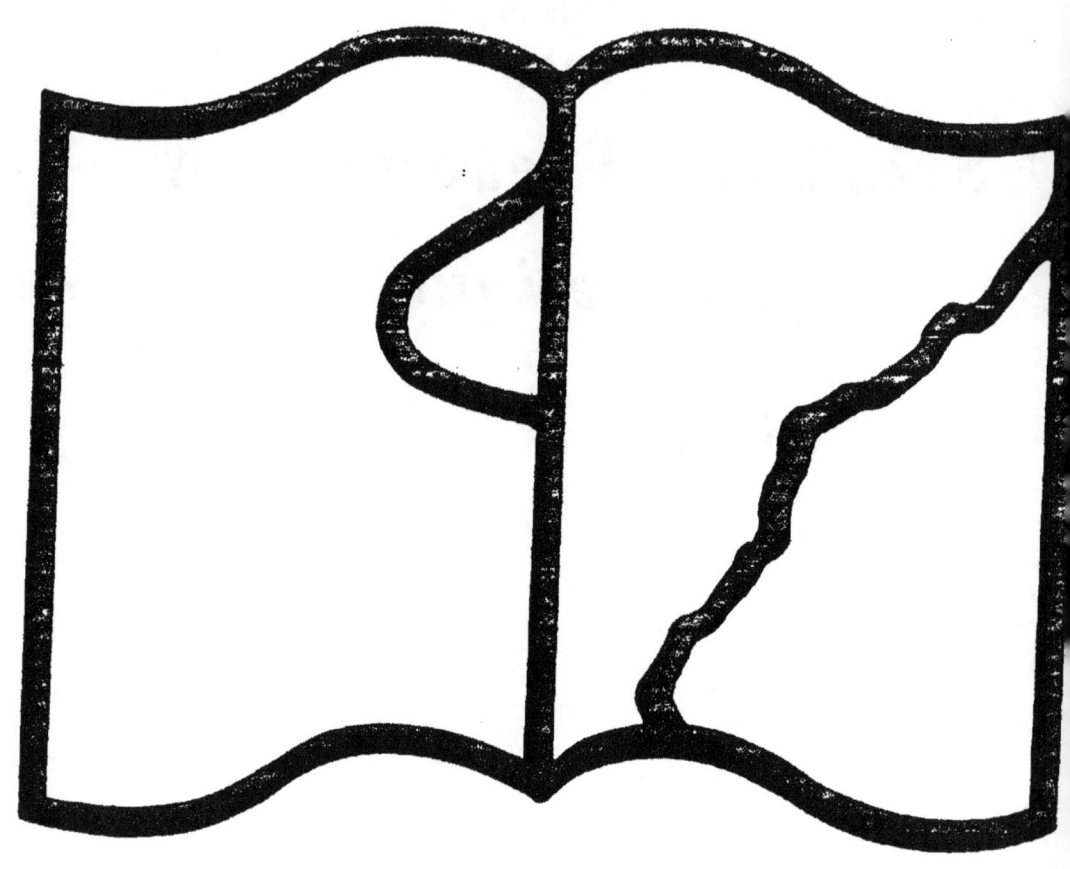

**Symbole applicable
pour tout, ou partie
des documents microfilmés**

Texte détérioré — reliure défectueuse

NF Z 43-120-11

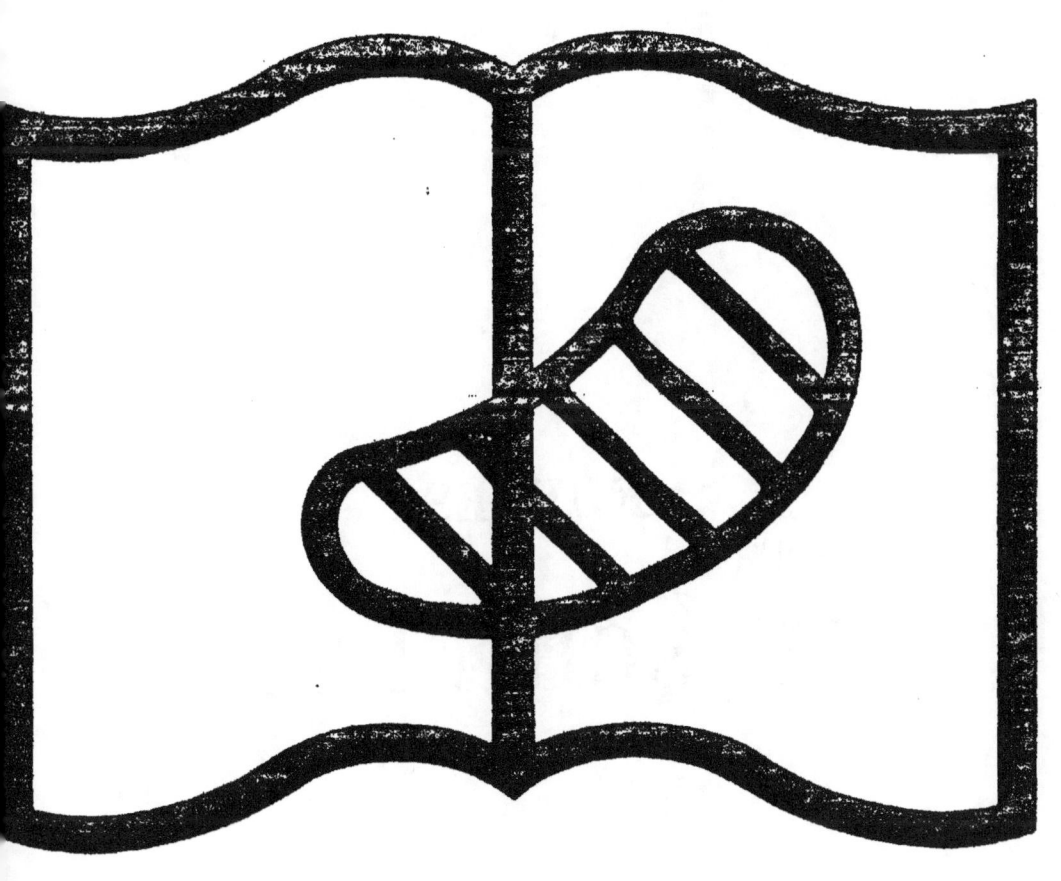

**Symbole applicable
pour tout, ou partie
des documents microfilmés**

Original illisible

NF Z 43-120-10

ŒUVRES

DE SCHILLER

VIII

COULOMMIERS. — TYPOGRAPHIE A. MOUSSIN.

ESTHÉTIQUE
DE SCHILLER

TRADUCTION NOUVELLE

PAR AD. REGNIER

MEMBRE DE L'INSTITUT

PARIS

LIBRAIRIE HACHETTE ET Cie

79, BOULEVARD SAINT-GERMAIN, 79

—

1873

DE LA CAUSE DU PLAISIR

QUE NOUS PRENONS.

AUX OBJETS TRAGIQUES

DE LA CAUSE DU PLAISIR

QUE NOUS PRENONS

AUX OBJETS TRAGIQUES[1].

Quelque peine que se donnent certains esthéticiens modernes, pour établir, contrairement à la croyance générale, que les arts de l'imagination et du sentiment n'ont point pour objet le plaisir, et pour les en défendre comme d'une accusation qui les dégrade, cette croyance ne cessera point, après comme avant, de reposer sur un fondement solide ; et les beaux-arts renonceront malaisément à la mission incontestable et bienfaisante qui de tout temps leur a été assignée, pour accepter le nouvel emploi auquel on prétend généreusement les élever. Sans s'inquiéter s'ils s'abaissent en se proposant pour objet notre plaisir, ils seront bien plutôt fiers de cet avantage, d'atteindre immédiatement un but où n'atteint jamais que médiatement, par toutes les autres voies qu'elle peut suivre, l'activité de l'esprit humain. Que le but de la nature, par rapport à l'homme, soit le bonheur de l'homme, bien qu'il ne doive pas lui-même, dans sa conduite morale, se préoccuper de ce but, c'est ce dont ne peut douter, je pense, quiconque admet

---

1. Cet écrit fut imprimé pour la première fois dans la *Nouvelle Thalie* (1er cahier de 1792, tome I, p. 92-125); puis réimprimé, en 1802, dans le tome IV des *Opuscules en prose* (p. 75-109). — Voyez la *Vie de Schiller*, p. 90.

en général que la nature a un but. Ainsi les beaux-arts ont le
même but que la nature, ou plutôt que l'auteur de la nature :
et ce but, c'est de répandre le plaisir et de faire des heureux.
Ils nous procurent en se jouant ce qu'aux autres sources plus
austères du bien de l'homme il nous faut d'abord puiser
avec peine; ils nous prodiguent en pur don ce qui ailleurs
est le prix de tant de rudes efforts. De quels labeurs, de quelle
application ne nous faut-il pas payer les plaisirs de l'entendement! de quels sacrifices douloureux, l'approbation de la raison! de quelles dures privations, les joies des sens! Et, si nous
abusons de ces plaisirs, quelle suite de maux pour en expier
l'excès! L'art seul nous assure des jouissances qui n'exigent
aucun effort préalable, qui ne coûtent aucun sacrifice, et qu'il
ne faut payer d'aucun repentir. Mais qui pourrait ranger dans
une même classe le mérite de charmer de cette manière, avec
le triste mérite d'amuser? Qui s'avisera de contester la première de ces deux fins aux beaux-arts, uniquement parce qu'ils
tendent plus haut que la dernière?

Cette préoccupation, très-louable d'ailleurs, de poursuivre
partout le bien moral comme le but suprême, préoccupation
qui a déjà fait éclore et patronné, dans l'art, tant de choses médiocres, a causé aussi, dans la théorie, un semblable préjudice. Pour convier les beaux-arts à prendre un rang vraiment
élevé, pour leur concilier la faveur de l'État, la vénération de
tous les hommes, on les pousse hors de leur domaine propre :
on leur impose une vocation qui leur est étrangère et tout à
fait contraire à leur nature. On croit leur rendre un grand
service en substituant à un but frivole, celui de charmer, un
but moral; et leur influence sur la moralité, influence qui saute
aux yeux, milite nécessairement en faveur de cette prétention.
On trouve illogique que ce même art, qui contribue dans une
si grande mesure au développement de ce qu'il y a de plus
élevé dans l'homme, ne produise cet effet qu'accessoirement,
et fasse sa préoccupation principale d'un but aussi vulgaire
qu'on se figure qu'est le plaisir. Mais cette contradiction apparente, il nous serait très-facile de la concilier, si nous avions
une bonne théorie du plaisir, un système complet de philosophie esthétique. Il résulterait de cette théorie qu'un plaisir

libéral comme est celui que nous procurent les beaux-arts, repose de tout point sur des conditions morales, et que toutes les facultés morales de l'homme y sont exercées. Il en résulterait encore que procurer ce plaisir est un but qui ne peut jamais être atteint que par des moyens moraux; et, par conséquent, que l'art, pour tendre et aboutir parfaitement au plaisir, comme à son véritable but, doit suivre les voies de la saine morale. Or, il est parfaitement indifférent pour la dignité de l'art que son but soit un but moral, ou qu'il ne puisse l'atteindre que par des moyens moraux; car, dans les deux cas, il a toujours affaire à la morale, et doit se mettre rigoureusement d'accord avec le sentiment du devoir; mais, pour la perfection de l'art, il n'est rien moins qu'indifférent de savoir lequel des deux sera le but et lequel sera le moyen. Si c'est le but lui-même qui est moral, l'art perd tout ce qui fait sa force, je veux dire son indépendance et, ce qui fait son efficacité sur toutes les âmes, l'attrait du plaisir. Le jeu qui nous récrée se change en occupation sérieuse; et pourtant c'est précisément en nous récréant que l'art peut le mieux mener à fin la grande affaire, l'œuvre morale. Il ne peut avoir une influence salutaire sur les mœurs qu'en exerçant sur les imaginations toute son action esthétique, et il ne peut produire cet effet esthétique à son plus haut degré qu'en exerçant pleinement sa liberté.

Il est certain, en outre, que tout plaisir, du moment qu'il découle d'une source morale, rend l'homme moralement meilleur; et qu'alors l'effet à son tour devient cause. Le plaisir qu'on trouve à ce qui est beau, au touchant, au sublime, fortifie nos sentiments moraux, comme le plaisir qu'on trouve à la bienfaisance, à l'amour, etc., favorise ces inclinations. Et de même que le contentement de l'esprit est le lot assuré d'un homme moralement excellent, de même l'excellence morale accompagne volontiers la satisfaction du cœur. Ainsi l'efficacité morale de l'art ne tient pas seulement à ce qu'il emploie des moyens moraux pour nous charmer, mais aussi à ce que le plaisir même qu'il nous procure devient un moyen de moralité.

Il y a autant de moyens par lesquels l'art peut atteindre son but, qu'il y a en général de sources d'où découle pour l'esprit un plaisir *libéral*. J'appelle un plaisir libéral celui qui met en jeu les forces spirituelles, la raison et l'imagination, et qui éveille en nous un sentiment par la *représentation* d'une idée : à la différence du plaisir physique ou sensuel, qui met notre âme sous la dépendance des forces aveugles de la nature, et où la sensation est *immédiatement* éveillée en nous par une cause physique [1]. Le plaisir sensuel est le seul qui soit exclu du domaine des beaux-arts; et le talent d'exciter ce genre de plaisir ne saurait jamais s'élever à la dignité d'un art, sauf le cas où les impressions sensuelles sont ordonnées, renforcées ou modérées, d'après un plan qui est le produit de l'art, et où ce plan se reconnaît par la représentation. Mais, dans ce cas même, cela seul ici peut mériter le nom d'art, qui est l'objet d'un plaisir libéral, j'entends le bon goût dans l'ordonnance, qui réjouit notre entendement, et non les charmes physiques eux-mêmes, lesquels ne flattent que notre sensibilité.

La source générale de tout plaisir, et même du plaisir sensuel, c'est la *convenance*, la conformité avec le but. Le plaisir est sensuel lorsque cette convenance se manifeste non par le moyen des facultés représentatives, mais seulement par le moyen de quelque loi fatale de la nature, qui a pour conséquence physique la sensation du plaisir. Ainsi le mouvement du sang et des esprits animaux, quand il est conforme au but de la nature, produit dans certains organes, ou dans l'organisme tout entier, le plaisir corporel avec toutes ses variétés et tous ses modes : nous *sentons* cette convenance par le moyen de la sensation agréable; mais nous n'arrivons à aucune représentation ni claire, ni même confuse de cette convenance.

Le plaisir est *libéral*, lorsque *nous nous représentons* la convenance, et que la sensation agréable accompagne cette représentation. Ainsi, toutes les représentations par lesquelles nous sommes avertis qu'il y a convenance et harmonie entre la fin

---

1. Dans la *Nouvelle Thalie*, la phrase est un peu différente : « J'appelle un plaisir libéral celui qui affecte les facultés de l'âme conformément à leurs propres lois, et qui éveille en nous un sentiment par la représentation d'une idée : à la différence du plaisir physique ou sensuel, où notre âme, placée dans la dépendance du mécanisme, est affectée d'après des lois étrangères, et où la sensation est immédiatement, etc. »

et les moyens, sont pour nous des sources de plaisir libéral, et, par conséquent, peuvent être employées à cette fin par les beaux-arts. Or, toutes les représentations peuvent rentrer sous l'un de ces chefs : le bien, le vrai, le parfait, le beau, le touchant, le sublime. Le bien occupe surtout notre raison; le vrai et le parfait, notre intelligence; le beau intéresse à la fois l'intelligence et l'imagination; le touchant et le sublime, la raison et l'imagination. Il est vrai que nous sommes encore réjouis rien que par l'attrait ou le charme, qui n'est que la force sollicitée à entrer en jeu; mais l'art ne fait usage de ce ressort que pour accompagner les jouissances plus relevées que nous donne l'idée de la convenance. Considéré en lui-même, le charme ou l'attrait se confond avec les sensations de la vie, et l'art le dédaigne comme tout ce qui n'est que plaisir sensuel.

On ne pourrait établir une classification des beaux-arts, sur la seule différence des sources où chacun d'eux va puiser le plaisir qu'il nous procure : attendu que dans une même classe de beaux-arts il peut entrer plusieurs sortes de plaisir, et souvent même toutes ensemble. Mais du moment qu'une certaine sorte de plaisir y est poursuivie comme but principal, on en peut faire sinon le caractère spécifique d'une classe proprement dite, du moins le principe et la tendance qui distingue entre elles les œuvres d'art. Ainsi, par exemple, on pourrait prendre les arts qui satisfont surtout l'intelligence et l'imagination, par conséquent ceux qui ont pour objet principal le vrai, le parfait et le beau, et les réunir sous le nom de *beaux-arts* (arts du goût, arts de l'intelligence); d'autre part, ceux qui occupent surtout l'imagination et la raison, et qui, par conséquent, ont pour principal objet le bon, le sublime et le touchant, pourraient être réunis dans une classe particulière, sous la dénomination d'*arts touchants* (arts du sentiment, arts du cœur). Sans doute, il est impossible de séparer absolument le touchant du beau; mais le beau peut parfaitement subsister sans le touchant. Ainsi, bien qu'on ne soit point autorisé à asseoir sur cette différence de principe une classification rigoureuse des arts libéraux, cela peut du moins servir à en déterminer avec plus de précision le criterium, et à prévenir la confusion où l'on est infailliblement entraîné, lorsqu'en dressant une législation des choses esthétiques, on confond deux domaines absolument différents, celui du touchant et celui du beau[1].

Le touchant et le sublime se ressemblent en ce point, que l'un et l'autre produisent un plaisir par une première impression de déplaisir, et que par conséquent (le plaisir procédant de la convenance, et le déplaisir du contraire), ils nous donnent le sentiment d'une convenance qui suppose d'abord une disconvenance.

Le sentiment du sublime se compose, d'une part, du sentiment de notre faiblesse, de notre impuissance à embrasser un objet, et, d'autre part, du sentiment de notre pouvoir moral, de cette faculté supérieure qui ne s'effraye d'aucun obstacle, d'aucune limite, et qui se soumet spirituellement ce même à quoi nos forces physiques succombent. L'objet du sublime contrarie donc notre pouvoir physique, et cette contrariété (disconvenance) doit nécessairement exciter en nous un déplaisir. Mais c'est en même temps une occasion de rappeler à notre conscience une autre faculté qui est en nous, faculté qui est supérieure même aux objets devant lesquels notre imagination succombe. Par conséquent, un objet sublime, précisément parce qu'il contrarie la sensibilité, est convenable par rapport à la raison; et il nous donne une jouissance par le moyen de la faculté plus haute, en même temps qu'il nous blesse dans la faculté inférieure.

Le touchant, dans son sens propre, désigne cette sensation mixte où entrent à la fois la souffrance, et le plaisir qu'on trouve à la souffrance même. Aussi ne peut-on ressentir cette

---

1. Ici Schiller a supprimé le morceau suivant, qu'on lit dans la *Nouvelle Thalie* :

« Dans le genre touchant, l'épopée et la tragédie se maintiennent, en poésie, au premier rang. Dans la première, le touchant est associé au sublime; dans la seconde, le sublime au touchant. Si l'on voulait avancer plus loin à l'aide de ce fil conducteur, on pourrait établir des espèces de poésie qui ne traitent que le sublime, d'autres qui ne traitent que le touchant. Dans d'autres encore, le touchant se marierait principalement avec le beau, et formerait ainsi la transition au second ordre des arts. Peut-être ainsi pourrait-on parcourir, le même fil à la main, tout ce second ordre, je veux dire les *beaux-arts*, et une fois parvenu, dans ce domaine, à la plus haute perfection, retourner de là au sublime et fermer de la sorte le cercle des arts. »

sorte d'émotion à propos d'un malheur personnel, qu'en tant que la douleur qu'on en éprouve est assez tempérée pour laisser quelque place à cette impression de plaisir qu'y trouverait, par exemple, un spectateur compatissant. La perte d'un grand bien nous atterre sur le moment, et notre douleur *émeut* le spectateur : dans un an, le souvenir de cette peine elle-même nous fera éprouver de l'émotion. L'homme faible est toujours la proie de sa douleur : le héros et le sage, quel que soit le malheur qui les frappe, n'en ressentent jamais que de l'émotion.

L'émotion, tout ainsi que le sentiment du sublime, se compose de deux affections, la douleur et le plaisir; il y a donc, au fond, ici et là, une convenance, et, sous cette convenance, une contradiction. Ainsi, il semble que ce soit une contradiction dans la nature, que l'homme, qui n'est pourtant pas né pour souffrir, soit en proie à la souffrance; et cette contradiction nous fait mal. Mais le mal que nous fait cette contradiction, est une convenance par rapport à notre nature raisonnable en général; et, en tant que ce mal nous sollicite à agir, c'est une convenance aussi par rapport à la société humaine. Par conséquent, le déplaisir même qu'excite en nous cette contradiction doit nécessairement nous faire éprouver un sentiment de plaisir, parce que ce déplaisir est une convenance. Pour déterminer, dans une émotion, si c'est le plaisir ou le déplaisir qui l'emporte, il faut se demander si c'est l'idée de la disconvenance, ou celle de la convenance, qui nous affecte le plus vivement. Cela peut dépendre ou du nombre des motifs, des buts atteints ou manqués, ou de leur rapport avec le dernier de tous les buts.

La souffrance de l'homme vertueux nous émeut plus douloureusement que celle du pervers, parce que dans le premier cas il y a contradiction, non pas seulement par rapport à la destinée générale de l'homme qui est le bonheur, mais par rapport à cette autre fin particulière, que la vertu rend heureux; tandis que dans le second cas il y a contradiction seulement par rapport à la fin de l'homme en général. Réciproquement, le bonheur du méchant nous offense aussi beaucoup plus que l'infortune de l'homme de bien, parce que nous y trouvons une double contradiction, d'abord le vice en lui-même, et en second lieu la récompense du vice.

Il y a d'ailleurs cette autre considération, que la vertu est bien plus propre à se récompenser elle-même que le vice, lorsqu'il triomphe, à se punir; et c'est précisément pour cela que l'homme vertueux, dans l'infortune, restera beaucoup plutôt fidèle au culte de la vertu, que l'homme pervers ne songera, dans la prospérité, à se convertir.

Mais ce qui importe surtout pour déterminer, dans les émotions, le rapport du plaisir au déplaisir, c'est de comparer celle des deux fins qui a été remplie, avec celle qui a été méconnue, et de savoir quelle est la plus considérable. Or, il n'y a pas de convenance qui nous touche de si près que la convenance morale, et pas de plaisir supérieur à celui que nous en ressentons. La convenance physique pourrait bien être un problème et un problème à jamais insoluble : la convenance morale nous est démontrée. Elle seule est fondée sur notre nature raisonnable et sur une nécessité interne. C'est notre intérêt le plus proche, le plus considérable; et en même temps le plus facile à reconnaître, puisqu'elle n'est déterminée par aucun élément du dehors, mais bien par un principe intérieur de notre raison[1] : c'est le palladium de notre liberté !

Cette convenance morale ne se reconnaît jamais plus vivement, que lorsqu'elle se trouve en conflit avec une autre convenance et qu'elle prend le dessus; alors seulement se révèle toute la puissance de la loi morale, lorsque nous la voyons en lutte avec toutes les autres forces de la nature, et qu'auprès d'elle, toutes ces forces perdent leur empire sur une âme humaine Par ces mots « les autres forces de la nature, » il faut entendre tout ce qui n'est pas force morale, tout ce qui n'est pas soumis à la législation suprême de la raison : c'est-à-dire sentiments, instincts, affections, passions, tout aussi bien que la nécessité physique et le sort. Plus l'adversaire est redoutable, plus la victoire est glorieuse : la résistance seule donne la mesure de la force et la rend visible. Il s'ensuit que *le plus haut degré de conscience de notre nature morale ne peut s'éprouver que*

1. Dans la *Nouvelle Thalie* : « De notre raison autonome. »

dans un état violent, dans la lutte; et que le plus haut degré de plaisir moral sera toujours accompagné de douleur.

Conséquemment, le genre de poésie qui nous assure en un degré éminent le plaisir moral, doit, par cette raison même, se servir des sentiments mixtes, et nous charmer par le moyen de la douleur. C'est ce que fait éminemment la *tragédie;* et son domaine embrasse tous les cas possibles où quelque convenance physique est sacrifiée à une convenance morale, ou même une convenance morale à une autre plus relevée. Peut-être ne serait-il pas impossible de dresser, d'après le rapport selon lequel on reconnaît et on sent la convenance morale en opposition avec l'autre, une sorte d'échelle du plaisir moral, depuis le plus bas degré jusqu'au plus haut; et de déterminer *a priori,* d'après ce principe de la convenance, le degré de l'émotion agréable ou douloureuse. Peut-être même arriverait-on à tirer de ce même principe une classification des différents ordres de tragédies, et à en épuiser *a priori* toutes les classes imaginables, jusqu'à en dresser une table complète. On pourrait alors, une tragédie étant donnée, lui assigner sa place, fixer à l'avance, non-seulement la nature, mais le degré d'émotion que, d'après le genre auquel elle appartient, elle ne pourra dépasser. Mais réservons cet objet, pour le développer à part, en son lieu.

Veut-on savoir à quel point l'idée de la convenance morale l'emporte dans notre âme sur la convenance physique? quelques exemples particuliers le feront reconnaître jusqu'à l'évidence.

Quand nous voyons Huon et Amanda[1] liés au poteau du martyre, libres tous deux de choisir, et tous deux se déterminant à mourir d'une mort atroce, par le feu, plutôt que d'acquérir un trône par une infidélité envers l'objet aimé, qu'est-ce qui peut bien faire pour nous de cette scène la source d'un plaisir si céleste? L'opposition de leur état présent avec la riante destinée dont ils n'ont point voulu, cette apparente contradiction de la nature, qui récompense la vertu par le malheur, ce démenti contre nature donné à l'amour de soi, etc., tout cela, en éveillant dans notre âme tant d'idées de disconvenance,

---

1. Voyez les strophes 56 et 57 du xii⁰ et dernier chant de l'*Oberon* de Wieland.

devrait nous remplir de la douleur la plus sensible; mais que
nous importe la nature, et toutes ses fins, et toutes ses lois, si
cette disconvenance que nous voyons en elle est une occasion
de nous montrer en nous la convenance morale dans sa plus
pleine lumière? Ce spectacle nous révèle la puissance victorieuse
de la loi morale, et cette expérience est pour nous un bien si
élevé, si essentiel, que nous serions même tentés de nous réconcilier avec le mal qui nous a valu un si grand bien. L'harmonie *dans le monde de la liberté morale* nous donne infiniment
plus de jouissance que toutes les dissonances possibles *dans le
monde de la nature* ne peuvent nous donner de déplaisir.

Lorsque Coriolan, cédant à son devoir d'époux, de fils et de
citoyen, lève le siége de Rome, qu'il a déjà autant dire con-
quise, lorsqu'il fait taire sa vengeance, retire son armée, et
s'abandonne, en victime, à la haine jalouse d'un rival, il accomplit évidemment un acte tout plein de disconvenances. Par là,
non-seulement il perd tout le fruit de ses victoires antérieures,
il court encore de propos délibéré au-devant de sa perte; mais,
de l'autre côté, quelle excellence morale, quelle indicible grandeur dans ce sacrifice! Qu'il est beau de préférer hardiment la
plus criante disconvenance par rapport à l'inclination, à une
disconvenance qui blesserait le sens moral; d'aller ainsi contre
le plus cher intérêt de la nature sensible, contre les règles de
la prudence, uniquement pour se mettre d'accord avec un
intérêt et une règle supérieurs, avec la loi morale! Tout sacrifice que l'on fait de sa propre vie est un acte contradictoire,
car la vie est la condition de tous les biens; mais le sacrifice
de la vie, au point de vue moral, est une convenance et une
convenance supérieure, parce que la vie ne saurait être considérable par elle-même, elle ne saurait l'être en tant que but,
mais seulement comme moyen d'accomplissement de la loi morale. Si donc il se présente un cas où le sacrifice de la vie soit un
moyen d'accomplir la loi morale, la vie doit passer après la
moralité. « Il n'est pas nécessaire que je vive, mais il est nécessaire que je préserve Rome de la famine [1], » dit le grand

<hr />

1. Le mot de Pompée dans Plutarque (*Vie de Pompée*. § 50) n'est pas moins
beau, et il est plus court : Πλεῖν ἀνάγκη, ζῆν οὐκ ἀνάγκη, « il est nécessaire
que je m'embarque, il ne l'est pas que je vive. »

Pompée, lorsqu'il va s'embarquer pour l'Afrique, et que ses amis le pressent de différer son départ jusqu'à ce que la tempête soit passée.

Mais la souffrance d'un scélérat n'a pas moins de charme tragique que la souffrance d'un homme vertueux; et pourtant nous avons ici l'idée d'une disconvenance morale. La contradiction qu'il y a entre sa conduite et la loi morale devrait indisposer notre âme, et l'imperfection morale que suppose une telle conduite devrait nous remplir de douleur, lors même que nous ne compterions pour rien le malheur des innocents qui en sont victimes. Ici, il n'y a plus aucun motif de satisfaction dans la moralité de la personne, rien qui nous puisse dédommager de l'affection pénible que nous causent et sa conduite et sa souffrance. Et pourtant l'une et l'autre forment un objet très-précieux pour l'art, et devant lequel nous nous arrêtons avec un haut degré de plaisir. Il ne sera pas difficile de concilier ce phénomène avec ce que nous avons dit jusqu'ici.

Ce n'est pas seulement l'obéissance à la loi morale qui nous donne l'idée d'une convenance morale : la douleur qui suit une infraction à cette loi nous donne aussi la même idée. La tristesse qu'excite en nous la conscience d'une imperfection morale est une convenance, parce que ce sentiment correspond à son contraire, au sentiment de satisfaction qui accompagne tout acte conforme à la loi du bien. Le repentir, la réprobation de soi-même, même à leur plus haut degré, dans le désespoir, ont de la noblesse au point de vue moral, parce qu'ils ne sauraient jamais être éprouvés si au fond du cœur criminel ne veillait encore un incorruptible sentiment du juste et de l'injuste, et si la conscience ne faisait valoir ses droits même contre les intérêts les plus puissants de l'amour de soi. Le repentir qu'on éprouve d'une action vient de ce qu'on la compare avec la loi morale, et l'on est mécontent de cette action parce qu'elle répugne à cette loi. Il faut donc que, dans l'instant du repentir, la loi morale soit le motif qui parle le plus haut à un tel homme; il faut que cet intérêt soit plus considérable pour lui que le fruit même de son crime, puisque la conscience d'avoir enfreint la loi morale empoisonne pour lui la jouissance de ce fruit. Or, l'état d'une âme où la loi du

devoir est reconnue pour l'intérêt le plus cher, forme une convenance morale, et, par conséquent, est pour nous la source
d'un plaisir moral. Et que peut-il y avoir de plus sublime que
cet héroïque désespoir qui foule aux pieds tous les liens de la
vie et la vie même, parce qu'il ne peut supporter les reproches,
ni couvrir la voix du juge intérieur ? Que l'homme de bien fasse
librement le sacrifice de sa vie pour se conformer à la loi morale, ou que le criminel, pressé par sa conscience, attente lui-
même à sa vie pour venger sur sa propre personne la violation
de cette loi, notre respect pour la loi morale s'élève au même
degré de hauteur. Et, s'il y avait lieu à faire encore quelque
différence, ce serait plutôt à l'avantage du second cas : attendu
que l'homme de bien a pu trouver dans la satisfaction de sa
conscience un encouragement, qui a facilité jusqu'à un certain
point sa résolution, et que le mérite moral d'un acte déchoit
précisément en raison de la part qu'y prend l'inclination et le
plaisir. Le repentir d'un crime passé, le désespoir où il nous
jette, sont un témoignage, plus tardif, mais non pas moins fort,
de la toute-puissance de la loi morale : ce sont des tableaux de
la moralité la plus sublime, seulement c'est dans une situation
violente qu'ils sont tracés. Un homme en proie au désespoir
pour avoir manqué à un devoir moral, revient par cela même
à l'obéissance envers cette loi ; et plus ses malédictions contre
lui-même seront terribles, mieux nous verrons la loi morale
reprendre sur lui son empire.

Mais il y a des cas où le plaisir moral ne s'achète qu'au prix
d'un déplaisir moral ; et c'est ce qui arrive lorsqu'il est nécessaire de transgresser un devoir pour se mieux conformer à un
autre devoir supérieur et plus général. Supposons que Coriolan,
au lieu d'assiéger sa patrie, soit campé avec une armée romaine
devant Antium ou Corioles, que sa mère soit du pays des
Volsques, et que les prières qu'elle lui adresse fassent sur lui
le même effet : ce triomphe de l'amour filial produira sur nous
une impression toute contraire. Sa vénération pour sa mère,
dans cette hypothèse, serait en contradiction avec un autre devoir bien supérieur, avec son devoir de citoyen, lequel, en cas
de conflit, doit passer avant l'autre. Ce gouverneur auquel on
donne le choix ou de rendre la ville ou de voir poignarder

sous ses yeux son propre fils fait prisonnier par l'ennemi, se
prononce sans hésiter pour la seconde alternative, parce que son
devoir de père est, en bonne morale, subordonné à son devoir
de citoyen. Au premier moment, notre cœur se révolte, il est
vrai, de voir un père trahir ainsi l'instinct de la nature et son
devoir de père ; mais nous sommes entraînés bientôt à une admiration pleine de douceur, en songeant que même un instinct
moral, et un instinct qui est d'accord avec l'inclination, n'a pu
troubler la raison dans le domaine où elle commande, ni lui
faire prendre le change. Lorsque Timoléon de Corinthe fait
mettre à mort un frère chéri, mais ambitieux, Timophane, et
cela parce que l'idée qu'il se fait de ses devoirs envers la patrie,
l'oblige à détruire tout ce qui met en danger la république,
nous ne pouvons, il est vrai, voir sans horreur et sans répulsion cet acte contre nature et si contraire au sens moral ; mais
à cette première impression succède bientôt la plus haute
estime pour cette vertu héroïque, qui fait prévaloir ses droits
contre toute influence étrangère, contre toutes les sollicitations
de l'inclination, et qui, dans ce tumultueux conflit des sentiments les plus contraires, prononce, avec la même liberté, avec
la même rectitude qu'au sein du calme le plus parfait. Nous
pouvons différer entièrement d'avis avec Timoléon sur les devoirs d'un républicain : cela n'altère en rien notre satisfaction.
Bien plutôt c'est justement dans ces sortes de conjonctures où
notre entendement n'est point d'accord avec la personne qui
agit, que l'on reconnaît le mieux combien nous mettons la
convenance morale au-dessus de toute autre, et la conformité
avec la raison au-dessus de la conformité avec l'entendement.

Mais il n'est pas de phénomène moral sur lequel le jugement
des hommes soit aussi divers qu'il l'est précisément sur celui-
ci, et il ne faut pas aller chercher bien loin le principe de cette
diversité. Il est vrai que le sens moral est un sens commun
à tous les hommes, mais il n'a pas chez tous le degré de force
et de liberté que suppose nécessairement le jugement de ces
sortes de cas. Il suffit à la plupart, pour approuver une action,
que la conformité de cette action avec la loi morale soit facile
à saisir, et pour condamner telle autre action, qu'elle soit
tellement en désaccord avec cette loi que ce désaccord saute aux

yeux. Mais il faut une intelligence éclairée, et une raison indépendante de toutes les forces naturelles, et par conséquent indépendante aussi des tendances morales (en tant qu'elles agissent
comme instincts), pour bien déterminer le rapport des devoirs
moraux avec le principe suprême de toute moralité. De là vient
que la même action où un petit nombre de personnes recon-
naîtront la convenance suprême, ne sera pour la foule qu'une
disconvenance révoltante, bien que les uns et les autres portent
sur cette action un jugement moral ; de là vient que l'émotion
causée par des actions de ce genre ne se communique pas à
tous les cœurs avec cette uniformité qu'on devrait attendre de
la nature humaine qui est une, et de la loi morale qui est nécessaire. Ne savons-nous pas que le sublime le plus vrai, le
plus haut, n'est pour le plus grand nombre qu'exagération et
non-sens? parce que le sublime est perçu par la raison, et que
la mesure de la raison n'est pas la même chez tous les hommes.
Une âme vulgaire succombe sous le faix de ces grandes idées,
ou se sent péniblement tendue par delà sa mesure morale. Le
gros du peuple ne voit-il pas assez souvent le plus affreux
désordre là où un esprit qui pense admire précisément l'ordre
suprême?

En voilà assez sur le sentiment de la convenance morale,
considéré comme le principe de l'émotion tragique et du plaisir
que nous prenons à la vue de la souffrance. Ajoutons toutefois
qu'il y a un assez grand nombre de circonstances où la convenance naturelle semble charmer notre esprit, même aux dépens
de la convenance morale. Ainsi l'esprit de suite que déploie dans
ses machinations l'homme pervers flatte évidemment notre
imagination, bien que ses moyens et son but répugnent à notre
sens moral. Un homme de cette trempe est capable d'exciter en
nous l'intérêt le plus vif : nous tremblons de voir manquer ces
combinaisons, dont nous devrions souhaiter l'insuccès avec la
plus vive ardeur, s'il était vrai de dire que nous rapportons
toutes choses à la convenance morale. Mais ce phénomène lui-
même n'infirme en rien ce que nous avons avancé jusqu'ici du
sentiment de la convenance morale, et de l'influence de ce sentiment sur le plaisir que nous prenons aux émotions tragiques.

La convenance, le rapport au but, est pour nous, dans tous

les cas la source d'un plaisir, lors même que cette convenance
n'a aucune relation avec la morale, lors même qu'elle y répugne. Ce plaisir, nous le goûtons *sans mélange*, tant qu'il ne
nous vient à la pensée aucun but moral auquel l'action où nous
trouvons une convenance soit contraire. De même que nous
prenons plaisir à observer l'instinct des bêtes qui ressemble
à de l'intelligence, l'activité et l'industrie des abeilles, etc.,
sans rapporter cette convenance toute physique à une volonté
vraiment intelligente, encore moins à un but moral : de même
la convenance de toute action humaine nous est par elle-même
une cause de plaisir du moment que nous n'y considérons rien
de plus que le rapport des moyens avec le but. Mais, s'il nous
vient à l'esprit de rapporter et ce but et ces moyens à un principe moral, et que nous y découvrions une disconvenance par
rapport à ce principe, en un mot si nous nous rappelons que
cette action est celle d'un être moral, à ce premier mouvement
de plaisir succède une profonde indignation; et il n'y a pas de
convenance intellectuelle qui puisse nous réconcilier avec l'idée
d'une disconvenance morale. Il ne faut pas se représenter trop
vivement que ce Richard III, cet Iago, ce Lovelace, sont *des
hommes :* autrement notre sympathie pour eux tourne infailliblement au sentiment contraire. Mais, comme nous l'apprend
l'expérience journalière, nous possédons une faculté dont nous
usons souvent, celle de détourner à volonté notre attention de
tel ou tel côté des choses pour la diriger sur un autre, et le
plaisir même qui n'est possible pour nous qu'au moyen de cette
abstraction, nous invite à exercer cette faculté et à en prolonger
l'exercice.

Cependant il n'est pas rare que la perversité intelligente se
concilie notre faveur par cette raison surtout, qu'elle est un
moyen de nous procurer le plaisir d'une convenance morale.
Plus les piéges tendus par Lovelace à la vertu de Clarisse sont
redoutables, plus dures sont les épreuves auxquelles la cruauté
inventive d'un tyran soumet la constance de son innocente victime, plus le triomphe de la convenance morale aura d'éclat et
de grandeur. C'est un charme de voir la toute-puissance du
sens moral fatiguer et déconcerter à ce point le génie inventif
d'un séducteur. Au contraire, nous comptons au méchant qui

fait le mal avec suite, sa victoire même sur le sens moral, qui, nous le savons, a dû nécessairement s'éveiller en lui, nous la lui comptons pour une sorte de mérite; parce que c'est la preuve d'une certaine force d'âme [1] et d'une grande convenance intellectuelle, que de ne se laisser détourner dans sa conduite par aucune sollicitation du sens moral.

Au surplus, il est incontestable que cette sorte de convenance dans le vice ne peut jamais être pour nous l'objet d'un plaisir parfait, que lorsqu'elle finit par être humiliée devant la convenance morale. Elle est même alors une condition essentielle pour que notre plaisir soit parfait, parce que la convenance dans le mal peut seule faire ressortir et mettre en pleine lumière la prépotence du sens moral. Je n'en sais pas de preuve plus concluante que l'impression dernière sur laquelle nous laisse l'auteur de *Clarisse*. Toute la convenance intellectuelle que nous admirions involontairement dans le plan de séduction de Lovelace est magnifiquement surpassée par la convenance rationnelle que Clarisse oppose à ce redoutable ennemi de son innocence; et cela nous permet de ressentir tout ensemble, à un haut degré, la satisfaction que procurent l'une et l'autre.

Du moment que le poëte tragique a pour but d'éveiller le sentiment de la convenance morale et de nous en donner pleine et vive conscience, du moment qu'il choisit et qu'il emploie habilement ses moyens en vue de ce but, il doit toujours charmer de deux façons le connaisseur : par la convenance morale et par la convenance naturelle. Par la première, il donnera satisfaction au cœur; par la seconde, à l'esprit. La foule subit pour ainsi dire en aveugle l'impression que le poëte a eu en vue de produire sur le cœur, sans entrevoir par quelle magie l'art a exercé ce pouvoir sur elle. Mais il y a une certaine classe de connaisseurs, auprès de qui l'artiste, tout au contraire, manque l'effet qu'il se proposait de faire sur le cœur; mais dont il peut se concilier le goût par la convenance des moyens employés à le produire [2] : contradiction étrange où dégénère

1. Les mots « d'une certaine force d'âme » ne sont point dans la *Nouvelle Thalie*.
2. Il y a ici deux phrases de plus dans la *Nouvelle Thalie :* « Indifférents au fond même, ceux-ci ne sont satisfaits que par la forme. Ils ne pardonnent pas

souvent une culture trop raffinée du goût, surtout lorsque le
progrès moral reste en arrière du progrès intellectuel. Cette
classe de connaisseurs ne cherche dans le touchant et dans le
sublime que le côté intellectuel[1] : voilà ce qu'ils sentent, ce
qu'ils apprécient avec le sens le plus juste; mais qu'on se garde
de faire appel à leur cœur!... L'âge, le trop de culture nous
mènent à ce écueil, et rien n'honore plus le caractère d'un
homme cultivé, que d'échapper par une heureuse victoire à
cette double et pernicieuse influence. De toutes les nations de
l'Europe, ce sont nos voisins, les Français, qui penchent le
plus vers cet extrême, et nous, en cela comme en toutes choses,
nous nous évertuons à suivre ce modèle !

les défauts de la forme, quelque puissant, du reste, que soit l'effet produit; ils
aiment mieux voir le but manqué et les moyens disposés avec convenance, que
le but atteint parfaitement sans qu'il y ait convenance dans les moyens. »

1. Dans la *Nouvelle Thalie*, au lieu du terme *das Verstandige*, « l'intellectuel, le côté intellectuel, » il « a *das Schœne*, « le beau. »

DE L'ART TRAGIQUE

DE L'ART TRAGIQUE .

L'état de passion en lui-même, indépendamment de l'influence bonne ou mauvaise de son objet sur notre moralité, a quelque chose en soi qui nous charme. Nous aspirons à nous transporter dans cet état, dût-il nous en coûter quelques sacrifices. Au fond de nos plaisirs les plus habituels vous retrouvez cet instinct. Quant à la nature même de l'affection, qu'elle soit d'aversion ou de désir, agréable ou pénible , c'est ce que nous songeons peu à considérer. L'expérience nous apprend même que les affections pénibles sont celles qui ont pour nous le plus d'attrait, et qu'ainsi le plaisir qu'on prend à une affection est précisément en raison inverse de sa nature. C'est un phénomène commun à tous les hommes, que les choses tristes, effrayantes, l'horrible même, exercent sur nous une séduction irrésistible , et que, devant une scène de désolation, de terreur, nous nous sentions à la fois repoussés et attirés comme par deux forces égales. Est-il question d'un assassinat ? chacun se presse autour du narrateur avec une curieuse attention. Il n'y a pas de conte de revenant, si chargé qu'il soit de circonstances romanesques, que nous ne dévorions avec avidité, et avec une avidité d'autant plus grande que ce conte est plus propre à nous faire dresser les cheveux sur la tête.

1. Cette dissertation a paru d'abord dans la *Nouvelle Thalie* (2ᵉ cahier de 1792, tome I, p. 176-228); puis elle a été réimprimée, en 1802, dans le tome IV des *Opuscules en prose* (p. 110-163). — Voy. la *Vie de Schiller*, p. 90.

Cette disposition se manifeste plus vivement quand les objets mêmes sont placés devant les yeux. Une tempête qui engloutirait toute une flotte, serait, si nous la voyions du rivage, un spectacle aussi attrayant pour notre imagination que révoltant pour notre cœur. Il serait difficile de croire, avec Lucrèce[1], que ce plaisir naturel[2] résulte d'une comparaison entre notre propre sûreté et le danger dont nous sommes témoins. Voyez quelle foule de peuple accompagne un malfaiteur au théâtre du supplice ! Ni le plaisir de voir satisfaire notre amour de la justice, ni la joie ignoble de la vengeance ne peut expliquer ce phénomène. Peut-être ce malheureux trouve-t-il même des excuses au fond du cœur des assistants; peut-être la pitié la plus sincère s'intéresse-t-elle à son salut : cela n'empêche pas qu'il ne s'éveille, plus ou moins, dans l'âme du spectateur une avide curiosité d'épier de l'œil et de l'oreille l'expression de sa douleur. Si l'homme bien élevé et d'un sens délicat semble faire ici une exception, ce n'est pas à dire qu'il soit complétement étranger à cet instinct; mais chez lui la force douloureuse de la compassion l'emporte sur cet instinct, ou bien il est contenu par les lois de la décence. L'homme de la nature, que n'enchaîne aucun sentiment de délicate humanité, s'abandonne sans honte à ce puissant attrait. Il faut donc que cet attrait ait sa raison d'être dans une disposition originelle du cœur humain, et qu'il se puisse expliquer par une loi psychologique commune à toute l'espèce.

Que s'il nous semblait que ces instincts brutaux de la nature sont incompatibles avec la dignité de l'homme, et si nous hésitions pour cette raison à asseoir sur ce fait une loi commune à toute l'espèce, il ne manque pas d'autres expériences pour démontrer jusqu'à l'évidence que le plaisir qu'on trouve aux émotions douloureuses est réel, et qu'il est général. La lutte pénible d'un cœur tiraillé entre des inclinations ou des devoirs contraires, lutte qui, pour celui qui l'éprouve, est une source de misère, charme celui qui n'en est que spectateur. Nous suivons avec un plaisir toujours croissant les progrès d'une passion,

---

1. Voy. *De Natura rerum*, lib. II, v. 1 et suiv.
2. Dans la *Nouvelle Thalie*, au lieu de *natürlich*, « naturel, » il y a *unnatürlich*, « non naturel, contre nature. »

jusqu'à l'abîme où elle entraîne sa malheureuse victime. Ce même sentiment délicat qui fait que nous détournons nos yeux du spectacle d'une souffrance physique, ou même de l'expression physique d'une peine morale, nous fait éprouver, dans la sympathie pour une douleur purement morale, un plaisir qui n'en est que plus doux. L'intérêt avec lequel on s'arrête à voir la peinture de ces sortes d'objets est un phénomène général.

Naturellement cela ne doit s'entendre que des affections *sympathiques* ou *ressenties par contre-coup après autrui*; car d'ordinaire les affections *directes et personnelles*, intéressant immédiatement en nous l'instinct de notre propre bonheur, nous préoccupent et s'emparent de nous avec trop de force pour laisser place au sentiment de plaisir qui les accompagne lorsque l'affection est dégagée de tout rapport personnel. Ainsi, dans l'âme qui est réellement en proie à une passion douloureuse, le sentiment de la douleur domine tous les autres, quelque charme que la peinture de son état moral puisse offrir aux auditeurs ou aux spectateurs. Et néanmoins l'affection douloureuse, même pour celui qui l'éprouve directement, n'est pas dénuée de tout plaisir : seulement ce plaisir diffère du plus au moins suivant la nature de l'âme de chacun. S'il n'y avait pas une sorte de jouissance dans l'inquiétude, dans le doute, dans la crainte, les jeux de hasard n'auraient pas à beaucoup près tant d'attrait pour nous ; on n'affronterait pas le péril par pure témérité ; et la sympathie elle-même qui nous intéresse à la peine d'autrui ne serait pas pour nous ce plaisir qui n'est jamais plus vif qu'au moment même où l'illusion est le plus forte, et où nous nous substituons le plus complétement à la personne qui souffre. Mais cela ne veut pas dire que les affections désagréables causent par elles-mêmes du plaisir ; non, personne ne s'avisera, je pense, de le soutenir ; il suffit que ces états de l'âme soient les conditions qui seules rendent possibles pour nous certaines sortes de plaisir. Ainsi les cœurs particulièrement sensibles à ces sortes de plaisir, et qui en sont le plus avides, prendront plus aisément leur parti des affections désagréables qui en sont la condition et, jusque dans les plus violents orages de la passion, conserveront toujours quelque chose de leur liberté.

C'est du rapport de notre faculté sensible ou de notre faculté morale avec leur objet, que vient le déplaisir que nous ressentons dans les affections désagréables, de même que le plaisir que nous éprouvons dans les affections agréables découle précisément aussi de cette source. Suivant la proportion qu'il y a entre la nature morale d'un homme et sa nature sensible, se détermine aussi le degré de liberté qui peut prévaloir dans les affections; et comme on sait que dans l'ordre moral il n'y a pour nous rien d'arbitraire, que l'instinct sensible, au contraire, est subordonné aux lois de la raison, et, par conséquent, dépend ou du moins doit dépendre de notre volonté, il est évident que nous pouvons garder notre liberté pleine et entière dans toutes ces affections qui ont affaire à l'instinct de l'amour de soi, et que nous sommes maîtres de déterminer le degré où elles doivent atteindre. Ce degré sera d'autant plus faible que le sens moral, chez un homme, prévaudra davantage sur l'instinct du bonheur, et que, par l'obéissance aux lois universelles de la raison, il se sera plus affranchi des exigences égoïstes de son *moi* individuel. Un tel homme devra donc, dans l'état de passion, ressentir beaucoup moins vivement le rapport d'un objet avec ses propres *instincts* de bonheur, et en conséquence il sera beaucoup moins sensible aussi au déplaisir qui ne vient que de ce rapport; par contre, il fera d'autant plus attention au rapport de ce même objet avec sa nature morale, et précisément aussi par cette raison, il sera d'autant plus sensible au plaisir que mêle souvent aux plus pénibles affections de la sensibilité ce rapport de l'objet avec le moral. Une âme ainsi faite est plus capable que toute autre de goûter le plaisir attaché à la compassion, et même de retenir une affection personnelle dans les bornes de la simple compassion. De là l'inestimable prix d'une philosophie morale qui, en élevant constamment nos regards vers les lois générales, affaiblit en nous le sentiment de notre individualité, nous apprend à abîmer dans le grand tout notre chétive personnalité, et par là nous met en état d'en user avec nous-mêmes comme avec des étrangers. Cet état sublime de l'esprit est le lot des âmes fortes et philosophiques qui, par un travail assidu sur elles-mêmes, ont appris à soumettre au joug l'instinct égoïste. La perte même la plus cruelle ne les mène pas au delà d'un certain degré de tristesse[1], avec lequel peut toujours se concilier une somme appréciable de plaisir. Ces âmes, qui seules sont capables de s'isoler d'elles-mêmes, jouissent seules du privilége de *prendre part* à elles-mêmes, et de ne recevoir de leur propre souffrance qu'un reflet adouci par la sympathie.

Les indications contenues dans ce qui précède suffiront déjà à nous rendre attentifs aux sources du plaisir que procure l'affection en elle-même, et particulièrement l'affection triste. Ce plaisir, on l'a vu, est plus énergique dans les âmes morales, et il agit avec d'autant plus de liberté, que l'âme est plus indépendante de l'instinct égoïste. Il est d'ailleurs plus vif et plus fort dans les affections tristes, où l'amour de soi est douloureusement inquiété, que dans les affections gaies, qui supposent une satisfaction de l'amour de soi; par conséquent, il s'accroît là où l'instinct égoïste est blessé, et diminue là où cet instinct est flatté. Or, nous ne connaissons que deux sources de plaisir, la satisfaction de l'instinct du bonheur, et l'accomplissement des lois morales. Lors donc qu'il est démontré que tel plaisir ne découle pas de la première source, il faut nécessairement qu'il tire son origine de la seconde. C'est donc de notre nature morale que dérive le charme des affections douloureuses partagées par la sympathie, et celui qu'elles nous font même éprouver, dans certains cas, lorsqu'elles sont directement ressenties.

On a cherché de bien des manières à expliquer le plaisir de la pitié; mais la plupart de ces solutions avaient peu de chance de tomber juste, parce qu'on recherchait la raison de ce phénomène plutôt dans les circonstances concomitantes que dans la nature de l'affection même. Pour beaucoup de personnes le plaisir de la pitié est tout simplement le plaisir que prend l'âme à exercer sa propre sensibilité; pour d'autres, c'est le plaisir d'occuper énergiquement ses forces, d'exercer vivement sa faculté appétitive, en un mot, de satisfaire l'instinct d'activité; d'autres enfin le font venir de la découverte de traits de caractère moralement beaux, que met dans leur jour la lutte

---

1. Dans la *Nouvelle Thalie :* « Au delà d'une tristesse calme, avec laquelle.... »

contre l'adversité ou contre la passion. Mais il reste toujours à expliquer pourquoi c'est précisément le sentiment pénible, *la souffrance* proprement dite, qui, dans les objets de la pitié, nous attire avec le plus de force, tandis que, d'après ces explications, un moindre degré de souffrance devrait évidemment être plus favorable à ces causes auxquelles on attribue le plaisir de l'émotion. La vivacité et la force des idées éveillées dans notre imagination, l'excellence morale des personnes qui souffrent, le retour sur soi-même du sujet qui éprouve la pitié : tout cela peut bien relever le plaisir de l'émotion, mais ce n'est pas là la cause qui le produit. La souffrance d'une âme faible, la douleur d'un scélérat, ne nous procurent pas, à la vérité, cette jouissance ; mais c'est parce qu'ils n'excitent point notre pitié au même degré que le héros qui souffre, ou l'homme vertueux qui lutte. Ainsi nous sommes toujours ramenés à la première question : pourquoi est-ce précisément le degré de souffrance qui détermine le degré de plaisir sympathique que nous prenons à une émotion ? et il n'y a qu'une réponse possible : c'est que l'atteinte portée à notre sensibilité est précisément la condition nécessaire pour donner le branle à cette faculté de l'âme dont l'activité produit ce plaisir que nous trouvons aux affections sympathiques.

Eh bien, cette faculté n'est pas autre que la raison ; et comme la libre efficacité de la raison, en tant qu'activité absolument indépendante, mérite par excellence le nom d'activité ; comme le cœur de l'homme ne se sent parfaitement libre et indépendant que dans ses actes moraux, il s'ensuit que le charme des émotions tragiques tient réellement à ce que cet instinct d'activité y trouve son compte. Mais, même en admettant cela, ce n'est proprement ni le grand nombre, ni la vivacité des idées qui s'éveillent alors dans notre imagination, ni en général l'action de la faculté appétitive, mais bien une certaine sorte d'idées et une certaine activité de la faculté appétitive, mise en jeu par la raison, qui est le fondement de ce plaisir.

Ainsi les affections sympathiques en général sont pour nous la source d'un plaisir, parce qu'elles donnent satisfaction à notre instinct d'activité, et les affections tristes produisent cet effet avec plus de vivacité, parce qu'elles donnent plus de satisfaction à cet instinct. L'âme ne révèle toute son activité que lorsqu'elle est en pleine possession de sa liberté, lorsqu'elle a parfaitement conscience de sa nature raisonnable, parce que c'est alors seulement qu'elle déploie une force supérieure à toute résistance.

Ainsi l'état de l'âme qui permet le mieux à cette force de se manifester, qui éveille le mieux cette activité supérieure, est celui qui convient le mieux à un être raisonnable, et le plus satisfaisant pour nos instincts d'activité ; d'où il suit qu'à cet état doit nécessairement être attachée une plus grande somme de plaisir[1]. Or, ce sont les affections tragiques qui mettent notre âme dans cet état ; et le plaisir qu'on y trouve l'emporte nécessairement sur le charme des affections gaies, autant que le pouvoir moral s'élève en nous au-dessus du pouvoir sensible.

Ce qui, dans le système entier des fins dernières, n'est que subordonné et partiel, l'art peut l'envisager indépendamment de cette relation avec le reste, et en faire son objet principal. Je veux que dans les desseins de la nature le plaisir ne soit qu'un but médiat ou un moyen : pour l'art c'est le but suprême. Il importe donc essentiellement au but de l'art de ne point négliger cette haute jouissance attachée à l'émotion tragique. Or celui des beaux-arts qui se propose particulièrement pour objet le plaisir de la pitié, c'est l'*art tragique*, à prendre ce terme dans son acception la plus générale.

L'art atteint son but par l'*imitation de la nature*, en satisfaisant aux conditions qui font que le plaisir est possible dans la réalité, et en combinant, d'après un plan tracé par l'intelligence, les éléments épars que lui fournit la nature, de manière à atteindre comme but principal ce qui, pour la nature, n'était qu'un but accessoire. Ainsi l'art tragique devra imiter la nature dans ces sortes d'actions qui sont particulièrement propres à éveiller l'affection de la pitié.

Il s'ensuit que, pour déterminer en général les procédés de l'art tragique, il est nécessaire avant tout de savoir à quelles

---

1. Voyez la dissertation *Sur la cause du plaisir que nous prenons aux objets tragiques.* (*Note de Schiller.*)

conditions, dans la vie réelle, le plaisir de l'émotion se produit communément de la façon la plus sûre et la plus forte, mais qu'il faut en même temps faire attention aux circonstances qui restreignent ou qui détruisent absolument ce plaisir.

L'expérience nous indique deux causes contraires qui empêchent le plaisir qu'on trouverait aux émotions : c'est lorsque la compassion est ou trop faiblement ou si fortement intéressée qu'elle perd son caractère d'affection partagée (sympathique), pour devenir affection primitive (personnelle). L'insuffisance peut tenir ou à la faiblesse de l'impression que nous recevons de l'affection primitive, auquel cas nous disons que notre cœur reste froid, et nous n'éprouvons ni peine ni plaisir; ou à d'autres sentiments plus énergiques qui combattent l'impression reçue, et qui, dominant dans notre cœur, affaiblissent le plaisir de la pitié ou l'étouffent complétement.

D'après ce que nous avons établi dans notre précédent essai *Sur la cause du plaisir que nous prenons aux objets tragiques*, on sait que dans toute émotion tragique il y a l'idée d'une disconvenance qui, pour que l'émotion ait du charme, doit toujours conduire à l'idée d'une convenance supérieure. Eh bien, c'est le rapport qu'ont entre elles ces deux idées opposées qui détermine, dans une émotion, si l'impression dominante sera ou le plaisir ou le déplaisir. L'idée de la disconvenance est-elle plus vive que celle de son contraire, ou le but sacrifié est-il de plus grande importance que le but atteint, l'impression dominante sera constamment le déplaisir, soit qu'on l'entende *objectivement* et de l'espèce humaine en général, soit seulement *subjectivement* de certains individus.

Si la cause qui a produit un malheur nous donne un déplaisir trop vif, notre compassion pour la victime en est amoindrie. Le cœur ne peut ressentir dans le même temps en un haut degré deux affections absolument contraires. L'indignation contre celui qui est la cause première de la souffrance devient l'affection dominante, et il faut que tout autre sentiment cède le pas. Ainsi notre intérêt est toujours affaibli, lorsque le malheureux qu'il s'agirait de plaindre s'est précipité dans sa ruine par une faute personnelle et inexcusable; ou que, pouvant se sauver, il n'a pas su le faire, soit par faiblesse d'esprit ou par pusillanimité. L'intérêt que nous portons au malheureux roi Lear, maltraité par deux filles ingrates, est sensiblement diminué par cette circonstance, que ce vieil enfant a sacrifié si légèrement sa couronne, et partagé son amour entre ses filles avec si peu de discernement. Dans la tragédie de Kronegk[1], *Olinde et Sophronie*, les plus épouvantables souffrances auxquelles nous voyons exposés ces deux martyrs de leur foi, ne peuvent elles-mêmes exciter que faiblement notre pitié, et leur sublime héroïsme n'excite que faiblement notre admiration, parce que la folie seule peut suggérer une action comme celle par laquelle Olinde s'est placé, lui et tout son peuple, au bord du précipice.

Notre pitié n'est pas moins affaiblie, lorsque la cause première d'un malheur, dont l'innocente victime nous devrait inspirer de la compassion, remplit notre âme d'horreur. C'est toujours une atteinte portée à la suprême beauté de son œuvre, quand le poëte tragique ne sait pas se tirer d'affaire sans introduire un scélérat, et qu'il en est réduit à dériver la grandeur de la souffrance de la grandeur de la perversité. Iago et Lady Macbeth dans Shakspeare, Cléopâtre dans la tragédie de *Roxelane*[2], Franz Moor dans *les Brigands*, sont autant de témoignages à l'appui de cette assertion. Un poëte qui entend son véritable intérêt, ne fera point arriver une catastrophe par l'effet d'une volonté perverse qui se propose pour but le malheur; ni, bien moins encore, par un manque d'esprit; mais plutôt par la force impérieuse des circonstances. Si ce malheur ne vient pas de sources morales[3], mais des choses extérieures, lesquelles n'ont point de volonté, et ne sont soumises à aucune volonté, la pitié

---

1. Kronegk, ou plutôt Cronegk (J. F.), né en 1731, auteur de plusieurs tragédies, entre autres d'un *Codrus* fort applaudi. Le sujet d'*Olinde et Sophronie* est tiré, comme on sait, du II⁰ chant de la *Jérusalem délivrée*.

2. On lit *Roxelane* dans la *Nouvelle Thalie* et dans les *Opuscules en prose*, aussi bien que dans les *OEuvres complètes*. Quelque traducteur ou imitateur allemand avait-il substitué ce nom à celui de *Rodogune*, ou bien Schiller a-t-il écrit un nom pour un autre? Il nous paraît probable en tout cas qu'il a voulu parler de la tragédie de P. Corneille, dont le V⁰ acte est si justement fameux. Dans l'examen de cette pièce, Corneille va au-devant du reproche qu'on lui fait ici : « Il a, dit-il, adouci l'histoire en ce qui touche Cléopâtre.... *pour ne la faire pas méchante sans nécessité.* »

3. Dans la *Nouvelle Thalie* : « De sources immorales. »

que nous éprouvons est plus pure, ou du moins elle n'est affaiblie par aucune idée de disconvenance morale. Mais alors on
ne peut pas épargner au spectateur sympathique le sentiment
désagréable d'une disconvenance dans l'ordre de la nature, qui
peut seule sauver en pareil cas la convenance morale. La pitié
est bien autrement excitée lorsqu'elle a tout à la fois pour
objet et celui qui souffre et celui qui est la cause première de la
souffrance. Cela ne peut se rencontrer que si le dernier n'a
excité ni notre mépris ni notre haine, et s'il a été amené contre
son inclination à devenir cause de ce malheur. C'est une singu-
lière beauté de l'*Iphigénie* allemande[1], que le roi de Tauride, le
seul obstacle qui contrarie les vœux d'Oreste et de sa sœur, ne
perde jamais notre estime, et qu'on finisse par être forcé de
l'aimer.

Il y a quelque chose de supérieur encore à ce genre d'émotion : c'est le cas où la cause du malheur non-seulement ne
répugne en rien à la morale, mais encore ne devient possible
que par la moralité, et où la souffrance réciproque vient simplement de l'idée qu'on a fait souffrir son semblable. Telle est
la situation de Chimène et de Rodrigue dans *le Cid* de Pierre
Corneille, qui est incontestablement, quant à l'intrigue, le chef-
d'œuvre de la scène tragique. L'honneur et l'amour filial arment
la main de Rodrigue contre le père de celle qu'il aime, et sa
vaillance lui donne la victoire. L'honneur et l'amour filial lui
suscitent, dans la personne de Chimène, de la fille de sa victime,
une accusatrice, une persécutrice redoutable. Tous deux agissent
contrairement à leur inclination, et ils tremblent avec autant
d'angoisse à la pensée du malheur de l'objet contre lequel ils
s'arment, que le devoir leur donne de zèle à provoquer ce malheur. Aussi tous deux se concilient-ils au plus haut degré notre
estime, puisqu'ils accomplissent un devoir moral aux dépens de
l'inclination; tous deux enflamment au plus haut degré notre
pitié, parce qu'ils souffrent volontairement, pour un motif qui
les rend supérieurement respectables. Il en résulte que notre
pitié, ici, est si peu altérée par aucun sentiment contraire,
qu'elle brûle, bien plutôt, d'une double flamme; seulement

---

1. *L'Iphigénie en Tauride* de Goethe.

l'impossibilité de concilier l'idée du malheur avec l'idée d'une moralité si digne de bonheur, pourrait encore troubler notre plaisir sympathique, et y répandre un nuage de tristesse. C'est déjà beaucoup, sans doute, que le mécontentement que nous donne cette contradiction ne porte sur aucun être moral, et soit *détourné*, en lieu indifférent, sur la nécessité seule ; mais cette sujétion aveugle à la destinée ne laisse pas d'être toujours humiliante et affligeante pour des êtres libres, qui se déterminent par eux-mêmes. C'est là ce qui, même dans les pièces les plus excellentes du théâtre grec, nous laisse encore quelque chose à désirer : dans toutes ces pièces, en fin de compte, c'est à la fatalité qu'on fait appel, et pour notre raison qui prétend retrouver la raison en toutes choses, il reste toujours là un nœud qui ne se dénoue pas.

Mais au suprême et dernier degré où parvient l'homme perfectionné par la morale, et où peut s'élever l'art d'émouvoir, ce nœud même se dénoue, et avec lui disparaît jusqu'à l'ombre d'un déplaisir. C'est ce qui arrive lorsque ce mécontentement contre la destinée s'efface lui-même, et se résout en un pressentiment, ou plutôt en une conscience nette d'un enchaînement téléologique des choses, d'un ordre sublime, d'une volonté bienfaisante. Alors au plaisir que nous fait éprouver la convenance morale se joint la délicieuse idée de la plus parfaite convenance dans le grand tout de la nature, et ce qui semblait y porter atteinte, ce qui, dans le cas particulier, nous causait un déplaisir, n'est plus qu'un aiguillon qui excite notre raison à chercher dans les lois générales la justification de ce cas particulier, et à résoudre au sein de l'harmonie universelle cette dissonance isolée. L'art grec ne s'est jamais élevé à cette suprême sérénité de l'émotion tragique, parce que ni la religion nationale, ni même la philosophie des Grecs n'éclairait leurs pas dans une voie si avancée. Il était réservé à l'art moderne, qui jouit du privilége de trouver une plus pure matière dans une philosophie plus épurée, de satisfaire même à cette suprême exigence, et de déployer ainsi toute la dignité morale de l'art. Si nous devons renoncer, nous autres modernes, à faire jamais revivre l'art grec, parce que le génie philosophique du siècle, et en général la civilisation moderne ne sont point favorables à la poésie, du moins ces influences sont-elles moins nuisibles à l'art tragique, qui repose davantage sur l'élément moral[1]. Peut-être est-ce en faveur de cet art seul que notre civilisation répare le préjudice qu'elle a causé à l'art en général.

De même que l'émotion tragique est affaiblie par le mélange d'idées et de sentiments choquants, et que le charme qui s'y attache en est amoindri, de même elle peut, au contraire, en s'approchant à l'excès de l'affection directe et personnelle, s'exagérer jusqu'à un point où la douleur l'emporte sur le plaisir. On a remarqué que le déplaisir, dans les affections, vient du rapport de leur objet avec notre sensibilité, de même que le plaisir qu'on y trouve vient du rapport de l'affection même avec notre faculté morale. Cela suppose donc entre notre sensibilité et notre faculté morale un rapport déterminé, qui décide du rapport entre le plaisir et le déplaisir dans les émotions tragiques, et qui ne saurait être modifié ou renversé sans renverser en même temps les sentiments de plaisir et de déplaisir qu'on trouve aux émotions, ou même sans les changer en leur contraire. Plus la sensibilité est vivement éveillée dans notre âme, plus l'influence de la moralité y sera faible; et réciproquement plus la sensibilité perd de sa force, plus la moralité gagne en puissance. Donc, ce qui, dans notre cœur, donne une prépondérance à la faculté sensible, devra, de toute nécessité, en restreignant la faculté morale, diminuer le plaisir que nous prenons aux émotions tragiques, plaisir qui découle exclusivement de cette faculté morale; de même que tout ce qui, dans notre cœur, imprime un élan à cette dernière faculté, devra émousser l'aiguillon de la douleur, même dans les affections directes et personnelles. Or, notre sensibilité acquiert en effet cette prépondérance lorsque les idées de la souffrance s'élèvent à un degré de vivacité qui ne nous permet plus de distinguer l'affection sympathique d'une affection personnelle, notre propre *moi* du sujet qui souffre, la réalité enfin de la poésie. La sensibilité prend également le dessus lorsqu'elle trouve un ali-

---

1. La phrase est un peu différente dans la *Nouvelle Thalie*: « Si nous devons renoncer, nous autres modernes, à faire jamais revivre l'art grec et bien plus encore à le surpasser, la tragédie seule peut-être pourrait faire exception. Peut-être est-ce en faveur d'elle seule.... »

ment dans le grand nombre de ses objets et dans cette lumière éblouissante que répand sur eux une imagination surexcitée. Au contraire, rien n'est plus propre à réduire la sensibilité dans ses justes bornes, que de placer près d'elle des idées supra-sensibles, des idées morales, auxquelles la raison, tout à l'heure opprimée, s'attache, comme à une sorte d'appuis spirituels, pour se redresser, et s'élever, par delà les brouillards de la sensation, à une atmosphère plus sereine. De là le grand charme que des vérités générales ou des sentences morales, semées à propos dans le dialogue dramatique, ont eu pour tous les peuples cultivés, et l'usage presque excessif qu'en faisaient déjà les Grecs. Il n'est rien de plus agréable pour une âme morale que de pouvoir, après un état purement passif qui a duré longtemps, échapper à la sujétion des sens, et d'être rappelée à son activité spontanée, et réintégrée dans la possession de sa liberté.

Voilà ce que j'avais à dire des causes qui restreignent notre pitié et qui font obstacle à notre plaisir dans les émotions tragiques : il me reste à montrer à quelles conditions la pitié est sollicitée et le plaisir de l'émotion excité de la façon la plus infaillible et la plus énergique.

Tout sentiment de pitié suppose l'*idée* de la souffrance, et le degré de la pitié se règle sur le plus ou moins de vivacité, de vérité, d'intensité et de durée de cette idée.

1° Plus les idées sont *vives* et plus l'âme est invitée à exercer son activité, plus sa faculté sensible est sollicitée, plus par conséquent aussi sa faculté morale est provoquée à réagir. Or, les idées de souffrance se conçoivent de deux manières différentes, qui ne sont pas également favorables à la vivacité de l'impression. Les souffrances dont nous sommes témoins nous affectent incomparablement plus fort que celles dont nous sommes instruits seulement par un récit ou une description. Les premières suspendent en nous le libre jeu de l'imagination, et frappant immédiatement nos sens, pénètrent par le plus court chemin jusqu'à notre cœur. Dans le récit au contraire, le particulier est d'abord élevé au général, et c'est de celui-ci que se tire ensuite la connaissance du cas particulier : aussi, rien que par cette opération nécessaire de l'entendement, l'impression perd-elle

déjà beaucoup de sa force. Or, une impression faible ne peut
s'emparer de notre esprit sans partage, et elle permettra à des
idées étrangères de troubler son action, et de dissiper l'attention. Très-souvent aussi l'exposition narrative nous transporte,
de la disposition morale où est le personnage agissant, dans la
situation d'esprit du narrateur lui-même, ce qui rompt l'illusion si nécessaire à la pitié. Toutes les fois que le narrateur en
personne se met en avant, il en résulte un temps d'arrêt dans
l'action, et par conséquent aussi, cela est immanquable, dans
notre affection sympathique. C'est ce qui arrive même lorsque
le poëte dramatique s'oublie au dialogue et met dans la bouche
de ses personnages des réflexions dont ne pourrait s'aviser
qu'un spectateur désintéressé. On citerait malaisément une
seule de nos tragédies modernes tout à fait exempte de ce défaut; mais les Français seuls l'ont érigé en règle. Concluons
donc que la présence immédiate, vivante et sensible de l'objet
est nécessaire pour donner aux idées qu'imprime en nous la
souffrance, cette force sans laquelle l'émotion ne saurait s'élever à un haut degré.

2° Mais nous pouvons recevoir les impressions les plus vives
de l'idée d'une souffrance, sans être néanmoins portés à un
notable degré de pitié si ces impressions manquent de *vérité*.
Il faut que nous nous fassions de la souffrance une *idée* telle
que nous soyons obligés d'y prendre part: pour cela, il faut un
certain accord entre cette souffrance et quelque chose que nous
ayons déjà par devers nous. En d'autres termes, la pitié n'est
possible qu'autant que nous pouvons constater ou supposer une
ressemblance entre nous et le sujet qui souffre. Partout où cette
ressemblance se fait reconnaître, la pitié est nécessaire : là
où manque cette ressemblance, la pitié est impossible. Plus la
ressemblance est visible et grande, plus notre pitié est vive :
moindre est celle-là, plus faible aussi est celle-ci. Pour que
nous ressentions les affections d'un autre après lui, il faut que
toutes les conditions *internes* que demande cette affection se
trouvent préalablement en nous-mêmes, afin que la cause
extérieure qui, par sa rencontre avec les conditions internes, a
donné naissance à l'affection, puisse produire sur nous aussi
un effet pareil. Il faut que, sans nous faire violence, nous puis-

sions changer de personne avec cet autre, et transporter notre *moi*, par une substitution instantanée, dans l'état du sujet. Or, comment est-il possible de sentir *en nous* l'état d'un autre, si nous ne nous sommes reconnus préalablement *nous-mêmes* dans cet autre?

Cette ressemblance porte sur l'ensemble de la constitution de l'âme, en ce qu'elle a de nécessaire et de général. Or, ce caractère de nécessité et de généralité appartient surtout à notre *nature morale*. La faculté de sentir peut être déterminée différemment par des causes accidentelles; nos facultés cognitives dépendent elles-mêmes de conditions variables : la faculté morale seule a son principe en elle-même, et par cela même elle est ce qui vaut le mieux pour donner une mesure générale et un criterium certain de cette ressemblance. Ainsi, une idée que nous trouvons d'accord avec notre manière de penser et de sentir, qui offre tout d'abord une certaine parenté avec l'ensemble de nos propres idées, qui est facilement saisie par notre cœur et notre esprit, nous la disons *vraie*. Cette parenté porte-t-elle sur ce qu'il y a de propre à notre cœur, sur les déterminations *particulières* qui modifient en nous le fonds commun de l'humanité, et dont on peut faire abstraction sans altérer ce caractère général, cette idée alors est simplement vraie *pour nous*. Porte-t-elle sur la forme générale et nécessaire que nous supposons dans toute l'espèce, la vérité de cette idée doit être tenue pour égale à la vérité objective. Pour le Romain, la sentence du premier Brutus, le suicide de Caton sont d'une vérité subjective. Les idées et les sentiments qui ont inspiré les actions de ces deux hommes ne sont pas une conséquence immédiate de la nature humaine en général, mais la conséquence médiate d'une nature humaine déterminée par des modifications particulières. Pour partager avec eux ces sentiments, il faut avoir l'âme romaine, ou du moins être capable de prendre pour un moment une âme romaine. Il suffit au contraire d'être *homme en général* pour être vivement ému du sacrifice héroïque d'un Léonidas, de la résignation tranquille d'un Aristide, de la mort volontaire d'un Socrate, et pour être touché jusqu'aux larmes des terribles changements de fortune d'un Darius. Nous attribuons à ces sortes d'idées, par opposition aux précédentes, une vérité

objective, parce qu'elles sont d'accord avec la nature de *tous*
les sujets humains, ce qui leur donne un caractère d'universalité et de nécessité tout aussi rigoureuse que si elles étaient
indépendantes de toute condition subjective.

Au reste, parce que la description subjectivement vraie repose
sur des déterminations accidentelles, ce n'est pas une raison
pour la confondre avec une description arbitraire. Après tout,
le vrai subjectif découle aussi de la constitution générale de
l'âme humaine, modifiée seulement en tel ou tel sens particulier par des circonstances particulières, et les deux sortes de
vérité sont des conditions également nécessaires de l'âme humaine. La résolution de Caton, si elle était en contradiction
avec les lois générales de la nature humaine, ne pourrait plus
être vraie même subjectivement. La seule différence, c'est que
les idées de la seconde espèce sont resserrées dans un cercle
d'action plus étroit, parce qu'elles supposent, outre les modes
généraux de l'âme humaine, d'autres déterminations particulières. La tragédie peut s'en servir avec un grand effet intensif,
si elle veut renoncer à l'effet extensif ; toutefois le vrai inconditionnel, ce qu'il y a de purement *humain* dans les relations
humaines, sera toujours la plus riche matière pour le poëte
tragique, parce que ce terrain est le seul où la tragédie, sans
pour cela cesser de prétendre à la *force* de l'impression, peut
être certaine de la *généralité* de cette impression.

3° Outre la vivacité et la vérité des peintures tragiques, il
faut, en troisième lieu, que ces peintures soient *complètes*. Aucune des données extrinsèques qui sont nécessaires pour imprimer à l'âme le mouvement qu'on a en vue, ne doit être
omise dans la représentation. Pour que le spectateur, quelque
romains que soient ses sentiments, puisse se rendre propre
la situation morale de Caton, pour qu'il puisse faire sa propre
résolution de la résolution suprême de ce républicain, il faut
que cette résolution ait sa raison non-seulement dans l'âme du
Romain, mais aussi dans les circonstances de l'action ; il faut
que sa situation extérieure aussi bien que sa situation interne
soit là sous nos yeux dans toute sa suite et dans toute son étendue ; il faut enfin qu'on nous déroule, sans en omettre un seul
anneau, toute la chaîne des déterminations auxquelles se rat-

tache, comme conséquence nécessaire, la résolution suprême du Romain. On peut dire en général que, sans cette troisième condition, la vérité même d'une peinture n'est pas reconnaissable ; car la similitude des *circonstances*, qui doit nous être pleinement évidente, peut seule justifier notre jugement sur la similitude des *sentiments*, puisque ce n'est que du concours des conditions extérieures et des conditions internes que résulte le phénomène affectif. Pour décider si nous eussions agi comme Caton, il faut avant tout que nous nous transportions par la pensée dans la situation extérieure où s'est trouvé Caton ; et alors seulement nous sommes en droit de mettre nos sentiments en regard des siens, de prononcer s'il y a ou non similitude, et de porter un jugement sur la vérité de ces sentiments.

Une peinture complète, comme je l'entends, n'est possible que par l'enchaînement de plusieurs idées et de plusieurs sentiments particuliers qui tiennent les uns aux autres comme causes et effets, et qui, dans leur ensemble, forment un seul et même tout pour notre faculté cognitive. Toutes ces idées, pour qu'elles nous touchent vivement, doivent faire une impression immédiate sur notre sensibilité ; et, comme la forme narrative affaiblit toujours cette impression, il faut qu'elles soient produites par une action présente. Ainsi, pour qu'une peinture tragique soit complète, il faut toute une série d'actions particulières, rendues sensibles, et qui se rattachent à l'action tragique comme à un seul et même tout.

4° Il faut enfin que les idées qu'on nous donne de la souffrance agissent sur nous d'une façon *durable*, pour exciter en nous un haut degré d'émotion. L'affection où nous transporte la souffrance d'autrui, est pour nous un état de contrainte, dont nous avons hâte de nous affranchir ; et l'illusion si nécessaire à la pitié ne s'évanouit que trop aisément. C'est donc une nécessité d'attacher fortement l'âme à ces idées, et de ne pas lui laisser la liberté de se dérober trop tôt à l'illusion. La vivacité des idées et l'énergie des impressions soudaines qui coup sur coup affectent notre sensibilité, n'y sauraient suffire ; car plus la faculté réceptive est énergiquement sollicitée, plus la puissance de réaction de l'âme se manifeste avec force pour triompher de cette

impression. Or, le poëte qui veut nous émouvoir ne doit pas
affaiblir en nous cette puissance indépendante; car c'est précisément dans la lutte engagée entre elle et la souffrance de la
nature sensible que gît le charme supérieur des émotions tragiques. Pour que le cœur, en dépit de cette force spontanée qui
réagit contre les affections sensibles, demeure attaché aux impressions de la souffrance, il faut donc que ces impressions
soient habilement suspendues, de distance en distance; ou
même interrompues et coupées par des impressions contraires,
pour y revenir ensuite avec un redoublement d'énergie, et
renouveler d'autant plus souvent la vivacité de l'impression
première. Contre l'épuisement et les langueurs qui résultent
de l'habitude, le remède le plus efficace est de proposer à la
sensibilité des objets nouveaux : cette variété la retrempe, et
la gradation des impressions provoque la faculté active à déployer une résistance proportionnelle. Cette faculté doit être
occupée sans cesse à maintenir son indépendance contre les
atteintes de la sensibilité, mais il ne faut pas qu'elle triomphe
avant la fin, et bien moins encore qu'elle succombe dans la
lutte. Autrement, c'en est fait, dans le premier cas, de la souffrance; dans le second, de l'activité morale; et c'est la réunion
de l'une avec l'autre qui seule peut exciter l'émotion. Le grand
secret de l'art tragique consiste précisément à bien ménager
cette lutte : c'est là qu'il se montre sous son jour le plus
brillant.

Eh bien, ici encore il faut une suite d'idées qui alternent, et
par conséquent une combinaison convenable de plusieurs actions particulières correspondant à ces différentes idées, actions
autour desquelles l'action principale, et l'impression tragique
qu'on veut produire par elle, se déroule comme l'étoupe de
dessus le fuseau, et finit par enlacer notre âme d'un réseau
qu'elle ne peut rompre. L'artiste, qu'on me permette cette
image, l'artiste commence par recueillir, avec un soin parci-
monieux, tous les rayons *isolés* qui partent de l'objet à l'aide
duquel il veut produire l'effet tragique qu'il a en vue, et ces
rayons, entre ses mains, deviennent un foudre qui embrase
tous les cœurs. L'apprenti lance tout d'un coup et vainement
dans les âmes tout le tonnerre de l'horreur et de la crainte :

l'artiste au contraire avance pas à pas vers son but; il ne frappe qu'à petits coups, mais il pénètre jusqu'au fond de notre âme, précisément parce qu'il ne l'a émue que peu à peu et graduellement.

Voulons-nous maintenant tirer les conséquences des recherches qui précèdent, voici les conditions qui servent de base à l'émotion tragique. Il faut, en premier lieu, que l'objet de notre pitié appartienne à notre espèce, je dis appartenir dans tout le sens de ce mot, et que l'action à laquelle on prétend nous intéresser soit une action morale, c'est-à-dire une action comprise dans le domaine de la libre volonté. Il faut, en second lieu, que la souffrance, ses sources, ses degrés, nous soient communiqués complétement par une suite d'événements enchaînés. Il faut, en troisième lieu, que l'objet de la passion nous soit rendu présent et sensible, non point d'une façon médiate et par voie de description, mais immédiatement et en action. Dans la tragédie, l'art réunit toutes ces conditions et y satisfait.

D'après ces principes, on pourrait définir la tragédie l'imitation poétique d'une suite cohérente d'événements particuliers (formant une action complète), imitation qui nous montre l'homme dans un état de souffrance, et qui a pour but d'exciter notre pitié.

Je dis d'abord que c'est l'*imitation* d'une action; et cette idée d'imitation distingue déjà la tragédie des autres genres de poésie qui ne font que raconter ou décrire. Dans la tragédie, les événements particuliers sont proposés à notre imagination ou à nos sens, dans le temps même qu'ils s'accomplissent: ils sont présents, nous les voyons immédiatement, sans intervention d'un tiers. L'épopée, le roman, la narration simple, rien que par leur forme, rejettent l'action dans le lointain, en faisant intervenir le narrateur entre la personne agissante et le lecteur. Or, le lointain, le passé, affaiblit toujours, on le sait, l'impression et l'affection sympathique: le présent la rend plus forte. Toutes les formes narratives font du présent un passé; toute forme dramatique fait du passé un temps présent.

Secondement, je dis que la tragédie est l'imitation d'une suite d'*événements*, d'une *action*. La tragédie n'a pas seulement à représenter par imitation les sentiments et les affections des personnages tragiques; mais aussi les événements qui ont produit ces sentiments, et à l'occasion desquels ces affections se manifestent. Ceci la distingue de la poésie lyrique et de ses différentes formes, lesquelles nous offrent bien, comme la tragédie, l'imitation poétique de certains états de l'âme, mais non pas l'imitation poétique de certaines actions. Une élégie, une chanson, une ode, peuvent mettre sous nos yeux, par imitation, l'état moral où est actuellement le poëte (soit qu'il parle en son nom ou qu'il suppose un personnage idéal), état déterminé par des circonstances particulières, et jusque-là ces formes lyriques semblent bien rentrer dans l'idée de la tragédie; mais elles ne remplissent pas toute cette idée, parce qu'elles se bornent à représenter des sentiments. Il y a des différences plus essentielles encore, si l'on regarde le but de ces formes lyriques et celui de la tragédie.

Je dis, en troisième lieu, que la tragédie est l'imitation d'une *action complète*. Un événement isolé, quelque tragique qu'il puisse être, ne constitue pas encore une tragédie. Il y faut plusieurs événements fondés les uns sur les autres comme causes et effets, et convenablement rattachés de manière à former un tout : sans quoi, la vérité du sentiment représenté, du caractère, etc., c'est-à-dire leur conformité avec la nature de notre âme, conformité qui seule détermine notre sympathie, ne sera point reconnue. Si nous ne sentons pas que nous-mêmes, en pareilles circonstances, nous eussions éprouvé les mêmes sentiments et agi de même, notre pitié ne saurait être éveillée. Il importe donc que nous puissions suivre dans tout son enchaînement l'action qu'on nous représente, que nous la voyions sortir de l'âme de l'agent par une gradation naturelle, sous l'influence et avec le concours des circonstances extérieures. C'est ainsi que nous voyons poindre, croître et s'accomplir sous nos yeux la curiosité d'Œdipe, la jalousie d'Othello. C'est aussi le seul moyen de remplir la grande lacune qui se trouve entre la joie d'une âme innocente et les tourments d'une conscience criminelle, entre l'orgueilleuse sécurité de l'homme heureux et son effroyable catastrophe, bref entre l'état de calme où est au commencement le lecteur et l'agitation violente qu'il doit éprouver à la fin de l'action.

Il faut une suite de plusieurs incidents liés ensemble, pour produire dans nos âmes une succession de mouvements divers, qui soutienne l'attention, qui, faisant appel à toutes les facultés de notre esprit, ranime notre instinct d'activité dans ses langueurs, et qui, en retardant la satisfaction de cet instinct, ne l'en échauffe que davantage. Contre les souffrances de la nature sensible, le cœur humain n'a de recours que dans sa nature morale. Il faut donc, pour stimuler celle-ci d'une façon plus pressante, que le poëte tragique prolonge les tourments de la sensibilité ; mais aussi qu'il fasse entrevoir à cette dernière la satisfaction de ses exigences, afin de rendre la victoire du sens moral d'autant plus difficile et d'autant plus glorieuse. Ce double but, il ne peut l'atteindre que par une succession d'actions judicieusement choisies et combinées dans cette vue.

En quatrième lieu, je dis que la tragédie est l'imitation *poétique* d'une action digne de pitié ; et par là l'imitation tragique est opposée à l'imitation *historique*. Ce ne serait qu'une imitation historique, si elle se proposait un but historique, si sa préoccupation principale était de nous *apprendre* qu'une chose s'est passée, et comment elle s'est passée. Dans cette hypothèse, elle devrait s'en tenir rigoureusement à l'exactitude historique, car elle n'atteindrait son but qu'à la condition de représenter avec fidélité ce qui s'est passé réellement. Mais la tragédie a un but *poétique*, c'est-à-dire qu'elle représente une action pour nous *émouvoir*, et pour *charmer* nos âmes par le moyen de cette émotion. Si donc, une matière étant donnée, la tragédie la traite conformément à ce but poétique qui lui est propre, elle devient par cela même *libre* dans son imitation. C'est un droit, je dis plus, c'est une obligation pour elle de subordonner la vérité historique aux lois de la poésie, et de traiter sa matière conformément aux exigences de cet art. Mais comme elle ne peut atteindre son but, qui est l'émotion, qu'à la condition d'une parfaite conformité avec les lois de la nature, elle est, malgré sa liberté à l'égard de l'histoire, strictement soumise aux lois de la vérité naturelle, qui, par opposition à la vérité selon l'histoire, prend le nom de vérité poétique. On comprend ainsi tout ce que la vérité poétique peut perdre, en mainte rencontre, à la stricte observation du vrai historique, et réciproquement ce qu'elle peut gagner à une altération même très-grave de la vérité selon l'histoire. Le poëte tragique, comme tout poëte en général, n'étant soumis qu'aux lois de la vérité poétique, l'observation la plus consciencieuse de la vérité historique ne saurait jamais le dispenser de ses devoirs de poëte, ne saurait excuser en lui ni aucune infraction à la vérité poétique, ni un manque d'intérêt. C'est donc trahir des idées fort étroites sur l'art tragique, ou plutôt sur la poésie en général, que de traduire le poëte tragique au tribunal de l'histoire, et d'exiger l'*instruction*, de celui qui, rien que par son titre, ne s'oblige qu'à vous émouvoir et à vous charmer. Lors même que le poëte, par une soumission scrupuleuse envers la vérité historique, se serait lui-même dépouillé de son privilége d'artiste, et qu'il aurait tacitement reconnu à l'histoire une juridiction sur son œuvre, l'art conserve tous ses droits pour l'appeler à sa barre; et des pièces comme *la Mort d'Hermann*[1], *Minona*[2], *Fust de Stromberg*[3], si elles ne pouvaient de ce côté soutenir l'épreuve, ne seraient, malgré toute l'exactitude minutieuse du costume, du caractère national et des mœurs du temps, que de médiocres tragédies.

Je dis, en cinquième lieu, que la tragédie est l'imitation d'une action qui nous fait voir *des hommes dans l'état de souffrance*. Cette expression, *des hommes*, n'est rien moins qu'indifférente ici; elle sert à marquer avec précision les bornes où est resserrée la tragédie quant au choix de ses sujets. La souffrance d'un être à la fois moral et sensible, d'un être comme nous, peut seule exciter notre pitié. Par suite, des êtres qui s'affranchissent de toute *moralité*, les mauvais génies, par exemple, tels que se les représente la superstition du peuple ou l'imagination des poëtes, les démons ou les hommes qui leur ressemblent; par suite encore, des êtres dégagés de toutes les entraves des *sens*, tels que nous concevons les pures intelligences, et des hommes qui se sont dérobés à ces entraves plus que ne le permet la faiblesse humaine : tous ces êtres sont également impropres pour la tragédie. En général, l'idée seule

1. C'est la troisième partie de la Trilogie d'*Hermann* ou *Arminius*, par Klopstock (Hamburg, 1787).
2. *Minona* ou *les Anglo-Saxons*, mélodrame de Gerstenberg (Hamburg, 1785).
3. Drame de Jacob Maier (Mannheim, 1785).

de la souffrance, et d'une souffrance à laquelle on prétend nous intéresser, implique déjà que l'objet de cette pitié ne peut être qu'un *homme*, dans toute l'étendue du mot. Une pure intelligence ne peut point souffrir, et un sujet humain qui se rapproche en un degré extraordinaire de cette pure intelligence, trouvant dans sa nature morale un trop prompt secours contre les souffrances de sa nature sensible qui manque de force, n'éveillera jamais un haut degré de pathétique. Un être exclusivement sensible, et sans moralité, et un sujet humain qui s'en rapproche, peuvent éprouver, il est vrai, la plus terrible souffrance, puisque la sensibilité agit chez eux, jusqu'à y dominer; mais n'étant relevés par aucun sentiment moral, ils sont la proie de cette douleur; et une souffrance absolument sans ressource, une souffrance qui suppose la raison absolument inactive, est un spectacle dont nous détournons la vue avec chagrin et dégoût. Le poëte tragique a donc raison de préférer les caractères mixtes, et de placer l'idéal de son héros à égale distance de l'absolue perversité et de la perfection absolue.

Je dis enfin que la tragédie réunit toutes ces conditions, *afin d'éveiller l'affection de la pitié*. Plusieurs des mesures que prend le poëte tragique pourraient parfaitement servir à un autre but, par exemple à un but moral, à un but historique, etc. Mais, comme il se propose précisément ce but-là et non aucun autre, cela l'affranchit de toutes les exigences qui n'ont aucun rapport avec ce but, de même que cela l'oblige, en revanche, toutes les fois qu'il applique une des lois qui viennent d'être établies, à se diriger en vue de ce but suprême.

La raison dernière à laquelle se rapportent toutes les règles d'un genre de poésie déterminé, est ce qu'on appelle le *but* de ce genre de poésie. L'ensemble des moyens par lesquels un genre de poésie arrive à ce but est ce qu'on appelle sa *forme*. Le but et la forme sont donc à l'égard l'un de l'autre dans le plus étroit rapport. La forme est déterminée par le but : tel but étant donné, il s'ensuit que telle forme est nécessairement prescrite; et quand la forme d'un genre est heureusement observée, le but de ce genre est atteint.

Comme chaque genre poursuit un but qui lui est propre, il doit pour cela même se distinguer des autres genres par une forme particulière, la forme étant le moyen par lequel il atteint son but. Ce qu'il produit à l'exclusion de tous les autres genres, il le produit nécessairement en vertu de cette nature propre qu'il possède exclusivement. Le but de la tragédie, c'est l'*émotion;* sa forme, l'*imitation* d'une action qui mène à la souffrance. Plusieurs genres peuvent se proposer pour objet une action de même espèce que celle de la tragédie. Plusieurs genres peuvent se proposer pour but celui de la tragédie ou l'émotion, quoique ce but ne soit pas pour eux le but principal. Ce qui distingue donc la tragédie de tous les autres genres, c'est le rapport de sa forme avec son but, je veux dire les procédés qu'elle emploie pour traiter son sujet eu égard à son but, la manière dont elle atteint son but par le moyen de son sujet.

Que si le but de la tragédie est d'éveiller les affections sympathiques, et si, d'autre part, sa forme est le moyen par lequel elle atteint ce but, il s'ensuit que l'imitation d'une action propre à émouvoir doit nécessairement offrir la réunion de toutes les conditions les plus favorables au développement de l'affection sympathique. La forme de la tragédie est donc la plus favorable au développement de l'affection sympathique.

Le produit d'un genre de poésie est parfait lorsque la forme particulière à ce genre a été le mieux mise à profit pour en atteindre le but. Ainsi une tragédie parfaite sera celle où la forme tragique, c'est-à-dire l'imitation d'une action propre à émouvoir, aura été le plus heureusement mise à profit pour donner l'éveil aux affections sympathiques. Par conséquent, la tragédie la plus parfaite serait celle où la pitié excitée tient moins à la nature du sujet traité qu'au mérite du poëte qui a su tirer le meilleur parti de la forme tragique. Une telle tragédie peut passer pour l'*idéal* du genre.

Bon nombre de pièces tragiques, supérieurement belles d'ailleurs comme poésie, sont vicieuses en tant que drames, en ce qu'elles ne cherchent pas à atteindre le but de la tragédie par le plus heureux emploi possible de la forme tragique; d'autres le sont également en ce qu'elles emploient la forme tragique pour atteindre un but autre que celui de la tragédie. Parmi nos pièces les plus goûtées, il y en a plus d'une qui nous

émeut uniquement à cause du sujet, et nous sommes assez
généreux ou assez peu clairvoyants pour faire un mérite au
plus maladroit poëte de cette qualité de sa matière. Il y en a
d'autres où il semble que nous ayons pleinement oublié à
quelle intention le poëte nous a réunis dans un théâtre; et,
contents d'être agréablement occupés par des jeux éblouissants
d'imagination et d'esprit, nous ne prenons pas garde que nous
sortons de là le cœur froid. Faut-il que l'art, si saint, si vénérable (vénérable en effet, puisqu'il s'adresse à la portion divine
de notre être), en soit réduit à faire défendre sa cause par de
tels champions devant de tels juges? L'indulgence du public
n'enhardit que la médiocrité, elle fait rougir et décourage le
génie [1].

1. Dans la *Nouvelle Thalie*, on lit sous la dernière ligne · « La suite au prochain cahier. » Cette suite n'a pas paru.

DE

LA GRÀCE ET DE LA DIGNITÉ

DE

LA GRÂCE ET DE LA DIGNITÉ[1].

La fable grecque attribue à la déesse de la beauté une ceinture merveilleuse qui a la vertu de prêter de la *grâce* et de gagner les cœurs à quiconque la porte. Cette même divinité est accompagnée des *Grâces*, ou déesses de la grâce.

Les Grecs *distinguaient* donc de la beauté la grâce et les divinités appelées Grâces, puisqu'ils en exprimaient l'idée par des attributs propres, séparables de la déesse de la beauté. Tout ce qui est grâce est beau, car la ceinture des attraits aimables est la *propriété* de la déesse de Gnide; mais toute beauté n'est pas nécessairement de la grâce; car Vénus, même sans cette ceinture, ne cesse pas d'être ce qu'elle est.

Toujours d'après cette allégorie, la déesse de la beauté est la *seule* qui porte et qui prête à autrui la ceinture des attraits. Junon, la puissante reine de l'Olympe, doit commencer par *emprunter* cette ceinture à Vénus, lorsqu'elle veut charmer Jupiter sur le mont Ida[2]. Ainsi la grandeur, même parée d'un

---

1. Cet écrit parut pour la première fois dans la *Nouvelle Thalie*, 2ᵉ cahier de 1793 (tome III, p. 115-230). En 1800, Schiller l'inséra dans le tome II de ses *Opuscules en prose* (p. 217-354); mais auparavant (en 1793) il l'avait publié à part à Leipzig, chez Gœschen, avec une dédicace à Charles de Dalberg, à Erfurt, et avec cette épigraphe tirée de Milton : « Ce que tu vois ici, noble esprit, tu l'es toi-même. »

2. Voy. Homère, *Iliade*, livre XIII, vers 189 et suivants.

certain degré de beauté qu'on ne conteste en aucune façon à l'épouse de Jupiter, la grandeur n'est jamais assurée de plaire sans la grâce, puisque l'auguste reine des dieux, pour dompter le cœur de son époux, attend la victoire non de ses propres charmes, mais bien de la ceinture de Vénus.

Mais nous voyons aussi que la déesse de la beauté peut dépouiller cette ceinture, et la *céder*, avec sa vertu et ses effets, à un être moins doué de beauté. Ainsi, la grâce n'est pas le privilége *exclusif* de ce qui est beau : elle peut encore être transmise, par la beauté il est vrai, à un objet de beauté moindre, ou même à un objet dépourvu de beauté.

Ces mêmes Grecs voyaient-ils un homme doué d'ailleurs de tous les avantages de l'esprit, mais à qui manquait la grâce : ils lui recommandaient de sacrifier aux Grâces. Si donc ils se représentaient ces déités comme faisant cortége à la beauté de l'autre sexe, ils croyaient néanmoins qu'elles peuvent aussi être favorables à l'homme, et que, pour plaire, il a absolument besoin de leur secours.

Mais qu'est-ce donc que la grâce, s'il est vrai qu'elle s'unisse de préférence à la beauté, mais non pourtant d'une manière exclusive? qu'elle procède, il est vrai, de la beauté, mais qu'elle produise aussi les effets de la beauté là même où celle-ci est absente? que la beauté enfin puisse exister *sans elle*, mais qu'elle n'ait d'attrait que *par elle?*

Le sentiment délicat du peuple grec avait marqué de bonne heure, entre la beauté et la grâce, cette distinction, dont la raison n'était pas encore en état de se rendre compte ; et, cherchant le moyen de l'exprimer, il emprunta des figures à l'imagination, parce que l'entendement ne pouvait encore lui fournir de notions à cet effet. Le mythe de la ceinture mérite à ce titre de fixer l'attention du philosophe, qui, du reste, doit se contenter de rechercher les idées qui correspondent à ces tableaux où le pur sentiment instinctif dépose ses découvertes, ou, en d'autres termes, d'expliquer les hiéroglyphes de la sensation.

Si nous dépouillons cette conception des Grecs de son voile allégorique, voici, ce semble, le seul sens qu'elle renferme.

La grâce est une sorte de beauté *mobile* : je veux dire une beauté qui n'appartient pas essentiellement au sujet, mais qui peut s'y produire accidentellement, comme elle en peut disparaître. C'est en cela qu'elle se distingue de la beauté proprement dite, ou beauté *fixe*, laquelle est nécessairement inhérente au sujet même. Vénus peut bien ôter sa ceinture et l'abandonner momentanément à Junon ; mais elle ne pourrait céder sa beauté qu'avec sa personne même. Vénus, sans ceinture, n'est plus la charmante Vénus; sans beauté, elle n'est plus Vénus.

Mais cette ceinture, en tant que symbole de la beauté mobile, a cela de particulier, que la personne qui en est ornée, nonseulement paraît plus gracieuse, mais le devient en effet : la ceinture lui communique *objectivement* cette propriété de la grâce, à la différence des autres parures, qui n'ont que des effets *subjectifs*, et qui, sans modifier la personne même, ne modifient que l'impression produite par elle sur l'imagination d'autrui. Tel est le sens exprès du mythe grec : la grâce devient une propriété de la personne qui revêt cette ceinture ; elle fait plus que *paraître* aimable, elle l'*est* en effet.

Sans doute, on peut trouver qu'une ceinture, qui n'est après tout qu'un ornement extérieur, accidentel, ne forme pas un emblème parfaitement juste pour exprimer la grâce en tant que qualité *personnelle*; mais une qualité personnelle que l'on conçoit en même temps comme séparable du sujet, ne pouvait guère se représenter sensiblement que par un ornement accidentel, qui peut se détacher de la personne, sans que l'essence de celle-ci en soit affectée.

Ainsi la ceinture des charmes opère non par un effet *naturel* (car alors elle ne changerait rien à la personne elle-même), mais par un effet *magique* : c'est-à-dire que sa vertu s'étend au delà de toutes les conditions naturelles. Par ce moyen, qui n'est autre chose, il faut l'avouer, qu'un expédient, on a voulu sauver la contradiction où l'esprit, quant à sa faculté de représentation, se trouve inévitablement réduit, toutes les fois que, pour un objet étranger à la nature, et qui appartient au libre domaine de l'idéal, il demande une expression à la nature même.

Que si la ceinture enchanteresse est le symbole d'une propriété objective, laquelle peut être séparée de son sujet sans en modifier aucunement la nature, ce mythe ne peut exprimer qu'une chose : la beauté du mouvement ; car le mouvement est la seule modification qui puisse affecter un objet sans en altérer l'identité.

La beauté du mouvement est une idée qui satisfait aux deux conditions contenues dans le mythe qui nous occupe. Première- ment, c'est une beauté objective, et qui ne dépend pas seule- ment de l'impression que nous recevons de l'objet, mais qui appartient à l'objet même. En second lieu, cette beauté est en lui quelque chose d'accidentel ; et l'objet demeure identique, alors même que nous le concevons comme dépouillé de cette propriété.

La ceinture des attraits ne perd pas sa vertu magique en passant à un objet de beauté moindre ou même à ce qui est dé- pourvu de beauté : cela veut dire qu'un être moins beau, ou même qui ne l'est point, peut aussi prétendre à la *beauté du mouvement*.

Le mythe nous dit que la grâce est quelque chose d'*accidentel* dans le sujet où on la suppose ; il s'ensuit qu'on ne peut attri- buer cette propriété qu'à des mouvements accidentels. Dans un idéal de beauté, *il faut* que tous les mouvements *nécessaires* soient beaux, parce qu'en tant que nécessaires, ils font partie de sa nature même ; l'idée de Vénus une fois donnée, l'idée de cette beauté des mouvements nécessaires y est donc implicite- ment comprise ; mais il n'en est pas ainsi de la beauté des mouvements accidentels : c'est une *extension* de la donnée pre- mière. Il y a une grâce de la voix ; il n'y en a point dans la respiration.

Mais toute beauté dans les mouvements accidentels est-elle nécessairement de la grâce ?

La fable grecque, à peine est-il besoin de le rappeler, attri- bue exclusivement la grâce à l'humanité. Elle va plus loin : même la beauté des formes, elle la renferme dans les limites de l'espèce humaine, dans laquelle, comme l'on sait, le peuple grec comprend aussi ses dieux. Mais si la grâce est le privilége exclusif de la forme humaine, aucun des mouvements qui sont communs à l'homme avec le reste de la nature ne peut évi- demment y prétendre. Ainsi, par exemple, si l'on admettait que sur une belle tête les boucles de cheveux pussent s'agiter avec grâce, il n'y aurait pas de raison pour ne pas attribuer aussi un mouvement gracieux aux branches de l'arbre, aux ondes du fleuve, aux épis d'un champ de blé, ou aux membres des animaux. Non, la déesse de Gnide représente exclusivement l'espèce humaine; or, dès que vous ne voyez dans l'homme qu'une créature physique, un objet purement sensible, cet emblème ne le regarde plus.

Ainsi la grâce ne peut se rencontrer que dans les mouvements volontaires; et, là même, dans ceux-là seulement qui expriment quelque sentiment *de l'ordre moral*. Ceux qui n'ont pour principe que la sensibilité animale n'appartiennent, quelque volontaires qu'on les suppose, qu'à la nature physique, laquelle ne s'élève jamais par elle-même jusqu'à la grâce. S'il pouvait y avoir de la grâce dans la manifestation des appétits physiques et des instincts, la grâce ne serait plus ni capable ni digne de servir d'expression à l'humanité.

Et pourtant c'est l'*humanité* seule qui renferme pour le Grec toute idée de beauté et de perfection. Jamais il ne consent à voir, séparée de l'âme, la partie purement sensible; et tel est chez lui ce qu'on pourrait appeler le *sens de l'homme*, qu'il lui est également impossible d'*isoler* soit la nature brute et animale, soit l'intelligence. De même qu'aucune idée ne s'offre à son esprit sans prendre aussitôt une forme visible, et qu'il s'efforce de revêtir d'un corps jusqu'aux conceptions les plus intellectuelles; de même il veut, dans l'homme, que tous les actes de l'instinct expriment en même temps sa destination morale. Jamais pour le Grec la nature n'est *purement* la nature physique, et c'est pourquoi il n'a pas à rougir de l'honorer; jamais pour lui la raison n'est *purement* la raison, et c'est pourquoi il n'a point à trembler de se soumettre à sa règle. La nature physique et le sentiment moral, la matière et l'esprit, la terre et le ciel, se fondent ensemble, avec une merveilleuse beauté, dans ses poésies. L'activité libre, qui n'est véritablement chez elle que dans l'Olympe, il la faisait intervenir jusque dans le domaine des sens; et c'est une raison de ne pas lui en vouloir s'il a transporté réciproquement les affections des sens jusque dans l'Olympe.

Or, ce sens délicat des Grecs qui ne souffre jamais l'élément matériel qu'accompagné du principe spirituel, ne reconnaît, dans l'homme, aucun mouvement volontaire qui n'appartienne qu'aux sens et qui ne manifeste pas en même temps le sentiment moral de l'âme. Par suite, la grâce, pour eux, n'est autre chose qu'une de ces manifestations de l'âme se révélant, avec beauté, dans les mouvements volontaires. Ainsi, partout où il y a de la grâce, c'est l'âme qui est le mobile, et c'est en elle que la beauté du mouvement a son principe. Si bien que notre allégorie mythologique se résout en la pensée que voici : « La grâce est une beauté qui n'est pas donnée par la nature, mais produite par le sujet même. »

Je me suis borné jusqu'ici à déduire[1] l'idée de la grâce du mythe grec, et j'espère n'en point avoir forcé le sens. Qu'il me soit permis maintenant d'essayer à quel résultat nous conduira sur ce point l'investigation philosophique, et de voir si ce sujet, comme tant d'autres, confirmera cette vérité, que l'esprit de philosophie ne peut guère se flatter de rien découvrir qui déjà n'ait été vaguement *entrevu* par le sentiment et *révélé* par la poésie.

Vénus, sans sa ceinture, et sans les Grâces, nous représente l'idéal de la beauté, telle qu'elle peut sortir des mains *de la nature réduite à elle-même, sans l'intervention d'un esprit doué de sentiment*, et par la seule vertu des forces plastiques. Ce n'est pas sans raison que la fable a créé une divinité particulière pour représenter cette sorte de beauté, puisqu'il suffit de voir et de sentir pour la distinguer très-rigoureusement de l'autre, de celle qui doit son origine à l'influence d'un esprit doué de sentiment.

Cette beauté première, ainsi formée par la seule nature en vertu des lois de la nécessité, je la distinguerai de celle qui se règle sur des conditions de liberté, en l'appelant, si on le veut bien, beauté de structure (*beauté architectonique*). Convenons donc de désigner sous ce nom cette partie de la beauté humaine qui non-seulement a pour *principe efficient* les forces et les agents de la nature physique (car on en peut dire autant de

---

1. La *Nouvelle Thalie* ajoute ici : *exegetisch*, « exégétiquement. »

tout phénomène), mais qui est *déterminée*, en tant que beauté, *par les seules forces de cette nature.*

Des membres bien proportionnés, des contours arrondis, un teint agréable, la délicatesse de la peau, une taille dégagée et libre, un son de voix harmonieux, etc., sont des avantages qu'on ne doit qu'à la nature et à la fortune : à la *nature*, qui y a prédisposé, et qui les a elle-même développés; à la *fortune*, qui protége contre toute influence ennemie le travail de la nature.

Vénus sort, *parfaite et achevée*, de l'écume de la mer. Pourquoi parfaite? Parce qu'elle est l'œuvre finie, et exactement déterminée, de la nécessité, et qu'à ce titre elle n'est susceptible ni de variété ni de progrès. En d'autres termes, comme elle n'est qu'une belle représentation des fins diverses que la nature s'est proposées en formant l'homme, et que dès lors chacune de ses propriétés est parfaitement déterminée par l'idée qu'elle réalise, il suit de là qu'on peut la considérer comme définitive et donnée tout d'une fois (quant à son rapport à la conception première), encore bien que cette conception soit soumise, dans son développement, à des conditions de temps.

La beauté architectonique de la forme humaine et sa perfection technique sont deux idées qu'on doit bien se garder de confondre. Par la dernière, il faut entendre *l'ensemble des fins particulières*, telles qu'elles se coordonnent entre elles pour tendre à une fin générale et supérieure; par l'autre, au contraire, un caractère propre à la représentation de ces fins, en tant qu'elles se révèlent, sous une forme visible, à notre faculté de voir et de contempler. Lors donc qu'on parle de la beauté, on ne prend en considération ni la justesse des vues de la nature en elles-mêmes, ni formellement le degré de convenance avec les principes de l'art que peut offrir leur combinaison. Nos facultés contemplatives s'en tiennent à la manière dont l'objet leur apparaît, sans avoir aucun égard à sa constitution logique. Ainsi, quoique la beauté architectonique, dans la structure de l'homme, soit déterminée par l'idée qui a présidé à cette structure, et par les fins que la nature s'y propose, le jugement esthétique, *faisant abstraction* de ces fins, considère cette beauté en elle-même ; et dans l'idée que nous nous en faisons il n'entre rien qui n'appartienne immédiatement et proprement à l'apparence extérieure.

On n'est donc point fondé à dire que la dignité de l'homme et de sa condition *relève* la beauté de sa structure. L'idée que nous avons de sa dignité peut influer, il est vrai, sur le jugement que nous portons de la beauté de sa structure; mais alors ce jugement cesse d'être purement esthétique. Sans doute la constitution technique de la forme humaine est une expression de sa destinée, et, comme telle, elle peut et doit exciter notre admiration; mais cette constitution technique ne se représente qu'à l'*entendement* et non point aux *sens* : c'est un *concept*[1] et non un *phénomène*. La beauté architectonique, au contraire, ne saurait jamais être une expression de la destinée de l'homme[2], puisqu'elle s'adresse à une faculté toute différente de celle à qui il appartient de prononcer sur cette destinée.

Si donc l'homme est, entre toutes les forces techniques créées par la nature, celle à qui par excellence on attribue la beauté, cela n'est exact et vrai qu'à une condition : c'est que, tout d'abord et à la simple apparence, il justifie cette supériorité, sans qu'on ait besoin, pour l'apprécier, de se souvenir de son humanité. Car, pour s'en souvenir, il faudrait passer par un concept; et alors ce ne seraient plus les sens, mais l'entende ment qui deviendrait juge de la beauté, ce qui implique contradiction. L'homme ne peut donc mettre en ligne de compte la dignité de sa destinée morale, ni se prévaloir de sa supériorité comme intelligence, pour revendiquer le prix de la beauté : l'homme, ici, n'est qu'un être jeté comme les autres dans l'espace, un phénomène entre les phénomènes. Dans le monde des sens, on n'a point égard au rang qu'il occupe dans le monde des idées; et s'il veut dans celui-là tenir la première place, il

---

1. Kant « oppose les idées esthétiques et les idées rationnelles : celles-ci sont des concepts auxquels on ne peut trouver de représentation adéquate; celles-là des représentations qu'aucun concept déterminé ne peut rendre exactement. » (M. Jules Barni. *Des beaux-arts dans la doctrine de Kant.*)

2. Il y a ici, dans la *Nouvelle Thalie*, une faute d'impression qui dénature entièrement la pensée : *wie*, « comme, » au lieu de *nie*, « jamais; » ce qui donnerait le sens suivant : « La beauté architectonique, au contraire, peut être comme une expression de la destinée de l'homme. »

ne peut la devoir qu'à ce qui, en lui, appartient à *l'ordre physique.*

Mais sa nature physique est elle-même déterminée, nous le savons, par l'idée de son humanité : d'où il suit que sa beauté architectonique l'est médiatement aussi. Si donc il se distingue, par une beauté supérieure, de toutes les créatures du monde sensible, il est incontestable qu'il doit cet avantage à sa destinée comme homme, puisque c'est en elle seule que se trouve la raison des différences qui en général le séparent du reste du monde sensible. Mais la beauté de la forme humaine ne tient pas à ce qu'elle est l'expression de cette destinée supérieure ; car, s'il en était ainsi, cette forme cesserait nécessairement d'être belle, dès l'instant qu'elle exprimerait une moins haute destinée ; et le contraire de cette forme serait beau, dès l'instant qu'on pourrait admettre qu'il exprime cette destination plus relevée. Cependant, supposé qu'à la vue d'une belle figure humaine, on pût oublier complétement ce qu'elle exprime, et mettre à la place, sans rien changer à ses dehors, les instincts sauvages du tigre, le jugement qu'en portent les yeux resterait absolument le même, et le tigre serait pour eux le chef-d'œuvre du Créateur.

La destinée de l'homme comme intelligence ne contribue donc à la beauté de sa structure, qu'en tant que la forme qui représente cette destinée, l'expression qui la rend sensible, satisfait en même temps aux conditions qui sont prescrites dans le monde des sens à la manifestation du beau. Ce qui revient à dire que la beauté doit toujours demeurer un pur effet de la nature physique, et que le concept rationnel qui a déterminé la *technique*[1] de la structure humaine, ne peut pas lui *conférer* la beauté, mais simplement être *compatible avec* la beauté.

---

1. Schiller développe ici les principes exposés dans la *Critique du Jugement esthétique* de Kant (qui forme la première partie de la *Critique du Jugement*, §§ 1-59). Il adopte, sans l'expliquer, la technologie du maître ; et nous devons reproduire aussi ces termes de l'école, auxquels il n'est pas toujours sans inconvénient de substituer des équivalents ou des périphrases. Mais quelques-uns de ces termes peuvent avoir besoin d'interprétation, et le mot *technique* est du nombre. « La *technique* est cette partie de l'art qui se rapporte à l'*utile* plutôt qu'à l'idée même du *beau*, et par laquelle l'art se rapproche du *métier*. Ainsi, dans l'architecture, il faut bien tenir compte de l'usage auquel est destiné tel

On pourrait m'objecter, il est vrai, qu'en général tout ce qui se manifeste par une représentation sensible, est produit par les forces de la nature, et que par conséquent ce caractère ne peut être exclusivement un indice du beau. Oui, sans doute, toutes les créations techniques sont l'œuvre de la nature, mais ce n'est pas par le fait de la nature qu'elles sont techniques, ou du moins qu'elles sont jugées telles. Elles ne sont techniques que par l'entendement, et ainsi leur perfection technique a déjà son existence dans l'entendement avant de passer dans le monde des sens et de devenir un phénomène sensible. La beauté, au contraire, a cela de tout particulier, que le monde sensible n'est pas seulement son théâtre, mais la source première où elle prend naissance, et qu'elle doit à la nature non-seulement son expression, mais aussi sa création. La beauté n'est absolument qu'une propriété du monde sensible, et l'artiste, qui a la beauté en vue, ne saurait y atteindre qu'autant qu'il entretient cette illusion, que son œuvre est l'œuvre de la nature.

Pour apprécier la perfection technique du corps humain, on a besoin de se représenter les fins auxquelles il est approprié : ce qui n'est point du tout nécessaire pour en apprécier la beauté. Ici, les sens n'ont besoin d'aucun secours, et jugent seuls avec pleine compétence : or, ils ne seraient pas juges compétents de la beauté, si le monde sensible (les sens n'ont pas d'autre objet) n'en renfermait toutes les conditions, et ainsi ne suffisait complétement à la produire. La beauté de l'homme, il est vrai, a pour raison *médiate* l'idée de son humanité, puisque toute sa nature physique est fondée sur cette idée; mais les sens, nous le savons, s'en tiennent au phénomène *immédiat*, et pour eux il en est exactement de même que si cette beauté était un simple effet de la nature, parfaitement indépendant.

D'après ce que nous avons dit jusqu'ici, il semblerait que la beauté ne pût offrir absolument aucun intérêt à l'entendement, puisqu'elle a son principe uniquement dans le monde sen-

---

édifice, et prendre ses dispositions en conséquence. Pour l'approprier à son objet, il faut lui donner avant tout certaines dimensions, certaines conditions de sonorité, de lumière, etc. C'est ce qui constitue la *technique* de l'architecture, par opposition à l'*esthétique* de cet art, qui n'a en vue que la satisfaction du sentiment du beau. »

sible, et qu'entre toutes nos facultés de connaître, elle ne
s'adresse qu'à nos sens. Et en effet, du moment que nous écartons de l'idée du beau, comme un élément étranger, tout ce que
l'idée de la perfection technique mêle, presque inévitablement, au
jugement de la beauté, il semble qu'il ne lui reste plus rien par
quoi elle puisse être l'objet d'un plaisir intellectuel. Et néanmoins, il est tout aussi incontestable que le beau *plaît à l'entendement*, qu'il est hors de doute que le beau ne repose sur
aucune propriété de l'objet qu'on n'y pourrait découvrir que
par l'entendement.

Pour résoudre cette apparente contradiction, il faut se souvenir que les phénomènes peuvent de deux manières différentes
passer à l'état d'objets de l'entendement, et exprimer des idées.
Il n'est pas toujours nécessaire que l'entendement *tire* ces idées
des phénomènes : il peut aussi les y *mettre*. Dans les deux cas
le phénomène sera adéquat à un concept rationnel, avec cette
simple différence, que, dans le premier cas, l'entendement
l'y trouve objectivement donné, et ne fait en quelque sorte que
le recevoir de l'objet, parce qu'il est nécessaire que l'idée soit
donnée pour expliquer la nature et souvent même la possibilité de l'objet ; que, dans le second cas au contraire, c'est l'entendement qui de lui-même interprète, de manière à en faire
l'expression de son idée, ce que le phénomène nous offre, sans
aucun rapport à cette idée, et traite ainsi par le procédé métaphysique ce qui en réalité est purement physique. Ainsi là,
dans l'association de l'idée à l'objet, il y a nécessité objective ;
ici au contraire, tout au plus nécessité subjective. Je n'ai pas
besoin de dire que, dans ma pensée, le premier de ces deux
rapports doit s'entendre de la perfection technique, le second
de la beauté.

Puis donc que, dans le second cas, c'est chose toute contingente pour l'objet sensible, qu'il y ait ou non en dehors de lui
un sujet qui le perçoive, un entendement qui associe à cette
perception une de ses propres idées, et que, par conséquent,
l'ensemble de ses propriétés objectives doit être considéré
comme pleinement indépendant de cette idée, on a parfaitement le droit de réduire le beau, *objectivement*, à de simples
conditions de nature physique, et de ne voir dans la beauté

qu'un effet appartenant purement au monde sensible. Mais
comme, de l'autre côté, l'entendement fait de ce simple
effet du monde sensible un usage transcendant[1], et qu'en lui
prêtant une signification plus haute, par cela même il le marque, en quelque façon, de son empreinte, on a également le
droit de transporter le beau, *subjectivement*, dans le monde de
l'intelligible. C'est ainsi que la beauté appartient à la fois aux
deux mondes : à l'un par droit de *naissance*, à l'autre par *adop-
tion*; elle prend son être dans le monde sensible, elle *acquiert*
droit de bourgeoisie dans le monde de l'entendement. C'est ce
qui explique aussi comment il peut se faire que le goût, en tant
que faculté d'apprécier le beau, tienne à la fois de l'élément
spirituel et du sensible, et que ces deux natures, incompatibles
l'une à l'autre, se rapprochent pour former en lui un heureux
accord. C'est ce qui explique comment le goût peut concilier à
l'*élément matériel* le respect de l'entendement, au *principe rationnel* la faveur et la sympathie des sens; comment il peut
ennoblir les perceptions sensibles jusqu'à en faire des idées,
et, dans une certaine mesure, transformer le monde physique
lui-même en un domaine de l'idéal.

Toutefois, s'il est accidentel, par rapport à l'objet, que l'entendement associe à la représentation de cet objet une de ses propres idées, il n'en est pas moins nécessaire, pour le sujet qui
se le représente, d'attacher à une telle représentation une telle
idée. Cette idée, et l'indice sensible qui y correspond dans
l'objet, doivent être l'un avec l'autre dans un rapport tel, que
l'entendement soit forcé à cette association par ses propres lois
immuables. Il faut donc que l'entendement ait en lui-même la
raison qui l'amène à associer exclusivement à *certains* phénomènes certaine idée déterminée, et réciproquement que l'objet ait en lui-même la raison pour laquelle il provoque exclusivement cette idée-là et non une autre. Quant à savoir quelle
peut être l'idée que l'entendement porte dans le beau, et par
quelle propriété objective l'objet doué de beauté peut être capable de servir de symbole à cette idée : c'est là une question

---

1. Ou *métaphysique* : ces deux mots sont ici synonymes. Le terme *transcendant*, opposé à *immanent*, est appliqué par Kant à « l'usage qu'on fait des idées
qui dépassent l'expérience. »

beaucoup trop grave pour être résolue ici en passant, et je réserve cet examen pour une théorie analytique de la beauté.

La beauté architectonique de l'homme est donc, de la façon que je viens de dire, *l'expression sensible d'un concept rationnel;* mais elle ne l'est que dans le même sens et au même titre que le sont en général toutes les belles créations de la nature. Quant au *degré*, elle surpasse toutes les autres beautés, j'en conviens; mais quant au *genre*, elle est sur le même rang qu'elles, puisqu'elle aussi ne manifeste de son sujet que ce qui est sensible, et que c'est seulement quand nous nous la représentons qu'elle reçoit une valeur supra-sensible[1]. Que si les fins de la création sont marquées dans l'homme avec plus de succès et de beauté que dans les autres êtres organiques, c'est en quelque sorte une *faveur* dont l'intelligence, en tant qu'ayant dicté les lois de l'humaine structure, a gratifié la nature chargée d'exécuter ces lois. L'intelligence, il est vrai, poursuit ses fins, dans la technique de l'homme, avec une rigoureuse nécessité; mais heureusement ses exigences se *rencontrent et s'accordent* avec les lois nécessaires de la nature, si bien que celle-ci exécute l'ordre de celle-là, tout en n'agissant que d'après son propre penchant.

Mais cela ne peut être vrai que de la beauté *architectonique* de l'homme, où les lois nécessaires de la nature physique sont soutenues par une autre nécessité, celle du principe téléologique qui les détermine. C'est ici seulement que la beauté pouvait être *calculée* par rapport à la technique de la structure : ce qui ne peut plus avoir lieu lorsqu'il n'y a nécessité que d'un côté, et que la cause supra-sensible qui détermine le phéno-

---

1. Car, pour le répéter encore une fois, la *simple intuition sensible* nous donne tout ce que la beauté a d'*objectif*. Mais, comme ce qui fait la supériorité de l'homme sur le reste des créatures sensibles ne se montre pas à la simple intuition, il n'est pas possible qu'une propriété de l'objet laquelle se manifeste dès l'intuition et par elle seule, rende cette supériorité visible. Sa destinée morale, seul principe de cet avantage, n'est donc pas exprimée par sa beauté, et, par conséquent, l'idée qu'on se fait de celle-là ne saurait être l'un des éléments de celle-ci, ni entrer pour rien dans le jugement esthétique. Ce n'est point la pensée même dont la figure humaine est l'expression, ce sont uniquement les effets de cette pensée devenus dans le phénomène, qui se rendent sensibles. Les sens ne sont pas plus capables de s'élever au principe supra-sensible de ces effets, qu'il n'est vrai de dire (qu'on veuille bien me permettre cet exemple) que l'homme physique s'élève à l'idée de la cause suprême de l'univers, en donnant satisfaction à ses instincts. (*Note de Schiller.*)

mène prend un caractère contingent. Ainsi, c'est la nature *seule*
qui pourvoit à la beauté architectonique de l'homme, parce
qu'ici, dès le premier dessin, elle a été chargée, une fois pour
toutes, par l'intelligence créatrice, de l'exécution de tout ce
dont l'homme a besoin pour arriver aux fins auxquelles il est
destiné, et qu'elle n'a, par conséquent, aucun changement à
craindre dans cette œuvre *organique* qu'elle accomplit.

Mais l'homme est, de plus, une *personne*, c'est-à-dire, un être
dont les différents états peuvent avoir leur cause en lui-même,
et absolument leur cause dernière ; un être qui peut se modifier
par des raisons qu'il puise en soi. La manière dont il paraît
dans le monde sensible, dépend de sa manière de sentir et de
vouloir, et, par conséquent, de certains états qui sont librement déterminés par lui-même, et non fatalement par la
nature.

Si l'homme n'était qu'une créature physique, la nature, en
même temps qu'elle établit les *lois* générales de son être, déterminerait aussi les *cas* divers d'application. Mais ici elle partage
l'empire avec le libre arbitre ; et, bien que ses lois soient
fixes, c'est l'esprit qui prononce sur les cas particuliers.

Le domaine de l'esprit s'étend *jusqu'où va la nature vivante*[1],
et il ne finit qu'au point où la vie organique se perd dans la
matière brute et informe, au point où les forces animales cessent d'agir. On sait que toutes les forces motrices, dans l'homme,
tiennent les unes aux autres ; et c'est ce qui fait comprendre
comment l'esprit, même à ne le considérer que comme principe du mouvement volontaire, peut propager son action par
tout l'organisme. Ce ne sont pas seulement les instruments de
la volonté, mais encore les organes mêmes sur lesquels la
volonté n'exerce pas immédiatement son empire, qui subissent,
indirectement au moins, l'influence de l'esprit. L'esprit les détermine, non pas seulement à dessein, lorsqu'il agit ; mais
encore sans dessein, lorsqu'il sent.

A la nature en elle-même (cela résulte clairement de ce qui
précède) il ne faut rien demander que la beauté fixe, celle des

---

1. Dans la *Nouvelle Thalie* et dans l'édition de Leipzig de 1793, il y a, au
lieu de *lebendig*, « vivante, » *technisch*, « technique. » Voyez la note de la p. 59.

phénomènes qu'elle a seule à déterminer selon la loi de la nécessité. Mais avec le *libre arbitre*, le *hasard* (l'accidentel) intervient dans l'œuvre de la nature; et les modifications qui l'affectent ainsi sous l'empire de la libre volonté ne sont plus, bien
que tout s'y comporte *selon* ses propres lois, déterminées *par*
ces lois. Désormais c'est à l'esprit de décider quel usage il veut
faire de ses instruments, et quant à cette partie de la beauté qui
dépend de cet usage, la nature n'a plus rien à commander, ni,
par conséquent, aucune responsabilité à encourir.

Et ainsi l'homme se verrait exposé, par cela même que, faisant usage de sa liberté, il s'élève jusqu'à la sphère des pures
intelligences, à *déchoir* en tant que créature sensible, et à
perdre au jugement du goût ce qu'il gagne au tribunal de la
raison! Ainsi cette destinée morale *accomplie* par l'action spontanée de l'homme, lui coûterait un privilége que lui assurait
cette même destinée morale simplement *indiquée* dans sa structure : privilége purement sensible, il est vrai, mais qui reçoit,
nous l'avons vu, de l'entendement, une signification, une valeur
plus haute! Non, la nature aime trop l'harmonie pour se rendre
coupable d'une contradiction si grossière; et ce qui est harmonieux dans le monde de l'entendement ne saurait se traduire
par une discordance dans le monde des sens.

Lors donc que, dans l'homme, la *personne*, l'agent moral et
libre, prend sur lui de déterminer le *jeu* des phénomènes [1], et
que, par son intervention, il ôte à la nature le pouvoir de
protéger la beauté de son œuvre, par cela même il se substitue
à la nature, et il assume, en quelque sorte, avec les droits de
la nature, une part des obligations qui lui incombent. Lorsque
l'esprit, s'emparant de la matière sensible qui lui est subordonnée, l'implique dans sa destinée et la fait dépendre de ses
propres modifications, il se transforme lui-même, jusqu'à un
certain point, en phénomène sensible, et, comme tel, s'oblige
à reconnaître la loi qui régit en général tous les phénomènes.
Dans son intérêt même, il s'engage à permettre qu'à son ser-

---

1. Kant distingue dans les beaux-arts, les arts *parlants*, les arts *figuratifs*,
et l'art *du beau jeu des sensations* (voy. la *Critique du jugement*, 1re partie,
§ 51).

vice la nature, placée sous sa dépendance, conserve encore son caractère de *nature*, et à ne jamais agir sur elle dans un sens *contraire à son obligation antérieure*. J'appelle la beauté une *obligation* des phénomènes, parce que le besoin qui y correspond dans le sujet, a sa raison dans l'entendement même, et qu'il est par conséquent universel et nécessaire. Je l'appelle une obligation *antérieure*, parce que les sens, en fait de beauté, ont porté leur jugement avant que l'entendement commence à faire son office.

Ainsi, c'est maintenant le libre arbitre qui régit la beauté. Si la nature a fourni la beauté architectonique, l'âme, à son tour, détermine la *beauté du jeu*[1]. Et maintenant aussi, nous savons ce qu'il faut entendre par l'agrément et la grâce. La grâce, c'est la beauté de la forme, sous l'influence de la libre volonté; c'est la beauté de cette sorte de phénomènes que la personne même détermine. La beauté architectonique fait honneur à l'auteur de la nature : la grâce fait honneur à celui qui la possède. Celle-là est un *don*, celle-ci est un *mérite personnel*.

La grâce ne peut se trouver que dans le *mouvement*; car une modification qui a lieu dans l'âme ne peut se manifester dans le monde sensible que comme mouvement. Mais cela n'empêche pas que des traits fixes et au repos ne puissent avoir aussi de la grâce. Ces traits fixes étaient, à l'origine, de certains mouvements, qui, fréquemment répétés, sont devenus enfin une habitude, et qui ont imprimé des traces durables[2].

Mais tous les mouvements de l'homme ne sont point capables de grâce. La grâce n'est jamais que *la beauté de la forme animée de mouvement par la libre volonté*; et les mouvements *qui n'ap-*

---

1. Voyez la note de la page précédente.
2. Home a donc singulièrement *restreint* l'idée de la grâce, lorsqu'il a dit (*Principes de la Critique*, t. II, p. 39, dernière édition), « que, si la plus gracieuse personne du monde est *en repos* et qu'elle ne parle ni ne se meuve, nous perdons de vue la propriété de la grâce, comme nous cessons de voir la couleur dans l'obscurité. » Non, nous ne perdons point de vue la grâce, tant que nous distinguons dans la personne endormie les traits qu'y a formés un esprit bienveillant et doux; et c'est précisément la partie la plus précieuse de la grâce qui subsiste alors, je veux dire cette partie qui est due originairement à des *gestes* ou mouvements passagers, dont l'empreinte a fini par former des *traits durables*, et qui, par conséquent, exprime la *facilité* de l'âme à recevoir de belles impressions. Mais si le prétendu *correcteur* du livre de Home a cru redresser son

partiennent qu'à la nature physique ne sauraient mériter ce nom.
Il est vrai que dans l'homme l'esprit, s'il est vif, finit par se
rendre maître de presque tous les mouvements du corps ; mais
quand la chaîne qui rattache un beau trait à un sentiment moral s'allonge beaucoup, ce trait devient une propriété de la
structure, et ne peut plus guère être compté pour de la grâce.
Il arrive à la fin que l'esprit se *façonne* son corps, et que la
structure elle-même est forcée de se modifier selon le *jeu* que
l'âme imprime aux organes : si bien que la grâce se transforme
finalement, et les exemples n'en sont pas rares, en beauté
architectonique.

De même qu'un esprit ennemi qui n'est point en paix avec
lui-même, altère et détruit la plus parfaite beauté de structure,
au point qu'on finit par ne plus pouvoir reconnaître ce magnifique chef-d'œuvre de la nature en l'état où l'a réduit, sous ses
mains indignes, la libre volonté, de même on voit parfois la
sérénité et la parfaite harmonie de l'âme venir en aide à la
technique entravée, affranchir la nature, et *développer* avec
une splendeur divine la beauté des formes, enveloppée jusque-
là et comme opprimée. La nature plastique de l'homme a en
elle une infinité de ressources pour réparer les négligences et
corriger les fautes qu'elle a pu commettre : il suffit pour cela
que l'esprit, que l'agent moral la soutienne, souvent même
qu'il veuille seulement ne la point troubler dans ce travail par
lequel elle façonne son œuvre.

Que si les *mouvements devenus fixes* (les gestes passés à l'état
de traits) sont eux-mêmes capables de grâce, il semblerait
peut-être assez rationnel de comprendre également sous cette

---

auteur en disant (voy. le même ouvrage, t. II, p. 459) « que la grâce n'est point
exclusivement bornée aux mouvements volontaires ; qu'une personne endormie
ne cesse point d'être charmante. » — et pourquoi ? — « parce que ce n'est que
dans cet état que les mouvements involontaires, mouvements doux, et qui n'en
sont que plus gracieux, deviennent bien visibles, » notre correcteur fait pis que
Home : il détruit absolument l'idée de la grâce, que Home s'était contenté de
trop restreindre. Les mouvements involontaires dans le sommeil, s'ils ne sont
pas des répétitions mécaniques de ceux où la volonté a eu part dans l'état de
veille, ne peuvent avoir absolument aucune grâce, bien loin d'être gracieux par
excellence ; et si une personne endormie est charmante, ce n'est point du tout
par les mouvements qu'elle peut faire, mais bien par ses traits, qui témoignent
de ses mouvements antérieurs. (*Note de Schiller.*)

idée la beauté *des mouvements apparents ou imités* (les lignes
flamboyantes, par exemple, les ondulations). C'est même ce que
soutient positivement Mendelssohn[1]. Mais alors l'idée de la
grâce irait se confondre avec l'idée de la beauté en général;
car *toute* beauté n'est en définitive qu'une propriété du mouvement vrai ou apparent (objectif ou subjectif), ainsi que j'espère
le démontrer dans une analyse du beau. Quant à la grâce, les
seuls mouvements qui en puissent offrir, sont ceux qui répondent en même temps à un sentiment.

La personne (on sait ce que j'entends par ce mot) prescrit
les mouvements à son corps, ou bien par sa volonté, lorsqu'elle
veut réaliser dans le monde sensible un effet dont elle s'est
proposé l'idée, et, dans ce cas, les mouvements sont dits *volontaires* ou intentionnels; ou bien ils ont lieu, sans que sa volonté
y ait part, en vertu d'une loi fatale de l'organisme, mais à l'occasion d'un sentiment : dans ce dernier cas, je dis que les mouvements sont *sympathiques*. Le mouvement sympathique, bien
qu'il soit involontaire, et provoqué par un sentiment, ne doit
pas être confondu avec ces mouvements purement instinctifs
qui procèdent de la sensibilité physique. L'instinct physique
n'est point un agent libre, et ce qu'il exécute n'est point un
acte de la personne. J'entends donc exclusivement ici par mouvements sympathiques ceux qui accompagnent un sentiment,
une disposition, de l'ordre moral.

La question qui se présente maintenant est celle-ci : de ces
deux sortes de mouvements qui ont leur principe dans la personne, laquelle est capable de grâce?

Ce qu'on est rigoureusement forcé de distinguer dans l'analyse philosophique, n'est pas pour cela toujours séparé dans la
réalité. Ainsi il est rare que l'on rencontre des mouvements
intentionnels sans mouvements sympathiques, attendu que la
volonté ne détermine les mouvements intentionnels qu'après
s'être décidée elle-même par des sentiments moraux qui sont
le principe des mouvements sympathiques. Quand une personne
parle, nous voyons *parler* en même temps ses regards, ses traits,
ses mains, souvent même tout son corps; et il n'est pas rare

_____

1. *Écrits philosophiques*, t. I, p. 90. (*Note de Schiller.*)

que cette partie *mimique* du discours en soit estimée la plus
éloquente. Bien plus, il y a des cas où un mouvement intentionnel peut être considéré en même temps comme sympathique; et c'est ce qui arrive lorsqu'il se mêle quelque chose
d'involontaire à l'acte volontaire qui détermine ce mouvement.

Je m'explique. Le mode, la manière dont un mouvement volontaire est exécuté, n'est pas chose si exactement déterminée par l'intention qu'on s'y propose, qu'il ne puisse être
exécuté de plusieurs manières différentes. Eh bien, ce que la
volonté ou l'intention y a laissé d'indéterminé peut être déterminé *sympathiquement* par l'état de sensibilité morale où se
trouve la personne, et conséquemment peut exprimer cet état.
Quand j'étends le bras pour saisir un objet, j'exécute à la vérité
une intention, et le mouvement que je fais est déterminé en
général par la fin que je me propose; mais par quelle voie mon
bras se portera-t-il vers l'objet? jusqu'où les autres parties de
mon corps suivront-elles cette impulsion? quelle sera la lenteur ou la rapidité du mouvement? quelle somme de force y
emploierai-je? C'est un calcul dont ma volonté, *sur le moment*,
ne s'est point préoccupée; et par conséquent il y a là quelque
chose qui reste abandonné à la discrétion de la nature. Mais il
faut pourtant bien que cette part du mouvement qui n'est point
déterminée par l'intention même, soit décidée enfin d'une façon ou de l'autre, et c'est ce qui fait que la manière dont ma
sensibilité morale est affectée peut avoir ici une influence dé-
cisive : c'est elle qui donnera le *ton*, et qui déterminera ainsi
le mode et la manière du mouvement. Or, cette influence
qu'exerce sur le mouvement volontaire l'état de sensibilité
morale où se trouve le sujet, représente précisément la partie
involontaire de ce mouvement, et c'est là aussi qu'il faut chercher la grâce.

Un mouvement *volontaire*, s'il ne se rattache à aucun mouvement sympathique, ou, ce qui revient au même, s'il ne s'y
mêle quelque chose *d'involontaire* ayant pour principe l'état moral de sensibilité où se trouve le sujet, ne saurait *en aucune
façon* offrir de la *grâce*, car la grâce suppose toujours, comme
cause, une disposition de l'âme. Le mouvement volontaire se
produit *à la suite* d'une opération de l'âme, laquelle par con-

séquent est déjà consommée au moment où le mouvement a
lieu.

Le mouvement sympathique, au contraire, *accompagne* cette
opération de l'âme, et l'état moral de sensibilité qui la décide à
cette opération : si bien que ce mouvement doit être considéré
comme *simultané* par rapport à l'une et à l'autre.

De cela seul il résulte que le mouvement volontaire ne procédant point immédiatement de la disposition du sujet, ne saurait être non plus une expression de cette disposition. Car entre
la disposition et le mouvement lui-même est intervenue la *volition*, laquelle, considérée en elle-même, est quelque chose
de parfaitement indifférent ; ce mouvement est l'œuvre de la
volition, il est déterminé par le but qu'on se propose : ce n'est
point l'œuvre de la personne, ni le produit des sentiments qui
l'affectent.

Le mouvement volontaire n'est lié qu'accidentellement avec
la disposition qui le précède : le mouvement concomitant, au
contraire, y est lié nécessairement. Le premier est à l'âme ce
que les signes conventionnels de la parole sont à la pensée qu'ils
expriment : le second au contraire, le mouvement sympathique
ou concomitant, est à l'âme ce qu'est le cri de la passion à la
passion même. Le mouvement involontaire est donc une expression de l'esprit, non point par sa *nature*, mais seulement
par son *emploi*. Et par conséquent, on n'est pas non plus fondé
à dire que *l'esprit* se révèle dans un mouvement volontaire ; ce
mouvement n'exprimant jamais que la *matière de la volonté* (le
but), et non la *forme de la volonté* (la disposition). La disposition ne peut se manifester pour nous que par les mouvements
concomitants[1].

_____

1. Quand un événement a lieu en présence d'une nombreuse société, il peut
se faire que chacun des assistants conçoive une opinion différente des sentiments des personnes qui agissent : tant il est vrai que les mouvements volontaires
ne sont liés qu'accidentellement avec la cause morale qui les détermine. Mais
qu'une personne de cette société voie paraître inopinément à ses yeux ou son
ami le plus cher ou son mortel ennemi, l'expression de son visage trahira aussitôt et nettement, par des signes non équivoques, les sentiments de son cœur ;
et il est probable que la compagnie tout entière portera un jugement unanime
sur l'état présent de la sensibilité de cet homme : c'est que l'expression, ici,
est liée nécessairement, et par la loi de la nature, avec l'affection qui, dans
l'âme, l'a déterminée. (*Note de Schiller.*)

Il suit de là qu'on peut bien inférer des discours d'un homme *quel caractère il veut qu'on lui attribue*; mais, si l'on veut savoir *quel est en réalité son caractère*, il faut chercher à le deviner à l'expression mimique qui accompagne ses paroles, et à ses gestes, c'est-à-dire à des mouvements *qu'il n'a point voulus*. Vient-on à reconnaître que cet homme peut *vouloir* jusqu'à l'expression de ses traits, dès l'instant qu'on a fait cette découverte, on cesse d'en croire son visage et d'y voir un indice de ses sentiments.

Il est bien vrai qu'un homme, à force d'art et d'étude, peut arriver enfin à ce résultat, de soumettre à sa volonté jusqu'aux mouvements concomitants, et, comme un jongleur habile, d'empreindre à son gré telle ou telle physionomie sur ce miroir où l'âme se réfléchit par la mimique. Mais alors c'est que dans un pareil homme tout est mensonge, et que l'art a entièrement absorbé la nature. Or, la grâce au contraire doit toujours être pure nature, c'est-à-dire involontaire (ou tout au moins le paraître); pour être gracieux, le sujet ne doit même pas avoir l'*air de se douter qu'il ait de la grâce*.

Par où l'on peut voir encore accessoirement ce qu'il faut penser de la grâce *imitée* ou *apprise* (volontiers l'appellerais-je grâce théâtrale ou grâce de maître de danse). C'est exactement le pendant de cette sorte de *beauté* qu'une femme trouve sur sa table de toilette, à grand renfort de carmin, de céruse, de fausses boucles, de fausses gorges [1] et de baleines. La grâce d'imitation est à la grâce véritable ce que la *beauté de toilette* est à la beauté *architectonique* [2]. L'une et l'autre pourront faire sur des sens mal exercés absolument le même effet que l'original dont elles

---

1. Schiller a écrit ces deux mots en français.
2. En faisant cette comparaison, j'ai tout aussi peu envie de méconnaître l'utilité du maître de danse pour qui veut acquérir la vraie grâce, que de contester au comédien le droit d'y prétendre. Il est incontestable que le maître de danse sert utilement la véritable grâce, en accoutumant la volonté à commander à ses organes, et en écartant les obstacles que la *masse matérielle* et la *pesanteur* opposent au libre jeu des forces vives. Or, il ne peut atteindre ce but qu'au moyen de certaines *règles*, qui, assujettissant le corps à une discipline salutaire, peuvent avoir, et en elles-mêmes et pour les yeux, de la *roideur* et de la *contrainte*, tant que la force d'inertie oppose encore sa résistance. Mais au moment où l'écolier sort de son académie, il faut que la règle ait fait en lui tout son office, et qu'elle n'ait pas besoin de le suivre dans le

veulent être l'imitation, et parfois même, si l'on y met beaucoup d'art, elles pourront faire illusion au connaisseur. Mais il y aura toujours quelque indice qui finira par trahir l'intention et la contrainte, et cette découverte aura pour suite inévitable l'indifférence, sinon même le mépris et le dégoût. Sommes-nous avertis que la beauté architectonique est *factice*, tout aussitôt, plus elle a emprunté à une nature qui n'est point la sienne, plus elle perd à nos yeux de ce qui appartient à l'humanité (en tant que phénomène), et alors, nous qui ne permettons même pas qu'on renonce de gaieté de cœur à un avantage accidentel, comment pourrions-nous voir avec plaisir, ou même avec indifférence, un échange par lequel l'homme a sacrifié une part de sa propre nature pour y substituer des éléments pris à une nature inférieure? Comment, en supposant même que nous pussions pardonner l'illusion produite, comment ne point mépriser cette tromperie? Sommes-nous avertis que la *grâce* est artificielle, soudain notre cœur se ferme : notre âme, qui d'abord se

monde ; il faut, en un mot, que ce qu'il acquiert par la règle devienne en lui comme une propriété de nature.

Le peu d'estime avec lequel je parle ici de la grâce théâtrale ne doit s'entendre que de la grâce d'*imitation*; et pour celle-ci je n'éprouve pas l'ombre d'hésitation à la rejeter du théâtre aussi bien que de la vie réelle. J'avoue que je n'aime point un comédien qui a étudié la grâce devant sa toilette, quel que soit d'ailleurs le succès de cette étude. Il y a deux choses que nous exigeons du comédien : la *vérité* du jeu, et la *beauté* du jeu. Or, je prétends que pour *ce qui a trait à la vérité du jeu*, le comédien doit tout demander à l'art et ne rien demander à la nature, parce qu'autrement ce ne serait plus un artiste; et je l'admirerai, par exemple, si, après l'avoir vu jouer en maître le rôle d'un Guelfe furieux, j'entends dire ou je vois que c'est un homme doux de caractère. Mais je soutiens au contraire que pour *ce qui a trait à la grâce de son jeu*[*], il ne doit rien attendre de l'art, et doit laisser faire la nature. Quand je suis frappé de la vérité de son jeu, si je viens à penser que le caractère qu'il représente ne lui est pas naturel, *je l'en apprécierai davantage*; mais qu'à propos de la beauté de son jeu, l'idée me vienne que ces mouvements gracieux ne lui sont pas naturels, j'aurai peine à me défendre d'un mouvement d'humeur contre l'*homme*, qui n'a pu se passer ici du secours de l'*artiste*. La raison en est que l'essence de la grâce s'évanouit dès qu'elle n'est plus naturelle, et que cette qualité est une de celles que nous nous croyons en droit d'exiger de l'homme lui-même. Mais que répondre maintenant à un acteur qui voudrait savoir ce qu'il doit faire pour acquérir cette grâce qu'il ne peut *apprendre par imitation*? Il doit, selon moi, s'attacher d'abord à laisser mûrir en lui l'humanité; puis, si c'est d'ailleurs sa vocation, s'en aller la représenter sur la scène.

(*Note de Schiller.*)

* Dans la *Nouvelle Thalie* et dans l'édition de 1793 : « A la *beauté* de son jeu. »

portait avec tant de vivacité à la rencontre de l'objet gracieux, se rejette en arrière. Ce qui était esprit est soudain devenu matière. Junon, et sa céleste beauté, s'est évanouie ; à sa place il ne reste plus qu'un fantôme de nuées[1].

Mais bien que la grâce doive être ou tout au moins paraître quelque chose d'involontaire, toutefois nous ne la cherchons que dans des mouvements qui dépendent, plus ou moins, de la volonté. Je sais bien qu'on attribue aussi de la grâce à un certain langage mimique et que l'on dit un sourire gracieux, une rougeur charmante, quoique le sourire et la rougeur soient des mouvements sympathiques, déterminés non par la volonté, mais par la sensibilité morale. Mais, outre que le premier de ces mouvements est après tout en notre pouvoir, et qu'il n'est pas démontré que dans le second il y ait, à proprement parler, de la grâce, il est vrai de dire en général que la plupart du temps, quand la grâce se montre, c'est à l'occasion d'un mouvement volontaire. On veut de la grâce dans le parler et dans le chant, on en demande au jeu volontaire des yeux et de la bouche, aux mouvements des mains et des bras toutes les fois que ces mouvements sont libres et volontaires ; on en veut dans la démarche, dans la pose et dans l'attitude ; en un mot, dans toute démonstration extérieure de l'homme même, en tant qu'elle dépend de sa volonté. Quant aux mouvements que produit en nous l'instinct de nature, ou qu'une affection devenue maîtresse y exécute, pour ainsi parler, de son chef, ce qu'on demande à ces mouvements, purement physiques par leur origine même, c'est comme on le verra tout à l'heure, tout autre chose que de la grâce. Ces sortes de mouvements appartiennent à la *nature*, et non pas à la *personne* : or, c'est de la personne seule que doit découler, nous l'avons vu, tout ce qui est grâce.

Si donc la grâce est une propriété que nous exigeons des mouvements volontaires, et si, d'autre part, tout élément volontaire doit être rigoureusement exclu de la grâce, nous n'avons plus à la chercher que dans cette partie des mouvements intentionnels à laquelle l'intention du sujet reste étrangère, et

1. Allusion au crime d'Ixion, et à la naissance des Centaures.

qui toutefois ne laisse pas de répondre, dans l'âme, à une cause morale.

Nous savons maintenant à quelle espèce de mouvements il faut demander de la grâce ; mais nous ne savons rien de plus, et un mouvement peut avoir ces divers caractères, sans pour cela être gracieux : il n'est encore que *parlant* (ou mimique).

J'appelle *parlant* (dans le sens le plus large du mot), tout phénomène physique qui accompagne et qui exprime un certain état de l'âme. Ainsi, dans cette acception, tous les mouvements sympathiques sont parlants, y compris ceux qui accompagnent de simples affections de la sensibilité animale.

L'aspect même sous lequel se présentent les animaux peut être parlant, dès lors qu'il témoigne par le dehors de leurs dispositions intérieures. Mais, chez eux, c'est la *nature* seule qui parle, et non point la *liberté*. Par la configuration permanente des animaux, par leurs traits fixes et architectoniques, la nature a exprimé le *but* qu'elle se proposait en les créant ; par leurs traits mimiques, elle exprime le *besoin* qui s'éveille, ou le besoin satisfait. La nécessité règne dans l'animal ainsi que dans la plante, sans y rencontrer jamais l'obstacle d'une *personne*. Les animaux n'ont d'individualité qu'en ce que chacun d'eux est un exemplaire à part d'un type général de la nature, et l'aspect sous lequel ils se présentent à tel ou tel instant de la durée, n'est qu'un exemple particulier de l'accomplissement des vues de la nature sous des conditions naturelles déterminées.

A prendre le mot dans un sens plus *restreint*, la configuration de l'homme est seule parlante ; et elle ne l'est elle-même que dans ceux de ses phénomènes qui accompagnent et qui expriment son état de sensibilité morale.

Elle ne l'est, dis-je, que dans *cette sorte* de phénomènes ; car, dans tous les autres, l'homme est au même rang que le reste des êtres sensibles. Par la configuration permanente de l'homme, par ses traits architectoniques, la *nature* ne fait, tout comme dans les animaux et dans les autres êtres organiques, qu'exprimer sa propre intention. Il est vrai que l'intention de la nature peut aller ici beaucoup plus loin, et que les moyens qu'elle emploie pour atteindre son but offrent dans leur combinaison plus d'art et de complication ; mais tout cela doit être porté au compte de la seule *nature*, et ne peut conférer aucun avantage à l'homme lui-même.

Dans l'animal et dans la plante, la nature ne donne pas seulement la destination : *elle agit elle-même et elle agit seule pour l'accomplissement de ses fins.* Dans l'homme, la nature se borne à marquer ses vues ; elle lui en abandonne *à lui-même* l'accomplissement. C'est là seulement ce qui fait de lui un homme.

Seul de tous les êtres connus, l'homme, en sa qualité de personne, a le privilége d'interrompre par sa volonté cette chaîne de la nécessité que les êtres purement sensibles ne peuvent briser, et de déterminer en lui-même toute une série nouvelle de phénomènes spontanés. L'acte par lequel il se détermine ainsi lui-même est proprement ce qu'on appelle une *action*, et les choses qui résultent de cette sorte d'action sont ce que nous appelons exclusivement ses *faits*. Ainsi l'homme ne peut témoigner de sa personnalité que par ses faits.

La configuration de l'animal n'exprime pas seulement l'idée de sa destination, mais aussi le rapport de son état présent avec cette destination. Et puisque, dans l'animal, c'est la nature qui détermine et tout ensemble accomplit la destinée, la configuration de l'animal ne peut jamais exprimer autre chose que l'œuvre de la nature.

Que si la nature, tout en *déterminant* la destination de l'homme, *abandonne à la volonté de l'homme lui-même* le soin de l'accomplir, le rapport de son état présent avec sa destinée ne peut être l'œuvre de la nature, mais doit être l'œuvre propre de la personne. Par suite, tout ce qui, dans sa configuration, exprimera ce rapport, appartiendra, non plus à la nature, mais à la personne même, c'est-à-dire, devra être considéré comme une expression personnelle. Si donc la partie architectonique de sa configuration nous fait connaître les vues que la *nature* s'est proposées en le créant, la partie mimique de sa figure nous révèle *ce qu'il a fait lui-même* pour l'accomplissement de ces vues.

Aussi n'est-ce point assez pour nous, quand il s'agit de la figure de l'homme, d'y trouver l'expression de l'humanité en général, ou même de ce que la *nature* peut avoir mis du sien dans cet individu en particulier, pour y réaliser le type hu-

main; car il aurait cela de commun avec toute espèce de configuration technique. Nous attendons quelque chose de plus de
sa figure : nous voulons qu'elle nous révèle en même temps
jusqu'à quel point l'homme lui-même, dans sa liberté, a concouru au but de la nature; en d'autres termes, nous voulons
que sa figure témoigne de son caractère. Dans le premier cas,
on voit bien que la nature *s'est proposé*, en lui, de créer un
homme; mais c'est dans le second cas seulement que nous pouvons juger s'il l'est *réellement* devenu.

Ainsi la figure d'un homme n'est véritablement *sienne* qu'en
tant que cette figure est mimique; mais aussi tout ce qu'il y a
de mimique dans sa figure est bien à lui. Car, en supposant le
cas où la plus grande partie, et même la totalité de ces traits
mimiques n'exprimerait que des sensations ou des instincts
animaux, et, par conséquent, ne témoignerait en lui que de la
bête, il resterait encore qu'il était dans sa destinée et en son
pouvoir de limiter, par sa liberté, sa nature sensible. La présence
de ces sortes de traits témoigne clairement qu'il n'a pas fait
usage de cette faculté : on voit par là qu'il n'a point accompli
sa destinée; et, en ce sens, sa figure est parlante, c'est encore
une expression morale, tout de même que le non-accomplisse-
ment d'un acte ordonné par le devoir est encore une sorte d'action.

Il faut distinguer de ces traits parlants, qui sont toujours une
expression de l'âme, les traits non parlants ou muets, qui sont
exclusivement l'œuvre de la nature plastique, et qu'elle imprime à la figure humaine quand elle agit indépendamment de
toute influence de l'âme. Je les appelle *muets*, parce que, semblables à des chiffres incompréhensibles, mis là par la nature,
ils se taisent sur le caractère. Ils ne marquent que les propriétés distinctives attribuées par la nature à tout le genre; et, si
parfois ils peuvent suffire pour distinguer l'*individu*, du moins
n'expriment-ils jamais rien de la personne même. Ces traits ne
sont nullement dénués de signification pour le physiognomoniste, parce que le physiognomoniste n'étudie pas seulement
ce que l'homme même a fait de son être, mais aussi ce que
la nature a fait pour lui et contre lui.

Il n'est pas aussi facile de déterminer avec précision où

finissent les traits muets, où commencent les traits parlants.
Les forces plastiques, d'une part, avec leur action uniforme, et,
de l'autre, les affections qui ne dépendent d'aucune loi, se dis-
putent incessamment le terrain, et ce que la nature, dans son
activité sourde et infatigable, est parvenue à édifier, souvent
la liberté le renverse, comme un fleuve qui déborde et se répand sur ses rives. L'esprit, quand il est doué de vivacité,
acquiert de l'influence sur *tous* les mouvements du corps, et
arrive enfin indirectement à modifier par la force du jeu sympathique jusqu'aux formes architectoniques et fixes de la nature,
sur lesquelles la volonté n'a point de prise. Chez un homme
ainsi fait tout devient à la fin caractéristique; et c'est ce qu'on
peut observer souvent sur certaines têtes qu'une longue vie, des
accidents étranges et un esprit actif ont travaillées et façonnées.
Dans ces sortes de figures il n'y a que le *caractère générique* qui
appartienne à la nature plastique; tout ce qui forme ici *l'individualité* est le fait de la personne même, et c'est ce qui fait dire
avec beaucoup de raison de ces visages-là qu'ils sont tout âme.

Voyez ces hommes, au contraire, qui se sont fait une existence
machinale, ces disciples de la *règle* (la règle peut bien calmer
la nature sensible, mais non pas éveiller la nature humaine,
les facultés supérieures); voyez ces physionomies plates et
sans expression : le doigt de la nature y a seul marqué son empreinte. Une âme habite ces corps; mais c'est une âme oisive,
un hôte discret, et comme un voisin paisible et silencieux qui
ne dérange point dans son travail la force plastique, abandon-
née à elle-même. Jamais une pensée qui demande de l'effort, jamais un mouvement de passion ne précipite la paisible cadence
de la vie physique. Là, il n'y a pas de danger que les traits
architectoniques soient altérés jamais par le *jeu* des mouvements
volontaires; et jamais la liberté n'y troublera les fonctions de
la vie végétative. Comme le calme profond de l'esprit n'amène
pas une notable déperdition de forces, la dépense ne dépassera
jamais la recette : c'est bien plutôt l'économie animale qui aura
toujours de l'excédant. En échange d'une certaine somme de
bien-être qu'elle lui jette en pâture, l'esprit se fait le serviteur,
le majordome ponctuel de la nature physique, et met toute sa
gloire à tenir ses livres en règle. Ainsi s'accomplira ce que peut

toujours accomplir la nature organique ; ainsi prospérera l'œuvre de la nutrition, de la reproduction. Un si heureux accord
entre la nature animale et la volonté ne peut qu'être favorable à
la beauté architectonique, et c'est là en effet qu'on peut observer
cette beauté dans toute sa pureté. Mais les forces générales de la
nature, comme chacun sait, sont éternellement en guerre avec
ses forces particulières ou organiques, et, si habilement agen-
cée que soit la technique d'un corps, la *cohésion* et la *pesanteur*
finissent toujours par en avoir raison. Aussi la beauté architectonique, en tant que *simple production de la nature*, a-t-elle ses
périodes déterminées, sa floraison, sa maturité et son déclin,
périodes dont la révolution peut bien être accélérée, mais non
retardée, en aucun cas, par le jeu de la volonté; et voici le plus
souvent comment elle finit : la *matière* peu à peu prend le dessus
sur la *forme*, et le principe plastique qui vivifiait l'être, se prépare lui-même son tombeau sous l'*entassement* de la matière [1].

1. C'est pour cette raison aussi qu'on voit le plus souvent ces beautés de structure s'altérer, dès l'âge moyen, par l'obésité; que là où la peau offrait d'abord
de simples linéaments à peine indiqués, on voit se creuser des rides et se former des bourrelets adipeux : insensiblement la *pesanteur* exerce son influence
sur la forme, et ces belles lignes dont le jeu, à la surface, était si séduisant et
si varié, vont se perdre dans une masse de graisse uniforme. La nature reprend
ce qu'elle a donné.
Je remarquerai incidemment qu'il se passe quelquefois un phénomène analogue pour ce qu'on appelle le *génie*. Le génie, dans son principe comme dans
ses effets, a plus d'un point de commun avec la beauté architectonique. Comme
elle, le génie n'est aussi qu'une *production de la nature;* et l'opinion per-
vertie des hommes, qui donnent précisément le plus haut prix à ce qu'on ne
peut imiter par aucune méthode, ni conquérir par aucun mérite, admire le
génie plus que les qualités intellectuelles acquises, de même qu'elle estime la
beauté plus que la grâce[*]. Ces deux *favoris de la nature*, malgré toutes leurs
impertinences (par lesquelles bien souvent ils deviennent un juste objet de mépris), sont considérés comme une certaine noblesse de naissance, comme une
caste supérieure, parce que la nature seule confère ces avantages, et que la volonté
n'y est pour rien.
Mais ce qui arrive à la beauté architectonique lorsqu'elle ne s'est point in-
quiétée en temps opportun de s'assurer, dans la *grâce*, une alliée d'abord, puis
une compensation, arrive de même au génie, lorsqu'il néglige de se fortifier
par les principes, par le goût, et par la science. S'il est vrai que la nature lui
avait constitué, pour toute dot, une imagination vive et brillante (et en effet elle
ne peut guère conférer d'autres avantages que ceux qui tiennent à la sensibilité[**]),

[*] Schiller a établi plus haut que la grâce était un *mérite personnel*.
[**] On sait que, dans la théorie de Kant, l'intelligence comprend trois facultés : 1° la
sensibilité; 2° l'entendement; 3° la raison. La sensibilité est cette faculté de l'intelligence
qui reçoit *passivement* les impressions immédiates des objets sensibles.

Cependant, bien qu'aucun trait muet, considéré *isolément*, ne soit une expression de l'esprit, une figure toute composée de ces sortes de traits peut être caractéristique *dans son ensemble*, par la même raison précisément qu'une figure qui n'est parlante que comme expression de la nature sensible, peut être néanmoins caractéristique. Je veux dire que l'esprit était tenu d'exercer son activité et de sentir conformément à sa nature morale, et qu'il s'accuse lui-même et trahit sa faute lorsque la figure qu'il anime ne laisse voir aucune trace de cette activité morale. Aussi, quoique cette pure et belle expression de la destination de l'homme, qui est marquée dans sa structure architectonique, nous pénètre de satisfaction et de respect pour la souveraine raison qui en est l'auteur, toutefois ces deux sentiments ne seront pour nous sans mélange qu'autant que nous ne verrons dans l'homme qu'une simple création de la nature. Mais, si nous considérons en lui la personne morale, nous sommes en droit de demander à sa figure une expression de cette personne, et, si cette attente est trompée, le mépris suivra infailliblement. Les êtres simplement organiques ont droit à notre respect en tant que *créatures* : l'homme ne peut y prétendre

il doit songer de bonne heure à s'assurer de ce don équivoque, en faisant de son imagination le seul usage qui puisse convertir les dons de la nature en qualités propres de l'esprit : je veux dire, en communiquant la forme à la matière ; car l'esprit ne peut rien considérer comme son bien propre, que ce qui est forme. Quand elles ne trouvent pas dans la raison une force proportionnelle qui les maîtrise, les *forces* surabondantes et débordées *de la nature* empiètent sur la liberté de l'entendement, et finissent par l'étouffer, absolument comme, dans la beauté architectonique, la masse matérielle finit par opprimer la forme.

L'expérience, ce me semble, ne justifie que trop ce que je viens de dire, surtout chez ces jeunes génies poétiques qui sont célèbres avant d'être majeurs, et chez qui tout le talent, comme la beauté chez tant d'autres, n'est souvent que la *jeunesse* même. Mais, quand ce court printemps est passé, si l'on s'enquiert des fruits qu'il nous faisait espérer, ce sont des fruits spongieux, souvent même abortifs, triste produit d'une végétation aveugle et mal dirigée. On devait s'attendre qu'un si riche fonds s'ennoblirait et s'élèverait à la forme, que l'esprit, en le façonnant par la contemplation, y aurait déposé des idées ; et, au lieu de cela, comme tout autre produit de la nature, il est livré en proie à la matière : si bien que ces météores qui donnaient tant de promesses, ne sont plus que des lueurs tout ordinaires, et parfois moins encore. Il arrive, en effet, que l'imagination poétique retourne entièrement à la matière d'où elle s'était dégagée, et ne rougisse point de servir autrement la nature, et de travailler pour elle à quelque œuvre plastique plus solide, plus grossière, faute de pouvoir s'adonner désormais avec succès à la production poétique. (*Note de Schiller.*)

qu'en qualité de *créateur*, c'est-à-dire à la condition de déterminer lui-même ses propres modifications. Il ne doit pas seulement, comme les autres créatures sensibles, réfléchir les rayons
d'une intelligence étrangère, fût-ce même l'intelligence divine :
l'homme doit, comme un soleil, briller de sa propre lumière.

Ainsi nous exigeons de l'homme une expression parlante, dès
que nous avons conscience de sa destinée morale; mais nous
voulons en même temps que cette expression parle à son avantage, c'est-à-dire qu'elle marque en lui des sentiments conformes à sa destinée et une aptitude morale supérieure. Voilà
ce qu'exige la raison dans la figure humaine.

Mais, d'un autre côté, l'homme, en tant que phénomène, est
un objet des sens. Là où le sentiment *moral* est satisfait, le sentiment *esthétique* n'entend point qu'on le sacrifie; et la conformité avec une idée ne doit rien coûter à la beauté du phénomène. Aussi, autant la raison exige de la figure humaine une
expression de la moralité du sujet, autant, et avec non moins
de rigueur, l'œil lui demande la beauté. Comme ces deux exigences, quoique venant de principes d'appréciation de degrés
divers, s'adressent au même objet, il faut aussi qu'il soit donné
satisfaction à l'une et à l'autre par une seule et même cause.
La disposition de l'âme qui met le mieux l'homme en état d'accomplir sa destinée morale, doit donner lieu à une expression
qui sera en même temps la plus avantageuse à sa beauté comme
phénomène; en d'autres termes, son excellence morale doit se
révéler par la *grâce*.

Mais voici où se présente la grande difficulté. De la seule idée
des mouvements expressifs qui témoignent de la moralité du
sujet, il ressort que la cause de ces mouvements est nécessairement une cause morale, un principe qui réside au delà du
monde des sens; et de la seule idée de la beauté il ressort non
moins évidemment que son principe est purement sensible, et
qu'elle doit être un simple effet de la nature, ou tout au moins
paraître telle. Mais si la raison dernière des mouvements qui
offrent une expression morale est nécessairement *en dehors*, et
la raison dernière de la beauté nécessairement *en dedans* du
monde sensible, il semble que la grâce, qui doit les réunir
toutes deux, renferme une contradiction manifeste.

Pour lever cette contradiction, il faut admettre que la cause morale qui, dans notre âme, est le fondement de la grâce, amène, d'une manière nécessaire, dans la sensibilité, qui dépend de cette cause, cet état précisément qui renferme en soi les *conditions naturelles* de la beauté. Je m'explique : le beau, comme tout phénomène sensible, suppose certaines conditions, et (cela ressort de l'idée même du beau) des conditions purement sensibles. Eh bien, de ce qu'en vertu d'une loi que nous ne pouvons approfondir, l'esprit, par l'état où il se trouve lui-même, prescrit à la nature physique qui l'accompagne l'état où elle doit être, et de ce que l'état de perfection morale est précisément en lui le plus favorable à l'accomplissement des conditions physiques de la beauté, il s'ensuit que c'est l'esprit qui rend la beauté *possible;* et là se borne *son* action. Mais qu'il sorte de là une beauté *réelle,* c'est ce qui dépend des conditions physiques de tout à l'heure, et c'est, par conséquent, un libre *effet de la nature.* Or, comme on ne peut pas dire que la nature soit proprement libre dans les mouvements *volontaires,* où elle n'est employée que comme moyen pour atteindre un but, et comme, d'autre part, on ne peut pas dire non plus qu'elle soit libre dans les mouvements *involontaires* qui expriment le moral, il faut que la liberté avec laquelle elle se manifeste, toute dépendante qu'elle est de la volonté du sujet, soit une *concession* que l'esprit fait à la nature. Et, par conséquent, on peut dire que la grâce est une *faveur* dont l'élément moral a bien voulu gratifier l'élément sensible, de même que la beauté architectonique peut être considérée comme un *acquiescement* de la nature à sa forme technique.

Qu'on me permette une comparaison pour éclaircir ce point. Supposons un État monarchique administré de telle sorte que, bien que tout y marche selon la volonté d'un seul, chaque citoyen en son particulier puisse se persuader qu'il se gouverne lui-même et n'obéit qu'à sa propre inclination : nous dirons de ce gouvernement que c'est un gouvernement libéral. Mais nous y regarderions à deux fois avant de qualifier ainsi, soit un gouvernement où le chef fait prévaloir sa volonté contre le gré des citoyens, soit un gouvernement où le citoyen fait prévaloir son inclination contre la volonté du chef : dans le premier cas en effet, le gouvernement ne serait plus *libéral*; dans le second, ce ne serait plus du tout un *gouvernement*.

Il n'est pas difficile de faire l'application de ces exemples à ce que peut être la figure de l'homme sous le gouvernement de l'esprit. Si l'esprit se manifeste de telle sorte dans la nature sensible soumise à son empire, qu'elle exécute ses volontés avec la fidélité la plus exacte, qu'elle exprime ses sentiments de la façon la plus parlante, sans aller toutefois contre ce que le sens esthétique exige d'elle en tant que phénomène, on verra se produire alors ce que nous appelons la grâce. Mais il s'en faudrait beaucoup que ce fût de la grâce, si l'esprit se manifestait dans la nature sensible par de la contrainte, ou si, la nature sensible agissant seule et en toute liberté, l'expression de la nature morale était absente. Dans le premier cas en effet, il n'y aurait point de beauté; dans le second, la beauté du jeu serait exclue.

Il n'y a donc que la cause supra-sensible, la cause dont le principe est dans l'âme, qui puisse jamais rendre la grâce parlante; et il n'y a jamais qu'une cause purement sensible, et ayant son principe dans la nature, qui puisse lui donner de la beauté. On n'est pas plus fondé à dire que l'esprit *engendre* la beauté, qu'on ne le serait, dans l'exemple de tout à l'heure, à soutenir que le chef de l'État *produit* la liberté; car on peut *laisser* la liberté à un homme, mais non la lui *donner*.

Mais, de même que si un peuple se sent libre sous la contrainte d'une volonté étrangère, c'est, en très-grande partie, grâce aux sentiments dont est animé le prince, et de même que cette liberté courrait de grands risques si le prince venait à prendre des sentiments opposés, de même aussi c'est dans les dispositions morales de l'esprit qui les suggère, qu'il faut chercher la beauté des mouvements libres. Et maintenant, la question qui se présente est celle-ci : Quelles peuvent bien être *les conditions de moralité personnelle* qui assurent le plus de liberté possible aux instruments sensibles de la volonté; et quels sont les sentiments moraux qui s'accordent le mieux, dans leur expression, avec le beau?

Ce qui est évident, c'est que ni la volonté, dans le mouvement intentionnel, ni la passion, dans le mouvement sympa-

thique, ne doit se comporter comme une *force* à l'égard de la
nature physique qui lui est soumise, pour que celle-ci, en lui
obéissant, puisse avoir de la beauté. Et en effet, sans aller plus
loin, le sens commun fait surtout consister la grâce dans
l'aisance, et ce qui est tendu, violenté, ne saurait jamais avoir
d'aisance. Il n'est pas moins évident que, d'un autre côté, la
nature ne doit point se comporter comme une force à l'égard
de l'esprit, pour qu'il puisse y avoir lieu à une belle expression
morale; car là où la nature physique *commande* seule, il est de
toute nécessité que le caractère de *l'homme* s'évanouisse.

On peut concevoir trois sortes de rapports de l'homme avec
lui-même, j'entends de la partie sensible de l'homme avec la
partie raisonnable. De ces trois rapports nous avons à chercher
quel est celui qui lui sied le mieux dans le monde sensible, et
dont l'expression constitue la beauté.

Ou bien l'homme fait taire les exigences de sa nature sensible, pour se gouverner conformément aux exigences supérieures de sa nature raisonnable; ou bien, au rebours, il subordonne la partie raisonnable de son être à la partie sensible,
se réduisant ainsi à n'obéir plus qu'aux impulsions que lui imprime, ainsi qu'à tous les autres phénomènes, la nécessité de
nature; ou bien enfin, l'harmonie s'établit entre les impulsions
de l'une et les lois de l'autre, et l'homme est en parfait accord
avec lui-même.

A-t-il conscience de sa personne spirituelle, de sa pure autonomie, l'homme rejette loin de soi tout ce qui est sensible, et
ce n'est qu'en s'isolant ainsi de la matière qu'il arrive à sentir
pleinement sa liberté morale. Mais pour cela, comme sa nature
sensible lui oppose une résistance vigoureuse et opiniâtre, il
faut que, de son côté, il exerce sur elle une pression notable et
un grand effort : sans quoi il ne pourrait ni écarter les appétits,
ni réduire au silence la voix énergique de l'instinct. Un esprit
de cette trempe fait sentir à la nature physique qui dépend de
lui, qu'elle a en lui un maître, soit qu'elle accomplisse les ordres
de la volonté, soit qu'elle essaye de les prévenir. Sous sa discipline rigoureuse, la sensibilité paraîtra donc opprimée, et la
résistance intérieure se trahira extérieurement par la contrainte.
Cet état moral ne peut donc pas être favorable à la beauté,

puisque la nature ne peut produire le beau qu'autant qu'elle est libre, et par conséquent ce qui trahit aux yeux les combats de la liberté morale contre la matière ne peut pas non plus être de la grâce.

Si au contraire, subjugué par ses besoins, l'homme se laisse dominer sans réserve par l'instinct de nature, c'est son autonomie intérieure qui s'évanouit, et avec elle s'efface dans ses dehors toute trace de cette autonomie. La nature animale se montre seule sur son visage : l'œil est noyé, languissant, la bouche avidement ouverte, la voix tremblante et étouffée, la respiration courte, rapide, les membres agités d'un tremblement nerveux : le corps entier par sa langueur trahit la dégradation morale. La force morale a renoncé à toute résistance, et la nature physique, chez un tel homme, est mise en pleine liberté. Mais précisément cet abandon complet de l'indépendance morale, qui a lieu d'ordinaire au moment du désir sensuel, et plus encore au moment de la jouissance, met soudain en liberté la matière brute, qui jusque-là était contenue par l'équilibre des forces actives et des forces passives. Les forces inertes de la nature commencent dès lors à prendre le dessus sur les forces vives de l'organisme, la forme est opprimée par la matière, l'humanité par la commune nature. L'œil, où rayonnait l'âme, devient terne, ou bien encore il sort de son orbite avec je ne sais quoi de vitreux et de hagard ; l'incarnat fin et délicat des joues s'épaissit et s'étend, comme un enduit grossier, en couches uniformes. La bouche n'est plus qu'une simple ouverture, car sa forme ne vient plus de l'action des forces, mais de leur non-résistance ; la voix et la respiration haletante ne sont plus que des souffles par lesquels la poitrine oppressée veut se soulager, et qui témoignent d'un simple besoin mécanique, sans rien qui révèle une âme. En un mot, dans cet état de liberté que la nature physique *s'arroge de son chef*, il ne faut plus penser à la beauté. Sous l'empire de l'agent moral, la liberté des formes n'était que *restreinte :* ici, elle est comme *écrasée* par la matière brutale, qui gagne toujours autant de terrain qu'on en ravit à la volonté.

L'homme, dans cet état, ne révolte pas seulement le *sens moral*, qui réclame incessamment du visage une expression de la dignité humaine; le *sens esthétique* aussi, qui ne se contente point de la simple matière et qui veut trouver dans la forme un libre plaisir, le sens esthétique se détournera avec dégoût de ce spectacle, où la *concupiscence* peut seule trouver son compte.

De ces deux rapports entre la nature morale de l'homme et sa nature physique, le premier nous fait penser à une *monarchie*, où la surveillance rigoureuse du prince tient en bride tout mouvement libre; le second à une *ochlocratie*, où le citoyen, en refusant d'obéir au souverain légitime, se trouve avoir tout aussi peu de liberté que la figure humaine a de beauté quand l'autonomie morale est opprimée : à ce gouvernement où les citoyens sont livrés au despotisme brutal des classes infimes, comme la forme est livrée ici au despotisme de la matière. De même que la *liberté* se trouve entre ces deux extrêmes, entre l'oppression légale et l'anarchie, de même aussi nous chercherons maintenant la *beauté* entre deux extrêmes, entre l'expression de la *dignité*, qui témoigne de la domination exercée par l'esprit, et l'expression de la *volupté*, qui révèle la domination exercée par l'instinct.

En d'autres termes, si la beauté d'expression est incompatible et avec la *domination absolue de la raison sur la nature sensible*, et avec la *domination de la nature sensible sur la raison*, il s'ensuit que le troisième état (car on n'en saurait concevoir un quatrième), celui où la *raison et les sens*, le devoir et l'inclination, sont en harmonie, doit être la condition où se produit la beauté du *jeu*.

Pour que l'obéissance à la raison puisse devenir un objet d'inclination, il faut qu'elle soit pour nous le principe d'un plaisir; car le plaisir et la douleur sont les seuls ressorts qui mettent en jeu les instincts. Il est vrai que, dans la vie, c'est l'inverse qui a lieu; et le plaisir est ordinairement le motif pour lequel on agit selon la raison. Si la morale elle-même a cessé enfin de tenir ce langage, c'est à l'immortel auteur de la *Critique*[1] qu'il en faut rendre grâce; c'est à lui que revient la gloire d'avoir restauré la saine raison en la dégageant des systèmes.

---

1. Emmanuel Kant, auteur de *la Critique de la Raison pure* (1781), de *la Critique de la Raison pratique* (1787), de *la Critique du Jugement* (1790), etc.

Mais à la manière dont les principes de ce philosophe sont exposés d'ordinaire, par lui et aussi par d'autres, il semble que l'inclination ne soit jamais pour le sens moral qu'une compagne très-suspecte, et le plaisir un dangereux auxiliaire pour les déterminations morales. En admettant que l'instinct du bonheur n'exerce pas sur l'homme une domination aveugle, il n'en aimera pas moins à *intervenir* dans les actions morales qui dépendent du libre arbitre; et par là il altérera la pure action de la volonté, qui doit toujours obéir à la *loi* seule, jamais à l'*instinct*. Aussi, pour être tout à fait sûr que l'inclination n'a point *concouru* aux déterminations de la volonté, on aime mieux la voir en guerre qu'en bon accord avec la loi de la raison, parce qu'il peut arriver trop aisément, quand l'inclination parle en faveur du devoir, que le devoir tire de cette recommandation tout son crédit sur la volonté. Et, en effet, comme en morale pratique ce n'est point la *conformité* des actes avec la *loi*, mais seulement la *conformité* des sentiments avec le *devoir*, qui importe, on n'attache et l'on a raison de n'attacher aucune valeur à cette considération, qu'il est ordinairement plus favorable à la conformité des actes avec la *loi*, que l'inclination se trouve du côté du devoir. En conséquence, ce qui semble évident, c'est que l'assentiment de la sensibilité, s'il ne doit pas rendre suspecte la conformité du vouloir avec le devoir, ne peut du moins la *garantir*. Donc l'expression sensible de cet assentiment, expression que nous offre la grâce, ne saurait jamais porter un témoignage suffisant et valable de la moralité de l'acte où on la rencontre, et ce n'est pas sur ce qu'une action ou un sentiment se manifeste aux yeux par une expression gracieuse, qu'il faut juger du mérite moral de ce sentiment et de cette action.

Jusqu'ici je crois être parfaitement d'accord avec les *rigoristes* en morale; je ne deviendrai pas, je l'espère, *moraliste relâché*, en essayant de maintenir, dans le monde des phénomènes et dans l'accomplissement réel de la loi du devoir, ces droits de la nature sensible qui, sur le terrain de la raison pure et dans la juridiction de la loi morale, sont *complétement* écartés et exclus.

Je m'explique. Tout convaincu que je suis, et précisément parce que je suis convaincu que l'inclination, en s'associant à un acte de la volonté, ne témoigne aucunement de la pure conformité de cet acte avec le devoir, je crois pouvoir inférer de là même que la perfection morale de l'homme ne peut ressortir avec évidence que de cette part justement que prend son inclination à sa conduite morale. En effet, la destinée de l'homme n'est pas d'accomplir des actes moraux isolés, mais d'être un être moral. Ce qui lui est prescrit, ce ne sont point des *vertus*, mais *la vertu; et la vertu n'est pas autre chose « qu'une inclination au devoir. »* Quelle que soit donc, au sens objectif, l'opposition qui sépare les actes suggérés par l'inclination, de ceux que détermine le devoir, on ne peut pas dire qu'il en soit de même au sens subjectif; et non-seulement *il est permis* à l'homme d'accorder le devoir avec le plaisir, mais il *doit* établir entre eux cet accord : il doit obéir à sa raison avec un sentiment de joie. Ce n'est pas pour la rejeter loin de lui comme un fardeau, ni pour s'en dépouiller comme d'une enveloppe trop grossière; non, c'est pour l'unir, de l'union la plus intime, avec son *moi*, avec la partie plus noble de son être, qu'une nature sensible a été associée en lui à sa nature purement spirituelle. Par cela seul que la nature a fait de lui un être tout à la fois raisonnable et sensible, c'est-à-dire un homme, elle lui a prescrit l'obligation de ne point séparer ce qu'elle a uni, de ne point sacrifier en lui l'être sensible, fût-ce dans les plus pures manifestations de sa partie divine, et de ne jamais fonder le triomphe de l'une sur l'oppression et la ruine de l'autre. C'est seulement lorsqu'il *ramasse*, pour ainsi parler, *son humanité tout entière*, et que sa façon de penser en morale, devenue le résultat de l'action réunie des deux principes, est *passée chez lui à l'état de nature* : c'est alors seulement que sa moralité est garantie; car tant que l'esprit et le devoir sont obligés d'employer la *violence*, c'est nécessairement que l'instinct a encore assez de *force* pour leur résister. L'ennemi qui n'est que *renversé* peut se relever encore; mais l'ennemi *réconcilié* est véritablement vaincu.

Dans la philosophie morale de Kant, l'idée du *devoir* est proposée avec une dureté propre à effaroucher les Grâces, et qui pourrait aisément tenter un esprit faible de chercher la perfection morale dans les sombres sentiers d'une vie ascétique et monacale. Quelques précautions que le grand philosophe ait pu prendre pour se mettre à l'abri de cette fausse interprétation, qui doit répugner plus que toute autre à la sérénité de ce libre esprit, il y a prêté, ce me semble, en opposant l'un à l'autre par un contraste rigoureux et criard les deux principes qui agissent sur la volonté humaine. Peut-être n'était-il guère possible, au point de vue où il était placé, d'éviter cette méprise, mais il s'y est gravement exposé. Sur le fond de la question, il n'y a plus, après les démonstrations qu'il a données, de discussion possible, au moins pour les têtes qui pensent et qui *veulent bien être persuadées;* et je ne sais trop si l'on n'aimerait pas mieux renoncer d'un coup à tous les attributs de l'être humain, que de vouloir arriver, sur ce point, par la raison, à un résultat différent. Mais, bien qu'il se soit mis à l'œuvre sans prévention aucune lorsqu'il a *cherché* la vérité, et bien que tout s'explique *ici* par des raisons purement objectives, il semble que, lorsqu'il a *exposé* la vérité une fois trouvée, il ait été guidé par une maxime plus subjective, dont il n'est pas difficile, je crois, de se rendre compte par le temps et les circonstances.

Quelle était, en effet, la morale de son temps, soit en théorie, soit dans l'application? D'une part, un grossier matérialisme, dont les maximes éhontées devaient révolter son âme : oreiller impur offert aux caractères abâtardis de ce siècle par l'indigne complaisance des philosophes. De l'autre côté, un prétendu système de *perfectibilité*, non moins suspect, qui, pour réaliser la chimère d'une perfection générale, commune à tout l'univers, ne s'embarrassait pas beaucoup du choix des moyens. Voilà ce qui dut attirer son attention. Il porta donc là où le danger était le plus signalé et la réforme la plus urgente, toutes les forces de ses principes, et s'imposa la loi de poursuivre sans pitié et partout le sensualisme, soit qu'il marche le front haut et qu'il insulte impudemment au sens moral, soit qu'on le dissimule sous le voile imposant de la moralité du but, voile sous lequel un certain esprit fanatique, un esprit d'ordre et de corporation, s'entend surtout à le déguiser. Il n'avait point à instruire l'*ignorance,* mais à réformer la *perversion.* Pour une telle cure, il fallait frapper fort, et non user de persuasion ni de flatterie, et plus le contraste serait violent entre les vrais prin-

cipes et les maximes dominantes, plus il pouvait espérer de
provoquer sur ce point la réflexion. Il fut le *Dracon* de son
temps, parce que son temps ne lui paraissait pas digne encore
d'avoir un *Solon*, ni capable de le recevoir. Du sanctuaire de la
raison pure il fit sortir la loi morale, étrangère alors et pourtant, d'autre part, si connue : il la fit paraître dans toute sa
sainteté devant le siècle dégradé, et s'inquiéta peu de savoir
s'il y a des yeux trop faibles pour en soutenir l'éclat.

Mais qu'avaient donc fait les *enfants de la maison* pour qu'il ne
s'occupât que des *valets?* Parce que des inclinations fort impures usurpent souvent le nom de la vertu, était-ce une raison
pour que les affections désintéressées, dans le plus noble cœur,
fussent aussi rendues suspectes? Parce que l'épicurien moral
eût volontiers *relâché* la loi de la raison, afin de l'accommoder
comme un jouet à ses convenances, était-ce une raison pour en
exagérer ainsi la *rigueur*, et pour faire de l'accomplissement
du devoir, qui n'est que la plus puissante manifestation de la
liberté morale, une autre sorte de servitude décorée d'un nom
plus spécieux? Et en effet, entre l'estime et le mépris de soi-
même, l'homme vraiment moral a-t-il un plus libre choix,
que l'esclave des sens entre le plaisir et la douleur? Y a-t-il
moins de contrainte, là pour une volonté pure, qu'ici pour
une volonté dépravée? Fallait-il, rien que par cette forme *impérative* donnée à la loi morale, accuser l'homme et l'abaisser,
et faire de cette loi, qui est le plus sublime témoignage de
notre grandeur, l'argument le plus accablant pour notre fragilité? Était-il possible, avec cette forme impérative, d'éviter
qu'une prescription que l'homme s'impose à lui-même en tant
qu'être raisonnable, qui n'est obligatoire pour lui qu'à cause
de cela, et qui par là seulement est conciliable avec le sentiment de sa liberté : que cette prescription, dis-je, prît l'apparence d'une loi étrangère, d'une loi positive, apparence que ne
pouvait guère amoindrir cette tendance *radicale*, qu'on impute
à l'homme, de réagir contre la loi [1]?

---

1. Voyez la profession de foi de l'auteur de la Critique de la nature humaine
dans son écrit le plus récent, intitulé : *La Révélation dans les limites de la
raison*, Iʳᵉ partie, 1793. (*Note de Schiller.*)

Ce n'est certainement pas un avantage pour des vérités morales, que d'avoir *contre* soi des sentiments que l'homme peut s'avouer sans rougir. Or, comment le sentiment du beau, le sentiment de la liberté, s'accorderont-ils avec l'esprit austère d'une législation qui gouverne l'homme plutôt par la *crainte* que par la *confiance*, qui tend incessamment à *séparer* ce que la nature pourtant *a uni*, et qui en est réduite à nous tenir en défiance contre une partie de notre être, pour assurer son empire sur l'autre? La nature humaine forme un tout plus étroitement uni dans la réalité qu'il n'est permis au philosophe, qui ne peut rien que par analyse, de le laisser paraître. Jamais la raison ne peut rejeter comme indignes d'elle des affections que le cœur reconnaît avec joie; et là où l'homme serait moralement déchu, il ne peut guère monter dans sa propre estime. Si, dans l'ordre moral, la nature sensible n'était jamais que le parti *opprimé*, et non un *allié*, comment pourrait-elle s'associer de toute l'ardeur de ses sentiments à un triomphe qui ne serait célébré que sur elle-même? Comment pourrait-elle s'intéresser si vivement à la satisfaction du pur esprit ayant conscience de lui-même, si, en fin de compte, elle ne se pouvait rattacher à ce pur esprit par un lien tellement étroit, qu'il n'est plus possible, même à l'analyse intellectuelle, de l'en séparer sans violence?

La volonté est d'ailleurs en rapport plus immédiat avec la faculté de sentir qu'avec les facultés cognitives; et il serait fâcheux, en mainte circonstance, qu'il lui fallût, pour s'orienter, prendre préalablement avis de la raison pure. Je ne préjuge rien de bon d'un homme qui ose si peu se fier à la voix de l'instinct, qu'il est obligé, à chaque fois, de le faire comparaître d'abord par-devant la loi morale : on estime bien davantage celui qui s'abandonne avec une certaine sécurité à l'inclination, sans avoir à craindre qu'elle ne l'égare. Cela prouve en effet que chez lui les deux principes se trouvent déjà en harmonie, dans cette harmonie qui met le sceau à la perfection de l'être humain, et qui constitue ce qu'on entend par une *belle âme*.

On dit d'un homme que c'est une belle âme, lorsque le sens moral a fini par s'assurer de toutes les affections, au point

d'abandonner, sans crainte, à la sensibilité la direction de la
volonté, et de ne jamais courir le risque de se trouver en
désaccord avec les décisions de celle-ci. Il s'ensuit que, dans
une belle âme, ce ne sont pas telles ou telles actions en particulier, c'est le caractère tout entier qui est moral. Aussi ne
peut-on lui faire un mérite d'aucune de ses actions, parce que
la satisfaction d'un instinct ne saurait être méritoire. Une belle
âme n'a point d'autre mérite que d'être une belle âme. Avec
une facilité aussi grande que si l'instinct seul agissait pour elle,
elle accomplit les plus pénibles devoirs de l'humanité; et le
sacrifice le plus héroïque qu'elle obtient sur l'instinct de la nature, fait l'effet d'une libre action de cet instinct même. Aussi
ne se doute-t-elle point de la beauté de son acte, et il ne lui
vient pas à la pensée qu'on pût agir ou sentir autrement : à la
différence du moraliste formé par l'école et par la règle, qui est
toujours en mesure, à la première question du maître, de rendre compte, avec la plus rigoureuse précision, de la conformité
de ses actes avec la loi morale. La vie de celui-ci est comme
un dessin où le crayon aurait indiqué, par des traits durs et
roides, tout ce que demande la règle, et qui pourrait, au besoin, servir à un écolier pour apprendre les éléments de l'art.
La vie d'une belle âme, au contraire, est comme un tableau du
Titien : tous ces contours trop décidés s'effacent, ce qui n'empêche pas que la figure tout entière ne soit d'autant plus vraie,
plus vivante et plus harmonieuse.

C'est donc dans une belle âme que se trouve la véritable
harmonie entre la raison et les sens, entre l'inclination et le
devoir; et la grâce est l'expression de cette harmonie dans le
monde sensible. Ce n'est qu'au service d'une belle âme que la
nature peut tout à la fois être en possession de sa liberté, et
préserver de toute altération la beauté de ses formes, tandis
que l'une, sa liberté, serait compromise sous la tyrannie d'une
âme austère, l'autre sous le régime anarchique de la sensibilité.
Une belle âme répand, même sur une figure où manque la
beauté architectonique, une grâce irrésistible, et souvent
même on la voit triompher des disgrâces de la nature. Tous
les mouvements qui procèdent d'une belle âme seront faciles,
doux, et cependant animés. L'œil rayonnera avec sérénité,

avec liberté, et l'on y verra briller le sentiment. La mansué-
tude du cœur donnera naturellement à la bouche une grâce
que nulle affectation, nul art, ne saurait atteindre. Là vous ne
surprendrez aucun effort dans les différents jeux de physionomie, nulle contrainte dans les mouvements volontaires : une
belle âme ne connaît pas de contrainte. La voix sera une musique et le cours limpide de ses modulations touchera le cœur.
La beauté de structure peut exciter le plaisir, l'admiration,
l'étonnement : la grâce seule peut charmer. La beauté a des
adorateurs, la grâce seule a des *amants;* car nous rendons hommage au créateur, et nous aimons l'homme.

A tout prendre, la grâce se rencontrera surtout chez les
femmes; la beauté, au contraire, se trouve peut-être plus souvent chez l'homme, et il ne faut pas aller loin pour en avoir la
raison. Pour la grâce, il faut le concours de la structure du
corps aussi bien que du caractère : du corps par sa souplesse,
par son aptitude à recevoir promptement les impressions et à
se mettre en jeu; du caractère, par l'harmonie morale des sentiments. Sur les deux points, la nature a été plus favorable à la
femme qu'à l'homme.

La structure plus délicate de la femme reçoit plus vite chaque
impression et la laisse s'effacer plus vite. Il faut un orage pour
ébranler une forte constitution, et lorsque des muscles vigoureux entrent en mouvement, on n'y saurait trouver cette
aisance qui est une des conditions de la grâce. Ce qui sur un
visage de femme est encore une belle sensation, exprimerait
déjà de la souffrance sur un visage d'homme. La femme a des
fibres plus tendres : c'est un roseau qui plie au plus léger souffle
de la passion. L'âme glisse en vagues molles et aimables sur
cette physionomie expressive, qui bientôt redevient calme et
unie comme un miroir.

De même aussi pour le caractère, pour ce concours de l'âme
nécessaire à la grâce, la femme est plus heureusement douée
que l'homme. Le caractère de la femme s'élève rarement au
suprême idéal de la pureté morale, et n'ira guère au delà des
actes *affectionnels*. Il résistera souvent à la sensibilité avec une
force héroïque, mais ce ne sera que *par le moyen* de la sensibilité même. Eh bien, précisément parce que la nature morale

chez les femmes est ordinairement du côté de l'inclination, l'effet sera le même, en ce qui touche l'expression sensible de cet état moral, que si l'inclination était du côté du devoir. Ainsi la grâce sera l'expression de la vertu féminine, et cette expression pourrait bien souvent manquer à la vertu chez les hommes.

DIGNITÉ.

De même que la grâce est l'expression d'une belle âme, de même *la dignité* est l'expression d'une façon de sentir élevée.

Il a été prescrit à l'homme, il est vrai, d'établir un accord intime entre ses deux natures, de former toujours un tout harmonieux, et d'agir comme à l'unisson avec son humanité tout entière. Mais cette beauté de caractère, ce dernier fruit de sa maturité humaine, ce n'est qu'un idéal auquel il doit s'efforcer de se conformer avec une vigilance continuelle, mais qu'avec tous ses efforts il ne peut jamais atteindre.

Il ne peut y atteindre, parce que sa nature est ainsi faite, et qu'elle ne changera pas : ce sont les conditions physiques de son existence même qui s'y opposent.

En effet, son existence, en tant que créature sensible, dépend de certaines conditions physiques, et, afin d'assurer cette existence, il fallait que l'homme, puisqu'en sa qualité d'être libre et capable de déterminer ses modifications par sa propre volonté, il doit veiller lui-même à sa propre conservation, il fallait que l'homme fût rendu capable de certains actes pour remplir ces conditions physiques de son existence, et, lorsque ces conditions sont dérangées, pour les rétablir. Mais, bien que la nature ait dû lui abandonner ce soin, qu'elle se réserve exclusivement chez celles de ses créatures qui n'ont que la vie végétative, encore fallait-il que la satisfaction d'un besoin si essentiel, où l'existence même de l'individu et de l'espèce est intéressée, ne fût pas absolument laissée à la discrétion de l'homme, à sa douteuse prévoyance. Elle a donc pourvu à cet intérêt, qui la regarde en effet quant au *fond*, et elle est intervenue aussi quant à la *forme*, en déposant dans les déterminations du libre arbitre un principe de nécessité. De là l'instinct de nature, lequel n'est autre chose qu'un principe de nécessité physique qui agit sur le libre arbitre par le moyen de la sensation.

L'instinct de nature sollicite la faculté sensible par la force combinée de la douleur et du plaisir : par la douleur, lorsqu'il demande satisfaction ; par le plaisir, quand il a trouvé ce qu'il demande.

Comme il n'y a point à marchander avec une nécessité physique, il faut bien aussi que l'homme, en dépit de sa liberté, ressente ce que la nature lui veut faire ressentir, et suivant qu'elle éveille en lui une sensation douloureuse ou une sensation agréable, il en résultera infailliblement chez lui de l'aversion ou du désir. Sur ce point, l'homme ressemble entièrement à la bête, et le stoïcien, quelle que soit sa force d'âme, n'est pas moins sensible à la faim, il n'éprouve pas pour elle une aversion moins vive, que le ver qui rampe à ses pieds.

Mais ici commence la grande différence. Chez la bête, au désir et à l'aversion succède l'action, tout aussi nécessairement que le désir à la sensation et la sensation à l'impression externe. C'est ici un cercle perpétuel, une chaîne dont tous les anneaux entrent fatalement l'un dans l'autre. Dans l'homme, il y a encore un degré de plus, la *volonté*, qui, en tant que faculté supra-sensible, n'est pas tellement assujettie ni à la loi de nature ni à la raison, qu'elle ne demeure parfaitement libre de choisir et de se diriger selon celle-ci ou selon celle-là. L'animal *ne peut pas ne pas chercher* à s'affranchir de sa douleur : l'homme peut se décider à la souffrir.

La volonté de l'homme est un privilége, une idée sublime, lors même qu'on ne considère point l'usage moral qu'il en peut faire. La *simple* volonté suffit déjà à élever l'homme au-dessus de la nature animale, la volonté *morale* l'élève jusqu'à la nature divine. Mais il faut préalablement avoir laissé derrière soi la nature animale pour se rapprocher de l'autre, et de là vient que c'est toujours un pas considérable pour l'émancipation mo·

rale de la volonté, que de maîtriser en soi la nécessité de nature
même dans les choses indifférentes, et, par là, d'exercer en
soi la volonté *simple*.

La juridiction de la nature s'étend jusqu'à la volonté ; mais
là elle s'arrête, et l'empire de la raison commence. Placée entre
ces deux juridictions, la volonté est absolument libre de recevoir la loi de l'une ou de l'autre ; mais elle n'est pas dans le
même rapport avec l'une et avec l'autre. En tant que force naturelle, elle est également libre à l'égard de la nature et à
l'égard de la raison ; je veux dire qu'elle *n'est forcée* de passer
ni du côté de celle-ci ni du côté de celle-là. Mais, en tant que
faculté morale, elle n'est pas libre : j'entends qu'elle *doit* se
prononcer pour la loi de raison. Elle n'est *enchaînée* ni à l'une
ni à l'autre, mais elle est *obligée* envers la loi de raison. La
volonté fait donc réellement usage de sa liberté lors même
qu'elle agit contrairement à la raison ; mais elle en use *indigne-
ment*, parce que, malgré sa liberté, elle n'en reste pas moins *sous
la juridiction de la nature*, et n'ajoute aucune action réelle à
l'opération du pur instinct ; car *vouloir en vertu du désir*, ce n'est
toujours, moins brièvement, que désirer [1].

Il peut y avoir conflit entre la loi de nature, qui s'exerce en
nous par l'instinct, et la loi de raison, qui procède des principes,
lorsque l'instinct, pour se satisfaire, réclame de nous une action qui répugne au sens moral. C'est alors pour la volonté un
devoir imprescriptible de faire passer les exigences de l'instinct
après les décisions de la raison, attendu que les lois de la nature n'obligent la volonté que conditionnellement, tandis que
les lois de la raison l'obligent absolument et sans condition.

Mais la nature maintient ses droits avec insistance, et, comme
ce n'est jamais par suite d'un libre choix qu'elle nous sollicite,
elle ne rétracte aussi aucune de ses exigences, tant qu'elle n'a
pas été satisfaite. Depuis la cause première qui lui a donné
l'impulsion, jusqu'au seuil de la volonté où sa juridiction
s'arrête, tout en elle est rigoureusement nécessaire, et, par
conséquent, elle ne peut céder ni *reculer :* il faut toujours

---

1. Qu'on lise sur ce point la très-remarquable théorie de la volonté, dans la
seconde partie des *Lettres de Reinhold*. (*Note de Schiller.*)

qu'elle aille *en avant*, et pousse de plus en plus la volonté, de qui dépend la satisfaction de son besoin. Parfois, il est vrai, on dirait que la nature abrége sa route, et agit immédiatement, comme cause, pour la satisfaction de son besoin, sans avoir préalablement porté sa requête devant la volonté. En pareil cas, c'est-à-dire s'il arrivait que l'homme ne *laissât* pas seulement l'instinct suivre un libre cours, mais que l'instinct *prît* ce cours de lui-même, l'homme ne serait plus que bête. Mais il est fort douteux que ce cas puisse jamais se présenter pour lui : et, si même il se présentait réellement, il resterait à savoir s'il ne faudrait pas s'en prendre à la volonté même de ce pouvoir aveugle qu'aurait usurpé l'instinct.

Ainsi la faculté appétitive réclame avec instance la satisfaction de ses besoins, et la volonté est sollicitée à la lui procurer; mais la volonté doit recevoir de la raison les motifs par lesquels elle se détermine. Que permet la raison? que prescrit-elle? voilà sur quoi la volonté doit se décider. Eh bien, si la volonté se tourne en effet vers la raison, avant d'agréer la requête de l'instinct, c'est proprement un acte moral; mais si elle décide immédiatement, sans consulter la raison, c'est un acte physique[1].

Toutes les fois donc que la nature manifeste une exigence, et cherche à entraîner la volonté par la violence aveugle du mouvement affectif, il importe à la volonté d'ordonner à la nature de faire halte jusqu'à ce que la raison ait prononcé. L'arrêt que doit porter la raison sera-t-il *favorable* ou *contraire* à l'intérêt de la sensibilité? c'est, jusqu'à présent, ce que la volonté ne peut savoir : aussi doit-elle observer cette conduite pour tous les mouvements affectifs sans exception, et, quand c'est la nature qui *a parlé la première*, ne jamais lui permettre d'agir comme cause immédiate. L'homme ne saurait témoigner que par là de son indépendance : c'est lorsque, par un

---

1. Mais il ne faut pas confondre cet acte par lequel la volonté prend conseil de la raison, avec les délibérations de la raison même sur les moyens les plus propres à satisfaire un désir. Il n'est pas question ici de savoir comment on peut *arriver* en effet à la satisfaction du désir, mais bien seulement si l'on doit l'*autoriser*. Ce dernier point intéresse seul la morale; l'autre n'est qu'une question de prudence. (*Note de Schiller.*)

acte de sa volonté, il rompt la violence des désirs, toujours
prêts à se jeter vers l'objet qui doit les satisfaire et à se passer
tout à fait du concours de la volonté, c'est alors seulement qu'il
se révèle en qualité d'être moral, c'est-à-dire comme un agent
libre, qui ne se borne point à éprouver de l'aversion ou du
désir, mais qui est tenu en tout temps de *vouloir* ses aversions
et ses désirs.

Mais ce fait seul de prendre préalablement avis de la raison,
c'est déjà une atteinte contre la nature, qui est juge compétent
dans sa propre cause, et qui ne veut pas voir ses arrêts soumis
à une juridiction nouvelle et étrangère. Cet acte de la volonté
qui traduit ainsi la faculté appétitive par-devant le tribunal de
la raison est donc, au sens propre du mot, un acte *contre nature*,
en ce qu'il fait de ce qui est nécessaire quelque chose d'accidentel, et qu'il attribue aux lois de la raison le droit de décider
dans une cause où les lois de la nature peuvent seules prononcer, et où elles ont effectivement prononcé. De même en effet
que la raison, dans l'exercice de sa juridiction morale, s'inquiète peu de savoir si les décisions qu'elle peut prendre satis-
feront ou non la nature sensible, de même la nature sensible,
dans l'exercice du droit qui lui est propre, ne se préoccupe
point de savoir si ses décisions feront le compte de la raison
pure. Toutes deux sont également nécessaires, quoique d'une
nécessité différente, et ce caractère de nécessité serait détruit s'il
était permis à l'une de modifier arbitrairement les décisions de
l'autre. Et c'est pourquoi l'homme même qui a le plus d'énergie
morale ne peut, quelque résistance qu'il oppose à l'instinct,
s'affranchir de la sensation elle-même, ni étouffer le désir lui-
même, mais seulement lui dénier l'influence sur les décisions
de sa volonté : il peut *désarmer* l'instinct par des moyens moraux, mais il ne peut l'*apaiser* que par des moyens naturels.
Par sa force indépendante, il peut bien empêcher que les lois de
la nature ne finissent par exercer une contrainte sur sa volonté;
mais il ne saurait absolument rien changer à ces lois mêmes.

Ainsi, dans les mouvements affectifs, « où la nature (l'instinct) agit *la première*, et cherche à *se passer* de la volonté, ou
à l'entraîner *violemment* dans son parti, la moralité du caractère ne peut se manifester que par la *résistance;* et il n'y a qu'un

moyen d'empêcher que l'instinct ne restreigne la liberté de la
volonté, c'est de restreindre l'instinct lui-même. » Ainsi, l'on ne
peut être d'accord avec la loi de la raison, dans les phénomènes
affectifs, qu'à la condition de se mettre en désaccord avec les
exigences de l'instinct. Et, comme la nature ne cède jamais à
des raisons morales pour revenir sur ses prétentions, et que de
son côté, par conséquent, tout reste dans le même état, de
quelque façon que la volonté en use avec elle, il en résulte
qu'il n'y a point ici d'accord possible entre l'inclination et le
devoir, entre la raison et les sens; et qu'ici l'homme ne peut
agir à la fois avec tout son être et dans toute l'harmonie de sa
nature, mais exclusivement avec sa nature raisonnable. Donc,
dans ces sortes d'actions nous ne saurions trouver la *beauté morale*, puisqu'une action n'est moralement belle qu'autant que
l'inclination y a pris part, et qu'ici l'inclination proteste bien
plutôt qu'elle ne prête son concours. Mais ces actions ont de la
grandeur morale, parce que tout ce qui témoigne d'une autorité
prépondérante exercée par la faculté supérieure sur la nature
sensible, a de la grandeur, et la grandeur ne se trouve que là.

Il faut donc, dans les mouvements affectifs, que cette *belle*
âme dont nous parlons se transforme, et devienne une âme *sublime*, et c'est la pierre de touche infaillible pour distinguer
l'âme vraiment belle de ce qu'on appelle un *bon cœur*, ou la
vertu de tempérament. Lorsque, dans un homme, l'inclination
n'est rangée du côté de la moralité que parce que la moralité
elle-même se trouve heureusement du côté de l'inclination, il
arrivera que l'instinct de nature, dans les mouvements affectifs, exercera sur la volonté un plein empire, et que, si un sacrifice est nécessaire, c'est la nature morale, et non la nature
sensible qui le fera. Si, au contraire, c'est la raison elle-même
qui a *fait passer* l'inclination *du côté du devoir* (ce qui est le
cas dans un beau caractère), et qui a *seulement confié* le gouvernail à la nature sensible, elle sera toujours maîtresse de
le ressaisir dès que l'instinct voudra mésuser de ses pleins pou-
voirs. Ainsi la vertu de tempérament, dans les mouvements
affectifs, retombe à l'état de simple produit de la nature, tandis que la belle âme passe à l'héroïsme, et s'élève au rang de la
pure intelligence.

La domination des instincts par la force morale, c'est *l'émancipation de l'esprit*, et l'expression par laquelle cette indépendance se traduit aux yeux dans le monde des phénomènes est ce qu'on appelle la *dignité*.

A prendre la chose rigoureusement, la force morale dans l'homme n'est susceptible d'aucune représentation, car le supra-sensible ne saurait s'exprimer par un phénomène qui tombe sous les sens. Mais elle peut se représenter indirectement à l'esprit par des signes sensibles, et c'est effectivement le cas pour la dignité, dans la configuration de l'homme.

L'instinct de nature lorsqu'il est excité, tout ainsi que le cœur dans les émotions morales, est accompagné de certains mouvements du corps, qui tantôt devancent la volonté, tantôt même, en tant que mouvements purement sympathiques, échappent tout à fait à son empire. En effet, puisque ni la sensation, ni le désir et l'aversion ne sont soumis au libre arbitre de l'homme, l'homme n'a aucun droit non plus sur les mouvements physiques qui en dépendent immédiatement. Mais l'instinct ne s'en tient pas au simple désir : il presse, il prend les devants, il s'efforce de réaliser son objet, et, s'il ne rencontre dans l'autonomie de l'esprit une résistance énergique, il *anticipera* sur elle, il prendra lui-même l'initiative de ces sortes d'actes sur lesquels la volonté seule est en droit de prononcer; car l'instinct de conservation tend sans relâche à usurper la puissance législative dans le domaine de la volonté, et ses efforts vont à exerc r sur l'homme une domination aussi absolue que sur la bête.

Il y a donc deux sortes de mouvements distincts, et en eux-mêmes, et par leur origine, dans tout phénomène affectif déterminé dans l'homme par l'instinct de conservation : ceux d'abord qui procèdent immédiatement de la sensation et qui, par conséquent, sont tout à fait involontaires; puis ceux qui, en principe, pourraient et devraient être volontaires, mais que l'aveugle instinct de nature surprend à la volonté. Les premiers se rapportent à l'affection même et sont liés avec elle *nécessairement*; les autres, répondant plutôt à la cause et à l'objet de l'affection, ne sont aussi qu'accidentels et susceptibles de modification, et ne peuvent se prendre pour des signes infaillibles de ce phénomène affectif. Mais comme les uns et les autres, une fois l'objet déterminé, sont également nécessaires à l'instinct de nature, ils concourent aussi les uns et les autres à l'expression du phénomène affectif : concours nécessaire pour que l'expression soit complète et forme un tout harmonieux[1].

Si donc la volonté est assez indépendante pour réprimer les empiétements de l'instinct, et pour maintenir ses droits contre cette force aveugle, tous les phénomènes que l'instinct de nature, une fois excité, produisait sur son propre domaine, conserveront, il est vrai, leur force; mais ceux de la seconde espèce, ceux qui ressortissent à une juridiction étrangère et qu'il prétendait soumettre arbitrairement à son pouvoir, ces mouvements-là n'auront point lieu. Ainsi les phénomènes ne sont plus en harmonie; mais c'est précisément dans leur opposition que consiste l'expression de la force morale.

Supposons que nous voyions un homme en proie à l'affection la plus douloureuse, manifestée par des mouvements de la première espèce, par des mouvements tout à fait involontaires : ses veines se gonflent, ses muscles se contractent convulsivement; la voix est étouffée, la poitrine soulevée et projetée en avant, tandis que la partie inférieure du torse est déprimée et comme refoulée sur elle-même; mais, dans le même temps, les mouvements volontaires sont doux, les traits du visage libres, la sérénité rayonne au front et dans le regard. Si l'homme n'était qu'un être physique, tous ses traits, n'étant déterminés que par un seul et même principe, seraient d'accord les uns avec les autres et n'auraient qu'une même expression : ici, par exemple, ils s'accorderaient tous à exprimer exclusivement la souffrance. Mais, comme des traits qui expriment le calme sont mêlés parmi les traits qui accusent la douleur, et que des causes semblables ne produisent point d'effets opposés, il faut bien reconnaître

1. N'observe-t-on dans une personne que les mouvements de la seconde espèce, sans ceux de la première, c'est qu'elle *veut* telle ou telle affection, et que la nature la lui refuse. N'observez-vous au contraire que les mouvements de la première sorte, sans ceux de la seconde, concluez que la nature éprouve réellement l'affection, mais que la volonté l'interdit. Le premier cas se rencontre journellement chez les gens qui ont de l'affectation et chez les mauvais comédiens; l'autre ne se présente que bien plus rarement et seulement chez les personnes douées de force d'âme. (*Note de Schiller.*)

dans ce contraste la présence et l'action d'une force morale, indépendante des affections passives, et supérieure aux impressions sous lesquelles nous voyons succomber la nature sensible. Et voilà comment *le calme dans la souffrance*, ce en quoi consiste proprement la dignité, devient, indirectement, il est vrai, et seulement au moyen d'un raisonnement, une représentation de l'intelligence pure qui est en l'homme, et une expression de sa liberté morale [1].

Mais ce n'est pas seulement dans la souffrance, et au sens restreint de ce mot, au sens où il désigne seulement les affections douloureuses, mais en général dans tous les cas où la faculté appétitive est fortement intéressée, que l'esprit doit montrer sa liberté, et que la dignité doit être l'expression dominante. La dignité n'est pas moins requise dans les affections agréables que dans les affections pénibles, parce que, dans l'un et dans l'autre cas, la nature jouerait volontiers le rôle du maître, et a besoin d'être tenue en bride par la volonté. La dignité se rapporte à la *forme* et non à la *nature même* de l'affection ; et voilà pourquoi il peut se faire que souvent une affection, louable au fond, mais à laquelle on s'abandonne aveuglément, dégénère, faute de dignité, en vulgarité et en bassesse, et qu'au contraire une affection condamnable en soi, dès qu'elle témoigne, par sa forme, de l'empire de l'esprit sur la sensibilité, change souvent de caractère, et aille même jusqu'à toucher au sublime.

Ainsi dans la dignité l'esprit règne sur le corps, et s'y comporte en *dominateur* : c'est qu'il a ici son indépendance à défendre contre l'instinct impérieux, toujours prêt à se passer de lui pour agir et à secouer son joug. Dans la grâce, au contraire, l'esprit gouverne d'un gouvernement *libéral* : c'est qu'ici c'est lui-même qui fait agir la nature sensible, et il ne trouve aucune résistance à vaincre. Or, la docilité ne mérite qu'indulgence, et la sévérité n'est de mise qu'autant qu'elle est provoquée par l'*opposition*.

---

1. Cette question sera traitée avec plus de détail dans un Essai sur les *Représentations pathétiques*, inséré au troisième cahier de la *Nouvelle Thalie*. (*Note de Schiller.*) — Voyez, à la suite de cette dissertation, le traité du *Pathétique*.

Ainsi la grâce n'est autre chose que la *liberté des mouvements volontaires*, et la dignité consiste à *maîtriser les mouvements involontaires*. La grâce laisse à la nature sensible, là où elle obéit aux ordres de l'esprit, un certain air d'indépendance ; la dignité, au contraire, soumet la nature sensible à l'esprit, là où elle prétendrait dominer. Partout où l'instinct prend l'initiative, et se permet d'empiéter sur les attributions de la volonté, la volonté ne peut lui montrer aucune *indulgence*, mais elle doit témoigner de son indépendance propre (autonomie[1]), en lui opposant la résistance la plus énergique. Si, au contraire, c'est la volonté qui *commence*, et si l'instinct ne fait que la *suivre*, le libre arbitre n'a plus à déployer de rigueur : c'est le tour de l'indulgence. Telle est, en peu de mots, la loi qui doit régler le rapport entre les deux natures de l'homme, en ce qui regarde l'expression de ce rapport dans le monde des phénomènes.

Il s'ensuit que la dignité est requise et se montre surtout dans les *affections passives* (πάθος), et la grâce dans la *conduite* (ἦθος) ; car ce n'est que dans la passion que peut se manifester la liberté de l'âme, et ce n'est que dans l'action que peut se manifester la liberté du corps.

Que si la dignité est l'expression d'une résistance opposée à l'instinct par la liberté morale, et si l'instinct, par conséquent, doit être considéré comme une force qui rend la résistance nécessaire, il s'ensuit que la dignité est ridicule là où vous n'avez à combattre aucune force de ce genre, et méprisable là où il ne *devrait* plus y avoir aucune force à combattre. On rit d'un comédien, de quelque rang et de quelque condition qu'il soit, qui, même aux actions indifférentes, affecte de la dignité. On méprise ces petites âmes qui, pour avoir accompli un devoir vulgaire, et, souvent pour s'être abstenues simplement d'une bassesse, se récompensent elles-mêmes par la dignité.

En général, ce qu'on demande à la vertu, ce n'est pas à proprement parler de la dignité, mais de la grâce. La dignité est implicitement contenue dans l'idée de la vertu, qui, par sa nature même, suppose déjà une domination de l'homme sur ses

---

1. C'est l'auteur lui même qui propose ainsi, de temps en temps, un synonyme : nous n'avons fait que conserver ses parenthèses.

instincts. C'est bien plutôt la nature sensible qui, dans l'accomplissement des devoirs moraux, pourra se trouver dans un état d'oppression et de contrainte, surtout lorsqu'elle consomme un sacrifice douloureux. Mais comme l'idéal de la perfection, dans l'homme, ne demande point qu'il y ait lutte, mais bien harmonie entre le moral et le physique, cet idéal est peu compatible avec la dignité, qui n'est que l'expression d'une lutte entre les deux natures, et, comme telle, rend sensible ou l'impuissance particulière à l'individu, ou l'impuissance commune à l'espèce.

Dans le premier cas, lorsque ce défaut d'harmonie entre l'inclination et le devoir, à propos d'un acte moral, tient à l'impuissance particulière du sujet, l'acte perdra toujours de sa valeur morale en raison de ce qu'il y aura fallu de combats, et, par conséquent, en proportion de ce qu'il y aura de dignité dans l'expression extérieure de cet acte. Car notre jugement moral rapporte chaque individu à la commune mesure de l'espèce, et nous ne pardonnons point à l'homme d'être arrêté par d'autres bornes que celles de la nature humaine.

Mais dans le second cas, c'est-à-dire lorsque l'action commandée par le devoir ne peut être mise en harmonie avec les exigences de l'instinct sans aller contre l'idée même de la nature humaine, la résistance de l'inclination est nécessaire; et il n'y a que la vue du combat qui nous puisse convaincre de la possibilité de la victoire. Aussi demandons-nous alors aux traits et aux attitudes une expression de cette lutte intérieure, ne pouvant prendre sur nous de croire à la vertu, là où nous ne voyons pas même trace d'humanité. Lors donc que la loi morale nous commande une action qui fait nécessairement souffrir la nature sensible, la chose alors est grave et ne doit pas être traitée comme un jeu; alors le trop d'aisance à accomplir cet acte serait bien plus propre à nous révolter qu'à nous satisfaire; alors, par conséquent, l'expression n'est plus la grâce, mais bien la dignité. En général, la loi qui prévaut ici, c'est que l'homme doit accomplir avec grâce tous les actes qu'il peut exécuter dans la sphère de sa nature humaine; et avec dignité, tous ceux pour l'accomplissement desquels il est obligé de sortir de sa nature.

De même que nous demandons à la vertu d'avoir de la
grâce, de même nous demandons à l'inclination d'avoir de la
dignité. La grâce n'est pas moins naturelle à l'inclination que
la dignité à la vertu ; et cela est évident rien que d'après l'idée
de la grâce, qui est toute sensible et favorable à la liberté de la
nature physique, et qui répugne à toute idée de contrainte.
L'homme sans culture ne manque pas lui-même d'un certain
degré de grâce, lorsque l'amour ou une autre affection de ce
genre l'anime : et où trouve-t-on plus de grâce que chez les enfants, qui pourtant sont livrés sans réserve à la direction de
l'instinct ? Le danger est bien plutôt que l'inclination ne finisse
par faire de l'état de passion l'état dominant, n'étouffe l'indépendance de l'esprit, et n'amène un relâchement général.
Aussi, pour se concilier l'estime à propos d'un sentiment noble
(l'estime ne peut être inspirée que par ce qui procède d'une
source *morale*), il faut toujours que l'inclination soit accompagnée de dignité. C'est pour cela qu'une personne qui aime veut
trouver de la dignité dans l'objet de sa passion. La dignité seule
lui est garant que ce n'est pas le *besoin qui a forcé de venir à lui*,
mais *qu'on l'a choisi librement*; qu'on ne le *désire* point comme
une *chose*, mais qu'on l'*estime* en tant que *personne*.

On veut de la grâce chez celui qui oblige ; de la dignité chez
la personne obligée. Le premier, pour se défaire d'un avantage
qu'il a sur l'autre et qui pourrait blesser, devra donner à
son action, bien que sa décision ait été désintéressée, le caractère d'un mouvement *affectif*, par la part qu'il y laisse prendre
à l'inclination, et avoir ainsi l'air d'être celui des deux qui
y gagne le plus. L'obligé, pour ne compromettre point en sa
personne, par la dépendance où il se met, l'honneur de l'humanité, dont la liberté est le saint palladium, doit élever ce qui
n'est qu'un pur *mouvement* de l'instinct à la hauteur d'un acte
de sa volonté, et de cette manière, au moment où il reçoit une
faveur, en accorder en quelque sorte une autre.

Il faut reprendre avec grâce, et avouer ses torts avec dignité.
Mettre de la dignité aux remontrances, c'est se donner l'air
d'un homme trop pénétré de son avantage ; mettre de la grâce
dans une confession, c'est trop oublier l'infériorité où nous
place notre faute.

Les puissants veulent-ils se concilier l'affection? il faut que
leur supériorité soit tempérée par la grâce. Les faibles veulent-
ils se concilier l'estime? il leur faut de la dignité pour relever leur impuissance. On croit généralement que la dignité
est ce qui convient sur le trône ; et chacun sait que ceux qui y
sont assis aiment à trouver chez leurs conseillers, chez leurs
confesseurs, dans leurs parlements, de la grâce. Mais ce qui
peut être bon et louable en politique, ne l'est pas toujours dans
le domaine du goût. Le prince lui-même entre dans ce domaine, dès qu'il descend de son trône (car les trônes ont leurs
priviléges), et le courtisan rampant se place, lui aussi, sous la
sainte et libre protection de cette loi, dès qu'il se redresse et devient un homme. On pourrait conseiller au premier de suppléer,
avec le superflu du second, à ce qui lui manque à lui-même, et
de lui céder autant de sa dignité qu'il a lui-même besoin d'emprunter de grâce.

La dignité et la grâce, bien que chacune d'elles ait son
domaine propre, où elle se manifeste, ne sont point exclusives
l'une de l'autre : elles peuvent se rencontrer dans une même
personne, et, qui plus est, dans un même état de cette personne. Disons mieux : c'est la grâce seule qui garantit et
accrédite la dignité ; c'est la dignité seule qui donne du prix à
la grâce.

La dignité toute seule, quelque part qu'elle se rencontre,
témoigne bien que les désirs et les inclinations sont contenus
dans de certaines bornes. Mais ce que nous prenons pour une
force qui modère et domine ne serait-il pas plutôt oblitération
de la faculté de sentir (dureté)? Est-ce réellement l'autonomie
morale, et ne serait-ce pas plutôt la prépondérance d'une autre
affection, et, par conséquent, un effort volontaire, intéressé,
qui contient l'éruption de l'affection présente? C'est ce que la
grâce seule peut mettre hors de doute, en venant se joindre à
la dignité. C'est la grâce, veux-je dire, qui témoigne d'une âme
paisible, en harmonie avec elle-même, et d'un cœur sensible.

Réciproquement, la grâce toute seule montre bien une certaine susceptibilité de la faculté de sentir et une certaine
harmonie des sentiments. Mais ne serait-ce pas un relâchement de l'esprit qui laisse tant de liberté à la nature sen-

sible, et qui ouvre le cœur à toutes les impressions? Est-ce bien le moral qui a établi cette harmonie entre les sentiments ? C'est ce que la dignité seule peut à son tour nous garantir, en venant se joindre à la grâce. Je veux dire que c'est elle seule qui atteste, dans le sujet, une force indépendante; et, au moment où la volonté *réprime la licence* des mouvements involontaires, c'est par la dignité qu'elle donne à connaître que la *liberté* des mouvements électifs est de sa part une simple *concession*.

Que la grâce et la dignité, encore soutenues, celle-là par la beauté architectonique, et celle-ci par la force, se *réunissent* dans la même personne, l'expression de la nature humaine y sera accomplie : une telle personne sera justifiée dans le monde spirituel, affranchie dans le monde sensible. Ici, les deux domaines se touchent si près que leurs limites se confondent. Ce sourire qui se joue sur les lèvres, ce regard doucement animé, cette sérénité répandue sur le front, c'est *la liberté de la raison* qui se montre avec un éclat tempéré. Cette noble majesté empreinte sur le visage, c'est l'adieu sublime de la *nécessité de nature* qui s'efface devant l'esprit. Tel est l'idéal de beauté humaine d'après lequel sont conçues les antiques, et on le reconnaît dans les formes divines d'une Niobé, dans l'Apollon du Belvédère, dans le génie ailé du palais Borghèse, et dans la Muse du palais Barberini[1].

---

1. *Winckelmann*, avec le sens délicat et grand qui le distingue, a parfaitement compris et parfaitement décrit (*Hist. de l'Art*, 1re partie, p. 480 et suiv. édit. de Vienne) cette beauté supérieure qui résulte de la réunion de la dignité avec la grâce. Mais ce qu'il trouvait réuni, il l'a pris et donné aussi pour une seule et même chose, et il s'en est tenu à ce que lui apprenaient les sens réduits à eux-mêmes, sans rechercher s'il n'y a pas quelque distinction à faire. Il altère par une confusion l'idée de la grâce, en faisant entrer dans cette idée des traits qui évidemment n'appartiennent qu'à la dignité. Mais la grâce et la dignité sont essentiellement distinctes; et l'on a tort de voir une *propriété* de la grâce dans une expression qui n'en est bien plutôt que la *restriction*. Ce que Winckelmann appelle grâce sublime, grâce céleste, c'est tout simplement la beauté et la grâce jointes à une dignité qui les surpasse. « La grâce céleste, dit-il, se suffit à elle-même; elle ne va point chercher le regard, et demande à être cherchée; elle est trop sublime pour se rendre très-sensible. Elle renferme en soi les mouvements de l'âme, et se rapproche du calme bienheureux de la nature divine. » — « C'est par elle, dit-il ailleurs, que l'auteur d'une Niobé a osé s'élever jusqu'à la sphère des pures idées, et qu'il a trouvé le secret *d'exprimer à la fois et les angoisses de la mort, et l'idéal même de la beauté*. » (Il serait difficile de trouver un sens à cette phrase, si l'on ne voyait manifestement que

Là où la grâce et la dignité sont réunies, nous éprouvons tour à tour de l'attrait et de la répulsion : de l'attrait en tant que créatures spirituelles, de la répulsion en tant que créatures sensibles.

C'est-à-dire que la dignité nous offre un exemple de la subordination de la nature sensible à la nature morale, exemple que nous sommes tenus d'imiter, mais qui, en même temps, passe la mesure de notre faculté sensible. Cette opposition entre l'instinct de la nature et les exigences de la loi morale, exigences, que nous reconnaissons d'ailleurs comme légitimes, met en jeu notre sensibilité, et éveille un sentiment qu'on nomme *estime*, et qui est inséparable de la dignité.

Dans la grâce au contraire, ainsi que dans la beauté en général, la raison trouve ses exigences satisfaites dans le monde des sens, et voit avec surprise une de ses propres idées se présenter à elle réalisée dans le monde des phénomènes. Cette rencontre inattendue entre l'accident de la nature et la nécessité de la raison, éveille en nous un sentiment de joyeuse adhésion (*contentement*), qui repose les sens, mais qui anime et occupe l'esprit, et il en résulte nécessairement un charme qui attire vers l'objet sensible. C'est cet attrait que nous appe-

---

dans la pensée de l'auteur il ne s'agit que de la dignité.) « Ainsi l'artiste a su créer de purs esprits, dont la vue n'éveille dans les sens aucun désir ; car il ne semble pas qu'ils soient faits pour la passion, mais bien qu'ils daignent y condescendre. » — Et ailleurs : « L'âme ne se manifestait que sous la surface d'une onde tranquille, et jamais n'éclatait en mouvements impétueux. Dans l'expression de la souffrance, la plus vive douleur est contenue, et la joie même se joue, comme une brise légère qui agite à peine les feuilles, sur le visage d'une Leucothea. »

Tous ces traits conviennent à la dignité, et non point à la grâce. La grâce ne se renferme point, elle va au contraire au-devant du regard : la grâce se rend sensible, et elle n'est point sublime, elle est belle. Mais tout cela est vrai de la dignité : c'est elle qui retient la nature dans ses manifestations, et qui, même parmi les angoisses de la mort et dans les plus affreuses tortures, donne une expression de calme aux traits d'un Laocoon.

Home est tombé dans la même faute, ce qui du reste est moins surprenant de la part de cet écrivain. Lui aussi, il fait rentrer dans la grâce des traits qui appartiennent à la dignité, bien qu'il distingue expressément la dignité et la grâce. Ses observations sont ordinairement justes, et les règles *immédiates* qu'il en tire sont vraies ; mais, passé cela, il ne faut pas le suivre. (Voy. *Principes de la Critique*, IIe partie. *Grâce et Dignité.*) (*Note de Schiller.*)

lons bienveillance, ou *amour*, sentiment inséparable de la grâce et de la beauté.

L'*attrait* (j'entends l'attrait non de l'amour, mais de la volupté, *stimulus*) propose aux sens un objet sensible qui leur promet la satisfaction d'un besoin, c'est-à-dire un plaisir. Les sens, par conséquent, sont sollicités à s'unir avec cet objet sensible, et de là le *désir*, sentiment qui tend et excite la nature sensible, mais qui relâche au contraire la nature spirituelle.

On peut dire de l'estime qu'elle *s'incline devant* son objet; de l'amour, qu'il se *porte avec inclination* vers son objet; du désir, qu'il se *précipite* sur son objet. Dans l'estime, l'objet est la raison, et le sujet est la nature sensible[1]. Dans l'amour, l'objet est sensible, et le sujet est la nature morale. Dans le désir, objet et sujet sont purement sensibles.

Ainsi l'amour seul est un sentiment libre, parce qu'il est pur dans son principe, et qu'il tire sa source du siége même de la liberté, du sein de notre nature divine. Ici, ce n'est pas la partie chétive et basse de notre nature qui se mesure avec l'autre partie plus grande et plus noble; ce n'est pas la sensibilité qui se guinde, en proie au vertige, pour atteindre jusqu'à la loi de raison : c'est *l'absolue grandeur* qui se trouve reflétée dans la beauté et dans la grâce, et satisfaite dans la moralité; c'est

---

1. Il ne faut pas confondre l'*estime* avec le *respect*. L'estime (d'après l'analyse rigoureuse de l'idée) ne repose que sur le rapport de la nature sensible aux exigences de la pure raison pratique en général, sans égard à l'accomplissement réel de ces exigences : « Le sentiment de ce qui nous manque pour atteindre à une idée qui pour nous est une loi, est ce qu'on appelle l'estime. » (Kant, *Critique du Jugement*.) Aussi l'estime n'est-elle point un sentiment agréable, mais un sentiment qui oppresse. C'est le sentiment qui nous fait mesurer ce qu'il y a de distance de la volonté empirique à la volonté pure. On ne doit donc pas trouver étrange que je donne la nature sensible pour *sujet* à l'estime, bien que l'estime ne s'adresse qu'à la *raison pure;* car cette disproportion, ce manque de force pour atteindre la loi, ne peut être que le fait de la nature sensible.

Le *respect*, au contraire, repose déjà sur un accomplissement réel de la loi, et on éprouve ce sentiment non pour la loi même, mais pour la personne qui s'y conforme dans sa conduite. Aussi le respect a-t-il quelque chose qui réjouit le cœur, car l'accomplissement de la loi morale doit nécessairement réjouir des êtres doués de raison. L'estime était une contrainte, le respect est déjà un sentiment plus libre. Mais il doit ce caractère de liberté à l'amour, qui entre toujours pour quelque chose dans le respect. Un misérable ne peut s'empêcher d'estimer ce qui est bon; mais pour respecter celui qui a fait le bien, il faudrait qu'il cessât d'être un misérable. (*Note de Schiller.*)

le législateur même, le *Dieu* en nous, qui se joue avec sa propre
image dans le monde des sens. Aussi l'amour soulage et dilate
le cœur, tandis que l'estime le tend; car ici il n'y a rien qui
puisse gêner le cœur et comprimer ses élans, l'absolue grandeur n'ayant rien au-dessus d'elle, et la sensibilité, de qui seule
pourraient venir les entraves, étant réconciliée, au sein de la
beauté et de la grâce, avec les idées mêmes du pur esprit.
L'amour n'a qu'à descendre : l'estime aspire avec effort vers un
objet placé au-dessus d'elle. C'est pour cela que le méchant
ne peut rien aimer, quoiqu'il soit forcé d'estimer beaucoup
de choses; c'est pour cela que l'homme de bien ne peut guère
estimer sans s'éprendre aussitôt d'amour pour l'objet. Le pur
esprit ne peut qu'aimer, mais non estimer : les sens ne con-
naissent que l'estime, mais non l'amour.

Si l'homme qui se sent coupable est en proie à une crainte
perpétuelle de se rencontrer, dans le monde des sens, avec le
législateur qui est au dedans de lui-même; s'il voit un ennemi
dans tout ce qui porte l'empreinte de la grandeur, de la beauté,
de la perfection : l'homme, au contraire, en qui respire une
belle âme, ne connaît pas de plus doux plaisir que de rencontrer
hors de lui l'image ou la réalisation du divin qu'il a en lui, et
d'embrasser dans le monde sensible un exemplaire de l'être
immortel qu'il aime. L'amour est tout ensemble ce qu'il y a de
plus généreux et de plus égoïste dans la nature : de plus généreux, parce qu'il ne reçoit rien de son objet et qu'il lui donne
tout, le pur esprit ne pouvant que donner et non recevoir; de
plus égoïste, car ce qu'il cherche dans son sujet, ce qu'il y
goûte, c'est lui-même, et jamais rien que lui.

Mais précisément parce que celui qui aime ne reçoit de l'objet
aimé que ce qu'il lui a donné lui-même, il lui arrive souvent
de lui donner ce qu'il n'en a point reçu. Les sens extérieurs
croient découvrir dans l'objet ce que le sens interne seul y contemple : on finit par croire à ce qu'on souhaite avec ardeur, et
la richesse propre à celui qui aime lui cache la pauvreté de l'objet aimé. C'est pourquoi l'amour est si sujet à l'illusion, tandis
que l'estime et le désir n'en sont jamais le jouet. Tant que dure
cette surexcitation du sens externe par le sens interne, l'âme
reste sous le charme de cet amour platonique qui ne le cède

qu'en durée aux délices que goûtent les immortels. Mais dès
que le sens interne cesse de faire partager *ses* visions aux sens
extérieurs, ceux-ci aussitôt rentrent dans leurs droits, et réclament impérieusement ce qui leur est dû, *de la matière*. Le feu
qu'alluma la Vénus céleste, c'est la Vénus terrestre qui en profite, et il n'est pas rare que l'instinct physique, si longtemps
sacrifié, se venge par une domination d'autant plus absolue.
Comme le sens externe n'est jamais dupe de l'illusion, il fait
valoir avec une brutale insolence cet avantage sur son noble
rival, et il pousse l'audace jusqu'à prétendre qu'il a réglé un
compte que la nature spirituelle avait laissé en souffrance.

La dignité empêche que l'amour ne dégénère en désir; la
grâce, que l'estime ne tourne à la crainte.

La véritable beauté, la véritable grâce ne doivent jamais
éveiller le désir. Là où se mêle le désir, il faut ou bien que
l'objet manque de dignité, ou que celui qui le considère manque
de moralité dans les sentiments.

La véritable grandeur ne doit jamais éveiller la crainte. Si
la crainte trouve place, tenez pour certain ou que l'objet manque de goût et de grâce, ou que celui qui le considère n'est
point en paix avec sa conscience.

Attrait, charme, grâce, autant de mots communément employés comme synonymes, mais qui ne le sont pas ou qui ne
devraient pas l'être, l'idée qu'ils expriment étant susceptible
de plusieurs déterminations qui demandent des désignations
différentes.

Il y a une sorte de grâce qui *anime*, et une autre sorte de
grâce qui *calme* le cœur. L'une touche de près à l'aiguillon des
sens, et le plaisir qu'on y trouve, s'il n'est contenu par la dignité, peut aisément dégénérer en concupiscence: on peut user
du mot d'*attrait* (*Reiz*) pour désigner cette grâce. Un homme
chez qui la sensibilité a peu de ressort, ne trouve point en
lui-même la force nécessaire pour éveiller ses affections; il
a besoin de l'emprunter au dehors, et de chercher par des
impressions qui exercent aisément la fantaisie, par des transitions rapides du sentiment à l'action, à rétablir en lui l'é-
lasticité qu'il a perdue. C'est l'avantage qu'il trouvera dans
le commerce d'une personne *attrayante*, qui par sa conversa-

tion, son regard, secouera son imagination, agitera cette eau stagnante.

La grâce *calmante* se rapproche davantage de la dignité, en ce qu'elle se manifeste surtout par la modération qu'elle impose aux mouvements tumultueux. C'est à elle que s'adresse l'homme dont l'imagination est surexcitée; c'est dans cette paisible atmosphère que se repose un cœur après l'orage et ses violences. C'est à elle que je voudrais surtout réserver le nom de *grâce*. L'attrait n'est pas incompatible avec la rieuse moquerie et l'aiguillon de la raillerie : la grâce ne s'accommode qu'avec la sympathie et l'amour. Soliman énervé finit par languir dans les chaînes d'une Roxelane : l'âme orageuse d'un Othello retrouve le repos, bercée sur le sein paisible d'une Desdémone.

La dignité aussi a ses degrés et ses nuances : se rapproche-t-elle de la grâce et de la beauté, elle prend le nom de *noblesse;* penche-t-elle au contraire du côté de la crainte, elle devient de la *hauteur*.

Le plus haut degré de la grâce est le *charme ravissant*. La dignité, à son degré le plus haut, s'appelle *majesté*. Dans le ravissement, nous perdons, pour ainsi dire, notre *moi*, et nous sentons notre être se fondre dans l'objet. La liberté dans sa plénitude et dans sa plus haute jouissance confine à l'anéantissement complet de la liberté, et l'ivresse de l'esprit au délire de la volupté des sens. La majesté, au contraire, nous propose une loi, un idéal moral qui nous oblige à ramener nos regards sur nous-mêmes. Dieu est là, et le sentiment que nous avons de sa présence nous fait baisser les yeux vers la terre. Nous oublions tout ce qui est hors de nous, et nous ne sentons que le lourd fardeau de notre propre existence.

La majesté n'appartient qu'à ce qui est saint. Un homme qui peut nous donner l'idée de la sainteté, a de la majesté, et si même nous n'allons pas jusqu'à plier le genou, notre esprit du moins se prosternera devant lui. Mais l'esprit se redressera bien vite à la moindre trace *d'imperfection humaine* qu'il découvrira dans l'objet de son adoration; car rien de ce qui n'est grand que *comparativement* ne peut atterrer le cœur.

La puissance seule, si terrible, si illimitée qu'on la suppose, ne peut jamais conférer la majesté. La puissance n'impose qu'à

l'être sensible : la majesté doit agir sur l'esprit même et lui
ravir sa liberté. Un homme qui peut prononcer sur moi un
arrêt de mort n'en a pour moi ni plus ni moins de majesté, du
moment que je suis ce que je dois être. Son avantage sur moi
cesse dès que je le veux. Mais celui qui m'offre dans sa personne l'image de la pure volonté, celui-là, je me prosternerai
devant lui, si faire se peut, jusque dans les mondes futurs !

La grâce et la dignité sont d'un trop haut prix pour que la
vanité et la sottise n'excitent pas à se les approprier par l'imitation; mais il n'y a qu'un moyen d'y atteindre, c'est d'imiter l'état moral dont elles sont l'expression. Toute autre imitation n'est que *singerie*, et se fera bientôt connaître pour telle,
par son exagération.

De même que l'affectation du sublime mène à *l'enflure*, et
l'affectation de la noblesse à la *préciosité*: de même aussi l'affectation de la grâce aboutit à la *coquetterie*, et celle de la dignité
à la *solennité* roide, à la fausse *gravité*.

Là où la grâce véritable mettait simplement du *laisser aller*
et de la prévenance, la grâce affectée met de *la mollesse*. L'une
se contentait de *ménager* les organes du mouvement volontaire
et de ne pas contrarier sans nécessité la liberté de la nature :
l'autre n'a même pas le cœur d'user comme il faut des organes
de la volonté, et pour ne pas tomber dans la dureté et la
lourdeur, elle aime mieux *sacrifier* quelque chose du but du
mouvement, ou bien elle cherche à y arriver par des *détours*
et des *biais*. Si le danseur *maladroit et sans souplesse* dépense
dans un menuet autant de force que s'il avait à pousser une
roue de moulin, si ses pieds et ses bras décrivent des angles
aussi roides que s'il s'agissait de tracer des figures avec une
précision géométrique, le danseur *affecté* glisse avec un tel excès
de mollesse qu'on dirait qu'il a peur de se faire mal en touchant
le sol : ses pieds et ses mains ne font que décrire des lignes
sinueuses, dût-il avec ce manége ne pas bouger de place.
L'autre sexe, qui est par excellence en possession de la véritable grâce, est aussi celui qui se rend le plus souvent coupable
de grâce affectée ; mais jamais cette affectation n'est plus cho-
quante, que lorsqu'elle sert d'hameçon au désir. Le sourire de
la grâce véritable fait place alors aux grimaces les plus repous-

santes; le beau jeu du regard, si ravissant lorsqu'il exprime un
sentiment vrai, n'est plus qu'une contorsion; les inflexions
mélodieuses de la voix, attrait irrésistible sur des lèvres sincères, ne sont plus qu'une vaine cadence, un *tremolo* qui sent
l'étude : en un mot, toute l'harmonie des charmes de la femme
n'est plus qu'une tromperie, un artifice de toilette.

Si l'on a mainte occasion d'observer la grâce affectée au
théâtre et dans les salons de bal, on est souvent à même d'étudier la dignité affectée dans le cabinet des ministres et dans la
chambre d'étude des hommes de science (aux universités notamment). La véritable dignité se contentait d'empêcher les
affections de la dominer, elle contenait l'instinct dans de justes
bornes, mais là seulement où il prétend être le maître, dans les
mouvements involontaires : la fausse dignité régente avec un
sceptre de fer jusqu'aux mouvements électifs, elle opprime les
mouvements moraux, qui étaient chose sacrée pour la dignité véritable, tout aussi bien que les mouvements sensuels, et détruit
tout le jeu des traits mimiques par lesquels l'âme rayonne sur
le visage. Elle ne s'arme pas seulement de sévérité contre la nature rebelle, mais de dureté contre la nature soumise, et met
ridiculement sa grandeur à assujettir la nature au joug, ou, si
elle ne peut y réussir, à la cacher. Comme si elle avait voué une
haine irréconciliable à tout ce qui s'appelle la nature, elle ense-
velit le corps sous de longs vêtements aux larges plis, qui cachent
aux yeux toute la structure humaine ; elle paralyse les membres, en les surchargeant d'un vain appareil d'ornements, et va
même jusqu'à couper les cheveux pour remplacer ce présent de
la nature par un produit artificiel de l'industrie. La véritable
dignité, qui ne rougit point de la nature, mais seulement de la
nature brutale, garde toujours, lors même qu'elle s'observe, un
air libre et ouvert : le sentiment rayonne dans le regard, le
calme et la sérénité de l'esprit se lisent sur le front en traits
éloquents. La fausse gravité, au contraire, met sa dignité dans
les plis du visage : elle est renfermée, mystérieuse, et sur-
veille ses traits avec autant d'attention qu'un comédien. Tous
les muscles de son visage sont tourmentés, toute expression
vraie et naturelle disparaît, et l'homme tout entier est comme
une lettre scellée. Après tout, la fausse dignité n'a pas toujours

tort de comprimer, par une discipline rigoureuse, le jeu mimique
de ses traits, parce qu'ils pourraient bien en dire plus qu'on
n'en veut laisser voir : précaution dont la dignité véritable peut
assurément se passer. Celle-ci commande à la nature, et ne la
cache point aux yeux : chez l'autre, au contraire, c'est la nature qui gouverne, et avec d'autant plus de tyrannie, *au dedans*,
qu'elle est plus comprimée *au dehors* [1].

1. Il y a cependant une sorte de *solennité*, dans le bon sens du mot, dont
l'art peut faire usage. Celle-là ne vient pas de la prétention de se rendre important : elle a pour objet de *préparer* l'âme à quelque chose de véritablement
important. Lorsqu'il s'agit de produire une impression grande et profonde, et
que le poëte a intérêt à ce qu'il ne s'en perde rien, il commence par disposer
le cœur à la recevoir, il écarte toutes les distractions, et il éveille dans l'imagination une curiosité pleine d'impatience. C'est alors un procédé très-opportun
que cette sorte de *solennité* qui consiste à accumuler des préparatifs dont on
ne voit pas le but, et à retarder exprès la marche de l'action, dans l'instant où
l'impatience du spectateur voudrait la voir courir. En musique, on obtient le
même effet par une suite de notes fortement accentuées, d'un mouvement lent
et uniforme. L'intensité des sons éveille et tend la curiosité, la lenteur retarde
la satisfaction, et l'uniformité de la mesure ne fait prévoir aucun terme à l'impatience.

La *solennité* n'est pas d'un médiocre secours pour soutenir l'impression du
grand et du sublime; et c'est pourquoi elle est employée avec un grand succès
dans les cérémonies religieuses et les mystères. L'effet des cloches, des chants
du chœur, des orgues, est chose assez connue; mais il y a aussi une *solennité*
qui s'adresse aux yeux, c'est la *pompe*, et qui s'allie fort bien avec l'*impression
du terrible*, dans les cérémonies funèbres, par exemple, et dans toutes les pro-
cessions publiques qui se déroulent au milieu d'un grand silence et suivant
une mesure lente et uniforme. (*Note de Schiller.*)

DU PATHÉTIQUE

DU PATHÉTIQUE[1].

La peinture de la souffrance, en tant que simple souffrance, n'est jamais le but de l'art; mais, comme moyen d'atteindre à son but, elle est pour lui de la dernière importance. La fin suprême de l'art, c'est de représenter le supra-sensible, et c'est ce que fait pour nous l'art tragique en particulier, parce qu'il représente, par des traits sensibles, l'homme moral se maintenant, dans l'état de passion, indépendant des lois de la nature. Le principe de liberté ne se reconnaît en nous qu'à la résistance qu'il oppose à la violence des sentiments. Or, la résistance ne peut s'apprécier que d'après la force de l'attaque. Il faut donc, pour que l'*intelligence*, dans l'homme, se révèle comme une force indépendante de la nature, que la nature ait d'abord déployé devant nos yeux toute sa puissance. Il faut que l'*être sensible* soit profondément et énergiquement *affecté*; il faut que la *passion* soit en jeu, pour que l'*être raisonnable* puisse témoigner de son indépendance, et se manifester *en acte*.

1. L'auteur avait inséré dans les 3e et 4e cahiers de 1793 de la *Nouvelle Thalie* (p. 320-394 du t. III, et p. 52-73 du t. IV) un traité *du Sublime*, « qui, d'après le titre, devait servir de développement à certaines idées de Kant. » Quelques années plus tard, il écrivit sur ce même sujet un morceau qu'on trouvera plus loin (c'est l'avant-dernière des dissertations esthétiques contenues dans ce volume). Ce second travail, qui se distinguait par des vues plus originales, fut préféré par l'auteur, lorsqu'il publia le recueil de ses *Opuscules en prose*; et une partie seulement de l'ancien traité (la dernière, à partir de la p. 366 du t. III de la *Nouvelle Thalie*) fut admise dans ce recueil, où elle parut (t. III, p. 310-372) sous le titre : *Du Pathétique*. C'est ce fragment dont nous donnons ici la traduction.

Il est impossible de savoir si *l'empire* qu'un homme a *sur ses affections* est l'effet d'une force morale, tant qu'on n'a pas acquis la certitude que ce n'est pas un effet de l'insensibilité. Il n'y a point de mérite à maîtriser des sentiments qui ne font qu'effleurer légèrement et passagèrement la surface de l'âme; mais pour résister à une tempête qui soulève toute la nature sensible, et pour y conserver la liberté de son âme, il faut une faculté de résistance, infiniment supérieure à toute force de la nature. On n'arrivera donc à représenter la liberté morale qu'en exprimant avec la plus grande vivacité la nature souffrante; et le héros tragique doit avoir justifié d'abord de sa qualité d'être sensible, avant de prétendre à nos hommages en qualité d'être raisonnable, et de nous faire croire à sa force d'âme.

Le *pathétique* est donc la première condition, celle qu'on exige le plus rigoureusement de l'auteur tragique; et il lui est permis de pousser la peinture de la souffrance aussi loin qu'on le peut faire *sans préjudice pour le but suprême de son art*, c'est-à-dire sans que la liberté morale soit opprimée. Il doit donner en quelque sorte à son héros, ou à son lecteur, leur *pleine charge de souffrance* : sans quoi, l'on se demandera toujours si la résistance opposée à la souffrance est une action de l'âme, quelque chose de *positif*, ou si ce n'est pas plutôt une chose purement *négative*, un simple défaut.

Ce dernier cas se présente dans la tragédie française d'autrefois, où il est extrêmement rare, ou peut-être sans exemple, qu'on nous fasse voir de nos yeux la *nature souffrante*, et où nous ne voyons, au contraire, le plus souvent, que le poëte luimême qui s'échauffe à froid et qui déclame, ou bien encore le comédien qui se guinde sur des échasses. Le ton glacial de la déclamation y étouffe absolument la véritable nature, et les tragiques français, avec leur culte superstitieux pour le *décorum*, se mettent tout à fait dans l'impossibilité de peindre la nature humaine dans sa vérité. Le *décorum*, quelque part qu'il soit, fût-ce même à sa véritable place, fausse toujours l'expression de la nature, et cette expression pourtant est ce que réclame impérieusement l'art. C'est à peine si, dans une tragédie française, nous pouvons nous persuader que le héros *souffre*, car il s'explique sur l'état de son âme, comme ferait l'homme le plus calme, et, constamment préoccupé de l'impression qu'il fait sur autrui, il ne laisse jamais la nature s'épancher en liberté. Les rois, les princesses et les héros d'un Corneille ou d'un Voltaire n'oublient jamais leur *rang*, même dans les plus violents accès de passion; et ils dépouilleront leur *humanité* bien plutôt que leur *dignité*. Ils ressemblent à ces rois et à ces empereurs de nos vieux livres d'images, qui se mettent au lit avec leur couronne.

Quelle différence avec les Grecs, et avec ceux des modernes qui se sont inspirés de leur esprit en poésie! Jamais le poëte grec ne rougit de la nature; il laisse à la sensibilité tous ses droits, et pourtant il est bien sûr de n'être jamais subjugué par elle. Il a trop de profondeur et trop de rectitude dans l'esprit pour ne pas distinguer l'accidentel, qui est la principale préoccupation du faux goût, du vraiment nécessaire; or tout ce qui n'est pas l'humanité même, est accidentel dans l'homme. L'artiste grec qui a à représenter un Laocoon, une Niobé, un Philoctète, ne s'inquiète ni de la princesse, ni du roi, ou du fils de roi : il s'en tient à l'*homme*. Aussi l'habile statuaire laisse-t-il de côté les vêtements, et ne nous montre-t-il que des figures nues, bien qu'il sache parfaitement qu'il n'en était point ainsi dans la vie réelle. C'est que les vêtements pour lui sont quelque chose d'accidentel, et que le nécessaire ne doit jamais être sacrifié à l'accidentel; c'est que, si la décence ou les besoins physiques ont leurs lois, ces lois ne sont point celles de l'art. Le statuaire doit nous montrer, il veut nous montrer l'*homme même*, les vêtements nous le cachent : il les rejette donc, et avec raison.

De même que le sculpteur grec rejette les vêtements, comme une charge inutile et embarrassante, pour faire plus de place à la *nature humaine*, de même le poëte grec affranchit les personnages humains qu'il met en scène de la contrainte tout aussi inutile et tout aussi gênante du décorum, et de toutes ces lois glaciales de la convenance, qui, dans l'homme, ne mettent rien que d'artificiel, et cachent en lui la nature. Voyez Homère et les tragiques : la nature souffrante parle chez eux avec vérité, ingénument, et de façon à nous pénétrer jusqu'au fond du cœur; toutes les pas-

sions y jouent librement leur jeu, et les règles du convenable
n'y compriment aucun sentiment. Les héros sont accessibles, ni
plus ni moins que les autres, à tout ce que souffre l'humanité;
et ce qui en fait des héros, c'est précisément qu'ils ressentent
fortement et profondément la souffrance, sans que la souffrance
pourtant les surmonte. Ils aiment la vie avec autant d'ardeur
que nous autres; mais ce sentiment ne les domine pas tellement
qu'ils ne puissent sacrifier leur existence, quand les devoirs de
l'honneur ou de l'humanité le réclament. Philoctète remplit la
scène grecque de ses plaintes; l'Hercule furieux lui-même ne
comprime pas sa douleur. Iphigénie, sur le point d'être im-
molée, avoue avec une ingénuité touchante qu'elle se sépare
avec douleur de la lumière du soleil. Jamais le Grec ne met sa
gloire à être insensible ou indifférent à la souffrance, mais bien
à la *supporter* en la ressentant tout entière. Les dieux mêmes
des Grecs doivent payer tribut à la nature, dès que le poëte les
veut rapprocher de l'humanité. Mars blessé crie de douleur
« comme dix mille hommes ensemble; » et Vénus, égratignée
par un fer de lance, remonte *en pleurant* vers l'Olympe, en
maudissant tous les combats[1].

Cette vive sensibilité à l'égard de la souffrance, cette nature
chaude, ingénue, qui se montre à découvert et avec tant de
vérité dans les monuments de l'art grec, et qui nous remplit
d'une émotion si profonde et si vive, c'est un modèle proposé à
l'imitation de tous les artistes; c'est une loi que le génie grec a
prescrite aux beaux-arts. C'est toujours et éternellement la
nature qui a les premiers droits sur l'homme : elle ne doit
jamais être évincée, parce que l'homme, avant d'être aucune
autre chose, est une créature sensible. Après les droits de la
nature viennent ceux de la *raison*, parce que l'homme est un
être raisonnable-sensible, une personne morale, et que c'est
un devoir pour cette personne de ne se point laisser dominer
par la nature, mais bien de la dominer. Ce n'est qu'après qu'il
a été donné satisfaction *en premier lieu à la nature*, et que *la
raison en second lieu* a fait reconnaître ses droits, c'est alors
qu'il est permis au *décorum* de faire valoir *en troisième lieu* les

1. Voyez Homère, *Iliade*, V, 343, suiv., et 859 à 861.

siens, d'imposer à l'homme, aussi bien dans l'expression de ses sensations que dans l'expression de ses sentiments moraux, des égards envers la société, et de faire voir en lui l'être social, l'homme *civilisé*.

La première loi de l'art tragique était de représenter la nature souffrante. La seconde est de représenter la résistance morale opposée à la souffrance.

L'affection, en tant qu'affection, est quelque chose d'indifférent; et la peinture de l'affection, considérée en elle-même, serait sans aucune valeur esthétique; car, encore une fois, rien de ce qui n'intéresse que la nature sensible n'est digne d'être représenté par l'art. Aussi ne sont-ce pas seulement les affections qui ne font qu'attendrir et énerver l'homme, mais en général toutes les affections même *exaltées*, quelle qu'en soit d'ailleurs la nature, qui sont au-dessous de la dignité de l'art tragique.

Les affections douces, les émotions qui ne sont qu'attendrissantes, rentrent dans le domaine de *l'agréable*, où les beaux-arts n'ont rien à voir. Elles ne font que caresser la sensibilité en la relâchant ou l'alanguissant, et ne se rapportent qu'à la nature extérieure, nullement à la nature intime de l'homme. Bon nombre de nos romans et de nos tragédies, particulièrement de celles que nous appelons des drames (sorte de compromis entre la comédie et la tragédie), bon nombre aussi de ces tableaux de famille si goûtés du public appartiennent à cette classe. L'unique effet de ces œuvres est de vider la poche lacrymale, et de soulager agréablement les vaisseaux de leur trop-plein; mais l'esprit en revient à vide, et l'être moral, la plus noble part de notre nature, n'en tire absolument aucune force nouvelle. « C'est ainsi, dit Kant, que beaucoup de personnes se sentent *édifiées* à un sermon qui n'a rien *édifié* en elles. » Il semble aussi que la musique moderne ne se propose surtout que d'intéresser la sensibilité; et par là elle flatte le goût du jour, qui veut bien être agréablement chatouillé, mais non pas saisi, ni fortement remué, ni élevé. Aussi voyons-nous préférer tout ce qui est *tendre*; et, quel que soit le bruit d'une salle de concert, le silence renaît tout à coup, et chacun se fait tout oreille, dès qu'on exécute un passage sentimental. Alors, une expression de sensualité qui va jusqu'au bestial se montre d'ordinaire sur tous les visages : les yeux sont noyés dans l'ivresse, la bouche béante est tout désir; un tremblement voluptueux s'empare de tout le corps; la respiration est précipitée et faible ; en un mot, tous les symptômes de l'ivresse : preuve évidente que les sens nagent dans la joie, mais que l'esprit ou le principe de liberté dans l'homme est tombé en proie aux violences de l'impression sensible[1]. Toutes ces émotions, dis-je, le goût véritable, celui des âmes nobles et viriles, les rejette comme indignes de l'art, parce qu'elles ne plaisent qu'aux *sens*, avec lesquels l'art n'a rien de commun.

Mais, d'autre part, le goût véritable exclut toutes les affections extrêmes qui ne font que *torturer* la sensibilité, sans dédommager l'esprit de cette torture. Celles-ci oppriment la liberté morale par la *douleur*, tout aussi bien que les autres par la *volupté;* et, par suite, elles ne peuvent exciter que de l'aversion, et non l'émotion qui seule serait vraiment digne de l'art. L'art doit charmer *l'esprit* et donner satisfaction au sentiment de la liberté morale. Cet homme qui est la proie de sa douleur est simplement pour moi un être animal torturé, et non un homme éprouvé par la souffrance; car on exige toujours de l'homme une résistance morale aux affections douloureuses, résistance qui seule peut permettre au principe de la liberté morale, à l'intelligence, de se faire reconnaître en lui.

S'il en est ainsi, les poëtes et les artistes se montrent bien peu entendus dans leur art lorsqu'ils croient atteindre au pathétique rien que par la force *sensible* de l'affection et en représentant la souffrance de la façon la plus vive. Ils oublient

---

1. Schiller a ici retranché une note qui se trouve dans la *Nouvelle Thalie* et dont voici la traduction :

« Je ne puis m'empêcher de remarquer ici, au risque de me brouiller avec le goût à la mode, que les dessins si aimés de notre Angélique Kaufmann appartiennent à la même classe, c'est-à-dire ne sont qu'agréables et s'élèvent rarement, jamais peut-être, au beau. L'artiste a bien plus en vue nos *sens* que notre *goût*, et elle aime mieux s'écarter de la vérité, elle aime mieux négliger le dessin, sacrifier la force, que de blesser les sens amollis, par une indication un peu dure ou seulement hardie de la nature. De même la magie du coloris et des nuances est souvent un art *purement agréable*, et il ne faut pas s'étonner, par conséquent, qu'elle séduise particulièrement le premier regard et le vulgaire; car les sens portent toujours le premier jugement, même chez le connaisseur; et chez celui qui n'est point connaisseur, ils sont les seuls juges. »

que jamais la souffrance par elle-même ne saurait être la *dernière fin* de l'imitation, ni la source *immédiate* du plaisir que nous ressentons dans le tragique. Le pathétique n'a de valeur esthétique qu'autant qu'il est sublime. Or, des effets qui ne permettent de conclure qu'à une cause purement sensible, et qui ne sont fondés que sur l'affection éprouvée par la faculté de sentir, ne sont jamais sublimes, de quelque énergie qu'ils témoignent d'ailleurs; car tout sublime procède *exclusivement* de la raison.

Représenter la passion seule (j'entends par là les affections de plaisir aussi bien que les affections douloureuses), sans y joindre l'expression de la faculté supra-sensible qui lui résiste, c'est tomber dans ce qu'on appelle proprement la *vulgarité*; et le contraire s'appelle *noblesse*. *Vulgarité* et *noblesse* sont deux idées qui, partout où on les applique, ont rapport au plus ou moins de part que la nature supra-sensible de l'homme prend ou ne prend pas à une action ou à un ouvrage. Il n'y a rien de *noble* que ce qui a sa source dans la raison; tout ce qui procède de la sensibilité seule est *vulgaire* ou *commun*. Nous disons d'un homme qu'il agit d'une façon *vulgaire*, lorsqu'il se contente d'obéir aux suggestions de son instinct sensible; qu'il agit *convenablement*, lorsqu'il n'obéit à son instinct qu'en ayant égard aux lois; qu'il agit avec *noblesse*, lorsqu'il obéit à la raison seule, sans avoir égard à ses instincts. Nous disons d'une physionomie qu'elle est *commune*, lorsqu'elle ne révèle en rien dans l'homme le principe spirituel, l'intelligence; qu'elle est *expressive*, lorsque c'est l'esprit qui en a déterminé les traits; et qu'elle est *noble*, quand un *pur* esprit les a déterminés. S'agit-il d'un ouvrage d'architecture? nous le qualifions de *commun*, s'il n'accuse aucun autre but que le but physique; nous le nommerons *noble*, si, indépendamment de tout but physique, nous y trouvons en même temps l'expression d'une idée.

Ainsi le bon goût, je le répète, désavoue toute peinture des affections, si énergique que soit cette peinture, qui se contente d'exprimer la souffrance physique, et la résistance *physique* que le sujet y oppose, sans rendre visible en même temps le principe supérieur de la nature de l'homme, la présence d'une faculté supra-sensible : et cela, en vertu du principe développé ci-dessus, à savoir, que ce n'est pas la souffrance en soi, mais seulement la résistance opposée à la souffrance, qui est pathétique et digne d'être représentée. C'est pour cela que tous les degrés absolument extrêmes des affections sont interdits à l'artiste aussi bien qu'au poëte ; tous en effet oppriment la force qui résiste à l'intérieur, ou plutôt tous trahissent d'eux-mêmes, et sans qu'il soit besoin d'autre symptôme, l'oppression de cette force, parce que nulle affection ne peut atteindre ce dernier degré d'intensité, tant que l'intelligence dans l'homme fait encore quelque résistance.

Ici se présente une autre question : comment se manifeste, dans le phénomène affectif, ce principe de résistance, cette force supra-sensible? Elle ne se manifeste que d'une manière, en maîtrisant ou, plus généralement, en combattant l'affection. Je dis *l'affection*, car la sensibilité aussi peut combattre, mais ce combat de la sensibilité n'est point engagé avec l'affection, mais bien avec la *cause* qui la produit : combat qui n'a point un caractère moral, mais tout physique; combat que rend même le ver de terre lorsqu'on le foule aux pieds, et le taureau quand on le blesse, sans exciter pour cela le pathétique. Que l'homme qui souffre cherche à donner une expression à ses sentiments, à éloigner son ennemi, à mettre à couvert le membre où il souffre, il a cela de commun avec tous les animaux, et l'instinct seul en peut prendre l'initiative, sans en référer à la volonté. Ce n'est donc pas encore là un acte émané de l'homme même, cela ne nous le fait point encore reconnaître pour une intelligence. La nature sensible combattra bien toujours l'ennemi qui la fait souffrir, mais jamais elle ne se combattra elle-même.

Le combat avec l'affection, au contraire, est un combat avec la sensibilité, et par conséquent suppose quelque chose qui est distinct de la nature sensible. Contre l'objet qui le fait souffrir, l'homme peut se défendre avec le secours de son bon sens et de ses forces musculaires; contre la souffrance même, il n'a d'autres armes que les idées de la raison.

Ce sont donc ces idées qui doivent se présenter aux yeux dans la peinture des affections, ou être éveillées par cette peinture, pour qu'il y ait lieu au pathétique. Mais il est impossible de re-

présenter des idées au sens propre du mot et positivement,
puisque rien ne répond aux pures idées dans le monde des
sens. On peut cependant toujours les représenter négativement
et par voie indirecte, s'il y a dans le phénomène sensible par
lequel se manifeste l'affection quelque caractère dont on chercherait vainement les conditions dans la *nature physique*. Tout
phénomène dont la raison dernière ne peut être dérivée du
monde des sens, est une représentation indirecte de l'élément
supra-sensible.

Et comment l'art parvient-il à représenter quelque chose qui
est au-dessus de la nature, sans recourir à des moyens surna-
turels? Que peut être ce phénomène qui est accompli par des
forces naturelles (autrement ce ne serait point un phénomène),
et qui pourtant ne peut sans contradiction être dérivé de causes
physiques? Tel est le problème : comment l'artiste le résou-
dra-t-il ?

Il faut nous rappeler que les phénomènes qu'on peut observer chez l'homme dans l'état de passion sont de deux sortes.
Ou bien ce sont des phénomènes qui tiennent simplement à sa
nature animale, et qui par conséquent n'obéissent qu'à la loi
physique, sans que sa volonté les puisse maîtriser, ou, en général, que la force indépendante qui est en lui puisse exercer
sur eux une influence immédiate. C'est l'instinct qui produit
immédiatement ces phénomènes, et ils obéissent aveuglément
aux lois de l'instinct. A ce genre appartiennent, par exemple,
les organes de la circulation du sang, de la respiration, et toute
la surface de la peau. Mais, en outre, les autres organes, ceux
qui sont soumis à la volonté, n'attendent pas toujours la décision de la volonté, et souvent l'instinct lui-même les met immédiatement en jeu, surtout lorsque l'état physique est menacé
de douleur ou de danger. Ainsi, les mouvements de mon bras
dépendent, il est vrai, de ma volonté; mais, si je viens à mettre
la main, sans le savoir, sur un corps brûlant, le mouvement
par lequel je la retire n'est certainement pas un acte volontaire,
mais bien un phénomène purement instinctif. Il y a plus : la
parole assurément est soumise à l'empire de la volonté, et
pourtant l'instinct aussi peut disposer à son gré de cet organe
même et de cet acte de l'esprit, sans consulter préalablement la

volonté, dès qu'une vive douleur ou simplement une affection
énergique vient nous surprendre. Prenez le stoïcien le plus
impassible, et faites-lui voir tout à coup quelque chose d'extrêmement merveilleux, ou un objet terrible auquel il ne s'attend point; supposez, par exemple, qu'il se trouve là au moment où un homme glisse et va rouler au fond d'un abîme : un
cri, un cri retentissant, et non pas seulement un son inarti-
culé, mais un mot tout à fait distinct, lui échappera involontairement, et la *nature* aura agi en lui plus tôt que la *volonté :*
preuve certaine qu'il y a dans l'homme des phénomènes que
nous ne pouvons attribuer à sa personne en tant qu'intelligence,
mais bien seulement à son instinct, en tant que force naturelle.

Mais il y a aussi dans l'homme un *second* ordre de phénomènes qui sont soumis à l'influence et à l'empire de la volonté,
ou qu'on peut considérer du moins comme étant de telle sorte
que la volonté *aurait toujours pu les prévenir*, phénomènes dont
la *personne*, par conséquent, et non plus l'*instinct*, est responsable. Il appartient à l'instinct de veiller avec un zèle aveugle aux
intérêts de la sensibilité; mais il appartient à la *personne* de contenir l'instinct dans de justes bornes par le respect de la loi morale. L'instinct, par lui-même, ne prend souci d'aucune loi ; mais
la personne doit veiller à ce qu'il ne soit porté atteinte, par aucun
des actes de l'instinct, aux prescriptions de la raison. Il est donc
évident que l'instinct n'a pas à déterminer seul et inconditi-
nellement tous les phénomènes qui ont lieu dans l'homme dans
l'état d'affection, et qu'au contraire la volonté de l'homme peut
mettre une borne à l'instinct. Lorsque l'instinct seul détermine
dans l'homme tous les phénomènes, vous n'avez plus rien qui
puisse rappeler la *personne*, vous n'avez plus devant vous qu'une
créature physique, et par conséquent un animal ; car toute
créature physique soumise à la domination de l'instinct n'est
pas autre chose. Si donc vous voulez représenter la personne
même, il faut vous proposer dans l'homme quelques phénomènes qui aient été déterminés contrairement à l'instinct, ou
du moins qui n'aient pas été déterminés par l'instinct. Il suffit,
en effet, qu'ils n'aient point été déterminés par l'instinct, pour
nous amener à une source supérieure, du moment que nous
pouvons entrevoir que l'instinct les aurait sans doute détermi-

nés d'autre sorte si sa force n'eût été rompue par quelque obstacle.

Nous sommes maintenant en état d'indiquer de quelle façon l'élément supra-sensible, la force morale et indépendante de l'homme, son *moi* enfin, peut être représenté dans les phénomènes affectifs. J'entends que cela est possible si les parties qui n'obéissent qu'à la nature physique, celles dont la volonté, ou ne dispose absolument point, ou du moins ne peut disposer dans certaines circonstances, trahissent la présence de la souffrance, et si celles au contraire qui échappent à la domination *aveugle* de l'instinct, qui n'obéissent pas nécessairement aux lois de la nature physique, ne laissent voir aucune trace ou montrent seulement une faible trace de cette souffrance, et par conséquent paraissent avoir un certain degré de liberté. Eh bien, ce manque d'harmonie entre les traits imprimés à la nature animale en vertu des lois de la nécessité physique, et ceux que détermine la faculté spirituelle et indépendante, est précisément ce à quoi l'on reconnaît dans l'homme la présence d'un *principe supra-sensible*, capable de mettre une borne aux effets que produit la nature physique, et par suite distinct de celle-ci. La partie purement animale de l'homme obéit à la loi physique, et par conséquent peut se montrer opprimée par l'affection. C'est donc dans cette partie que se manifeste toute la force de la passion, et elle nous sert en quelque sorte de mesure pour évaluer la résistance; car on ne peut juger de la force de résistance, c'est-à-dire de l'énergie de la faculté morale dans l'homme, que d'après la force de l'attaque. Ainsi, plus l'affection se manifeste avec décision et avec violence dans le *domaine de la nature animale*, sans prétendre toutefois exercer le même pouvoir dans le *domaine de la nature humaine*, plus celle-ci se fait manifestement connaître, plus glorieusement se manifeste l'indépendance morale de l'homme, plus la peinture est pathétique, et plus enfin le pathétique est sublime [1].

1. Par ces mots, *domaine de la nature animale*, j'entends parler de tous les phénomènes qui sont soumis dans l'homme aux forces aveugles de l'instinct physique, et dont on peut parfaitement se rendre compte sans supposer l'existence d'une volonté libre; et par ces mots, *domaine de la nature humaine*, tous ceux qui reçoivent leurs lois de la volonté. Eh bien, si l'affection *manque*

Les statues des anciens nous rendent sensible ce principe d'esthétique ; mais il est difficile de réduire en idées et d'exprimer par des mots ce que fait éprouver si vivement aux sens la vue même de ces chefs-d'œuvre. Le groupe de Laocoon et de ses enfants peut donner à peu près la mesure de ce que l'art plastique dans l'antiquité était capable de produire en fait de pathétique. « Laocoon, nous dit Winckelmann dans son *Histoire de l'Art* [1], c'est la nature prise au plus haut degré de la souffrance, sous les traits d'un homme qui cherche à ramasser contre la douleur tout ce que l'esprit a conscience de posséder de force ; et, tandis que son mal fait gonfler les muscles et tend les nerfs, l'esprit, armé d'une force intérieure, se montre sur ce front contracté, et la poitrine se soulève, parce que la respiration est haletante, et parce qu'il y a lutte pour contenir l'expression de la douleur, pour la renfermer, pour la refouler dans son sein. Ce soupir d'angoisse qu'il veut retenir, son haleine même qu'il étouffe, épuisent la partie inférieure du tronc, et creusent les flancs, ce qui nous fait en quelque sorte juger des palpitations de ses entrailles. Mais sa propre souffrance paraît lui causer moins d'angoisse que la douleur de ses enfants, qui tournent leur visage vers leur père, et qui implorent en criant son secours. C'est que le cœur paternel se montre dans ses yeux pleins de tristesse et où la pitié semble nager dans une trouble vapeur. Son visage exprime la plainte, mais il ne crie pas ; les yeux sont tournés vers le ciel et implorent le secours d'en haut. La bouche marque aussi une vive tristesse, qui déprime la lèvre inférieure et semble peser sur elle, tandis que la lèvre su-

---

dans une peinture, du côté de la nature animale, cette peinture nous laisse froids ; si au contraire elle y domine dans la sphère de la nature humaine, elle nous dégoûte et nous révolte. L'affection ne doit jamais *se dénouer* sur le terrain de la nature animale : autrement le pathétique manque ; c'est seulement sur le terrain de la nature humaine que le dénoûment de l'affection peut avoir lieu. Par conséquent, une personne qui souffre, et qu'on nous représente se répandant en larmes et en plaintes, ne nous touchera que faiblement : c'est que les larmes et les plaintes donnent un dénoûment à la douleur dans la sphère animale. Une douleur muette et que l'on dévore nous saisit avec bien plus de force : nous ne trouvons là aucun secours dans la *nature physique*, mais il nous faut recourir, au contraire, à quelque chose qui réside par delà toute la nature physique. Eh bien, c'est précisément dans ce *renvoi à l'élément suprasensible* que consiste le pathétique et la force tragique. (*Note de Schiller.*)

1 Édition in-4, de Vienne, p. 699. (*Note de Schiller.*)

périeure, contractée de bas en haut, exprime à la fois et la peine physique et celle de l'âme. Au-dessus de la bouche, il y a une expression d'indignation qui semble protester contre une souffrance imméritée et se révèle dans les narines, qui se gonflent, s'élargissent et se tirent en haut. Sous le front, la lutte entre la douleur et la force morale, réunies là pour ainsi dire comme en un seul et même point, est représentée avec une grande vérité; car, tandis que la douleur contracte les sourcils et les relève, l'effort que lui oppose la volonté tire de haut en bas vers la paupière supérieure tous les muscles qui sont au-dessus, si bien que la paupière en est presque entièrement recouverte. L'artiste, ne pouvant embellir la nature, a cherché du moins à en développer les moyens, à augmenter l'effort et la puissance. Là où il y a le plus de douleur, se montre aussi le plus haut degré de beauté. Le côté gauche, où s'acharne le serpent avec ses morsures furieuses, et où il verse le poison, est celui qui paraît souffrir le plus vivement, parce que la sensation est là le plus près du cœur. Les jambes font effort pour se porter en haut comme pour se dérober au mal; le corps entier n'est que mouvement, et il n'y a pas jusqu'aux traces du ciseau qui ne concourent à l'illusion : on croit voir la peau frissonnante et glacée. »

Que de vérité, que de finesse dans cette analyse! Comme cette lutte entre l'esprit et la souffrance de la nature sensible est supérieurement développée! Avec quelle justesse l'auteur n'a-t-il pas saisi chacun des phénomènes où se manifestent l'élément animal et l'élément humain, la contrainte de la nature et l'indépendance de la raison! On sait que Virgile a décrit cette même scène dans son *Énéide*, mais il n'entrait pas dans le plan du poëte épique de s'arrêter, comme a dû le faire le sculpteur, sur l'état moral de Laocoon. Tout ce récit, dans Virgile, n'est qu'un épisode; et l'objet qu'il s'y propose est suffisamment rempli par la simple description du phénomène physique, sans qu'il ait été nécessaire pour lui de nous faire jeter de profonds regards dans l'âme du malheureux qui souffre, puisqu'il a moins pour but de nous exciter à la pitié que de nous pénétrer de terreur. Le devoir du poëte à ce point de vue était donc purement négatif : je veux dire qu'il ne s'agissait pour lui que de

ne point pousser la peinture de la souffrance physique jusqu'à
ce degré où toute expression de la dignité humaine ou de la résistance morale finiraient par disparaître; car autrement l'indignation et le dégoût se faisaient inévitablement sentir. Il aima
donc mieux s'en tenir à représenter la *cause* de la souffrance,
et il trouva bon d'insister avec plus de circonstances sur ce
qu'avaient de redoutable les deux serpents, et sur la rage
avec laquelle ils attaquent leur victime, que sur les sentiments
de Laocoon. Il ne fait que glisser sur ces sentiments, parce
qu'avant tout il lui importait de représenter un châtiment
envoyé par les Dieux, et de produire une impression de terreur
que rien ne pût affaiblir. S'il eût, au contraire, arrêté nos regards sur la personne même de Laocoon avec autant d'insistance
que le statuaire, au lieu de la divinité qui châtie, c'était l'homme
qui souffre qui devenait le héros de la scène, et l'épisode eût
perdu sa convenance par rapport à l'ensemble.

On connaît déjà la narration de Virgile par l'excellent com-
mentaire de Lessing. Mais Lessing se proposait seulement de
rendre sensible par cet exemple les limites qui séparent la
description poétique de la peinture, et non pas d'en faire sortir
la notion du pathétique. Cependant le passage de Virgile ne
me paraît pas moins précieux pour ce dernier objet, et je
demande la permission de le parcourir encore une fois à ce
point de vue.

> Ecce autem gemini Tenedo tranquilla per alta
> (Horresco referens) immensis orbibus angues
> Incumbunt pelago, pariterque ad littora tendunt.
> Pectora quorum inter fluctus arrecta, jubæque
> Sanguineæ exsuperant undas; pars cætera pontum
> Pone legit, sinuatque immensa volumine terga.
> Fit sonitus spumante salo, jamque arva tenebant,
> Ardentes oculos suffecti sanguine et igni,
> Sibila lambebant linguis vibrantibus ora[1].

Nous trouvons ici réalisée la première des trois conditions
du sublime de puissance qui ont été mentionnées plus haut[2] :

---

1. *Énéide*, II, v. 203-211.
2. Dans le morceau *sur le Sublime* qui, dans la *Nouvelle Thalie*, précédait
cette dissertation *sur le Pathétique*. La plupart des éditions récentes ont ici une

une force naturelle très-puissante, armée pour la destruction, et qui se rit de toute résistance. Mais pour que cet élément fort soit en même temps *terrible*, et pour que le terrible devienne *sublime*, il faut deux opérations distinctes de l'esprit, je veux dire deux représentations que nous produisons en nous par notre activité propre. *Premièrement*, c'est en comparant cette force naturelle irrésistible avec la faiblesse de la faculté de résistance que peut lui opposer l'homme physique, que nous la reconnaissons pour terrible; et *deuxièmement*, c'est en la rapportant à notre volonté, et en rappelant à notre conscience que la volonté est absolument indépendante de toute influence de la nature physique, que cette force devient pour nous un objet sublime. Mais ces deux rapports, c'est *nous-mêmes* qui nous les représentons; le poëte ne nous a donné rien de plus qu'un objet armé d'une grande force et qui cherche à la manifester. Si cet objet nous fait *trembler*, c'est seulement parce que nous nous supposons *par la pensée*, nous ou quelqu'un de nos semblables, aux prises avec lui. Que si, en tremblant de la sorte, nous éprouvons le sentiment du sublime, c'est que notre conscience nous dit que, fussions-nous victimes de cette force, nous n'aurions rien à craindre pour la liberté de notre *moi*, pour l'*autonomie* des déterminations de notre volonté. Bref, la description jusqu'ici est sublime, mais d'un sublime tout contemplatif.

> Diffugimus visu exsangues, illi agmine certo
> Laocoonta petunt.... [1].

Cette fois, la force nous est *donnée* en même temps comme *terrible*; et le sublime contemplatif passe au pathétique. Nous voyons cette force entrer réellement en lutte avec l'impuissance de l'homme. Qu'il s'agisse de Laocoon ou de nous, ce n'est qu'une différence de degré. L'instinct sympathique excite, effraye en nous l'instinct de conservation : voilà les monstres, ils s'élancent sur.... nous; plus de salut, la fuite est vaine.

ponctuation qui fausse le sens. Il ne faut point de virgule entre *des Erhabenen*, « du sublime, » et *der Macht*, « de la puissance, » et il n'y en a point dans la première édition ni dans les *Opuscules en prose*.

1. *Énéide*, II, 212, 213.

Cette fois, il ne dépend plus de nous de mesurer cette force avec la nôtre et de vouloir ou non la rapporter à notre propre existence. Cela arrive sans notre coopération, cela nous est donné dans l'objet même. Notre frayeur n'a donc pas, comme dans le moment précédent, une raison purement subjective, qui réside dans notre âme; mais bien une raison objective, qui réside dans l'objet. Car, lors même que nous reconnaissons dans toute cette scène une simple fiction de l'imagination, nous distinguons toujours dans cette fiction une idée qui nous est communiquée du dehors, d'une autre idée que nous produisons spontanément en nous-mêmes.

Ainsi l'âme perd une partie de sa liberté, en ce qu'elle reçoit maintenant du dehors ce qu'elle produisait tout à l'heure par son activité propre. L'idée du danger revêt une apparence de réalité objective, et l'affection, cette fois, devient chose sérieuse.

Si nous n'étions que des créatures sensibles, n'obéissant à aucun autre instinct qu'à l'instinct de conservation, nous nous arrêterions ici, et nous resterions dans l'état d'affection pure et simple. Mais il y a quelque chose en nous qui ne prend aucune part aux affections de la nature sensible, et dont l'activité ne se dirige pas selon des conditions physiques. Eh bien, suivant que ce principe d'activité propre (la disposition, la faculté morale) a pris plus ou moins de développement dans une âme, il y est laissé plus ou moins de place à la nature passive, et il reste plus ou moins d'activité propre dans l'affection.

Dans les âmes vraiment morales, le terrible (celui de l'imagination) passe vite et facilement au sublime. Autant l'imagination perd sa liberté, autant la raison fait prévaloir la sienne ; et l'âme ne fait que s'élargir d'autant plus par le dedans lorsqu'elle trouve ainsi des bornes au dehors. Chassés de tous les retranchements qui peuvent donner une protection physique à la créature sensible, nous nous jetons dans le fort inexpugnable de notre liberté morale; et nous arrivons par cela même à une sûreté absolue et sans bornes, au moment où nous nous voyons privés, dans le monde des phénomènes, d'un rempart tout relatif et précaire. Mais précisément parce qu'il faut en être venu à cette oppression physique avant de recourir à l'assistance de notre nature morale, nous ne pouvons acheter

que par la souffrance ce haut sentiment de notre liberté. Une
âme vulgaire s'en tient purement à cette souffrance, et ne sent
jamais dans le sublime du pathétique rien de plus que le terrible. Une âme indépendante, au contraire, prend précisément
occasion de cette souffrance pour s'élever jusqu'au sentiment
de sa force morale, dans ce que cette force a de plus magnifique; et de tout objet terrible elle sait faire un objet sublime.

> Laocoonta petunt, ac primum parva duorum
> · Corpora natorum serpens amplexus uterque
> Implicat, ac miseros morsu depascitur artus [1].

L'homme moral (le père) est attaqué ici avant l'homme
physique, et cela est d'un grand effet. Toutes les affections deviennent plus esthétiques lorsque nous les tenons de seconde
main, il n'est point de sympathie plus vive que celle que nous
éprouvons pour la sympathie.

> Post ipsum auxilio subeuntem ac tela ferentem
> Corripiunt [2]....

Le moment était venu de recommander à notre respect le
héros même, en tant que personne morale, et le poëte a saisi
ce moment. Nous connaissons déjà par sa description toute la
force, toute la rage des deux monstres qui menacent Laocoon,
et nous savons combien toute résistance serait vaine. Si Laocoon
n'était qu'un homme vulgaire, il entendrait mieux son intérêt,
et, comme le reste des Troyens, il chercherait son salut dans
une prompte fuite. Mais il y a un cœur dans cette poitrine, et
le danger de ses enfants le retient, le décide à sa propre perte.
Ce trait seul le rend déjà digne de toute notre pitié. En quelque
moment qu'il eût été assailli par les serpents, nous eussions
toujours été émus et troublés. Mais que cela arrive au moment même où, comme père il se rend à nos yeux si digne
de respect, que sa perte nous soit représentée en quelque sorte
comme une conséquence immédiate de son devoir de père
qu'il a rempli, de sa tendre inquiétude pour ses enfants,
c'est ce qui exalte au dernier point notre sympathie. Il semble,

---

1. *Énéide*, II, 213-215. — 2. *Ibid.*, 216, 217.

en effet, à présent que ce soit lui-même qui, de propos délibéré, se voue à la destruction ; et sa mort devient un acte de la
volonté[1].

———

Ainsi donc, deux conditions dans toute espèce de pathétique :
1° la souffrance, pour intéresser notre nature sensible ; 2° la
liberté morale, pour intéresser notre nature spirituelle. Toute
peinture où manque l'expression de la nature souffrante, est
sans action *esthétique*, et notre cœur y reste froid. Toute peinture où manque l'expression de l'aptitude morale, eût-elle
toute la force sensible qu'on peut supposer, ne saurait être
pathétique, et révoltera infailliblement nos sentiments. A travers toute la liberté morale, nous voulons toujours apercevoir
l'homme qui souffre : à travers toutes les souffrances de l'humaine nature, nous voulons toujours apercevoir l'esprit indépendant ou *capable* d'indépendance.

Mais l'indépendance de l'être spirituel dans l'état de souffrance peut se manifester de deux manières. Ou *négativement :*
lorsque l'homme moral ne reçoit point la loi de l'homme physique, et que son *état* n'exerce aucune influence sur sa façon de
sentir ; ou *positivement :* lorsque l'homme moral *impose* sa loi
à l'être physique, et que sa façon de sentir exerce une influence
sur son état. Dans le premier cas, c'est le sublime de *disposition*,
et le sublime d'*action* dans le second.

Le sublime de disposition se montre dans tout caractère indépendant des accidents du sort. « Un grand cœur aux prises
avec l'adversité, dit Sénèque, est un spectacle plein d'attrait,
même pour les dieux[2]. » Tel est, par exemple, celui que nous
offre le sénat romain après le désastre de Cannes. Lucifer
même, dans Milton, lorsque pour la première fois il promène
ses regards sur l'enfer qui désormais sera son séjour, Lucifer

———

1. C'est ici que finit le morceau contenu dans le 3ᵉ numéro de 1793 de la
Nouvelle Thalie. Le reste est dans le 4ᵉ numéro, avec ce titre : « Suite du développement de l'idée du Sublime. »
2. Voy. Sénèque, *de la Providence*, ch. II.

nous pénètre, par cette force d'âme, d'un sentiment d'admiration : « Horreurs[1], s'écrie-t-il, je vous salue : et toi, monde souterrain! Et vous, profondeurs infernales, recevez votre nouveau maître. Il vient à vous avec un cœur que ne sauraient changer ni les temps ni les lieux. C'est dans son cœur qu'il habite; ce cœur, jusque dans les enfers, saura lui créer un ciel. Ici enfin, nous sommes libres, etc. » La réponse de Médée dans la tragédie appartient aussi à cet ordre de sublime.

Le sublime de disposition se fait voir, il est sensible au *spectateur*, parce qu'il repose sur la coexistence, la simultanéité ; le sublime d'action, au contraire, *ne se conçoit que par la pensée*, parce que l'impression et l'acte y sont choses successives, et que l'intervention de l'esprit est nécessaire pour inférer d'une libre détermination l'idée de la souffrance préalable. Il s'ensuit que le premier seul peut être exprimé par les arts plastiques, parce que ces arts ne peuvent rendre que ce qui est simultané; mais le poëte peut étendre son domaine sur l'un et sur l'autre. Bien plus, lorsque l'art plastique a à représenter une *action* sublime, il faut nécessairement qu'il la ramène à un sublime de disposition.

Pour que le sublime d'action ait lieu, il faut non-seulement que la souffrance d'un homme n'ait aucune influence sur sa constitution morale; il faut que ce soit l'inverse, et que l'affection soit l'œuvre de son caractère moral. Cela peut arriver de deux manières. Ou médiatement et selon la loi de la liberté, lorsque, par respect pour tel ou tel devoir, il *se décide par libre élection* pour la souffrance : en ce cas, l'idée du devoir le détermine en tant que *motif*, et sa souffrance est un *acte volontaire*,

---

1. *Paradise lost*, I, 250-259.

> ....Hail, horrours! hail,
> Infernal World! And thou, profoundest Hell,
> Receive thy new possessour! one who brings
> A mind not to be chang'd by place or time :
> The mind is its own place, and in itself
> Can make a Heaven of Hell....
> ....Here at least
> We shall be free....

Dans le texte allemand, que nous avons suivi, le sens du cinquième vers est un peu modifié, et dans l'avant-dernier Schiller paraît avoir lu *last* au lieu de *least*.

Ou immédiatement et selon la loi de la nécessité de nature, lorsqu'il *expie* par une peine morale la violation d'un devoir : dans ce second cas, l'idée du devoir le détermine en tant que *force*, et sa souffrance n'est plus qu'un *effet*. Régulus nous offre un exemple du premier cas, lorsque, pour tenir sa parole, il se livre à la vengeance des Carthaginois ; et il nous servirait d'exemple pour le second cas, si, ayant trahi sa parole, la conscience de cette faute l'eût rendu misérable. Dans l'un et l'autre cas, la souffrance a une raison morale, mais avec cette différence, que d'un côté Régulus nous montre son caractère moral, et que de l'autre il nous montre seulement qu'il était fait pour avoir un tel caractère. Dans le premier cas, il est à nos yeux une personne moralement grande ; dans le second, il n'est qu'un objet esthétiquement grand.

Cette dernière distinction est importante pour l'art tragique, et mérite par conséquent d'être examinée de plus près.

L'homme est déjà un objet sublime, mais seulement dans le sens esthétique, lorsque l'*état* où il est nous donne une idée sensible de sa destinée humaine, supposé même que nous ne dussions pas trouver cette destinée réalisée en sa *personne*. Il ne devient sublime pour nous au point de vue moral, que si en même temps il se comporte, en tant que personne, d'une façon conforme à cette destinée ; si notre respect porte non-seulement sur sa faculté morale, mais sur l'usage qu'il fait de cette faculté ; si la dignité, chez lui, est due non-seulement à son aptitude morale, mais à la moralité réelle de sa conduite. C'est tout autre chose de porter notre jugement en dirigeant notre attention sur la faculté morale en général, et sur la possibilité d'une volonté absolument libre, ou en la dirigeant sur l'usage de cette faculté et sur la réalité de cette liberté absolue du vouloir.

C'est, dis-je, tout autre chose ; et cette différence ne tient pas seulement aux objets sur lesquels nous pouvons avoir à porter notre jugement, mais bien au criterium même de notre jugement. Le même objet peut nous déplaire si nous l'apprécions au point de vue moral, et être très-attrayant pour nous au point de vue esthétique. Mais lors même que le jugement moral et le jugement esthétique en seraient tous deux satisfaits, cet objet produirait cet effet sur l'un et sur l'autre d'une façon tout à fait différente. Il n'est pas moralement satisfaisant parce qu'il a une valeur esthétique ; et il n'a pas de valeur esthétique parce qu'il est moralement satisfaisant. Prenons un exemple : Léonidas, je suppose, et son dévouement aux Thermopyles. Jugée du point de vue de la morale, cette action me représente la loi morale accomplie malgré toutes les répugnances de l'instinct. Jugée du point de vue esthétique, elle me donne l'idée de la faculté morale indépendante de toute contrainte de l'instinct. L'acte de Léonidas *satisfait* en moi le sens moral (la raison) : le sens esthétique (l'imagination), il le *ravit*.

D'où vient cette différence dans mes sentiments à propos d'un même objet ? Voici comment je m'en rends compte.

De même que notre être se compose de deux principes ou natures, de même, et par suite, nos sentiments se divisent aussi en deux genres tout à fait différents. En tant qu'êtres raisonnables, nous éprouvons un sentiment d'approbation ou d'improbation : en tant que créatures sensibles, nous éprouvons du plaisir ou du déplaisir. Les deux sentiments, approbation et plaisir, reposent sur une satisfaction : l'un sur une satisfaction donnée à une *exigence* de la raison (la raison n'a que des *exigences* et point de besoins) ; l'autre sur une satisfaction donnée à un *besoin* de la sensibilité (laquelle ne connaît que des *besoins* et ne peut rien prescrire). Ces deux termes, exigences de la raison, besoins de la sensibilité, se comportent entre eux comme la nécessité absolue et la nécessité de nature ; tous deux, par conséquent, sont compris sous l'idée de nécessité, avec cette différence toutefois que la nécessité de la raison est inconditionnelle, et que la nécessité sensible n'a lieu que sous condition. Mais, pour l'une comme pour l'autre, la satisfaction est chose purement contingente. Ainsi tout sentiment, aussi bien le sentiment du plaisir que celui de l'approbation, repose en définitive sur un accord qui s'est établi entre le contingent et le nécessaire. Le nécessaire a-t-il le caractère de l'impératif, le sentiment éprouvé sera celui de l'approbation. Le nécessaire n'a-t-il que le caractère d'un besoin, le sentiment éprouvé sera celui du plaisir : l'un et l'autre à un degré d'autant plus fort que la satisfaction sera plus contingente.

Or, au fond de tout jugement moral il y a une exigence de la raison qui veut que l'on agisse conformément à la loi morale, et c'est une nécessité absolue que nous voulions ce qui est bien. Mais, comme la volonté est libre, c'est (physiquement) une chose accidentelle que nous fassions en effet ce qui est bien. Si nous le faisons en effet, cet accord entre le contingent dans l'usage de la liberté et l'impératif de la raison donne lieu à un assentiment ou approbation, qui sera d'autant plus énergique que la résistance des inclinations rendait cet usage que nous aurons fait de notre liberté plus accidentel et plus douteux.

Tout jugement esthétique, au contraire, rapporte l'objet au *besoin de l'imagination*, laquelle ne peut pas *vouloir impérativement*, mais bien seulement *désirer* qu'il y ait accord entre l'accidentel et son propre intérêt. Or, quel est l'intérêt de l'imagination? c'est de *s'affranchir de toutes lois* et de jouer librement son jeu. L'obligation imposée à la volonté par la loi morale, qui lui prescrit son objet avec la dernière rigueur, n'est rien moins que favorable à ce besoin d'indépendance; et, comme l'obligation morale de la volonté est l'objet du jugement moral, il est clair que dans cette façon de juger l'imagination ne saurait trouver son compte. Mais une obligation morale imposée à la volonté ne se peut concevoir que si l'on suppose cette même volonté absolument indépendante des instincts naturels et de leur contrainte : la *possibilité* de l'acte moral exige donc la liberté, et par conséquent s'accorde ici de la manière la plus parfaite avec l'intérêt de l'imagination. Mais, comme l'imagination, par le moyen de ses besoins, ne peut pas donner d'ordres à la volonté de l'individu, comme le fait la raison par son caractère impératif, il s'ensuit que la faculté de liberté, par rapport à l'imagination, est quelque chose d'accidentel, et par conséquent, en tant qu'accord entre l'accidentel et le nécessaire (nécessaire conditionnel), doit exciter un plaisir. Si donc nous portons sur cette action de Léonidas un jugement *moral*, nous la considérerons d'un point de vue où son caractère accidentel frappe moins nos yeux que son côté nécessaire. Y appliquons-nous au contraire le jugement *esthétique*, c'est un autre point de vue, d'où son caractère de nécessité se présente moins vivement à notre esprit que son caractère accidentel. C'est un *devoir* pour toute volonté d'agir ainsi, du moment qu'elle est une volonté libre ; mais qu'il y ait en général une liberté de volonté qui rende cet acte possible, c'est une faveur de la nature à l'égard de cette faculté, pour laquelle la liberté est un besoin. Ainsi, un acte de vertu apprécié par le sens moral (par la raison) nous donnera pour toute satisfaction le sentiment de l'approbation, parce que la raison ne peut jamais trouver *plus* et ne trouve que rarement *autant* qu'elle exige. Ce même acte, jugé au contraire par le sens esthétique (par l'imagination) nous donnera un plaisir positif, parce que l'imagination n'étant jamais en droit d'exiger que l'événement s'accorde avec son besoin, doit se trouver surprise (ravie) de la satisfaction réelle de ce besoin, comme d'un hasard heureux. Que Léonidas ait pris *en réalité* cette résolution héroïque, notre raison approuvera, et rien de plus ; mais qu'il ait *pu* la prendre, cette résolution, voilà qui nous réjouit et nous transporte.

Cette distinction entre les deux sortes de jugements devient plus évidente encore si nous prenons un exemple où le sens moral et le sens esthétique prononcent différemment. Soit l'acte de Pérégrinus Proteus se brûlant lui-même à Olympie. A juger moralement cet acte, je ne puis lui donner mon approbation, en tant que je le vois déterminé par des motifs impurs, auxquels Proteus sacrifie le *devoir* de respecter sa propre existence. Mais au jugement esthétique, cette même action me charme : elle me charme précisément parce qu'elle témoigne d'une puissance de volonté capable de résister même au plus puissant de tous les instincts, à l'*instinct* de conservation. Est-ce un pur sentiment moral, ou n'est-ce qu'un attrait sensible plus puissant qui, chez cet enthousiaste, a fait taire l'instinct de conservation? Peu m'importe, quand j'apprécie la chose au point de vue esthétique : je laisse alors de côté l'individu, je fais abstraction du rapport de *sa* volonté avec la loi qui devait la régir ; je songe à la volonté humaine en général, considérée comme faculté commune à toute l'espèce, et je l'envisage par rapport à l'ensemble des forces de la nature. Au point de vue moral, nous l'avons vu, la conservation de notre être nous a paru un *devoir*, et par suite nous étions blessés de voir Proteus y porter atteinte. Au point de vue esthétique, la conservation de

soi ne se présente plus à nous que comme un *intérêt*, et dès
lors le sacrifice de cet intérêt nous a plu. Ainsi, l'opération que
nous faisons dans les jugements de la seconde espèce est précisément l'inverse de celle que nous faisons dans ceux de la première. Là, nous opposons l'individu, être sensible et borné, et
sa volonté personnelle qui peut être affectée pathologiquement,
à la loi absolue de la volonté en général, et du devoir inconditionnel qui oblige tout être spirituel : ici, au contraire, nous
opposons la *faculté* de vouloir, la volonté absolue, et la force
spirituelle en tant qu'infinie, aux sollicitations de la nature et
aux entraves de la sensibilité. Et voilà pourquoi le jugement
esthétique nous laisse libres et nous exalte et nous transporte : c'est que l'idée seule de cette faculté de vouloir d'une
façon absolue, l'idée seule de cette aptitude morale nous donne
déjà conscience d'un avantage manifeste sur la sensibilité;
c'est que la simple possibilité de nous affranchir des entraves
de la nature est déjà une satisfaction qui nous flatte dans notre
besoin de liberté. Voilà pourquoi le jugement moral, au
contraire, nous fait éprouver comme un sentiment de gêne et
nous humilie : c'est qu'à propos de chacun des actes volontaires
que nous apprécions de la sorte, nous nous sentons, par rapport à la loi absolue qui doit régir la volonté en général, dans
une situation d'infériorité plus ou moins marquée, et que la
gêne où est la volonté bornée ainsi à une détermination unique, que le devoir exige d'elle bon gré mal gré, est en contradiction avec l'instinct de liberté qui est le propre de l'imagination. Là, nous nous élevions du réel au possible, et de
l'individu à l'espèce ; ici, au contraire, nous descendons du
possible au réel, et nous renfermons l'espèce dans les bornes
de l'individu : il ne faut donc pas s'étonner si le jugement
esthétique dilate le cœur, tandis que le jugement moral le gêne
et le resserre[1].

---

1. Cette explication, soit dit en passant, peut nous éclaircir aussi la diversité
des impressions esthétiques que fait ordinairement l'idée du devoir, dans la
doctrine de Kant, sur les différentes personnes qui jugent ce philosophe. Les
uns, et cette partie du public ne laisse pas d'être considérable, trouvent que
la façon dont Kant nous représente le devoir est fort humiliante ; les autres
la trouvent infiniment propre à élever le cœur. On a raison des deux parts, et
cette contradiction ne vient que de la différence des points de vue d'où les uns

Il ressort donc de tout ce qui précède que le jugement moral
et le jugement esthétique, bien loin de se corroborer l'un
l'autre, se contrarient et se font obstacle, puisqu'ils impriment à
l'âme deux directions tout à fait opposées. En effet, cette conformité à la règle qu'exige de nous la raison comme juge moral,
est incompatible avec l'indépendance que réclame l'imagination
comme juge esthétique. Il s'ensuit qu'un objet aura d'autant
moins de valeur esthétique qu'il aura plus le caractère d'un
objet moral, et si le poëte était forcé malgré cela de le choisir,
il fera bien, en le traitant, de moins attirer l'attention de notre
raison sur la *règle* de la volonté, que celle de notre imagination sur le *pouvoir* de la volonté. Dans son intérêt même, il faut
que le poëte entre dans cette voie ; car, avec notre liberté finit
son empire. Nous ne lui *appartenons* qu'autant que nous portons nos regards hors de nous-mêmes : nous lui échappons dès
que nous rentrons dans notre for intérieur ; et c'est ce qui
arrive infailliblement dès qu'un objet cesse d'être *un phénomène considéré par nous*, pour prendre le caractère d'une *loi qui
nous juge*.

Même dans les manifestations de la vertu la plus sublime, le
poëte ne peut employer pour *ses vues propres* que ce qui dans

---

et les autres examinent la question. Faire simplement ce qu'on est tenu de
faire, assurément il n'y a là aucune grandeur ; et, si l'on songe que le plus
grand effort de vertu dont nous soyons capables ne va qu'à accomplir, et encore
à accomplir imparfaitement, notre devoir, il faut convenir que la plus haute
vertu n'a rien qui puisse enthousiasmer. Mais, d'un autre côté, faire fidèlement
et constamment tout ce qu'on doit, malgré tous les obstacles de la nature sensible, et suivre immuablement, dans les liens de la matière, la sainte loi
des purs esprits, c'est toujours quelque chose qui élève l'âme et qui mérite
l'admiration. Eu égard au monde spirituel, toute notre vertu, il est vrai, n'a
rien de méritoire ; et si fort que nous nous y mettions en dépense, nous ne serons jamais en fait de vertu que *des serviteurs inutiles*. Par rapport à la sensibilité, au contraire, la vertu est un objet d'autant plus sublime. Ainsi, en tant que
nous jugeons les actes humains du point de vue moral, et que nous les rapportons à la loi du devoir, nous n'aurons pas grand sujet d'être fiers de notre
moralité : mais en tant que nous considérons la possibilité de ces actes, et que
nous rapportons la puissance de notre âme, puissance qui est au fond la raison
de ces actes, au monde des sens et des phénomènes, c'est-à-dire en tant que
nous jugeons ces actes du point de vue esthétique, un certain sentiment de
satisfaction nous est permis ; ou, pour mieux dire, il faut nécessairement que
nous éprouvions ce sentiment, puisque nous découvrons alors en notre être
un principe qui est grand au delà de toute comparaison et infini.

                                        (Note de Schiller.)

ces actes appartient à la *force*. Quant à la direction de la force, il n'a point à s'en inquiéter. Le poëte, lors même qu'il met sous nos yeux les plus parfaits modèles de moralité, n'a pas et *ne doit pas avoir d'autre but* que de réjouir notre âme par la contemplation de ce spectacle. Or, rien ne peut réjouir notre âme que ce qui améliore notre personne, et rien ne peut nous donner une jouissance spirituelle que ce qui élève en nous la faculté spirituelle. Mais comment la moralité d'un autre peut-elle améliorer *notre* propre personne, et rehausser *notre* force spirituelle? Si cet autre accomplit *en réalité* son devoir, cela tient à un usage accidentel qu'il fait de sa liberté, et qui par cela même ne peut rien prouver pour *nous*. Nous n'avons de commun avec lui, que la *faculté* de nous conformer également au devoir; la puissance morale dont il fait preuve nous avertit aussi de la nôtre, et voilà pourquoi nous sentons là quelque chose qui rehausse notre force spirituelle. Ainsi, c'est uniquement l'idée de la possibilité d'une volonté absolument libre qui fait que l'exercice réel de cette volonté charme en nous le sentiment esthétique.

On s'en convaincra encore davantage, si l'on songe combien peu la force poétique de l'impression que fait sur nous un acte ou un caractère moral, est dépendante de leur *réalité historique*. Le plaisir que nous trouvons à considérer un caractère idéal ne perdra rien parce que nous viendrons à songer que ce caractère n'est qu'une fiction poétique; car c'est sur la vérité *poétique*, et non sur la vérité *historique*, que repose toute impression du sens esthétique. Or, la vérité poétique ne consiste pas à ce que telle ou telle chose soit effectivement arrivée, mais à ce qu'elle ait pu arriver, c'est-à-dire à ce que la chose en elle-même soit possible. Ainsi la force esthétique doit nécessairement résider d'abord dans l'idée de la possibilité.

Même dans les sujets réels dont les acteurs sont empruntés à l'histoire, ce n'est pas la réalité, mais la simple possibilité du fait, laquelle nous est garantie par sa réalité même, qui constitue l'élément poétique. Que ces personnages aient effectivement vécu, et que ces événements aient véritablement eu lieu, c'est une circonstance qui peut, il est vrai, dans beaucoup de cas, ajouter à notre plaisir, mais ce qu'elle y ajoute est comme

une accession étrangère, bien plutôt défavorable qu'avantageuse
à l'impression poétique. On a cru longtemps rendre service à
la poésie allemande en recommandant à nos poëtes de traiter
des sujets nationaux. Pourquoi la poésie grecque, disait-on,
a-t-elle eu tant d'action sur les âmes? C'est parce qu'elle re-
produisait des scènes domestiques, parce qu'elle immortalisait
des exploits domestiques. Oui sans doute, la poésie des anciens
a pu devoir à cette circonstance certains effets dont ne peut se
glorifier la poésie des modernes; mais ces effets-là apparte-
naient-ils bien à l'art et au poëte? Tant pis pour le génie grec,
s'il n'avait eu sur le génie des modernes que cet avantage tout
accidentel! et tant pis pour le goût grec, s'il eût été nécessaire
aux poëtes, pour se le concilier, de le prendre d'abord par cette
conformité de leur fiction avec l'histoire réelle! Il n'y a qu'un
goût barbare qui ait besoin de ce stimulant d'un intérêt national pour être séduit par les belles choses; et il n'y a qu'un
barbouilleur qui emprunte à la matière une force qu'il déses-
père de mettre dans la forme. Non, la poésie ne doit pas
prendre sa voie par la froide région de la mémoire; elle ne doit
jamais faire de l'érudition son interprète, ni de l'intérêt privé
son avocat auprès du public. Elle doit aller tout droit au cœur,
parce qu'elle est venue du cœur; et, loin de s'adresser dans
l'homme au citoyen d'une certaine nation, elle doit, dans le
citoyen, viser à l'homme même.

Heureusement, le véritable génie ne tient pas grand compte
de tous ces conseils qu'on s'évertue à lui donner, avec plus de
bonnes intentions que de compétence : sans quoi, il n'eût pas
tenu à Sulzer[1] et à ceux qui l'ont suivi que la poésie allemande
ne prît un caractère fort équivoque. Moraliser l'homme, et enflammer le patriotisme du citoyen, c'est assurément un objet
fort honorable à proposer au poëte, et les Muses savent mieux
que personne combien les arts du sublime et du beau sont
propres à exercer une telle influence. Mais ce que la poésie obtient le plus heureusement par voie indirecte, ne lui réussirait
que fort mal si elle se le proposait comme but immédiat. La
poésie n'est pas faite pour servir dans l'homme à l'accomplis-

---

1. J. G. Sulzer, auteur de la *Théorie générale des Beaux-Arts*, Leipzig, 1771.

sement d'une certaine affaire, et l'on ne pourrait choisir aucun
instrument plus malhabile pour faire réussir un objet en particulier, tel ou tel projet, tel ou tel détail. Elle agit sur la nature humaine tout entière, et ce n'est que par son influence
générale sur le caractère d'un homme qu'elle peut influer sur
ses actions particulières. La poésie peut être pour l'homme ce
que l'amour est pour le héros. Elle ne peut ni le conseiller, ni
l'assister et frapper avec lui, ni en un mot agir pour lui; mais
elle peut former en lui un héros, l'appeler aux grandes actions,
et l'armer de force pour être tout ce qu'il doit être.

Ainsi le plus ou moins d'énergie esthétique avec laquelle le
sublime de sentiment et le sublime d'action s'emparent de notre
âme, ne repose nullement sur l'intérêt de la raison, qui veut
que toute action *soit réellement* conforme à l'idée du bien; mais
sur l'intérêt de l'imagination, qui veut que cette action conforme
à l'idée du bien *soit possible*, ou, en d'autres termes, que nul sentiment, si fort qu'il soit, ne puisse opprimer la liberté de l'âme.
Or, cette possibilité se trouve dans tout acte qui témoigne avec
énergie de la liberté, de la force de volonté; et pourvu que le
poëte rencontre un acte de cette nature, peu importe où, voilà
un sujet convenable pour son art. Pour *lui*, pour l'intérêt qu'il
se propose, ce lui est tout un de prendre ses héros dans une
classe de caractères ou dans une autre, parmi les bons ou parmi
les méchants, puisqu'il faut souvent autant de force pour faire
le mal avec suite et persistance, que pour faire le bien. Et voulez-vous la preuve que, dans nos jugements esthétiques, nous
prenons bien plutôt garde à la force qu'à la direction de cette
force, à la liberté qu'à la légitimité des actes? Voici qui suffirait
déjà à le montrer jusqu'à l'évidence : c'est que nous aimons
mieux voir la force et la liberté se manifester aux dépens de la
régularité morale, que la régularité aux dépens de la liberté et
de la force. En effet, dès qu'il se présente un de ces cas où la loi
morale se trouve d'accord avec des instincts qui par leur force
menacent d'entraîner la volonté, la valeur esthétique du caractère est rehaussée, s'il se montre capable de résister à ces instincts. Un personnage vicieux commence à nous intéresser, dès
qu'il lui faut risquer son bonheur et sa vie pour mener à fin
ses desseins pervers : un personnage vertueux, au contraire,

perd de notre intérêt, en raison de ce qu'il trouve d'utile pour son bonheur à être vertueux. La vengeance, par exemple, est incontestablement une affection sans noblesse et même une affection vile : cela ne l'empêche pas de devenir esthétique, dès qu'il faut, pour la satisfaire, s'imposer un douloureux sacrifice. Médée en immolant ses enfants vise au cœur de Jason ; mais du même coup elle porte à son propre cœur une cruelle blessure, et sa vengeance, esthétiquement, devient sublime, du moment que nous voyons en elle une tendre mère.

Le jugement esthétique, en ce sens, a plus de vérité qu'on ne le croit d'ordinaire. Des vices qui témoignent d'une grande force de volonté annoncent évidemment une plus grande aptitude à la véritable liberté morale que des vertus qui empruntent un appui à l'inclination : attendu qu'il ne faut à l'homme qui fait le mal avec suite, qu'une seule victoire sur lui-même, qu'un simple renversement de ses maximes, pour mettre désormais au service de la vertu tout l'esprit de suite et toute la force de volonté qu'il prodiguait pour le mal. Et d'où vient que nous accueillons avec défaveur les caractères à moitié bons, tandis que nous suivons parfois un caractère tout à fait méchant avec une sorte d'admiration frémissante ? C'est évidemment que, chez les premiers, nous renonçons à trouver, nous ne concevons même pas comme possible, la liberté absolue de la volonté ; et que chez l'autre, au contraire, toutes les fois que ses facultés se déploient, nous sentons qu'il lui suffirait d'un seul acte de volonté pour s'élever à toute la dignité de la nature humaine.

Ainsi, dans les jugements esthétiques, ce qui excite notre intérêt, ce n'est pas la moralité en elle-même, mais seulement la liberté ; et la pureté morale ne peut plaire à notre imagination qu'autant qu'elle met en relief la force de la volonté. C'est donc confondre manifestement deux ordres d'idées très-distincts, que de demander dans les choses esthétiques une moralité si exacte, et, pour étendre le domaine de la raison, d'exclure l'imagination de son domaine légitime. Ou bien il faudra l'asservir tout à fait, et alors c'en est fait de tout l'effet esthétique ; ou elle partagera l'empire avec la raison, et alors la moralité ne gagnera pas grand'chose. Que si l'on prétend poursuivre à la fois deux buts différents, on courra grand risque de manquer l'un et l'autre. On enchaînera la liberté de l'imagination par trop de respect pour la loi morale; et on portera atteinte à ce caractère de *nécessité* qui est dans la raison, en y mêlant la *liberté* qui est le propre de l'imagination[1].

1. La dissertation n'est point achevée. Au-dessous de la dernière ligne, dans la *Nouvelle Thalie*, l'auteur promettait de donner tôt ou tard une suite. Cette suite n'a point paru.

RÉFLEXIONS DÉTACHÉES

SUR DIVERSES

QUESTIONS D'ESTHÉTIQUE

RÉFLEXIONS DÉTACHÉES

SUR DIVERSES

QUESTIONS D'ESTHÉTIQUE[1].

Toutes les propriétés par lesquelles un objet peut devenir esthétique peuvent se ramener à quatre classes qui, aussi bien d'après leur différence *objective* que d'après leur différente relation avec le *sujet*, produisent sur nos facultés passives et actives des plaisirs inégaux, non pas seulement en *intensité*, mais aussi en *valeur*: classes qui sont aussi d'une utilité inégale pour le but des beaux-arts. Ce sont : l'*agréable*, le *bon*, le *sublime*, et le *beau*. De ces quatre catégories, le sublime et le beau seuls *appartiennent proprement* à l'art L'agréable n'est pas *digne* de l'art, et le bon n'en est au moins pas le *but*; car le but de l'art est de plaire, et le bon, que nous le considérions soit en théorie, soit en pratique, ne peut ni ne doit servir de moyen pour satisfaire aux besoins de la sensibilité.

L'*agréable* ne satisfait que les *sens* et se distingue par là du bon qui ne plaît qu'à la raison. L'agréable plaît par sa *matière*, car il n'y a que la matière qui puisse affecter les sens, et tout ce qui est *forme* ne peut plaire qu'à la raison.

---

1. Ce morceau parut pour la première fois dans la *Nouvelle Thalie* (5ᵉ cahier de 1793, t. IV, p. 115-180.) Il fut réimprimé, en 1802, dans les *Opuscules en prose* (t. IV, p. 28-74).

Il est vrai que le *beau* ne plaît que par l'intermédiaire des sens, en quoi il se distingue du bon; mais il plaît, à cause de sa forme, à la raison, par où il se distingue essentiellement de l'agréable. On pourrait dire que le *bon* plaît uniquement par sa forme laquelle est d'*accord avec la raison*, le beau par sa forme qui *a quelque rapport de ressemblance avec la raison*, et que l'agréable ne plaît absolument point par sa forme. Le bon se perçoit par la *pensée*, le beau par l'*intuition*, et l'agréable seulement par les *sens*. Le premier plaît par l'*idée*, le second par la *contemplation*, et le troisième par la *sensation matérielle*.

La distance qu'il y a du *bon* à l'*agréable* est ce qui frappe le plus les yeux. Le bon étend notre connaissance, parce qu'il procure et suppose une idée de son objet; le plaisir qu'il nous fait éprouver repose sur un fondement objectif, encore bien que ce plaisir, par lui-même, ne soit qu'un certain état où *nous* nous trouvons. L'agréable, au contraire, ne produit aucune notion de son objet, et ne repose en effet sur aucun fondement objectif. Il n'est agréable qu'en tant qu'il est ressenti par le sujet, et son idée s'évanouit complétement dès qu'on fait abstraction de l'affectibilité des sens ou seulement qu'on la modifie. Pour un homme qui sent le froid, l'agréable sera un air chaud; mais ce même homme durant la chaleur de l'été cherchera l'ombre et la fraîcheur. Il faut pourtant convenir que, dans les deux cas, il a bien jugé. Ce qui est objectif est tout à fait indépendant de *nous*, et ce qui aujourd'hui nous paraît vrai, utile, raisonnable, devra encore (supposé que ce jugement d'aujourd'hui soit **juste**) nous sembler tel dans vingt ans d'ici. Mais notre jugement sur l'agréable change dès que notre état, par rapport à son objet, vient à changer. L'agréable n'est donc pas une propriété de l'objet : il naît tout entier du rapport de tel objet avec nos sens; car la constitution de nos sens en est une condition nécessaire.

Le *bon*, au contraire, est bon par lui-même, avant de nous être représenté et de se faire sentir. La propriété par laquelle il plaît existe pleinement par elle-même, sans avoir besoin de notre sujet, encore bien que le plaisir que nous y prenons repose sur une aptitude à sentir qui est en nous. Ainsi l'on peut dire que l'agréable n'existe que parce qu'il est *ressenti*, et que le bon, au contraire, est *ressenti* parce qu'il existe.

La distinction entre le *beau* et l'*agréable*, toute grande qu'elle est d'ailleurs, frappe moins les yeux. Le beau se rapproche de l'agréable en ce qu'il doit toujours être proposé aux sens, en ce qu'il ne plaît que par le moyen d'un phénomène. Il s'en rapproche encore en ce qu'il ne procure ni ne suppose aucune notion de son objet. Mais, d'un autre côté, il se sépare profondément de l'agréable, en ce qu'il plaît par la *forme* sous laquelle il se produit, et non par le fait de la sensation matérielle. Sans doute il ne plaît au sujet raisonnable qu'à la condition que celui-ci est en même temps un sujet sensible; mais aussi il ne plaît au sujet sensible qu'autant que celui-ci est en même temps raisonnable. Le beau ne plaît pas seulement à l'individu, mais à toute l'espèce; et bien qu'il ne tire son existence que de son rapport avec des êtres à la fois raisonnables et sensibles, il n'en est pas moins indépendant de toutes les déterminations empiriques de la sensibilité, et il demeure identique lors même que la constitution particulière du sujet est modifiée. Le beau a donc précisément de commun avec le *bon* ce par où il diffère de l'agréable, et il diffère du *bon* précisément par ce qui le rapproche de l'agréable.

Par le bon il faut entendre ce en quoi la raison reconnaît une conformité avec ses lois théoriques ou pratiques. Mais le même objet peut être parfaitement conforme à la raison théorique, et n'en être pas moins en contradiction au plus haut degré avec la raison pratique[1]. Nous pouvons désapprouver le but d'une entreprise, et cependant admirer l'habileté des moyens et leur rapport avec la fin qu'on se propose. Nous pouvons mépriser les jouissances dont le voluptueux fait le but de sa vie, et cependant louer l'adresse dont il fait preuve dans le choix de ses moyens, et l'esprit de suite avec lequel il observe ses principes. Ce qui nous plaît seulement par sa forme est bon, absolument bon, et sans condition aucune, lorsque sa forme est en même temps sa matière. Le bon est aussi un objet de

---

1. On sait que cette distinction entre la raison théorique et la raison pratique est un des principaux dogmes de la philosophie de Kant.

la sensibilité, mais non d'une sensibilité immédiate, comme
l'agréable, ni non plus d'une sensibilité mixte, comme le beau.
Il n'excite point le désir comme le premier, ni l'inclination
comme le second. L'idée du bon réduite à elle-même ne peut
inspirer que l'estime.

La différence qui sépare l'agréable, le bon et le beau étant
ainsi établie, il est évident qu'un même objet peut être laid,
défectueux, voire même à rejeter moralement, et cependant
être agréable et plaire aux sens; qu'un objet peut révolter les
sens, et néanmoins être bon et plaire à la raison; qu'un objet
peut, par sa nature intime, révolter le sens moral, et néanmoins plaire à l'imagination qui le contemple, et néanmoins
être beau. C'est que chacune de ces idées intéresse des facultés
différentes et les intéresse différemment.

Mais avons-nous épuisé la classification des attributs esthétiques? Non, il y a des objets qui sont à la fois laids, révol-
tants et effrayants pour la sensibilité, qui ne satisfont point
l'entendement, et sont indifférents au jugement moral, et
ces objets ne laissent pas de plaire, oui de plaire à un tel
point, que volontiers nous sacrifions le plaisir des sens et
celui de l'entendement pour nous procurer la jouissance de ces
objets.

Il n'y a rien de plus attrayant dans la nature qu'un beau
paysage éclairé par la pourpre du soir. La riche variété des objets, le moelleux des contours, ces jeux de lumière qui renou-
vellent à l'infini les aspects, cette vapeur légère qui enveloppe
les objets lointains : tout concourt à charmer nos sens. Joignez-y
pour accroître notre plaisir le doux murmure d'une cascade,
le chant des rossignols, une musique agréable. On se laisse
aller à une douce sensation de repos, et, tandis que nos sens,
touchés par l'harmonie des couleurs, des formes et des sons,
éprouvent au plus haut degré l'agréable, l'esprit est réjoui par
le cours facile et ingénieux des idées, le cœur par les sentiments qui débordent en lui comme un torrent.

Soudain un orage s'élève, qui assombrit le ciel et tout le
paysage, qui domine ou fait taire tous les autres bruits, et qui
nous enlève subitement tous nos plaisirs. Des nuages noirs
cernent l'horizon : le tonnerre tombe avec un bruit assour-

dissant, l'éclair succède à l'éclair : la vue et l'ouïe sont affectées de la façon la plus révoltante. L'éclair ne brille que pour
nous rendre plus visibles les horreurs de la nuit : nous voyons
tomber la foudre, que dis-je, nous commençons à craindre
qu'elle ne tombe sur nous. Eh bien, cela ne nous empêche pas
de croire que nous avons plus gagné que perdu au change :
j'excepte, bien entendu, ceux à qui la frayeur ôte toute liberté
de jugement. Nous sommes, d'un côté, attirés avec force par ce
spectacle terrible, qui, de l'autre, blesse et repousse notre sensibilité, et nous nous y arrêtons, avec un sentiment qu'on ne
saurait appeler proprement un *plaisir*, mais que souvent on
préfère de beaucoup au plaisir. Pourtant le spectacle que nous
offre alors la nature est en soi plutôt *funeste* que *bon* (du moins
n'avons-nous nullement besoin de songer à l'utilité d'un orage
pour prendre plaisir à ce phénomène); il est en soi plutôt *laid*
que *beau*, car l'obscurité nous dérobant toutes les images que
produit la lumière, ne peut être en soi une chose plaisante; et
ces ébranlements soudains que le tonnerre imprime à la masse
de l'air, ces lueurs subites quand l'éclair déchire la nue, tout
cela est contraire à l'une des conditions essentielles du beau,
qui ne comporte rien d'abrupt, rien de violent. En outre, ce
phénomène, à ne considérer que nos sens, est plutôt *douloureux*
qu'*agréable*, car les nerfs de la vue et ceux de l'ouïe sont
tour à tour péniblement tendus, puis, et non moins violemment, relâchés par des brusques alternatives de lumière et
d'obscurité, d'explosion de tonnerre et de silence. Et malgré
tant de causes de déplaisir, un orage est un phénomène
attrayant pour quiconque n'en a pas peur.

Autre exemple. Au milieu d'une plaine verte et riante s'élève
une colline nue et sauvage, qui dérobe à l'œil une partie de la
vue. Chacun souhaitera de voir écarter ce monticule, qui dé-
pare la beauté de tout le paysage. Eh bien, qu'on se figure cette
colline s'élevant, s'élevant encore, sans rien changer d'ailleurs
à sa forme, et conservant, quoique sur une échelle plus grande,
les mêmes proportions entre sa largeur et sa hauteur. Tout
d'abord, notre impression de déplaisir ne fera que croître avec
le monticule lui-même, qui frappera d'autant plus la vue, et
qui sera d'autant plus choquant. Mais continuez, élevez-le deux

fois plus haut qu'une tour, et insensiblement le déplaisir s'ef-
facera pour faire place à un sentiment tout autre. La colline
est-elle enfin devenue montagne, une montagne tellement
haute qu'il soit presque impossible à nos yeux de l'embrasser
d'une seule vue, voilà un objet plus précieux pour nous que
toute cette plaine riante qui l'entoure, et l'impression qu'il
fait sur nous est de telle nature que nous aurions regret à
l'échanger contre toute autre impression si belle qu'elle pût
être. Maintenant, supposez cette montagne penchée, et d'une
inclinaison telle qu'on dirait à tout moment qu'elle va s'écrou-
ler, l'impression de tout à l'heure se compliquera d'une autre
impression : l'effroi viendra s'y joindre, l'objet lui-même n'en
sera que plus attrayant. Mais cette montagne qui penche, supposez qu'on pût l'étayer d'une autre montagne, l'effroi disparaît, et avec lui une bonne part du plaisir que nous éprouvions.
Supposez encore, à côté de cette montagne, quatre ou cinq
autres montagnes, dont chacune soit d'un quart ou d'un tiers
plus basse que celle qui vient immédiatement après : le premier sentiment, celui que nous inspirait la hauteur de notre
montagne, sera notablement affaibli. Quelque chose d'analogue aurait lieu si l'on coupait la montagne elle-même en dix
ou douze terrasses uniformément décroissantes; ou encore si
artificiellement on la décorait de plantations. Nous n'avons
d'abord fait subir d'autre opération à notre montagne que de
la rendre *plus grande*, la laissant d'ailleurs absolument telle
qu'elle était et sans en altérer la forme; et cette simple circonstance a suffi pour faire, d'un objet indifférent, ou même
désagréable, un objet satisfaisant pour les yeux. Par la seconde
opération, cet objet agrandi est devenu en même temps un
objet d'effroi; et le plaisir que nous trouvions à le considérer
n'en a été que plus grand. Enfin, par les dernières opérations
que nous y avons faites, nous avons amoindri l'effroi qu'exci-
tait sa vue, et le plaisir a diminué d'autant. Nous avons réduit
subjectivement l'idée de sa hauteur. soit en partageant l'attention
du spectateur entre plusieurs objets, soit en donnant à l'œil,
au moyen de ces montagnes plus petites placées auprès de la
grande, une mesure pour évaluer celle-ci, et pour en dominer
d'autant plus aisément la grandeur. Le *grand* et le *terrible*

peuvent donc être par eux-mêmes, dans certains cas, une source de plaisir esthétique.

Il n'y a pas dans toute la mythologie grecque de figure plus terrible, et en même temps plus hideuse, que celle des Furies ou Érinnyes, lorsque sortant des enfers elles s'élancent à la poursuite d'un criminel. Leur visage affreusement contracté et grimaçant, leur corps décharné, leur tête couverte de serpents en place de cheveux, tout cela révolte nos sens, et n'offense pas moins notre goût. Cependant, qu'on nous représente ces monstres à la poursuite d'Oreste, le meurtrier de sa mère, qu'on nous les fasse voir brandissant la torche dans leurs mains, et chassant leur proie, sans paix ni trêve, de contrée en contrée, jusqu'à ce qu'enfin, le courroux de la justice étant apaisé, elles s'abîment dans le gouffre des enfers : alors nous nous arrêtons à cette peinture avec une horreur mêlée de plaisir. Mais non-seulement les remords du criminel, personnifiés par les Furies, ses actes mêmes, si contraires au devoir, oui, la perprétation réelle d'un crime, peuvent nous plaire dans une œuvre d'art. Médée, dans la tragédie grecque, Clytemnestre qui fait périr son époux, Oreste qui tue sa mère, remplissent notre âme d'horreur et de plaisir. Il n'est pas jusqu'à la vie réelle où nous ne remarquions que des objets indifférents, et même rebutants ou effroyables, commencent à nous intéresser dès qu'ils se rapprochent du *monstrueux* ou du *terrible*. Un homme tout à fait vulgaire et insignifiant commencera à nous plaire, dès qu'une passion violente, qui d'ailleurs ne rehausse nullement sa valeur personnelle, fait de lui un objet de crainte et de terreur : de même qu'un objet vulgaire et qui ne dit rien devient pour nous la source d'un plaisir esthétique, sitôt que nous l'avons agrandi au point qu'il menace de dépasser notre compréhension. Un homme laid est encore enlaidi par la colère ; et toutefois c'est dans les éclats de cette passion, pourvu qu'elle tourne au terrible et non point au ridicule, que cet homme aura pour nous le plus d'attrait. Cette remarque s'étend jusqu'aux animaux. Un bœuf à la charrue, un cheval à la voiture, un chien, sont des objets vulgaires ; mais excitez ce taureau au combat, mettez en fureur ce cheval si paisible, ou représentez-vous ce chien en proie à la rage, aussitôt ces animaux s'élèvent au rang d'objets esthétiques, et nous commençons à les regarder avec un sentiment qui touche au plaisir et à l'estime. Le penchant pour le pathétique, penchant commun à tous les hommes; la force des sentiments sympathiques, cette force qui, dans la *nature*, nous pousse à vouloir regarder la souffrance, l'effroi, l'épouvante, qui a pour nous tant d'attraits dans l'*art*, qui nous fait courir au théâtre, qui nous fait prendre tant de goût à la peinture des grandes infortunes : tout cela témoigne d'une *quatrième source* de plaisir esthétique, que ni l'agréable, ni le bon, ni le beau, ne sont en état de produire.

Tous les exemples que j'ai allégués jusqu'ici ont cela de commun, que le sentiment qu'ils excitent en nous repose sur quelque chose d'objectif. Dans tous ces phénomènes, nous recevons l'idée de quelque chose « qui *outre-passe* la compréhension de nos sens ou leur force de résistance, ou qui menace de l'outre-passer, » mais sans que la grandeur ou la violence de l'objet aille toutefois jusqu'à paralyser ces deux forces, ou jusqu'à nous rendre incapables d'effort soit pour connaître l'objet, soit pour résister à l'impression qu'il nous fait. Il y a dans les phénomènes une diversité que nous ne pouvons ramener à l'unité sans pousser la faculté intuitive jusqu'à ses dernières limites. Nous avons là l'idée d'une force en comparaison de laquelle la nôtre s'évanouit, et que nous sommes néanmoins contraints de comparer avec la nôtre. Ou bien c'est un objet qui tout ensemble se *présente* et se *dérobe* à notre faculté d'intuition, et qui nous sollicite à faire effort pour nous le représenter, sans laisser espérer que cette aspiration sera satisfaite ; ou bien c'est un objet qui semble se dresser en ennemi contre notre *existence* même, qui nous provoque, pour ainsi dire, au combat, et nous rend inquiets de l'issue. Il n'y a pas moins de parité entre tous les exemples allégués en ce qui touche l'action exercée sur notre faculté de sentir. Tous jettent notre âme dans une inquiète agitation, et en tendent les ressorts. Une certaine gravité, qui peut même s'élever jusqu'au recueillement solennel, s'empare de notre âme, et, tandis que nos organes trahissent par des signes évidents l'anxiété intérieure, notre esprit se replie sur lui-même par la réflexion, et semble trouver un appui dans une con-

science plus haute de sa force indépendante et de sa dignité.
Il faut toujours que ce soit cette conscience de nous-mêmes
qui domine, pour que le grand et l'horrible aient pour nous
une valeur esthétique. Eh bien, c'est parce que l'âme devant
ces sortes de représentations se sent inspirée et élevée au-
dessus d'elle-même, qu'on les désigne par le nom de *sublime*,
bien que les objets eux-mêmes n'aient en effet rien de sublime, et que par conséquent il fût plus juste peut-être de
dire *qu'ils élèvent* que de les nommer eux-mêmes sublimes ou
élevés[1].

Pour qu'un objet puisse être appelé sublime, il faut qu'il soit
en opposition avec notre sensibilité. En général, on ne peut concevoir que deux rapports différents entre les objets et notre
sensibilité, et, par suite, il doit y avoir aussi deux sortes de résistance. Ou bien on les considère comme des objets dont nous
voulons tirer une connaissance, ou bien on les regarde comme
une *force* avec laquelle nous comparons la nôtre. Suivant cette
division, il y a aussi deux espèces de sublime : le sublime de
connaissance et le sublime de force.

Or, les facultés sensibles ne contribuent à la connaissance
qu'en embrassant un objet donné, et en réunissant les diverses
propriétés de cet objet dans le temps et dans l'espace. Quant à
distinguer ces diverses propriétés et à les assortir, c'est l'affaire
de l'entendement, et non pas de l'imagination. C'est pour
l'entendement seul que le *divers* existe : pour l'imagination
(considérée en tant que faculté sensible), il n'y a *qu'uniformité*, et, par suite, ce n'est que le nombre ou la masse des
choses uniformes (la *quantité* et non pas la *qualité*), qui peut
donner lieu à quelque différence dans la perception sensible
des phénomènes. Ainsi, pour que la faculté de se représenter
sensiblement les choses soit réduite à l'impuissance devant un
objet, il faut nécessairement que cet objet excède par sa quantité la mesure de notre imagination. Le sublime de connaissance repose, d'après cela, sur le nombre ou sur la grandeur,

---

1. Ici Schiller, dans la première édition, renvoie à une dissertation *sur le
Sublime*, insérée au tome III (3ᵉ cahier) de la *Nouvelle Thalie*, et dont nous
donnons la traduction plus loin.

et, pour cette raison, peut être désigné aussi sous le nom de *sublime mathématique*[1].

1. Voy. Kant. *Critique du Jugement esthétique*. (*Note de Schiller.*) — C'est dans la première section de cet ouvrage de Kant (1re partie du second livre) qu'il est traité du *sublime mathématique*. La 2e partie du second livre traite du *sublime dynamique*.

DE L'ÉVALUATION ESTHÉTIQUE

DES GRANDEURS OU QUANTITÉS.

Un objet donné, je puis me faire de la quantité de cet objet quatre idées entièrement différentes les unes des autres.

La tour que voilà est une grandeur.

Elle est haute de deux cents coudées.

Elle est haute (absolument).

C'est un objet élevé (sublime).

Il est évident que chacune de ces quatre propositions, qui pourtant se rapportent toutes à la grandeur de la tour, exprime une idée toute différente. Dans les deux premières, je ne considère la tour que comme un *quantum* (ou une grandeur) : dans les deux autres, comme un *magnum* (ou quelque chose de grand).

Tout ce qui se compose de parties est un *quantum*. Toute vision intuitive, toute conception de l'entendement a une grandeur, du moment que cette conception a une sphère qu'elle embrasse, et que cette vision a un objet. On ne peut donc penser à la quantité en général, lorsqu'on parle d'une différence de grandeur entre les objets. Il s'agit alors d'une certaine quantité qui appartient exclusivement à tel objet, c'est-à-dire qui n'est pas seulement un *quantum*, mais encore un *magnum*.

Toute grandeur nous donne l'idée d'une certaine unité composée de plusieurs parties homogènes. Si donc il peut y avoir quelque distinction à faire entre une grandeur et une gran-

deur, cette distinction ne peut porter que sur le plus ou moins
grand nombre des parties qui composent ces deux unités, ou
sur cette circonstance que l'une des deux forme seulement une
partie de l'autre. Ce *quantum* qui en renferme un autre, et
dont celui-ci n'est qu'une partie, est à son égard un *magnum*.

Rechercher combien de fois un *quantum* déterminé est contenu dans un autre, c'est *mesurer* ce *quantum* (s'il est continu),
ou *le compter* (si c'est une quantité discontinue). C'est donc toujours de l'unité prise pour mesure que dépend la question de
savoir si nous devons considérer tel objet comme un *magnum* ;
en d'autres termes, toute grandeur est une idée relative.

Par rapport à sa mesure, toute grandeur est un *magnum* ;
et à plus forte raison par rapport à la mesure de sa mesure,
puisque sa mesure même, comparée à une autre mesure, devient à son tour un *magnum*. Mais il y a la même progression en montant qu'en descendant. Tout *magnum* redevient
petit dès que nous nous le représentons comme contenu dans
un autre; et où peut-il y avoir ici une limite, puisque toute
série de nombres, si considérable qu'elle soit, peut encore se
multiplier par elle-même?

Ainsi, dans l'ordre des choses qui se mesurent, nous pouvons
bien rencontrer la grandeur *relative*, mais jamais la grandeur
absolue : je veux dire cette grandeur qui ne peut plus être contenue dans aucun autre *quantum*, mais qui renferme en soi toutes
les autres grandeurs. Car enfin rien ne saurait nous empêcher,
par la même opération d'esprit qui nous aurait donné telle ou
telle grandeur, d'obtenir aussi le *double* de cette grandeur,
puisque l'entendement procède par opérations successives, et
que, guidé par les notions de nombres, il peut pousser sa synthèse jusqu'à l'infini. Tant que l'on peut encore déterminer *quelle
est la grandeur* d'un objet, cet objet n'est pas encore (absolument)
grand, et l'on peut toujours, par ce même procédé de comparaison, le rabaisser jusqu'à en faire un objet très-petit. Cela étant,
il ne pourrait y avoir dans la nature qu'une seule grandeur *par
excellence*, qui serait la nature elle-même dans son universalité,
mais à laquelle ne peut répondre nulle intuition, et dont la
synthèse ne peut en aucun temps être accomplie. Puisque le
domaine du nombre est infini, il faudrait que ce fût l'entende-

ment lui-même qui achevât sa synthèse. Il faudrait qu'il se posât lui-même une certaine unité, comme mesure dernière et extrême, et qu'il prît le parti de déclarer absolument grand ce qui dépasse cette mesure.

C'est ce qui a lieu, en effet, lorsque à propos de cette tour qui est là devant moi, je dis : *Cette tour est haute*, sans en *déterminer* la hauteur. Je n'indique ici aucune mesure de comparaison, et cependant je ne puis pas attribuer à cette tour la grandeur absolue, puisque rien ne m'empêche de la concevoir encore plus grande. Il faut donc que l'aspect seul de cette tour me donne instantanément l'idée d'une mesure extrême, et, quand je dis : *Cette tour est haute*, que je m'imagine avoir assigné cette mesure comme *nec plus ultra* à toutes les tours possibles. L'idée de cette mesure est donc implicitement contenue dans l'idée d'une tour en général, et ce n'est pas autre chose que l'idée de sa *grandeur spécifique*[1].

A chaque objet est assigné un certain maximum de grandeur, soit d'après son *espèce* (si c'est une œuvre de la nature), soit (si c'est l'œuvre de la liberté, de la volonté humaine) d'après les *bornes* que lui prescrit la nature de sa cause et de son but. Toutes les fois que nous percevons un objet, nous le rapportons, avec plus ou moins de conscience de notre acte, à cette mesure de grandeur, à ce maximum ; mais l'impression faite sur notre sensibilité est tout autre, suivant que l'unité que nous prenons pour mesure est plus contingente ou plus nécessaire. Si l'objet dépasse l'idée que nous nous faisons de sa grandeur spécifique, nous éprouverons jusqu'à un certain point de l'*étonnement;* nous serons surpris de cette expérience qui nous force à élever notre maximum; mais, en tant que nous ne prenons aucun intérêt à l'objet en lui-même, tout se borne à cette impression d'une attente surpassée. Nous n'avons fait que déduire cette mesure d'une série d'expériences, et il n'y a aucune nécessité à ce que cette mesure doive toujours se trouver juste. Mais qu'un objet produit par la libre volonté dépasse l'idée que nous nous faisions des bornes où il doit

---

1. C'est-à-dire de la grandeur propre ou ordinaire à tous les objets de la même espèce.

être renfermé par la nature de sa cause, nous éprouverons
déjà une certaine *admiration*. Ici, ce n'est plus seulement notre
attente qui est dépassée; nous nous sentons en outre libres de
toute barrière, sentiment qui nous saisit et nous transporte
dans ces sortes d'expériences. Tout à l'heure notre attention
s'arrêtait à un *résultat* qui nous était indifférent par lui-même;
ici, au contraire, elle se porte sur la *force créatrice* qui a produit ce résultat, force toute morale, ou du moins qui appartient à un être moral, et qui, par conséquent, doit nécessairement nous intéresser. Cet intérêt sera d'autant plus vif que la
force créatrice, le principe efficient, sera plus noble et plus considérable, et que la limite dépassée était plus difficile à franchir.
Nous pouvons être agréablement surpris de voir un cheval
d'une grandeur extraordinaire, mais nous le serons bien davantage en voyant le vigoureux et habile cavalier qui le
dompte. Que si, monté sur ce cheval, il franchit un fossé large
et profond, nous éprouverons de l'étonnement; et si c'est
contre un front d'armée ennemie que nous le voyons s'élancer,
à l'étonnement se joindra l'estime, et nous passerons à l'admiration. Dans ce dernier cas, nous traitons son action comme
une *grandeur dynamique*[1], et nous y appliquons comme mesure
l'idée que nous avons de la *bravoure humaine*, idée qui dépend
du degré de bravoure que nous nous sentons à nous-mêmes, et
de ce que nous regardons comme le *nec plus ultra* de la bravoure.

Les choses se comportent tout autrement lorsque l'idée outre-
passée par l'objet est celle que nous nous faisions de la grandeur
de son *but*. Ici nous ne posons pas comme unité telle ou telle mesure empirique ou contingente, mais bien une mesure rationnelle, et partant nécessaire, qui ne peut être dépassée sans
aller contre le but de l'objet. Ainsi, la grandeur d'une maison
d'habitation est uniquement déterminée par son but, tandis que
la grandeur d'une tour ne peut être déterminée que par les
bornes de l'architecture. Si donc je trouve la maison trop
grande pour sa destination, elle doit nécessairement me déplaire. Si, au contraire, je trouve que la tour dépasse l'idée que

---

1. C'est-à-dire que nous la considérons comme une *force*. Voyez plus haut,
p. 159, sur le *sublime de force*, par opposition au *sublime mathématique*.

je m'étais faite de la hauteur d'une tour en général, la vue ne m'en sera que plus agréable. Pourquoi cela? Parce que dans le premier cas il y a une contradiction, et que dans le second il n'y a qu'une harmonie différente de celle à laquelle je m'attendais entre l'objet et ce que je cherche. Je puis très-bien m'accommoder de ce qu'une borne est reculée, mais non de voir manquer un but essentiel.

Si donc je dis absolument d'un objet qu'*il est grand*, sans ajouter *combien il est grand*, je n'énonce point par là que ce soit quelque chose d'absolument grand, ni une grandeur à laquelle ne convienne aucune mesure; je sous-entends seulement la mesure à laquelle je le rapporte, parce que je la suppose implicitement contenue par avance rien que dans l'idée de cet objet. Sans doute je n'en détermine pas entièrement la grandeur, je ne la détermine point par rapport à tous les objets imaginables; mais enfin je la détermine en partie et par rapport à une certaine classe d'objets : je la détermine donc au moins d'une manière *objective* et *logique*, puisque j'exprime un rapport, et que je procède d'après une idée.

Mais cette idée peut être empirique, et par conséquent contingente; et, dans ce cas, mon jugement n'aura qu'une valeur subjective. Il se peut que j'attribue à toute l'espèce un type de grandeur qui n'est que la grandeur de certaines variétés; il se peut que je prenne pour une limite objective ce qui n'est que ma limite subjective; il est possible que je fonde mon jugement sur l'idée particulière que je me suis faite de l'objet, de son but et de son usage. Ainsi, quant à la *matière*, mon évaluation peut être pleinement *subjective*, bien qu'*objective* quant à la forme; c'est-à-dire, bien que ce soit réellement la détermination d'un rapport. Pour l'Européen, le Patagon est un géant, et son jugement est parfaitement juste chez les peuples où il a pris son type de la grandeur humaine; mais ce jugement sera contredit en Patagonie. Nulle part on ne voit mieux l'influence des raisons subjectives sur les jugements des hommes, que dans l'appréciation qu'ils font des grandeurs, soit qu'il s'agisse de choses matérielles ou de choses immatérielles. On conviendra, par exemple, que tout homme a en lui-même une certaine mesure de force et de vertu sur laquelle il se règle pour évaluer la grandeur des actions morales. L'avare croira faire un grand effort de libéralité en donnant un florin : l'homme généreux donnera le triple et croira encore trop peu faire. Une probité vulgaire s'applaudit comme d'un trait d'héroïsme de *ne point avoir trompé* le prochain; une âme délicate hésitera en mainte circonstance à se permettre même un gain légitime.

Bien que, dans tous ces exemples, la mesure soit subjective, l'action de mesurer, en soi, est toujours objective; car il suffit qu'on généralise la mesure, l'évaluation de grandeur se trouvera généralement juste. C'est ce qui a lieu en effet pour les mesures objectives qui sont communément en usage, bien qu'elles aient toutes une origine subjective et qu'elles soient prises du corps humain[1].

Toute évaluation par laquelle on compare des grandeurs, qu'elle soit idéale ou matérielle, qu'elle détermine complétement le rapport ou qu'elle ne le détermine qu'en partie, ne mène qu'à une grandeur relative, jamais à la grandeur absolue; car lors même qu'un objet dépasse en réalité la mesure adoptée comme mesure extrême ou maximum, on peut toujours demander *combien de fois* il la dépasse. Sans doute cet objet est grand par rapport à ceux de son espèce, mais ce n'est pas encore le *nec plus ultra* de la grandeur; et la limite une fois dépassée, on peut continuer de la dépasser jusqu'à l'infini. Or, nous cherchons la grandeur absolue, puisqu'elle seule peut contenir le principe d'une *supériorité*, toutes les grandeurs relatives, en tant que relatives, étant semblables entre elles. Puisque rien ne peut obliger l'entendement à s'arrêter dans ses opérations, il faut bien que ce soit l'imagination qui se charge de lui marquer une limite. En d'autres termes, il faut que l'évaluation des grandeurs cesse d'être une opération logique, il faut qu'elle soit conduite esthétiquement[2].

Quand j'évalue logiquement une grandeur, je la rapporte toujours à ma faculté cognitive : quand je l'évalue esthétique-

---

1. Ainsi le *pied*, le *pouce*, la *coudée*. etc.
2. La *Nouvelle Thalie* a ici une petite phrase de plus : « Il faut donc que toute la forme de cette opération change. »

ment, je la rapporte à ma faculté de sentir. Dans le premier
cas, c'est une expérience qui m'apprend quelque chose sur
l'objet; dans l'autre cas, au contraire, je ne fais qu'une expérience sur moi-même à propos de la grandeur que je me représente comme celle de l'objet. Dans le premier cas, je considère
quelque chose qui est hors de moi; dans le second, quelque
chose qui est en moi. Ici donc, à proprement parler, je ne mesure plus, je n'évalue plus aucune grandeur : c'est moi-même
qui deviens momentanément pour moi une grandeur et même
une grandeur infinie. L'objet qui me fait ainsi de mon propre
moi une grandeur infinie, est ce qu'on appelle un objet *sublime*[1].

Le sublime de grandeur n'est donc pas une propriété objective de la chose à laquelle on l'attribue; ce n'est que l'action
du sujet, de notre *moi*, à l'occasion de cette chose. Le sublime de grandeur tient *d'une part* à ce que nous avons l'idée
de l'impuissance de l'imagination à embrasser complétement,
par les moyens de représentation qui lui sont propres, l'idée de
la grandeur telle que nous la propose la raison, c'est-à-dire
comme une exigence; et *de l'autre côté*, à ce que nous avons
l'idée du pouvoir qu'a la raison d'imposer cette exigence. C'est
cette impuissance de l'imagination qui explique la *force répul-
sive* du grand et de l'infini-sensible[2], et c'est cette faculté de la
raison qui en explique la *force attractive*.

Mais bien que le sublime soit un phénomène qui se produit
d'abord en nous, dans notre sujet, encore faut-il trouver dans
les objets en eux-mêmes la raison pour laquelle ce sont précisément ces objets, et non d'autres, qui donnent lieu à ce
phénomène. Et puisque d'ailleurs, dans notre jugement, nous
plaçons l'attribut du sublime *dans l'objet* même (indiquant ainsi
que cette association pour nous n'est point une supposition
arbitraire, mais que nous entendons par là établir une loi générale), il faut aussi qu'il y ait dans notre sujet une raison
nécessaire pour laquelle une certaine classe d'objets produit
précisément en nous cet effet et non aucun autre.

---

1. Ici Schiller a supprimé un long morceau qui se trouve dans la *Nouvelle
Thalie*, et dont nous donnons la traduction à la fin de cet opuscule. p. 174.

2. C'est-à-dire l'infini tel que nous nous le figurons à l'aide de nos sens, de
l'imagination, etc., par opposition à l'infini métaphysique ou mathématique.

Il s'ensuit que le sublime mathématique est subordonné à deux sortes de conditions nécessaires : conditions *internes*, conditions *externes*. Les conditions internes supposent un certain rapport déterminé entre la raison et l'imagination ; les conditions externes, un rapport déterminé entre l'objet que nous contemplons et l'unité de grandeur esthétique qui nous est propre.

Il faut que l'imagination aussi bien que la raison se manifeste avec un certain degré de force, pour que la grandeur nous puisse toucher. On exige de l'imagination qu'elle déploie toute sa faculté de compréhension pour représenter cette idée de l'absolu, à laquelle la raison ne cesse d'aspirer. Si l'imagination est inactive et languissante, ou si la tendance de notre esprit nous porte plutôt vers les idées de connaissance que du côté de l'intuition, l'objet le plus sublime reste pour nous un simple objet logique, et ne sera même pas cité devant le tribunal esthétique. C'est pour cela que des hommes supérieurement doués du côté de l'esprit d'analyse, se montrent rarement très-sensibles à la grandeur esthétique. Ou bien leur imagination n'est pas assez vive pour essayer de se représenter l'absolu ; ou bien leur entendement est trop préoccupé de *s'approprier* l'objet et de le faire passer du domaine de l'intuition dans son propre domaine, celui des opérations discursives.

Sans une certaine force d'imagination, un objet quelque grand qu'il soit ne sera nullement esthétique ; et, d'autre part, sans une certaine force de raison, un objet esthétique ne sera jamais sublime. La seule idée de l'absolu, pour être saisie, exige un déploiement plus qu'ordinaire de la faculté supérieure, de la raison pure, une certaine richesse d'idées, et une connaissance approfondie de l'homme dans ce qu'il a de plus noble et de plus intime. Celui dont la raison n'a encore reçu aucune culture ne saura jamais faire de la grandeur sensible un usage supra-sensible. La raison ne prendra aucune part à l'opération, et laissera tout faire à l'imagination seule ou à l'entendement seul. Mais l'imagination par elle-même n'a garde d'entreprendre une synthèse qui lui donnerait trop de peine. Elle se contentera donc d'embrasser purement et simplement l'objet, et ne s'avisera point de vouloir généraliser ce qu'elle se sera représenté.

Ainsi s'explique la stupide insensibilité que garde le sauvage au sein de la nature la plus sublime, et au milieu des manifestations de l'infini, sans que ce spectacle le puisse tirer de son lourd et brutal sommeil : il n'entend, il ne soupçonne même point la grande âme de la nature qui, par la voix de l'immensité sensible, parle à tout ce qui a une âme.

Ce spectacle, que le sauvage grossier regarde fixement avec une insensibilité stupide, l'homme amolli, énervé, le fuit comme un objet d'horreur qui lui donne le sentiment, non de sa force, mais seulement de son impuissance. Son cœur trop étroit se sent péniblement tendu par les grandes images. Son imagination, à la vérité, est assez susceptible pour chercher à se représenter l'infini sensible ; mais sa raison n'est pas assez indépendante pour mener à bonne fin cette entreprise. Il fait effort pour gravir la hauteur ; mais à moitié chemin il retombe n'en pouvant plus. Il lutte contre l'ange redoutable, mais avec des armes terrestres et non avec les armes d'en haut. Comme il a conscience de sa faiblesse, il aime mieux se dérober à un spectacle qui l'humilie et demander secours à la règle, la consolatrice de tous les faibles. Ne pouvant s'élever lui-même jusqu'à la grandeur de la nature, il faut bien qu'il fasse descendre la nature jusqu'à sa petitesse, jusqu'à son étroite compréhension. Il faut qu'elle renonce à ses formes hardies et qu'elle revête en échange des formes artificielles qui lui sont étrangères, mais qui sont un besoin pour le sens énervé des pusillanimes. Il faut bien qu'elle courbe sa volonté sous leur joug de fer, et qu'elle se laisse emprisonner dans une symétrie géométrique. De là, par exemple, les jardins français d'autrefois, mode qui a fini par céder généralement au goût anglais, sans qu'on se soit pour cela sensiblement rapproché du goût véritable. La nature, en effet, se plaît aussi peu à la variété seule qu'à l'uniformité seule. Son caractère calme et posé comporte tout aussi peu ces transitions rapides et fantasques si fort à la mode aujourd'hui dans nos jardins, et qui la font sauter à chaque instant d'une décoration à une autre. La nature, dans sa variété, ne dépouille point son harmonieuse unité ; elle dissimule son inépuisable richesse sous une modeste simplicité, et, lorsqu'elle s'abandonne le plus à sa libre exubérance, nous la voyons respecter encore la loi de la *continuité*[1].

La première condition objective du sublime mathématique, c'est que l'objet, pour que nous lui reconnaissions cet attribut, forme un tout et offre par conséquent de l'unité; la seconde, c'est que cet objet dépasse, et rende complétement inapplicable la plus grande mesure sensible qui nous serve d'habitude pour l'évaluation de toute sorte de grandeurs. A défaut de la première condition, l'imagination ne serait pas même sollicitée à faire effort pour se représenter l'objet dans tout son ensemble; et sans la seconde, cette tentative de l'imagination ne pourrait pas échouer.

L'horizon dépasse toute grandeur qui puisse jamais s'offrir à notre vue; car toute autre grandeur, toute autre étendue y est nécessairement renfermée. Nous voyons néanmoins que souvent une seule montagne comprise dans notre horizon peut nous donner par sa hauteur une plus forte impression du sublime que ne fait l'horizon tout entier, bien qu'il renferme non-seulement cette montagne, mais encore mille autres grandeurs. Cela vient de ce que l'horizon ne nous apparaît pas comme un objet unique, et que par conséquent rien ne nous invite à l'embrasser dans un même tout, dans une seule intuition. Mais écartez de l'horizon tous les objets qui appellent particulièrement sur eux le regard; imaginez, par exemple, que vous êtes dans une vaste plaine non interrompue, ou en mer loin des côtes : l'horizon lui-même devient alors un objet, un objet unique, et le plus sublime qui puisse jamais se montrer aux yeux. La ligne circulaire de l'horizon contribue beaucoup à produire cet effet, cette figure étant par elle-même si facile à saisir, et l'imagination pouvant d'autant moins se refuser à essayer de la compléter.

Mais l'impression esthétique de la grandeur repose sur cette

---

1. L'art des jardins et la poésie dramatique ont eu à peu près, dans les temps modernes, la même destinée, et cela chez les mêmes peuples. Même tyrannie de la règle dans les jardins français et dans les tragédies françaises; même bigarrure, même irrégularité sauvage, chez les Anglais, dans leurs parcs, et dans leur Shakespeare; et comme le goût allemand a toujours subi la loi des étrangers, naturellement il devait flotter aussi, en fait de jardins et de théâtre, entre ces deux extrèmes. (*Note de Schiller.*)

condition, que l'imagination, malgré ses efforts pour se représenter la totalité de l'objet, sera *impuissante* à le saisir ; et pour
cela, il faut nécessairement que la dernière mesure de grandeur
qui puisse être distinctement aperçue, et embrassée à la fois par
l'imagination, que cette mesure, dis-je, ajoutée à elle-même
autant de fois que l'entendement peut concevoir et embrasser
distinctement cette opération, soit encore trop petite pour
l'objet. Or, la conséquence à tirer de là serait, à ce qu'il semble,
que des objets de grandeur *égale* devraient nécessairement produire une impression également sublime, et un objet moindre
une moindre impression du sublime : ce qui est démenti pourtant par l'expérience. Car, en fait, la partie nous paraît souvent
plus sublime que le tout : une montagne, une tour, plus sublimes que le ciel vers lequel elles s'élèvent; un rocher, plus
sublime que la mer dont les vagues le baignent tout autour.
Mais il faut se rappeler ici la condition dont il a été parlé plus
haut, à savoir que l'impression esthétique ne peut se produire
que si l'imagination s'attache à embrasser la totalité de l'objet.
Si elle recule devant cet effort en présence de l'objet qui est de
beaucoup le plus grand, et qu'elle le fasse au contraire pour le
plus petit, il pourra arriver qu'elle reçoive de celui-ci une impression esthétique, tandis que l'autre la laissera insensible.
Mais qu'elle se représente cet objet comme une grandeur, elle le
concevra en même temps comme une unité ; et alors il fera nécessairement sur elle une impression plus forte que l'autre, en
raison de sa supériorité comme grandeur.

Toute grandeur qui tombe sous les sens est contenue, soit
dans l'espace (grandeur étendue), soit dans le temps (grandeur
numérique). Or, bien que toute grandeur étendue soit en même
temps grandeur numérique (puisqu'un objet étant donné dans
l'espace, il faut nécessairement que nous le concevions aussi
dans le temps), néanmoins la grandeur numérique par elle-
même n'est jamais sublime qu'autant que je puis la convertir
en une grandeur étendue. Ainsi, l'éloignement où est la Terre
par rapport à Sirius est assurément, dans le temps, un *quantum*
immense et qui écrase mon imagination si je cherche à l'embrasser dans sa totalité; mais jamais il ne me viendra l'idée de
chercher à me représenter ce *quantum* dans le temps : j'appel-

lerai les nombres à mon aide, et c'est seulement, en faisant
réflexion que la dernière grandeur étendue dont mon imagination puisse embrasser l'unité, qu'une montagne, par exemple, est une mesure beaucoup trop petite et tout à fait inapplicable à l'évaluation de cette distance, c'est alors seulement que
je recevrai l'impression du sublime. Ainsi, pour cette évaluation, je ne laisse pas d'emprunter ma mesure aux grandeurs
étendues et c'est le choix de la mesure qui décidera si tel
objet doit ou non nous paraître grand.

Le grand dans l'espace se présente soit en *longueur* soit en
hauteur (et par hauteur il faut entendre aussi la *profondeur*, qui
n'est qu'une hauteur placée au-dessous de nous, de même qu'on
pourrait définir la hauteur une profondeur placée au-dessus de
nous ; et c'est pourquoi les poëtes latins ne font pas difficulté
d'employer le mot *profundus* en parlant des hauteurs :

> Ni faceret, maria et terras cœlumque *profundum*
> Quippe ferant rapidi secum.... [1].)

A égalité, les hauteurs nous paraissent sans contredit plus
sublimes que les longueurs : ce qui s'explique en partie par
cette raison que l'idée du sublime dynamique[2] s'associe nécessairement à la vue d'une hauteur. Une simple longueur,
lors même qu'elle s'étendrait à perte de vue, n'a en soi rien
de terrible ; mais une hauteur est terrible : nous pourrions
en être précipités! Par la même raison, une profondeur est
encore plus sublime qu'une hauteur, parce qu'à cette idée s'associe immédiatement[3] l'idée du terrible. Pour qu'une grande
hauteur soit terrible pour nous, il faut d'abord que notre
imagination nous transporte sur le sommet, et par conséquent que cette hauteur devienne pour nous une profondeur.
On peut faire aisément cette expérience en regardant un ciel
chargé de nuages et mêlé de bleu, soit dans un puits, soit
en général dans une nappe d'eau sombre : la profondeur
immense du ciel y formera un spectacle incomparablement
plus effrayant que sa hauteur. La même chose a lieu, et

1. Virgile, *Énéide*, I, 62, 63. — 2. Voyez plus haut, p. 164.
3. Dans la *Nouvelle Thalie* il y a le comparatif « plus immédiatement. »

l'effet est plus sensible encore, lorsqu'on regarde le ciel la tête renversée en arrière, ce qui en fait également une profondeur, et comme c'est le seul objet qui frappe alors les yeux, l'imagination est irrésistiblement sollicitée à vouloir l'embrasser dans tout son ensemble : c'est-à-dire que les hauteurs et les profondeurs produisent sur nous un effet plus fort que les longueurs, par la raison que l'évaluation de leur grandeur n'est affaiblie par aucune comparaison. Une longueur a toujours, ne fût-ce que dans l'horizon, une mesure où l'on peut la rapporter, et qui lui fait tort; car, si étendue que soit une longueur, le ciel aura toujours pour le moins autant d'étendue. Sans doute la montagne la plus haute est toujours petite par rapport à la hauteur du ciel; mais c'est l'entendement seul et non pas l'œil qui nous l'apprend; et ce n'est pas le ciel qui par sa hauteur rapetisse les montagnes, mais bien les montagnes qui par leur grandeur nous montrent la hauteur du ciel.

Ce n'est donc pas seulement une image très-juste par rapport à l'*optique*, mais encore une idée très-vraie comme *symbole*, qui a fait dire aux anciens qu'Atlas soutenait le ciel. De même en effet que le ciel semble reposer sur l'Atlas, de même l'idée que nous nous faisons de la hauteur du ciel repose sur la hauteur de l'Atlas. Ainsi, la montagne, au sens figuré, porte effectivement le ciel, puisqu'elle le soutient en quelque sorte et le rehausse pour nos sens. Otez la montagne, et le ciel *tomberait*, en ce sens que pour nos yeux au moins le ciel serait abaissé, et perdrait de sa hauteur[1].

---

1. Ici encore la *Nouvelle Thalie* promettait une suite, que Schiller n'a point donnée.

Voici le morceau dont il est parlé dans la note 1 de la page 167 et qui a été supprimé dans les *Opuscules en prose* et dans les *OEuvres complètes.*

L'imagination, en tant que spontanéité de l'âme, accomplit, dans la représentation des grandeurs, une double opération. D'abord elle saisit avec une conscience empirique, qui est l'*appréhension*, chaque partie du *quantum* donné. Ensuite, avec la pure conscience d'elle-même, elle embrasse et *réunit* les parties *successivement saisies*, et dans cette dernière opération, qui est la *compréhension*, elle agit tout à fait comme entendement pur. En effet, à chaque partie du *quantum* s'unit l'idée de mon *moi* (conscience empirique); et en réfléchissant sur ces synthèses successivement établies je reconnais l'identité de mon *moi* dans toute leur succession (pure conscience de soi-même) : c'est par là seulement que le *quantum* devient un objet pour moi. Je réunis A à B, et B à C, et ainsi de suite, et considérant, comme spectateur en quelque sorte, mon opération, je me dis : « Aussi bien à l'égard d'A que de B et de C, c'est *moi* qui suis le sujet agissant. »

L'appréhension se fait successivement, et je saisis les idées de parties l'une après l'autre. Or, comme à chaque moment de temps succède un autre moment, et sans interruption jusqu'à l'infini, je n'ai pas à craindre, en procédant de la sorte, de ne pas mener à fin même le *quantum* le plus nombreux. Qu'on me donne simplement du temps, et aucun nombre ne sera pour moi inaccessible dans l'appréhension. La compréhension, au contraire, a lieu *simultanément*, et, par l'idée de l'identité de mon *moi* dans toutes les synthèses précédentes, je supprime la condition de temps sous laquelle elles avaient été opérées. Toutes ces idées de mon *moi*, empiriques et diverses, se perdent dans la seule pure conscience de moi-même : le sujet qui a agi à l'occasion d'A, de B, de C, etc., c'est *moi*, c'est ma personne constamment identique. -

Pour cette seconde opération, je veux dire pour la réduction des diverses aperceptions empiriques à la pure conscience de moi, le nombre des parties qui se réduisent ainsi en la pure conscience de moi-même n'est nullement chose indifférente. L'expérience au moins nous apprend que l'imagination a ici une limite, si difficile qu'il puisse être de trouver sur quel fondement nécessaire cette limite repose. Cette limite peut varier dans les divers sujets, et peut-être se reculer par l'exercice et l'application ; mais jamais elle ne sera supprimée. Si la faculté de réflexion franchit cette limite et veut réunir des idées placées au delà, en une seule et même conscience personnelle, elle perd en clarté tout ce qu'elle gagne en extension. Entre l'étendue de l'ensemble d'une représentation et la netteté de ses parties il y a un rapport déterminé, qu'il sera toujours impossible de dépasser : de là vient, quand notre imagination veut embrasser un grand *quantum*, que nous perdons en arrière ce que nous *gagnons en avant*, et qu'au moment où nous atteignons le but nous nous apercevons que le commencement a disparu.

Le maximum de la faculté compréhensive de l'homme serait donc ce nombre d'idées qui est compatible avec la parfaite netteté des diverses parties. Ce maximum peut être franchi, et même très-notablement, par l'imagination, mais c'est toujours aux dépens de la netteté, et au préjudice de l'entendement, qui est forcé de s'y renfermer rigoureusement. Ce nombre ne peut guère être moins de *trois*, parce que l'acte originel de l'opposition, sur lequel après tout repose toute pensée déterminée, rend ce nombre de trois nécessaire. Peut-il être franchi? c'est ce dont il est permis de douter : au moins l'expérience ne nous fournit-elle rien qui le puisse prouver. Le nombre *trois* pourrait donc être appelé à bon droit le nombre sacré, parce que ce serait lui qui déterminerait tout le champ de notre pensée.

Eh bien, c'est sur cette mesure logique que se règle aussi la mesure esthétique, quant à l'appréciation des grandeurs : seulement on ne la peut renfermer dans des bornes tout à fait aussi étroites. Il est certain que nous pouvons tout au moins voir à la fois et distinguer plus de trois unités, quoique nous admettions que la netteté diminue de plus en plus à mesure que nous étendons la compréhension. Mais comme, dans l'ap-

préciation des grandeurs, toutes les parties sont considérées
comme homogènes, le besoin de netteté devient déjà par cela
même un peu moins rigoureux. Nous pourrons peut-être d'un
seul regard voir à la fois vingt personnes, mais il nous sera
difficile, dans ce nombre, d'en reconnaître plus de trois en
un seul moment. En général, nous devons ici nous garder de
prendre pour simultané ce qui est simplement une prompte
succession. La rapidité avec laquelle l'entendement fait neuf de
trois fois trois ne nous permet pas de distinguer si ces neuf
unités flottent devant notre âme à la fois, ou dans une suite de
trois moments. Nous nous figurons souvent saisir d'une manière sensible ce que nous ne faisons que concevoir intellec-
tuellement. Mais il n'y a qu'à essayer si ce que nous embrassons d'un coup d'œil à l'aide d'un ordre commode, produit le
même effet dans l'état de désordre. La classification et l'ordre
ne peuvent seconder que l'entendement, mais non l'imagination : par conséquent ce que nous embrassons aisément à cette
condition, nous ne l'avons pas contemplé tout d'une fois, mais
seulement compté ou mesuré.

Ce maximum de compréhension, déterminé par les besoins
de notre sujet, est ce qui nous guide, comme mesure dernière,
dans toute évaluation de grandeurs, même dans l'évaluation
mathématique. Comme toute grandeur ne peut se déterminer
que comparativement, l'entendement, sans une telle mesure
extrême, manquerait de ce point fixe auquel il faut nécessairement qu'à la fin il s'arrête pour pouvoir déterminer une
grandeur quelconque. Ainsi, c'est d'après cette mesure subjective qu'est évalué tout *quantum* dans la nature, et l'identité de cette mesure dans tous les hommes est la seule cause
pour laquelle il peut y avoir accord entre les jugements
des hommes sur la grandeur. Si cette mesure était agrandie,
tous les objets, au moins esthétiquement, entreraient par rapport à nous dans une autre relation de grandeur; des calculs
qui maintenant ne se font que par une opération discursive,
d'après des idées, seraient l'affaire d'un coup d'œil, et des objets qui maintenant nous émeuvent comme sublimes, per-
draient toute leur magie et se confondraient dans la classe des
choses ordinaires.

Qu'on admette un moment que ce maximum de la compréhension sensible soit *dix*. L'imagination pourrait en ce cas embrasser dix unités dans une sans que dans ce tout il en manquât une seule. Or, dans une grandeur donnée, sont comprises mille unités de ce genre, et il faut que le mille entier soit admis dans la conscience. Saisir le *quantum*, c'est-à-dire admettre dans la conscience chacune de ces mille unités, cela ne présente absolument aucune difficulté, parce qu'il n'y faut que du temps ; mais l'embrasser, c'est-à-dire reconnaître comme identique la conscience dispersée dans ces mille unités perçues, comprendre mille aperceptions diverses dans une seule : voilà le problème difficile qui est à résoudre. Or, il n'y a pour cela d'autre expédient que celui de réduire ces mille unités à dix, parce que dix est le nombre le plus haut que, dans notre hypothèse, l'imagination puisse embrasser.

Mais comment mille unités peuvent-elles être représentées par dix? seulement par des idées, qui sont les représentants uniques et constants des phénomènes. L'imagination renonce donc à son opération intuitive, et l'entendement commence son opération discursive (proprement ici symbolique). Il faut que le nombre nous vienne en aide, l'intuition n'y suffisant plus, et que la pensée se soumette ce que le regard ne peut plus dominer.

De ces dix unités, qui sont le maximum de la compréhension sensible, l'entendement forme une nouvelle unité logique, l'idée de nombre 10. Or, nous admettons que l'imagination peut embrasser ensemble dix unités; cette idée de nombre 10, pensée comme unité, peut donc, prise dix fois, se fondre en une intuition unique de l'imagination. Il est vrai que ces unités logiques, formées par l'entendement, sont admises dans cette seconde compréhension, non comme quantités multiples, mais comme unités, et que les unités que chacune d'elles renferme ne sont plus considérées isolément. L'idée seule compte, en tant que représentant, et ce qu'elle représente s'obscurcit ou s'évanouit. Maintenant, ces dix unités logiques, l'entendement les réunit encore en une nouvelle unité, le nombre 100, qui, dix fois répété, peut à son tour être représenté d'ensemble par l'imagination et produit le nombre 1000, qui achève la mesure

du *quantum* donné. Dans ce troisième acte de compréhension,
ces unités primitives s'effacent nécessairement bien plus encore, parce que leurs représentants immédiats, les idées de
nombre 10, ont été eux-mêmes représentés par d'autres, et
s'évanouissent aussi dans l'obscurité.

Dans toute cette opération, l'imagination n'a nullement
étendu la mesure de sa compréhension, et c'est toujours le
même *quantum* de dix unités qui dans un seul et même instant
s'est offert à elle. Mais en échangeant, dans trois opérations
successives, ces unités sensibles contre des unités logiques, et
continuant toujours de ranger celles-ci sous d'autres unités
logiques plus hautes, l'entendement a soumis à l'imagination
tout le *quantum* de ces mille premières, et lui a caché de la
sorte sa pauvreté esthétique sous une richesse logique.

Toutefois, pour savoir qu'on ne compte pas dix, mais mille,
et que chacune des dix dernières unités en comprend cent
autres, il faut que l'esprit se souvienne rapidement des synthèses antérieures par lesquelles il a produit ces unités. Au
moins une obscure intuition du contenu de ces idées de nombre
accompagne nécessairement la synthèse progressive, comme
chacun peut le remarquer en soi, pour peu qu'on s'observe
soi-même en comptant. Seulement il est immanquable que
plus les idées de nombre croissent, plus le procédé de l'esprit devienne logique et que l'intuition s'affaiblisse à proportion, et de là vient que les plus hautes idées de nombre
nous disent à la fin moins que celles des nombres inférieurs,
parce qu'au moins nous associons encore à celles-ci quelque
chose de concret. Pour être frappé de l'idée d'un million de
pièces d'or, il faut au moins se rappeler obscurément quelle
grande quantité est déjà contenue dans le nombre mille, et
combien une seule pièce d'or renferme déjà de pièces de
monnaie.

Qu'un régiment de deux mille hommes se tienne devant nous
en longue ligne, sur trois hommes de profondeur : nous nous
ferons bien vite une idée de sa grandeur. Je veux supposer,
pour faciliter la vue de l'ensemble, que tout y est rangé par
décades. Une petite section *a* sera donc marquée après chaque
dizaine ; une plus grande *aa* après chaque centaine ; et je veux

que notre regard puisse s'étendre sur toute la longueur du
front. Nous embrasserons, d'après notre hypothèse, d'un coup
d'œil simultané la première section jusqu'à *a*, et nous pourrons encore y distinguer les hommes un à un. Or, cette section
est en même temps, pour l'entendement qui réfléchit, une
unité, et par conséquent, après que le regard a glissé tout le
long de dix sections semblables, et que l'imagination a dix fois
successivement accompli son œuvre de compréhension, alors
l'entendement essaye encore de se représenter par la pensée
l'identité de la conscience dans ces dix compréhensions, c'est-
à-dire de faire de ces dix unités logiques une nouvelle unité.
Il y réussit en effet, mais aux dépens de la première intuition, qui cache ses dix parties à proportion qu'elle se change
elle-même en une partie d'un autre tout. A mesure que les
compréhensions successives sont faites simultanées par l'entendement qui réfléchit, les intuitions simultanées de l'imagination perdent leur netteté, et elles ne flottent plus que
comme des masses devant l'âme. Si cette synthèse est élevée
à un degré encore plus haut, et si des unités produites il
s'en forme de nouvelles, le particulier s'évanouit entièrement,
et tout le front de l'armée se confond en une longueur continue où l'on ne peut plus distinguer une section, bien loin
d'y noter une tête isolée. Il résulte donc de là que la netteté
de l'intuition demeure restreinte à un nombre déterminé,
que, malgré tout le progrès discursif de l'entendement,
l'imagination n'étend jamais (en ce qui concerne la simultanéité de l'intuition) sa richesse réelle, et que, si même le
calcul s'élève à des millions, il y domine toujours un nombre
déterminé dans lequel les autres se perdent en quelque sorte
et disparaissent. En conséquence, si l'on veut avoir une impression esthétique d'un grand *quantum*, il faut chercher à rétablir, en les dégageant de l'idée qui les représente, les unités
originelles, ce qui aura lieu, dans le cas donné par exemple,
si l'on cherche à garder dans les yeux l'image de la première
section, tandis qu'on parcourt du regard tout le front.

Mais c'est précisément ici, pendant que l'imagination essaye
de rétablir, en la dégageant de la représentation logique faite
par des idées de nombre, la représentation sensible, et de

comprendre ainsi dans une seule intuition la longueur avec la largeur, la simultanéité avec la succession, c'est ici, dis-je, que les bornes de cette faculté, mais en même temps la force d'une autre, frappent les yeux, et par cette dernière découverte, la première, celle de cette limite, est plus que compensée.

La raison tend, d'après ses lois nécessaires, à l'absolue totalité de l'intuition, et, sans se laisser rebuter par ces bornes que l'imagination ne peut franchir, elle exige d'elle qu'elle embrasse complétement en une représentation simultanée toutes les parties du *quantum* donné. L'imagination est ainsi contrainte de pousser à ses dernières limites sa faculté compréhensive ; mais, comme elle ne peut pourtant mener à fin sa tâche, comme elle ne peut, malgré tous ses efforts, agrandir sa sphère, elle retombe épuisée sur elle-même, et l'homme, en tant qu'être sensible, voit avec inquiétude la barrière qui l'arrête.

Mais est-ce une force extérieure qui lui fait faire l'expérience de cette barrière ? Est-ce la faute de l'Océan immense ou du ciel infini semé d'étoiles, si je m'aperçois de mon impuissance à représenter leur grandeur ? D'où sais-je que la représentation de ces grandeurs excède mes facultés, et que je ne puis me procurer la totalité de leur image ? Est-ce peut-être de ces objets mêmes que j'apprends qu'ils doivent former une vue d'ensemble ? Mais je ne le pourrais savoir que par l'image que je me ferais de ces objets, et notre supposition est que je ne puis me les représenter comme un tout. Ainsi, ils ne me sont pas donnés comme un tout, et c'est moi-même qui d'abord y introduis l'idée de la totalité. J'ai donc déjà cette idée en moi, et c'est à moi-même, à ma puissance en tant qu'être pensant, que je succombe en tant que j'exerce en moi la faculté de représentation. J'éprouve, il est vrai, en considérant ces grands objets, ma *faiblesse*, mais je l'éprouve par l'effet de ma *force*. Je ne suis pas vaincu par la nature, *je suis vaincu par moi-même*.

Quand je veux embrasser à la fois toutes les parties diverses d'un *quantum* perçu, quel est proprement mon dessein ? Je veux, dans toutes ces représentations partielles, reconnaître l'identité de la conscience que j'ai de moi-même ; c'est moi que

je veux trouver dans toutes. Je veux me dire à moi-même :
« Toutes ces parties ont été représentées par moi, par ce sujet
toujours identique. » Il faut se bien souvenir que la raison
n'exige jamais que la compréhension d'ensemble de ces parties
qui ont été déjà saisies et qui, par conséquent, sont représentées dans la conscience empirique; car une grandeur ne commence à me toucher qu'après que mon imagination l'a parcourue et que, par conséquent, j'en ai saisi les parties, sans
pouvoir les embrasser.

Ainsi ce que je veux, c'est résoudre en un seul tout les images
que je me suis représentées, et c'est ce que je ne puis faire, et
il m'est pénible de sentir que je ne le puis. Mais pour sentir
que je ne puis répondre à une certaine exigence de ma raison,
il faut que je me représente en même temps et cette exigence
et mon impuissance. Or cette exigence, la voici : somme totale
des parties dans la compréhension, ou unité de mon *moi* dans
une certaine série de modifications de ce *moi*. Il faut donc que
je me représente que je ne puis amener à l'état de représentation nette l'unité de mon *moi* dans toutes ces modifications;
mais, par cela même, je me représente cette unité. Car enfin j'ai
la pensée de la totalité de la série, par cela seul que je la *veux*
avoir : je ne puis rien vouloir que ce dont j'ai déjà une idée.
Cet ensemble que je veux représenter, je le porte déjà en moi,
précisément parce que je cherche à le représenter. La grandeur
est donc en moi, et non hors de moi. C'est mon propre sujet,
éternellement identique, qui persiste dans tout changement et
se retrouve lui-même dans toute métamorphose. Ainsi donc
cette proposition : « Je puis continuer à l'infini l'aperception, »
équivaut à celle-ci : « Ma conscience est identique dans les modifications infinies de ma conscience, l'infini tout entier est
dans l'unité de mon *moi*. »

Cette résolution en un seul tout peut encore s'exprimer par
une autre formule. Dans toutes les représentations d'objets,
par suite aussi dans celle de la grandeur, l'âme n'est jamais
uniquement ce qui *est déterminé*, mais aussi ce qui *détermine*.
Sans doute, c'est l'objet qui me modifie, mais c'est moi, le sujet qui se le représente, c'est moi qui fais de l'objet un objet, et
qui, par conséquent, par mon produit me modifie moi-même.

Mais il faut que dans toutes ces modifications il y ait quelque chose qui ne se modifie pas, et ce principe éternellement immuable, c'est précisément le *moi* pur et identique, le fondement de la possibilité de tous les objets, en tant qu'ils sont représentés. Il s'ensuit que tout ce qu'il peut y avoir de grand dans les représentations est en nous, en nous qui produisons ces représentations. Quelque loi qui nous puisse être donnée pour nos pensées et nos actions, c'est *par nous* qu'elle nous est donnée ; et lors même qu'il nous *faut*, êtres bornés que nous sommes en tant que natures sensibles, laisser cette loi inaccomplie, comme ici par exemple, théoriquement, la loi de la totalité dans la représentation des grandeurs ; ou bien encore quand nous la violons volontairement, en tant qu'êtres libres, comme par exemple, dans la pratique, la loi morale : c'est pourtant toujours nous-mêmes qui avons établi la loi. Ainsi donc, j'ai beau me perdre dans cette idée qui donne le vertige, dans la représentation de l'espace immense ou du temps infini ; j'ai beau sentir mon propre néant à l'idée de la perfection infinie : c'est pourtant toujours *moi*, moi seul, qui donne à l'espace son étendue infinie, au temps son infinie durée ; c'est moi-même qui porte au dedans de moi l'idée de l'être infiniment saint, parce que c'est moi qui élève cette idée dans mon esprit, et la divinité que je me représente est ma création, tout autant qu'il est vrai que *ma* pensée est mienne.

LETTRES

SUR

L'ÉDUCATION ESTHÉTIQUE

DE L'HOMME

LETTRES

SUR

L'ÉDUCATION ESTHÉTIQUE

DE L'HOMME[1].

—

LETTRE I.

Vous daignez donc me permettre de vous exposer, dans une série de lettres, le résultat de mes recherches sur *le beau et l'art*. Je sens vivement l'importance, mais aussi le charme et la

1. Ces lettres, adressées et dédiées au duc Chrétien-Frédéric de Holstein-Augustenbourg, parurent pour la première fois dans les *Heures* de 1795 (lettres I à IX dans le 1er cahier ; X à XVI, dans le 2e ; XVII à XXVII, dans le 6e). — Voyez la *Vie de Schiller*, p. 107, 109, 127. — Elles furent réimprimées, en 1801, dans les *Opuscules en prose*, t. III, p. 44-309.

Dans les *Heures*, la première lettre est précédée de cette épigraphe française, ponctuée à la manière allemande : « Si c'est la raison, qui fait l'homme, c'est le sentiment, qui le conduit. » *Rousseau.* — Dans les *Opuscules en prose* et dans les *OEuvres complètes*, a été supprimée la note suivante, qui se rapportait au titre : « Ces lettres ont été réellement écrites : à qui ? Cela ne fait rien à l'affaire, et peut-être l'apprendra-t-on au lecteur quand il en sera temps. Comme on a

dignité de cette entreprise. Je vais traiter un sujet qui se rattache à la meilleure part de notre bonheur par des liens immédiats, et à la noblesse morale de la nature humaine par des rapports qui ne sont pas très-éloignés. Je vais plaider la cause du beau devant un cœur qui en sent et exerce toute la puissance, et qui, dans des investigations où l'on est obligé d'en appeler aussi souvent aux sentiments qu'aux idées, se chargera de la partie la plus difficile de ma tâche.

Ce que je voulais implorer de vous comme une faveur, vous m'en faites généreusement un devoir, et, lorsque j'obéis seulement à mon inclination, vous me laissez l'apparence d'un mérite. Loin d'être une gêne et une contrainte, la liberté d'allure que vous me prescrivez est bien plutôt un besoin pour moi. Peu exercé dans l'emploi des formules de l'école, je ne courrai guère le danger de pécher contre le bon goût par l'abus que j'en pourrais faire. Puisées dans un commerce uniforme avec moi-même, plutôt que dans la lecture ou dans une riche expérience du monde, mes idées ne renieront pas leur origine ; l'esprit de secte sera le dernier défaut qu'on pourra leur reprocher, et elles tomberont par leur propre faiblesse plutôt que de se soutenir par l'autorité et la force étrangère.

A la vérité, je ne vous dissimulerai pas que c'est en très-grande partie sur des principes de Kant que s'appuieront les assertions qui vont suivre ; mais si, dans le cours de ces recherches, je devais vous rappeler une école particulière de philosophie, ne vous en prenez qu'à mon impuissance, et non à ces principes. Non, la liberté de votre esprit doit être sacrée pour moi. Votre propre sentiment me fournira les faits sur lesquels je construis mon édifice ; la libre faculté de penser qui est en vous me dictera les lois qui doivent me diriger.

Sur les idées qui dominent dans la partie pratique du système de Kant, les philosophes seuls sont divisés, mais les hommes, je me fais fort de le prouver, ont toujours été d'ac-

jugé nécessaire d'y supprimer tout ce qui avait rapport aux personnes ou aux lieux, et que cependant il n'a pas convenu de mettre autre chose à la place, elles n'ont presque rien gardé de la forme épistolaire que la division tout extérieure : inconvénient qu'il eût été facile d'éviter, si l'on avait attaché moins d'importance à ne les point dénaturer. »

cord. Qu'on dépouille ces idées de leur forme technique, et
elles apparaîtront comme les décisions prononcées depuis un
temps immémorial par la raison commune, comme des faits
de l'instinct moral, que la nature, dans sa sagesse, a donné à
l'homme pour lui servir de tuteur et de guide jusqu'au moment
où une intelligence éclairée le rend majeur. Mais précisément
cette forme technique qui rend la vérité visible à l'intelligence,
la cache au sentiment; car, malheureusement, il faut que l'intelligence commence par détruire l'objet du sens intime si
elle veut se l'approprier. Comme le chimiste, le philosophe ne
trouve la synthèse que par l'analyse; il ne trouve que par les
tortures de l'art l'œuvre spontanée de la nature. Pour saisir
l'apparition fugitive, il faut qu'il la mette dans les chaînes de
la règle, qu'il dissèque en notions abstraites son beau corps,
et qu'il conserve dans un squelette décharné son esprit vivant.
Quoi d'étonnant si le sentiment naturel ne se reconnaît pas
dans une pareille copie, et si, dans l'exposé de l'analyste, la
vérité ressemble à un paradoxe?

Ainsi donc, ayez aussi pour moi quelque indulgence s'il arrivait aux recherches suivantes de dérober leur objet aux sens
en essayant de le rapprocher de l'intelligence. Ce que je disais
tout à l'heure de l'expérience morale peut s'appliquer avec plus
de vérité encore à la manifestation du beau. C'est le mystère
qui en fait toute la magie, et, avec le lien nécessaire de ses
éléments, disparaît aussi son essence.

LETTRE II.

Mais cette liberté que vous m'accordez, n'en pourrais-je point faire un meilleur usage que d'appeler votre attention sur le théâtre de l'art? N'est-il pas au moins intempestif d'aller à la recherche d'un code pour le monde esthétique, alors que les affaires du monde moral présentent un intérêt bien plus immédiat, et que l'esprit d'examen philosophique est si vivement excité par les circonstances actuelles à s'occuper de la plus accomplie de toutes les œuvres d'art, l'édifice d'une véritable liberté politique?

Je serais fâché de vivre dans un autre siècle et de lui avoir consacré mes travaux. On est citoyen du temps aussi bien que de l'État; et, si l'on trouve inconvenant et même illicite de se mettre en dehors des mœurs et des habitudes du cercle dans lequel on vit, pourquoi serait-ce moins un devoir d'écouter la voix du siècle, de consulter le besoin et le goût de son temps dans le choix de sa sphère d'activité?

Cette voix du siècle, il faut le dire, ne paraît nullement se prononcer en faveur de l'art, de celui du moins qui sera l'objet exclusif de mes recherches. Le cours des événements a donné au génie du temps une direction qui menace de l'éloigner de plus en plus de l'art de l'idéal. Cet art doit abandonner le domaine du réel, et s'élever avec une noble hardiesse au-dessus du besoin : l'art est fils de la liberté et il veut recevoir la loi, non de l'indigence de la matière, mais des conditions nécessaires de l'esprit. Aujourd'hui cependant c'est le besoin qui règne et qui courbe sous son joug tyrannique l'humanité déchue.

L'*utile* est la grande idole de l'époque, toutes les forces s'emploient à son service, tous les talents lui rendent hommage. Dans cette balance grossière, le mérite spirituel de l'art n'est d'aucun poids, et, privé de tout encouragement, il disparaît du marché bruyant du siècle. Il n'est pas jusqu'à l'esprit d'investigation philosophique qui n'enlève à l'imagination une province après l'autre, et les bornes de l'art se rétrécissent à mesure que la science agrandit son domaine.

Pleins d'attente, les regards du philosophe comme de l'homme du monde se fixent sur la scène politique où se traitent aujourd'hui, on le croit du moins, les grandes destinées de l'humanité. Ne point prendre part à ce colloque général, n'est-ce point trahir une indifférence coupable pour le bien de la société? Autant ce grand procès touche de près, par sa matière et ses conséquences, tout ce qui porte le nom d'homme, autant il doit, par la forme des débats, intéresser particulièrement quiconque pense par soi-même. Une question à laquelle on ne répondait jadis que par le droit aveugle du plus fort, est portée maintenant, à ce qu'il semble, devant le tribunal de la raison pure. Or, tout homme capable de se placer au centre de la société humaine et d'élever son individualité à la hauteur de l'espèce, peut se considérer comme assesseur dans ce tribunal de la raison; et d'un autre côté, en tant qu'homme et citoyen du monde, il est en même temps partie au procès, et, à ce titre, se voit intéressé, d'une manière plus ou moins directe, à l'issue des débats. Ce n'est donc pas seulement sa propre cause qui se décide dans ce grand litige : le jugement doit en outre être rendu d'après des lois, qu'en qualité d'être raisonnable il a la capacité et le droit de dicter.

Qu'il serait attrayant pour moi d'examiner un pareil sujet avec un homme qui unit les lumières du penseur à l'âme libérale du cosmopolite, et de remettre la décision à un cœur qui se consacre avec un noble enthousiasme au bien de l'humanité! Que je serais agréablement surpris de pouvoir, malgré la différence de position, malgré cette grande distance qui nous sépare et que les rapports du monde réel rendent nécessaire, me rencontrer dans le même résultat, sur le terrain des idées, avec un esprit libre de préjugés, comme le vôtre! Si je résiste à cette tentation séduisante, et donne le pas à la beauté sur la liberté, je crois pouvoir justifier cette préférence, non-seulement par mon penchant personnel, mais par des principes. J'espère pouvoir vous convaincre que cette matière est beaucoup moins étrangère au besoin qu'au goût du siècle, et, bien plus, que pour résoudre pratiquement le problème politique, c'est la voie esthétique qu'il faut prendre, parce que c'est par la beauté qu'on arrive à la liberté. Mais cette démonstration exige que je vous remette en mémoire les principes sur lesquels en général se règle la raison dans une législation politique.

LETTRE III.

Au début de l'homme dans la vie, la nature ne le traite ni autrement ni mieux que le reste de ses créatures : elle agit pour lui lorsqu'il ne peut pas agir encore comme libre intelligence. Mais ce qui précisément le fait homme, c'est qu'il ne s'en tient pas à ce que la nature a fait de lui, c'est qu'il possède la faculté de revenir, guidé par la raison, sur les pas que la nature lui a fait faire par anticipation, de transformer l'œuvre de la nécessité en une œuvre de son libre choix, et d'élever la nécessité physique à l'état de nécessité morale.

Il s'éveille du sommeil des sens, se reconnaît homme, regarde autour de lui, et se voit au sein de l'État. La contrainte des besoins l'y a jeté, avant qu'il pût, dans sa liberté, choisir cette situation. La nécessité a fondé l'État d'après les lois purement naturelles, avant qu'il pût, *lui*, l'établir sur des lois rationnelles. Mais cet État fondé sur la nécessité, issu simplement de la destination naturelle de l'homme, et réglé uniquement sur elle, il ne pouvait et ne peut, en tant que personne morale, s'en contenter, et il serait malheureux pour lui qu'il le pût. En vertu des mêmes droits qui le font homme, il se soustrait donc à l'empire d'une aveugle nécessité : comme il s'y soustrait, par sa liberté, sur une foule d'autres points ; comme, pour ne donner qu'un exemple, il efface par la moralité et ennoblit par la beauté le caractère grossier que lui avait imprimé l'instinct sexuel de l'amour. C'est ainsi qu'à sa majorité, il recommence artificiellement son enfance, se forme en idée un *état de nature*, dont la notion, sans doute, ne lui est pas donnée par l'expérience, mais que présuppose nécessairement sa destination en tant qu'être raisonnable : dans cet état idéal, il se prête à lui-même un but, qu'il ne connaissait pas dans son véritable état de nature ; il se propose un choix dont alors il n'était pas capable ; et enfin il procède absolument comme si, prenant les choses au début, il échangeait, avec pleine connaissance de cause et libre détermination, l'état de dépendance contre celui d'accord et de contrat. Quelque habile qu'ait été le caprice aveugle, à fonder solidement son œuvre, avec quelque arrogance qu'il la maintienne, quelle que soit l'apparence de respect dont il l'entoure, l'homme a le droit, dans l'opération qu'il se propose, de considérer tout cela comme non avenu ; car l'œuvre des forces aveugles ne possède nulle autorité devant laquelle la raison ait à s'incliner, et tout doit se conformer au but suprême que la raison a posé dans la personnalité humaine. De cette manière prend naissance et se justifie la tentative faite par un peuple devenu majeur, pour transformer en un État moral un État fondé sur la nature.

Cet État fondé sur la nature (car c'est ainsi qu'on peut appeler tout corps politique qui tire son organisation de la force et non des lois) répugne sans doute à l'homme moral, qui ne peut accepter comme loi que ce qui est légitime ; mais il suffit à l'homme physique, qui ne se donne des lois que pour transiger avec des forces. Mais l'homme physique est *réel*, et l'homme moral seulement *problématique*. Si donc la raison supprime l'État fondé sur la nature, comme elle le doit nécessairement pour mettre le sien à la place, elle risque l'homme physique et réel contre l'homme moral et problématique, elle risque l'existence de la société contre un idéal simplement possible (quoique moralement nécessaire) de société. Elle ravit à l'homme quelque chose qu'il possède réellement et sans quoi il ne possède rien, et le renvoie, pour l'en dédommager, à quelque chose qu'il pourrait et devrait posséder. Que si la raison avait trop compté sur lui, elle lui aurait, en ce cas, pour l'élever à une humanité qui lui manque encore et qui peut lui manquer sans compromettre son existence, elle lui aurait, dis-je, enlevé jusqu'aux moyens de vivre de la vie animale, qui pourtant est la condition de son humanité. Avant qu'il eût eu le temps de se cramponner, avec sa volonté, à la loi, elle lui aurait retiré de dessous les pieds l'échelle de la nature.

Ainsi, la grande difficulté, c'est que la société ne doit point cesser un seul instant *dans le temps* pendant que la société morale se forme *dans l'idée*; c'est qu'il ne faut pas, par amour pour la dignité de l'homme, mettre son existence en péril. Quand l'ouvrier veut réparer une horloge, il en arrête les rouages; mais l'horloge vivante de l'État doit être réparée pendant qu'elle marche, et il ne s'agit de rien moins que de remplacer une roue par une autre pendant son évolution. Afin de pourvoir à la continuation de la société, il faut donc chercher un appui qui la rende indépendante de cet État fondé sur la nature qu'on veut dissoudre.

Cet appui ne se trouve pas dans le caractère naturel de l'homme qui, égoïste et violent, tend au bouleversement bien plus qu'à la conservation de la société; il ne se trouve pas davantage dans son caractère moral, qui, d'après l'hypothèse, n'est pas encore formé, et sur lequel le législateur ne saurait jamais agir ou même compter avec certitude, parce qu'il est libre et ne *se manifeste* jamais. Il s'agirait, en conséquence, d'abstraire du caractère physique l'arbitraire, et du caractère moral la liberté; il s'agirait de mettre le premier en harmonie avec les lois et de faire le second dépendant des impressions; il s'agirait d'éloigner celui-là de la matière et d'en rapprocher celui-ci, afin de produire un troisième caractère qui, allié des deux autres, ménageât une transition entre l'empire des forces brutales et l'empire des lois, et qui, sans entraver le développement du caractère moral, devînt en quelque sorte un gage sensible de la moralité invisible.

LETTRE IV.

En fait, la prédominance d'un semblable caractère chez un peuple peut seule prévenir les conséquences fâcheuses d'une transformation de l'État selon des principes moraux, et seul aussi un tel caractère peut garantir la durée de l'État ainsi transformé. Dans l'institution d'un État moral, on compte sur la loi morale comme sur une force active, et l'on fait rentrer le libre arbitre dans ce domaine des causes où tout est enchaîné par les lois rigoureuses de la nécessité et de la stabilité. Nous savons pourtant que les déterminations de la volonté humaine sont toujours contingentes, et que chez l'être absolu seulement la nécessité physique coïncide avec la nécessité morale. Ainsi donc, pour pouvoir compter sur la conduite morale de l'homme comme sur une conséquence *naturelle*, il faut que cette conduite *soit* nature; il faut que déjà ses instincts le portent à cette manière d'agir que peut avoir pour effet un caractère moral. Mais, entre le devoir et l'inclination, la volonté de l'homme est complétement libre, et la coaction physique ne peut ni ne doit attenter à ce droit régalien de sa personnalité. Si donc il doit d'une part conserver ce libre arbitre, et de l'autre former cependant un des membres utiles et sûrs de la série des forces enchaînées par les lois de la causalité, cela n'est possible qu'à une condition : c'est que les effets produits par ces deux mobiles dans la sphère des phénomènes coïncident parfaitement, et que, nonobstant toute différence dans la forme, la matière de la volonté reste la même ; en un mot, que ses penchants s'accordent assez avec sa raison, pour qu'une législation universelle puisse sortir de cette harmonie.

On peut dire que chaque homme individu porte virtuellement en lui le type d'un homme pur et idéal, et le grand problème de son existence est de rester d'accord avec l'immuable unité de ce type, au milieu de tous les changements[1]. Cet homme idéal, qui se révèle d'une manière plus ou moins claire dans chaque sujet ou individu, est représenté par l'État, forme objective, normale si je puis dire, dans laquelle la diversité des sujets tend à s'identifier. Pour que l'homme du temps coïncide avec l'homme de l'idée, on peut concevoir deux moyens ; et c'est par deux moyens aussi que l'État peut se maintenir dans les individus : Ou bien, l'homme idéal supprime l'homme empirique, l'État absorbe les individus ; ou bien, l'individu devient État, l'homme du temps s'ennoblit jusqu'à devenir l'homme de l'idée.

Sans doute, cette différence disparaît dans une appréciation morale superficielle ; car, pourvu que sa loi ait une valeur absolue, la raison est satisfaite. Mais, dans une appréciation anthropologique complète, où l'on tient compte du fond en même temps que de la forme, où le sentiment vivant a, lui aussi, droit de suffrage, cette différence entrera en sérieuse considération. Si la raison exige l'unité, la nature réclame la diversité, et l'homme est revendiqué par ces deux législations. Les préceptes de la première sont gravés dans son âme par une conscience incorruptible ; les préceptes de la seconde, par un sentiment indélébile. Dès lors, ce sera toujours le signe d'une culture défectueuse encore, que le caractère moral ne puisse se maintenir que par le sacrifice du caractère naturel ; et une constitution politique sera encore bien imparfaite si elle ne sait produire l'unité que par le sacrifice de la diversité. L'État doit honorer non-seulement le caractère objectif et générique, mais aussi le caractère subjectif et spécifique, dans les individus ; en

1. Je m'appuie ici sur un écrit récemment publié : *Leçons sur la destination du savant*. Dans cet ouvrage, dont l'auteur est mon ami Fichte, on trouvera, de cette thèse, une déduction lumineuse et qui n'avait jamais été tentée par cette voie. (*Note de Schiller.*)

étendant l'empire invisible des mœurs, il ne doit point dépeupler l'empire des phénomènes.

Lorsque l'ouvrier porte la main sur la masse informe pour la modeler suivant son but, il n'a nul scrupule de lui faire violence ; car la nature qu'il façonne ne mérite en soi aucun respect : il ne s'intéresse pas au tout à cause des parties, mais aux parties à cause du tout. Lorsque l'artiste porte la main sur la même masse, il n'a pas plus de scrupule de lui faire violence ; seulement il évite de le montrer. La matière qu'il façonne, il ne la respecte pas plus que l'ouvrier ; mais l'œil prenant cette matière sous sa protection et la voulant libre, il cherche à le tromper par une apparente condescendance envers elle. Il en est tout autrement de l'artiste pédagogue et politique, pour lequel l'homme est à la fois ce sur quoi il travaille et ce qu'il a à faire. Ici le but se confond avec la matière, et c'est seulement parce que le tout sert les parties, que les parties doivent s'accommoder au tout. Le respect que, dans le domaine des beaux-arts, l'artiste affecte pour sa matière, n'est rien en comparaison de celui avec lequel l'artiste politique doit aborder la sienne : il en doit ménager le caractère propre et la personnalité, non pas seulement au point de vue subjectif et pour produire une illusion des sens, mais objectivement et en vue de l'intime essence.

Mais, précisément parce que l'État doit être une organisation qui se forme par elle-même et pour elle-même, il ne peut se réaliser qu'autant que les parties se sont élevées à l'idée du tout et mises d'accord avec elle. Comme l'État sert de représentant à ce type pur et objectif de l'humanité que les citoyens portent dans leur âme, il aura à garder avec eux les rapports qu'ils ont vis-à-vis d'eux-mêmes, et ne pourra honorer leur humanité subjective qu'en raison du degré d'ennoblissement objectif qu'elle atteint. Si l'homme intérieur est en harmonie avec lui-même, il sauvera son caractère propre, même en généralisant sa conduite au plus haut point, et l'État ne sera que l'interprète de ses nobles instincts, la formule plus nette de la législation écrite dans son cœur. Si au contraire, dans le caractère d'un peuple, il y a encore entre l'homme subjectif et objectif une contradiction telle que ce dernier ne puisse triompher que par l'oppression du premier, l'État, à son tour, s'armera contre le citoyen de toute la rigueur de la loi, et sera obligé de comprimer sans ménagement, pour n'être pas sa victime, une individualité si hostile.

Or, l'homme peut être en contradiction avec lui-même de deux manières : ou comme sauvage, lorsque ses sentiments dominent ses principes ; ou comme barbare, lorsque ses principes corrompent ses sentiments. Le sauvage méprise l'art et reconnaît la nature pour souveraine absolue ; le barbare insulte la nature et la déshonore, mais, plus méprisable que le sauvage, souvent il continue d'être l'esclave de son esclave. L'homme civilisé fait de la nature son amie, et respecte en elle la liberté en se bornant à réprimer ses caprices tyranniques.

En conséquence, lorsque la raison met dans la société physique son unité morale, elle ne doit point porter atteinte à la variété de la nature ; et lorsque la nature s'efforce de maintenir sa variété dans l'édifice moral de la société, il ne doit en résulter aucun dommage pour l'unité morale : la forme sociale victorieuse est également éloignée de l'uniformité et de la confusion. La *totalité* du caractère doit donc se trouver chez le peuple capable et digne d'échanger l'État fondé sur la nécessité contre l'État fondé sur la liberté.

LETTRE V.

Est-ce là le caractère que le siècle présent, les événements actuels nous offrent ? Je dirige d'abord mon attention sur l'objet le plus saillant dans ce vaste tableau.

Il est vrai, l'opinion a perdu son prestige, l'arbitraire est démasqué, et, bien qu'il ait encore la force en main, ses manœuvres pour obtenir la considération sont vaines. Réveillé de sa longue indolence et de son illusion volontaire, l'homme demande avec une imposante majorité de suffrages d'être rétabli dans ses droits imprescriptibles. Mais il ne se contente pas de demander : de tous côtés il se lève pour se mettre violemment en possession de ce que, dans son opinion, il est injuste de lui refuser. L'édifice de l'État fondé sur la nature chancelle, ses fragiles appuis s'affaissent, et la possibilité *physique* est donnée, ce semble, de placer la loi sur le trône, d'honorer enfin l'homme comme ayant en lui-même son but, et de faire de la vraie liberté la base de l'association politique. Vain espoir ! la possibilité *morale* manque, et ce moment qui aurait des trésors à répandre, trouve une génération incapable de les recevoir.

L'homme se peint dans ses actions : or, sous quelle forme se montre-t-il dans le drame de notre temps ? D'un côté le retour à des instincts sauvages, de l'autre un relâchement énervé : ces deux extrêmes de la décadence humaine, réunis tous deux dans une même époque.

Dans les classes inférieures et les plus nombreuses, se révèlent des penchants grossiers et anarchiques, qui, après avoir rompu les liens de l'ordre civil, aspirent avec une fureur effrénée à se satisfaire brutalement. Il se peut que l'humanité objective ait eu lieu de se plaindre de l'État : l'humanité subjective doit en respecter les institutions. Peut-on blâmer l'État d'avoir perdu de vue la dignité de la nature humaine, tant qu'il s'agissait de défendre l'existence même de l'humanité ? de s'être empressé de séparer par la gravitation, de réunir par la cohésion, lorsqu'on ne pouvait songer encore à la force plastique ? Sa décomposition suffit à le justifier. Au lieu de s'élever bien vite à la vie organique, la société dissoute retombe à l'état moléculaire.

De l'autre côté, les classes civilisées nous offrent le spectacle plus repoussant encore de la langueur énervée et d'une dépravation de caractère d'autant plus révoltante qu'elle a sa source dans la culture elle-même. Je ne me rappelle plus quel philosophe ancien ou moderne a fait la remarque, que plus un être est noble, plus il est affreux dans sa corruption. Cette remarque conserve sa vérité dans le domaine moral. Dans ses égarements, le fils de la nature est un furieux, l'élève de la civilisation un misérable. Ces lumières de l'intelligence, dont les classes raffinées se vantent non sans quelque raison, sont en général si loin d'ennoblir les sentiments par leur influence, qu'elles fournissent plutôt des maximes pour étayer la corruption. Nous renions la nature dans sa sphère légitime, pour essuyer sa tyrannie dans le champ de la morale, et, en même temps que nous résistons à ses impressions, nous lui empruntons nos principes. La décence affectée de nos mœurs refuse de l'entendre d'abord, étouffe ses premiers mouvements, au moins pardonnables, pour la laisser, dans notre morale matérialiste, prononcer en dernier ressort. Au sein de la sociabilité la plus raffinée, l'égoïsme a fondé son système, et nous subissons toutes les contagions et toutes les contraintes de la société, sans en recueillir pour fruit un cœur sociable. Nous soumettons notre libre jugement à son opinion despotique, nos sentiments à ses usages bizarres, notre volonté à ses séductions ; il n'y a que notre volonté arbitraire que nous maintenions contre ses droits sacrés. Une orgueilleuse suffisance resserre le cœur chez l'homme du monde, tandis que, fréquemment encore, la sympathie le fait battre chez l'enfant grossier de la nature, et, comme dans une ville en flammes, chacun ne s'efforce que d'arracher au désastre son misérable patrimoine. Ce n'est que par une abjuration complète de la sensibilité que l'on croit pouvoir échapper à ses égarements, et la raillerie, qui est souvent pour le délire du rêveur une correction salutaire, blasphème avec aussi peu de ménagement le sentiment le plus noble. Bien loin de nous mettre en liberté, la civilisation, avec chaque faculté qu'elle développe en nous, ne fait qu'éveiller un nouveau besoin; les liens de la vie physique se resserrent tous les jours d'une manière plus inquiétante, de sorte que la crainte de perdre étouffe en nous jusqu'à l'ardente aspiration au mieux, et que la maxime de l'obéissance passive est regardée comme la plus haute sagesse pratique. C'est ainsi qu'on voit l'esprit du temps osciller entre la perversité et la rudesse, entre la nature brute et ce qui est contre nature, entre la superstition et l'incrédulité morale, et ce n'est que l'équilibre du mal qui parfois encore met des bornes au mal.

LETTRE VI.

Aurais-je été injuste envers le siècle dans cette peinture ? Je ne m'attends pas à cette objection et crains plutôt qu'on ne me reproche d'avoir trop prouvé. Ce portrait, me direz-vous, ressemble, il est vrai, à l'humanité actuelle, mais il ressemble en général à tous les peuples qui traversent la crise de la civilisation, parce que tous, sans distinction, doivent se séparer de la nature par le sophisme avant d'y être ramenés par la raison.

Mais, si nous donnons quelque attention au caractère du temps présent, nous serons frappés d'étonnement à la vue du contraste qui se remarque entre la forme actuelle de l'humanité et la forme ancienne, la grecque particulièrement. Ce privilége de la culture et du raffinement, que nous faisons valoir à bon droit contre tout ce qui est encore la simple nature, nous ne pouvons nous en vanter à l'endroit du peuple grec, de cette nature qui s'alliait à tous les charmes de l'art, à toute la dignité de la sagesse, sans, comme nous, en être victime. Ce n'est pas seulement par une simplicité étrangère à notre âge que les Grecs nous font rougir ; ils sont encore nos rivaux, souvent même nos maîtres, dans ces avantages qui d'ordinaire nous consolent de nos mœurs contre nature. Riches tout à la fois de fond et de forme, tout à la fois philosophes et artistes, à la fois délicats et énergiques, nous les voyons réunir, dans un type magnifique d'humanité, la jeunesse de l'imagination et la virilité de la raison.

En ce temps-là, à l'époque de cet heureux éveil des forces spirituelles, le domaine des sens et de l'esprit n'offrait pas encore de séparation rigoureuse; car la discorde ne les avait point encore excités à se diviser hostilement et à déterminer les limites. La poésie n'avait pas encore courtisé le bel esprit, et la spéculation ne s'était pas déshonorée par l'argutie. Toutes deux pouvaient au besoin changer entre elles de rôle, parce qu'elles ne faisaient qu'honorer la vérité, chacune à sa manière. Dans son essor le plus élevé, toujours la raison entraînait avec amour la matière après elle, et, quelque délicate et subtile que fût son analyse, jamais elle ne mutilait. Sans doute, elle décomposait la nature humaine dans ses éléments et les distribuait, agrandis, dans le cercle auguste de ses dieux; mais elle ne morcela rien; elle se borna à combiner ces éléments de différentes manières, car chaque dieu individuellement pris renfermait la nature humaine tout entière. Comme il en est autrement chez nous autres modernes! Chez nous aussi l'image agrandie de l'espèce est distribuée, dispersée, chez les individus, mais par fragments et non à l'état de combinaisons diverses : de telle sorte qu'il faut épuiser la série des individus pour reconstituer la totalité de l'espèce. Chez nous, on serait presque tenté de l'affirmer, les forces spirituelles se montrent séparées dans la réalité comme elles le sont théoriquement par la psychologie, et nous voyons non-seulement des individus isolés, mais des classes entières d'hommes, ne développer qu'une partie de leurs facultés, tandis que les autres, comme dans les plantes rabougries, ne sont marquées que par quelques vagues indices.

Je ne méconnais pas la supériorité à laquelle peut prétendre la génération actuelle considérée dans son unité, et pesée dans la balance de la raison, si on la compare à la génération la plus favorisée du monde ancien; mais, pour cela, il faut que la bataille s'engage les rangs serrés et que l'ensemble se mesure avec l'ensemble. Quel est le moderne qui sortira des rangs pour disputer à un Athénien, dans un combat corps à corps, le prix de l'humanité?

D'où peut bien venir cette infériorité de l'individu malgré la supériorité de l'espèce? Pourquoi le Grec avait-il qualité pour représenter son temps, et pourquoi un individu des temps modernes ne peut-il avoir cette prétention? Parce que le premier a reçu ses formes de la nature qui allie tout, et le second de l'entendement qui sépare tout.

C'est la civilisation elle-même qui a fait cette blessure au monde moderne. Aussitôt que, d'une part, une expérience plus étendue et une pensée plus précise eurent amené une division plus exacte des sciences, et que, de l'autre, la machine plus compliquée des États eut rendu nécessaire une séparation plus rigoureuse des classes et des tâches sociales, le lien intime de la nature humaine fut rompu, et une lutte pernicieuse fit succéder la discorde à l'harmonie qui régnait entre ses forces diverses. La raison intuitive et la raison spéculative se renfermèrent hostilement dans leurs domaines séparés, dont elles commencèrent à garder les frontières avec méfiance et jalousie, et l'homme, en restreignant son activité à une seule sphère, s'est donné au dedans de soi-même un maître qui finit assez souvent par opprimer les autres facultés. Tandis qu'ici une imagination luxuriante ravage les plantations qui ont coûté tant de peines à l'intelligence, là, l'esprit d'abstraction étouffe le feu qui aurait pu réchauffer le cœur et enflammer l'imagination.

Ce bouleversement que l'art et l'érudition avaient commencé dans l'homme intérieur, l'esprit nouveau du gouvernement l'acheva et le rendit général. Sans doute, on ne pouvait s'attendre à ce que la simplicité d'organisation des premières républiques survécût à la naïveté des premières mœurs et des anciennes relations; mais, au lieu de s'élever à un plus haut et plus noble degré de vie animale, cette organisation dégénéra en une commune et grossière mécanique. Cette nature de polype des États grecs, où chaque individu jouissait d'une vie indépendante et pouvait au besoin devenir un tout, fit place à une machine ingénieuse, où, du morcellement de parties innombrables, mais inanimées, résulte dans l'ensemble une vie mécanique. Alors il y eut rupture entre l'État et l'Église, entre les lois et les mœurs; la jouissance fut séparée du travail, le moyen du but, l'effort de la récompense. Éternellement enchaîné à un seul petit fragment du tout, l'homme lui-même ne se forme que comme fragment; n'ayant sans cesse dans l'oreille que le bruit monotone de la roue qu'il fait tourner, il ne développe jamais l'harmonie de son être; et, au lieu d'imprimer à sa nature le sceau de l'humanité, il finit par n'être plus que la vivante empreinte de l'occupation à laquelle il se livre, de la science qu'il cultive. Ce rapport même, partiel et mesquin, qui rattache encore à l'ensemble les membres isolés, ne dépend pas de formes qu'ils se donnent volontairement (car comment oserait-on confier à leur libre arbitre une machine si compliquée qui redoute tant la lumière?); mais il leur est prescrit, avec une sévérité rigoureuse, par un formulaire où l'on tient enchaînée leur libre intelligence. La lettre morte prend la place du sens vivant, et une mémoire exercée devient un guide plus sûr que le génie et le sentiment.

Si la communauté fait de la fonction la mesure de l'homme, si elle ne demande à un de ses citoyens que la mémoire, à un autre que l'intelligence d'un nomenclateur, à un troisième que l'adresse mécanique; si, indifférente pour le caractère, elle n'exige ici que des connaissances, tandis que là, au contraire, elle tolère les plus épaisses ténèbres intellectuelles, en faveur d'un esprit d'ordre et de légalité; si elle veut que, dans l'exercice de ces aptitudes particulières, le sujet gagne en intensité ce qu'elle lui permet de perdre en étendue, aurions-nous le droit de nous étonner que le reste des facultés de l'âme soit négligé pour la culture exclusive de celle qui procure honneur et profit? A la vérité, nous savons qu'un génie vigoureux ne renferme pas son activité dans les limites de ses fonctions; mais le talent médiocre consume, dans l'emploi qui lui est échu en partage, la somme totale de sa chétive énergie; et en réserver quelque chose, sans préjudice de ses fonctions, pour des goûts d'amateur, dénote déjà un esprit qui sort du vulgaire. De plus, c'est rarement une bonne recommandation auprès de l'État qu'une capacité supérieure à la charge, ou un de ces nobles besoins intellectuels de l'homme de talent, qui rivalisent avec les devoirs de l'emploi. L'État est si jaloux de la possession exclusive de ses serviteurs qu'il se résoudra plus facilement (et qui pourrait lui en faire un crime?) à partager son fonctionnaire avec la Vénus de Cythère qu'avec la Vénus Uranie.

Et c'est ainsi que graduellement la vie individuelle concrète est anéantie, afin que la totalité abstraite puisse prolonger son indigente existence, et l'État demeure éternellement étranger

aux citoyens, parce que le sentiment ne le découvre nulle part.
Obligés de simplifier par la classification la multiplicité des
citoyens, et de ne connaître l'humanité que par représentation
et de seconde main, les gouvernants finissent par la perdre
complétement de vue et par la confondre avec une simple
création artificielle de l'entendement ; et, de leur côté, les
gouvernés ne peuvent s'empêcher de recevoir froidement des
lois qui s'adressent si peu à leur personnalité. Enfin, lasse
d'entretenir un lien que l'État cherche si peu à alléger, la
société positive tombe et se dissout (comme c'est depuis longtemps la destinée de la plupart des États de l'Europe) dans ce
qu'on peut appeler un état de nature moral, où la puissance
publique n'est qu'un parti de plus : haïe et trompée par ceux
qui la rendent nécessaire, respectée seulement de ceux qui
peuvent se passer d'elle.

Entre ces deux forces qui la pressaient au dedans et au dehors, l'humanité pouvait-elle bien prendre une direction autre
que celle qu'elle a prise en effet ? En poursuivant, dans la sphère
des idées, des biens et des droits imprescriptibles, l'esprit spéculatif dut devenir étranger au monde des sens et perdre de
vue la matière pour la forme. De son côté l'esprit d'affaires,
renfermé dans un cercle monotone d'objets, et rétréci là encore
par des formules, dut perdre de vue la vie et la liberté de l'ensemble et s'appauvrir en même temps que sa sphère. De même
que le premier était tenté de modeler le réel sur l'intelligible,
et d'élever les lois subjectives de son imagination à la hauteur
de lois constitutives de l'existence des choses, le second se pré-
cipita dans l'extrême opposé, voulut faire d'une expérience
particulière, fragmentaire, la mesure de toute observation, et
appliquer à toutes les affaires sans exception les règles de son
affaire à lui. L'un dut devenir la proie d'une vaine subtilité,
l'autre d'un étroit pédantisme ; car celui-là était placé trop
haut pour voir l'individu, et celui-ci trop bas pour dominer
l'ensemble. Mais l'inconvénient de cette direction d'esprit ne se
borna pas au savoir et à la production mentale ; elle s'étendit
aussi au sentiment et à l'action. Nous savons que la sensibilité
de l'âme dépend, pour le degré, de la vivacité, et pour l'étendue, de la richesse de l'imagination. Or, la prédominance de

la faculté d'analyse doit nécessairement ravir à l'imagination sa chaleur et son énergie, et une sphère d'objets restreinte diminuer sa richesse. C'est pour cela que le penseur abstrait a très-souvent un cœur *froid*, parce qu'il analyse les impressions, qui n'émeuvent l'âme que par leur ensemble; et l'homme d'affaires a très-souvent un cœur *étroit*, parce que, renfermée dans le cercle uniforme de son emploi, son imagination ne peut s'étendre, ni se faire à une autre manière de se représenter les choses.

Mon sujet m'amenait naturellement à mettre en lumière la direction fâcheuse du caractère de notre temps, et à montrer les sources du mal, sans que j'eusse à faire voir les avantages par lesquels la nature les rachète. Je vous avouerai volontiers que, quelque défavorable que soit aux individus ce morcellement de leur être, c'était pour l'espèce la seule voie ouverte au progrès. Le point où nous voyons parvenue l'humanité chez les Grecs était incontestablement un *maximum :* elle ne pouvait ni s'arrêter à ce degré, ni s'élever plus haut. Elle ne pouvait s'y arrêter ; car la somme des notions déjà acquises forçait immanquablement l'intelligence à divorcer avec le sentiment et l'intuition, pour tendre à la netteté de la connaissance. Elle ne pouvait non plus s'élever plus haut ; car ce n'est que dans une mesure déterminée que la clarté peut se concilier avec un certain degré d'abondance et de chaleur. Les Grecs avaient atteint cette mesure, et, pour continuer leurs progrès dans la civilisation, il leur fallait renoncer, comme nous, à la totalité de leur être, et suivre des routes séparées et diverses pour chercher la vérité.

Il n'y avait pas d'autre moyen de développer les aptitudes multiples de l'homme, que de les opposer les unes aux autres. Cet antagonisme des forces est le grand instrument de la culture, mais il n'en est que l'instrument ; car, aussi longtemps que cet antagonisme dure, on est seulement sur la voie de la civilisation. C'est uniquement parce que ces forces particulières s'isolent dans l'homme, et qu'elles prétendent imposer une législation exclusive, qu'elles entrent en lutte avec la vérité des choses et obligent le sens commun, qui d'ordinaire s'en tient nonchalamment aux phénomènes extérieurs, de pénétrer l'essence des objets. Tandis que l'intelligence pure usurpe l'autorité dans le monde des sens, et que l'empirisme tente de la soumettre elle-même aux conditions de l'expérience, ces deux directions rivales arrivent au développement le plus élevé possible et épuisent toute l'étendue de leur sphère. Pendant que, d'un côté, par sa tyrannie, l'imagination ose détruire l'ordre du monde, elle force la raison de s'élever, de l'autre, aux sources suprêmes de la connaissance, et d'appeler contre elle à son secours la loi de la nécessité.

Par l'exclusivisme dans l'exercice des facultés, l'individu est fatalement conduit à l'erreur, mais l'espèce à la vérité. Ce n'est qu'en rassemblant toute l'énergie de notre esprit dans un foyer unique, en concentrant tout notre être en une seule force, que nous donnons en quelque sorte des ailes à cette force isolée, et que nous l'entraînons artificiellement bien au delà des limites que la nature semble lui avoir imposées. S'il est certain que tous les individus humains pris ensemble ne seraient jamais arrivés, avec la puissance visuelle que la nature leur a départie, à voir un satellite de Jupiter, que découvre le télescope de l'astronome, il est tout aussi avéré que jamais l'intelligence humaine n'aurait produit l'analyse de l'infini ou la critique de la raison pure, si, dans des sujets à part, destinés à cette mission, la raison ne s'était spécialisée, et si, après s'être dégagée en quelque sorte de toute matière, elle n'avait, par l'abstraction la plus puissante, donné à leur regard la force de lire dans l'absolu. Mais, absorbé, pour ainsi dire, dans la raison et l'intuition pures, un esprit de cette sorte sera-t-il capable de se dépouiller des liens rigoureux de la logique pour prendre la libre allure de la poésie, et de saisir l'individualité des choses avec un sens fidèle et chaste? Ici, la nature impose, même au génie universel, une limite qu'il ne saurait franchir, et la vérité fera des martyrs aussi longtemps que la philosophie sera réduite à faire son occupation principale de chercher des armes contre l'erreur.

Quel que soit donc le profit résultant, pour l'ensemble du monde, de ce perfectionnement distinct et spécial des facultés humaines, on ne peut nier que ce but final de l'univers qui les voue à ce genre de culture, ne soit une cause de souffrance et comme une malédiction pour les individus. Les exercices du gymnase forment, il est vrai, des corps athlétiques, mais ce n'est que par le jeu libre et égal des membres que se développe la beauté. De même la tension des forces spirituelles isolées peut créer des hommes extraordinaires, mais ce n'est que l'équilibre bien tempéré de ces forces qui peut produire des hommes heureux et accomplis. Et dans quel rapport nous trouverions-nous avec les âges passés et futurs, si le perfectionnement de la nature humaine rendait indispensable un pareil sacrifice? Nous aurions été les esclaves de l'humanité; pour elle, pendant quelques milliers d'années, nous nous serions consumés dans des travaux serviles, et nous aurions imprimé à notre nature mutilée les honteux stigmates de cet esclavage : et tout cela afin que les générations à venir pussent, dans un heureux loisir, se consacrer au soin de leur santé morale, et développer par leur libre culture la nature humaine tout entière.

Mais, en vérité, l'homme peut-il être destiné à se négliger lui-même pour un but quel qu'il soit? Par les fins qu'elle nous assigne, la nature pourrait-elle nous ravir une perfection que les fins de la raison nous prescrivent? Il doit donc être faux que le perfectionnement des facultés particulières rende nécessaire le sacrifice de leur totalité; ou, lors même que la loi de la nature aurait impérieusement cette tendance, il doit être en notre pouvoir de reconstituer, par un art supérieur, cette totalité de notre essence que l'art a détruite.

LETTRE VII.

Cet effet d'harmonie, pourrait-on par hasard l'attendre de l'État? Cela n'est point possible, car l'État tel qu'il est constitué aujourd'hui a donné lieu au mal, et l'État tel que la raison le conçoit en idée, au lieu de pouvoir fonder cette humanité plus parfaite, devrait lui-même se fonder sur elle. Ainsi donc, les recherches auxquelles je viens de me livrer m'auraient ramené au même point dont elles m'avaient momentanément éloigné. Bien loin de nous offrir cette forme de l'humanité que nous avons reconnue comme la condition nécessaire d'une amélioration morale de l'État, l'époque actuelle nous montre plutôt la forme directement contraire. Si donc les principes que j'ai posés sont exacts, et si l'expérience confirme le tableau que j'ai tracé du temps présent, il faut déclarer intempestif tout essai qui aurait pour but d'opérer un semblable changement dans l'État, et chimérique tout espoir qui se fonderait sur un tel essai, jusqu'à ce que la scission de l'homme intérieur ait cessé, et que sa nature soit développée assez complétement pour devenir elle-même l'ouvrière de cette œuvre et garantir la réalité de la création politique de la raison.

Dans la création physique, la nature nous montre le chemin que nous avons à suivre dans la création morale. Alors seulement que la lutte des forces élémentaires s'est apaisée dans les organisations inférieures, la nature s'élève jusqu'à la noble forme de l'homme physique. De même, il faut que le combat des éléments dans l'homme moral, le conflit des instincts aveugles soit calmé, et que le grossier antagonisme ait cessé en lui, avant que l'on puisse se hasarder à favoriser la diversité. D'autre part, il faut que l'indépendance de son caractère soit assurée, et que sa soumission à des formes despotiques étrangères ait fait place à une liberté convenable, avant que l'on puisse subordonner en lui la variété à l'unité de l'idéal. Quand l'homme de la nature abuse encore si anarchiquement de sa volonté, on doit à peine lui montrer sa liberté; quand l'homme façonné par la civilisation use encore si peu de sa liberté, on ne doit pas lui enlever son libre arbitre. La concession de principes libéraux devient une trahison envers l'ordre social, quand elle vient s'associer à une force qui est encore en fermentation, et accroître l'énergie déjà exubérante de la nature; la loi de conformité sous un même niveau devient tyrannie envers l'individu, quand elle s'allie à une faiblesse déjà dominante et aux entraves naturelles, et qu'elle vient étouffer ainsi la dernière étincelle de spontanéité et d'originalité.

Le caractère du temps doit donc se relever d'abord de sa profonde dégradation morale : d'un côté, se soustraire à l'aveugle pouvoir de la nature, et de l'autre, revenir à sa simplicité, sa vérité et sa séve féconde : tâche suffisante pour plus d'un siècle. Toutefois, je l'accorde volontiers, plus d'une tentative particulière pourra réussir; mais il n'en résultera aucune amélioration de l'ensemble; et les contradictions de la conduite ne cesseront de protester contre l'unité des maximes. On pourra, dans d'autres parties du monde, honorer l'humanité dans la personne du nègre, et en Europe avilir l'humanité dans la personne du penseur. Les anciens principes resteront, mais ils adopteront le costume du siècle, et la philosophie prêtera son nom à une oppression qui jadis était autorisée par l'Église. Ici, effrayé par la liberté, qui à ses débuts s'annonce toujours comme une ennemie, on se jettera dans les bras d'une commode servitude, tandis que là, réduit au désespoir par une tutelle pédantesque, on se précipitera dans la sauvage licence de l'état de nature. L'usurpation invoquera la faiblesse de la nature humaine, et l'insurrection sa dignité, jusqu'à ce qu'enfin la grande souveraine de toutes les choses humaines, la force aveugle, intervienne et décide, comme un vulgaire pugilat, cette lutte prétendue des principes.

LETTRE VIII.

Faut-il donc que la philosophie se retire de ce domaine, découragée et sans espoir? Pendant que, dans toutes les autres directions, la domination des formes s'étend, ce bien le plus précieux de tous doit-il être abandonné au hasard informe? La lutte des forces aveugles doit-elle durer éternellement dans le monde politique, et la loi sociale ne triompher jamais de l'égoïsme haineux?

Pas le moins du monde. La raison elle-même, il est vrai, ne tentera pas directement la lutte avec cette force brutale qui résiste à ses armes, et, pas plus que le fils de Saturne dans l'*Iliade*, elle ne descendra sur le sombre champ de bataille pour y combattre en personne; mais, parmi les combattants, elle choisit le plus digne, le revêt d'armes divines comme Jupiter en donne à son petit-fils, et, par sa force triomphante, elle décide finalement la victoire.

La raison a fait tout ce qu'elle peut faire, quand elle a trouvé la loi et qu'elle l'a promulguée; c'est à l'énergie de la volonté, à l'ardeur du sentiment de l'exécuter. Pour sortir victorieuse de sa lutte avec les forces, la vérité doit d'abord elle-même devenir une *force* et faire d'un des instincts de l'homme son champion dans l'empire des phénomènes; car les instincts sont les seules forces motrices dans le monde sensible. Si jusqu'à présent la vérité a si peu manifesté sa puissance victorieuse, cela ne dépend pas de l'intelligence qui n'aurait pas su la dévoiler, mais du cœur qui lui est demeuré fermé, et de l'instinct qui n'a point agi pour elle.

D'où vient, en effet, cette domination encore si générale des préjugés, cette nuit des intelligences au sein de la lumière répandue par la philosophie et l'expérience? Le siècle est éclairé, c'est-à-dire que les connaissances découvertes et vulgarisées seraient suffisantes pour rectifier au moins nos principes pratiques. L'esprit de libre examen a dissipé les opinions erronées qui longtemps défendirent l'accès de la vérité, et a miné le sol sur lequel le fanatisme et la tromperie avaient érigé leur trône. La raison s'est purifiée des illusions des sens et d'une sophistique mensongère, et la philosophie elle-même élève la voix et nous exhorte à rentrer dans le sein de la nature, à laquelle d'abord elle nous avait rendus infidèles.... D'où vient donc que nous sommes toujours des barbares?

Il faut qu'il y ait dans les esprits des hommes, puisque ce n'est pas dans les objets, quelque chose qui empêche de recevoir la vérité, malgré la vive lumière qu'elle répand, et de l'accepter, quelque grande que puisse être sa force de conviction. Ce quelque chose, un ancien sage l'a senti et exprimé dans cette maxime très-significative : *Sapere aude* [1].

Ose être sage ! Il faut un courage énergique pour triompher des empêchements que la paresse de la nature, aussi bien que la lâcheté du cœur, oppose à notre instruction. Ce n'est pas sans raison que le mythe antique fait sortir Minerve tout armée de la tête de Jupiter; car c'est par la guerre qu'elle débute. Dès sa naissance, elle a à soutenir un rude combat contre les sens, qui ne veulent point être arrachés à leur doux repos. La plus grande partie des hommes est beaucoup trop lassée et trop énervée par la lutte avec la nécessité, pour pouvoir s'engager dans un nouveau et plus rude combat contre l'erreur. Contents s'ils peuvent échapper eux-mêmes au pénible labeur de la pensée, ils abandonnent volontiers à d'autres la tutelle de leurs idées; et, s'il arrive que de plus nobles besoins s'agitent dans leur âme, ils s'attachent avec une foi avide aux formules que l'État et le clergé tiennent en réserve pour ce cas. Si ces hommes malheureux méritent notre compassion, notre juste mépris atteint ceux qui, affranchis des besoins par un plus

---

1. « Ose être sage. »

heureux destin, se courbent volontairement sous leur joug. Ceux-ci préfèrent ce crépuscule d'idées obscures où l'on sent plus vivement et où l'imagination peut se créer, à son gré, de commodes chimères, aux rayons de la vérité qui met en fuite les agréables illusions de leurs songes. C'est précisément sur ces illusions, que doit combattre et dissiper la lumière de la connaissance, qu'ils ont fondé tout l'édifice de leur bonheur, et ils croiraient payer trop cher une vérité qui commence par leur enlever tout ce qui a du prix à leurs yeux. Il faudrait qu'ils fussent déjà sages pour aimer la sagesse : vérité qui fut sentie tout d'abord par celui à qui la philosophie[1] doit son nom.

Ce n'est donc pas assez de dire que les lumières de l'intelligence ne méritent le respect qu'autant qu'elles réagissent sur le caractère : c'est aussi, jusqu'à un certain point, du caractère qu'elles viennent; car la route qui aboutit à la tête doit être frayée à travers le cœur. Faire l'éducation de la sensibilité est donc le besoin le plus pressant de l'époque ; parce que c'est un moyen, non pas seulement de rendre efficace dans la pratique l'amélioration des idées, mais encore de provoquer cette amélioration.

1. Le mot signifie, comme l'on sait, en grec, *amour de la sagesse.*

LETTRE IX.

Mais n'y aurait-il pas là un cercle vicieux? La culture théorique doit amener la culture pratique, et néanmoins celle-ci doit être la condition de celle-là. Toute amélioration dans la sphère politique doit procéder de l'ennoblissement du caractère; mais, soumis aux influences d'une constitution sociale encore barbare, comment le caractère peut-il s'ennoblir? Il faudrait donc chercher pour cette fin un instrument que l'État ne fournît pas, ouvrir des sources qui se fussent conservées pures au sein de la corruption politique.

Me voilà arrivé au point vers lequel ont tendu toutes les considérations auxquelles je me suis livré jusqu'à présent. Cet instrument, c'est l'art du beau; ces sources, elles sont ouvertes dans ses modèles immortels.

L'art est affranchi, comme la science, de tout ce qui est positif et de ce qui a été introduit par les conventions humaines : l'un et l'autre sont complétement indépendants de la volonté arbitraire de l'homme. Le législateur politique peut mettre leur empire en interdit, mais il n'y peut régner. Il peut proscrire l'ami de la vérité, mais la vérité subsiste; il peut avilir l'artiste, mais il ne peut altérer l'art. Sans doute, rien n'est plus ordinaire que de voir la science et l'art s'incliner devant l'esprit du temps, et le goût créateur recevoir la loi du goût critique. Quand le caractère devient roide et prend de la dureté, nous voyons la science surveiller sévèrement ses frontières et l'art soumis à la dure contrainte des règles; quand le caractère se relâche et s'amollit, la science s'efforce de plaire et l'art de réjouir. Pendant des siècles entiers, les philosophes comme les artistes se montrent occupés à plonger la vérité et la beauté dans les profondeurs de la vulgaire humanité : eux-mêmes y sont engloutis; mais, grâce à leur force propre, à leur vie indestructible, le vrai et le beau luttent victorieusement et sortent triomphants de l'abîme.

Sans doute, l'artiste est le fils de son temps, mais malheur à lui s'il en est aussi le disciple, ou même le favori! Qu'une bienfaisante divinité arrache à temps le nourrisson du sein de sa mère, l'abreuve du lait d'un âge meilleur, et qu'elle le laisse grandir et arriver à sa majorité sous le ciel lointain de la Grèce. Devenu homme fait, qu'il retourne, figure étrangère, dans son siècle : non pour le réjouir par son apparition, mais plutôt, terrible comme le fils d'Agamemnon, pour le purifier. A la vérité, il recevra sa matière du temps présent; mais, la forme, il l'empruntera à un temps plus noble, et même, en dehors de tout temps, à l'unité absolue, immuable, de sa propre essence. Là, sortant du pur éther de sa nature céleste, coule la source de la beauté, que n'infesta jamais la corruption des générations et des âges, qui roulent bien loin au-dessous d'elle en noirs tourbillons. Sa matière, la fantaisie la peut déshonorer comme elle l'a ennoblie; mais la forme toujours chaste se dérobe à ses caprices. Depuis longtemps déjà le Romain du premier siècle pliait le genou devant ses empereurs, que toujours les statues restaient debout; les temples demeuraient sacrés pour les yeux, lorsque, depuis longtemps, les dieux servaient de risée, et le noble style des édifices qui abritaient les infamies d'un Néron ou d'un Commode, protestait contre elles. L'humanité a perdu sa dignité, mais l'art l'a sauvée et la conserve dans des marbres pleins de sens; la vérité continue de vivre dans l'illusion, et la copie servira à rétablir le modèle. Si la noblesse de l'art a survécu à la noblesse de la nature, elle la précède aussi comme inspiratrice, formant, éveillant les esprits. Avant que la vérité fasse pénétrer au fond des cœurs sa lumière triomphante, la poésie intercepte ses rayons, et les sommets de l'humanité resplendissent lorsqu'une nuit sombre et humide pèse encore sur les vallées.

Mais comment l'artiste se garantira-t-il de la corruption de

son temps, qui l'entoure de toutes parts? En méprisant le jugement de son temps. Qu'il élève ses regards vers sa propre dignité et vers la loi; qu'il ne les abaisse pas vers le besoin et la
fortune. Également exempt d'une activité vaine qui voudrait
imprimer sa trace sur le moment qui fuit, et des rêveries de
l'enthousiasme impatient qui applique aux chétives productions du temps la mesure de l'absolu, que l'artiste abandonne le
réel à l'intelligence, qui est là dans son domaine; mais que lui
s'efforce d'enfanter l'idéal par l'union du possible et du nécessaire. Qu'il marque au coin de cet idéal l'illusion et la vérité,
les jeux de son imagination et le sérieux de ses actes, enfin
toutes les formes sensibles et spirituelles; puis, qu'il le lance
tacitement dans le temps infini.

Mais les âmes qu'embrase cet idéal n'ont pas toutes reçu en
partage ce calme du génie créateur, ce sens grand et patient
qu'il faut pour imprimer l'idéal sur la pierre muette, ou le
répandre dans la lettre sobre et froide, puis le confier aux
mains fidèles du temps. Beaucoup trop ardent pour suivre
cette voie paisible, souvent ce divin instinct, cette force créatrice, se jette immédiatement sur le présent, sur la vie active, et
entreprend de transformer la matière informe du monde moral.
Le malheur de ses frères, de toute son espèce, parle haut au
cœur de l'homme sensible; plus haut encore, leur abaissement;
l'enthousiasme s'enflamme, et, dans les âmes énergiques, le
désir brûlant aspire impatiemment à l'action et au fait. Mais ce
novateur s'est-il aussi demandé si ces désordres du monde
moral blessent sa raison, ou s'ils ne froissent pas plutôt son
amour-propre? S'il ne le sait pas encore, il le reconnaîtra à
l'emportement avec lequel il poursuit un résultat prompt et
déterminé. Le mobile moral pur a pour but l'absolu : le temps
n'existe pas pour lui, et l'avenir, du moment qu'il doit, par un
développement nécessaire, sortir du présent, devient le présent
à ses yeux. Pour une raison sans limites, la direction vers une
fin se confond avec l'accomplissement de cette fin, et entrer
dans une voie, c'est l'avoir parcourue.

Si donc un jeune ami du vrai et du beau voulait savoir de
moi comment il peut satisfaire, malgré la résistance du siècle,
le noble penchant de son cœur, je lui répondrais : « Dirige

vers le bien le monde sur lequel tu agis, et le cours mesuré et
paisible du temps amènera le résultat. Cette direction, tu la
lui as donnée, si, par ton enseignement, tu élèves ses pensées
vers le nécessaire et l'éternel, si, par tes actes ou tes créations,
tu fais du nécessaire et de l'éternel l'objet de ses penchants. Il
tombera, l'édifice de l'erreur et de l'arbitraire, il faut qu'il
tombe, il est déjà tombé dès que tu es certain qu'il chancelle;
mais il importe que ce ne soit pas seulement dans l'homme
extérieur qu'il chancelle, que ce soit aussi dans l'homme intérieur. Dans le pudique sanctuaire de ton cœur, nourris la
vérité triomphante, incarne-la hors de toi dans la beauté, afin
que l'intelligence ne soit pas seule à lui rendre hommage,
mais que le sentiment en saisisse l'apparition avec amour. Et,
pour qu'il ne t'arrive pas de recevoir de la réalité le modèle
que toi-même tu dois lui fournir, ne te hasarde pas dans
sa société périlleuse, avant de t'être assuré dans ton propre
cœur d'un cortége de nature idéale. Vis avec ton siècle, mais
ne sois pas sa création; travaille pour tes contemporains,
mais fais pour eux ce dont ils ont besoin, non ce qu'ils louent.
Sans avoir partagé leurs fautes, partage leurs châtiments avec
une noble résignation, et courbe-toi librement sous le joug
dont ils ont autant de peine à se passer qu'ils en ont à le
porter. Par la constance avec laquelle tu dédaigneras leur bonheur, tu leur prouveras que ce n'est point par lâcheté que tu te
soumets à leurs souffrances. Vois-les par la pensée tels qu'ils
devraient être, quand il te faut agir sur eux; mais vois-les tels
qu'ils sont, quand tu es tenté d'agir pour eux. Cherche à devoir
leur suffrage à leur dignité; mais, pour les rendre heureux,
tiens compte de leur indignité : ainsi, d'une part, la noblesse
de ton propre cœur éveillera la leur, et de l'autre ton but ne
sera pas réduit à néant par leur indignité. La gravité de tes
principes les éloignera de toi, mais dans le jeu ils les endure-
ront encore. Leur goût est plus pur que leur cœur, et c'est par
là qu'il te faut saisir l'ombrageux fugitif. En vain tu com-
battras leurs maximes, en vain tu condamneras leurs actions,
mais sur leur loisir tu pourras essayer ta main formatrice.
Chasse de leurs plaisirs le caprice, la frivolité, la rudesse, et
tu les banniras insensiblement de leurs actes et enfin de leurs

sentiments. Partout où tu les rencontreras, environne-les de formes grandes, nobles, ingénieuses; multiplie autour d'eux les symboles du parfait, jusqu'à ce que l'apparence triomphe de la réalité, et l'art, de la nature. »

LETTRE X.

Convaincu par mes précédentes lettres, vous êtes donc d'accord avec moi sur ce point, que l'homme peut s'éloigner de sa destination par deux chemins opposés, que notre époque se trouve réellement sur ces deux fausses routes et qu'elle est devenue la proie, ici de la grossièreté, là de l'épuisement et de la dépravation. C'est le beau qui doit le ramener de ce double égarement[1]; mais comment la culture des beaux-arts peut-elle remédier à la fois à ces deux vices opposés, et réunir en elle deux qualités contradictoires? Peut-elle enchaîner la nature chez le sauvage, et la mettre en liberté chez le barbare? Peut-elle, à la fois, tendre le ressort et le relâcher, et, si elle ne peut produire ce double effet, comment pourrait-on raisonnablement attendre d'elle un résultat aussi considérable que l'éducation de l'homme?

On affirme, il est vrai (qui de nous ne l'a entendu répéter à satiété?), que le sentiment développé du beau polit les mœurs: il semble que sur ce point toute preuve nouvelle soit inutile. On s'appuie sur l'expérience journalière, qui nous montre presque toujours la clarté de l'intelligence, la délicatesse du sentiment, la libéralité et même la dignité de la conduite, associées à un goût cultivé, tandis qu'un goût inculte entraîne ordinairement les qualités contraires. On en appelle, avec assez d'assurance, à l'exemple de la nation la plus civilisée de l'anti-

---

1. Dans les *Heures*, il y a *Verwirrung*, « confusion, » au lieu de *Verirrung*, « égarement. »

quité, chez laquelle le sentiment du beau atteignit en même temps son développement le plus élevé, et, comme contraste, on nous montre ces peuples en partie sauvages, en partie barbares, qui expient par un caractère grossier, ou tout au moins austère, leur insensibilité pour le beau. Néanmoins des penseurs sont tentés parfois, soit de nier le fait lui-même, soit de contester la légitimité des conséquences qu'on en déduit. Ils n'ont point une opinion si mauvaise de cette rudesse sauvage que l'on reproche aux peuples incultes, ni une opinion si avantageuse de ce raffinement que l'on vante chez les nations cultivées. Déjà dans l'antiquité il y avait des hommes qui ne voyaient rien moins qu'un bienfait dans la culture des arts libéraux, et qui, dès lors, étaient très-portés à défendre aux arts de l'imagination l'entrée de leur république.

Je ne parle pas de ceux qui ne médisent des arts que parce qu'ils n'ont jamais obtenu leur faveur. Ne mesurant le prix des objets qu'à la peine qu'il se faut donner pour les acquérir et aux avantages palpables qu'ils procurent, comment seraient-ils capables d'apprécier le travail silencieux du goût dans l'homme extérieur et dans l'homme intérieur? comment les inconvénients accidentels de la culture libérale ne leur feraient-ils pas perdre de vue ses avantages essentiels ? L'homme qui manque de forme méprise la grâce dans la diction comme un moyen de corrompre, la courtoisie dans les relations sociales comme de la dissimulation, la délicatesse et la générosité dans la conduite comme une exagération affectée. Il ne peut pardonner au favori des Grâces d'égayer toutes les réunions comme homme du monde, de diriger comme homme d'affaires tous les esprits selon ses vues, et, comme écrivain, d'imprimer peut-être son cachet à tout son siècle ; tandis que lui, victime du travail, ne peut, avec tout son savoir, obtenir, quoi qu'il fasse, la moindre attention, ni vaincre la plus petite difficulté. Comme il ne peut apprendre de son rival l'heureux secret de plaire, le seul parti qu'il lui reste à prendre, c'est de déplorer la dépravation de la nature humaine, qui adore plutôt l'apparence que la réalité.

Mais il est aussi des voix respectables qui se déclarent contre les effets du beau, et trouvent contre lui dans l'expérience des armes formidables. « On ne peut le nier, disent-elles : dans des

mains pures, les charmes du beau peuvent servir à des fins
honorables; mais il ne répugne pas à son essence de produire,
dans des mains impures, un effet directement contraire, et d'employer au profit de l'erreur et de l'injustice la puissance qu'il a
d'enchaîner les âmes. Précisément parce que le goût ne se
préoccupe que de la forme et jamais du fond, il finit par placer
l'âme sur la pente périlleuse de négliger toute la réalité en général, et de sacrifier à une enveloppe attrayante la vérité et la
moralité. Toute la différence réelle des choses s'évanouit, et
c'est uniquement l'apparence qui en détermine la valeur. Combien d'hommes de talent, ajoutent-elles, le pouvoir séducteur du
beau ne détourne-t-il pas de tout effort, de tout sérieux exercice de leur activité, ou du moins n'amène-t-il point à ne
l'exercer que superficiellement? Combien n'y a-t-il pas d'esprits
faibles qui se brouillent avec l'organisation sociale, uniquement
parce qu'il a plu à l'imagination des poëtes de présenter l'image
d'un monde constitué tout autrement, d'un monde où nulle convenance n'enchaîne l'opinion, où rien d'artificiel n'opprime la
nature? Quelle dangereuse dialectique les passions n'ont-elles
pas apprise depuis qu'elles sont peintes, dans les tableaux des
poëtes, des plus brillantes couleurs, et que, dans la lutte avec les
lois et les devoirs, elles restent maîtresses, le plus souvent, du
champ de bataille! Qu'est-ce que la société a gagné à ce que les
relations sociales, réglées jadis par la vérité, soient soumises
aujourd'hui aux lois du beau, à ce que l'impression extérieure
décide de l'estime qui ne devrait s'attacher qu'au mérite? Il est
vrai, on voit maintenant fleurir toutes les vertus dont l'apparence produit un effet agréable, et qui, dans la société, donnent une valeur à qui les a; mais, en revanche, on voit régner
tous les débordements, on voit mis en vogue tous les vices qui
peuvent se concilier avec de beaux dehors. » En effet, il est digne
de réflexion que, dans presque toutes les époques de l'histoire
où les arts fleurissent et où le goût exerce son empire, on trouve
l'humanité déchue, et qu'on ne peut citer un seul exemple d'un
haut degré et d'une grande diffusion de la culture esthétique
associés chez un peuple avec la liberté politique et la vertu
sociale, de belles mœurs unies aux bonnes mœurs, et de la
politesse fraternisant avec la vérité et la loyauté de la conduite.

Aussi longtemps qu'Athènes et Sparte conservèrent leur indépendance et que leurs institutions eurent pour fondement le respect des lois, le goût n'arriva point à sa maturité, l'art resta dans l'enfance, et il s'en fallait bien alors que le beau régnât sur les esprits. Sans doute, la poésie avait déjà pris un essor sublime, mais c'était sur les ailes du génie, et nous savons que le génie touche de bien près à la rudesse sauvage, que c'est une lumière qui brille volontiers au milieu des ténèbres, et qui, par conséquent, prouve plutôt contre le goût du temps qu'en sa faveur. Lorsque, sous Périclès et Alexandre, arrive l'âge d'or des arts, et que la domination du goût devient plus générale, la force et la liberté de la Grèce ont disparu; l'éloquence corrompt la vérité, la sagesse offense dans la bouche d'un Socrate, et la vertu dans la vie d'un Phocion. Les Romains, on le sait, durent d'abord épuiser leur énergie dans les guerres civiles, et, efféminés par le luxe oriental, courber leur tête sous le joug d'un despote heureux, avant que l'art grec triomphât de la rigidité de leur caractère. Il en fut de même des Arabes : l'aurore de la civilisation ne se leva pour eux que lorsque la vigueur de leur esprit guerrier s'amollit sous le sceptre des Abassides. L'art ne parut dans l'Italie moderne qu'après que la glorieuse ligue lombarde fut dissoute, que Florence se fut soumise aux Médicis, et que, dans toutes ces villes courageuses, l'esprit d'indépendance eut fait place à une résignation sans gloire. Il est presque superflu de rappeler aussi l'exemple des nations modernes, chez lesquelles le raffinement s'est accru en raison directe de la décadence de leur liberté. De quelque côté que nous tournions nos regards dans le temps passé, partout nous voyons le goût et la liberté se fuir mutuellement; partout nous voyons le beau ne fonder son empire que sur la ruine des vertus héroïques.

Et cependant, cette énergie du caractère, au prix de laquelle on achète ordinairement la culture esthétique, est le ressort le plus puissant de tout ce qu'il y a de grand et d'excellent dans l'homme, et nul autre avantage, quelque grand qu'il soit, n'en saurait compenser la privation. Dès lors, si l'on s'en tient à ce que les expériences faites jusqu'ici nous apprennent de l'influence du beau, on ne peut en vérité se sentir très-encouragé à développer des sentiments si dangereux pour la vraie culture de l'homme. Au risque d'être dur et grossier, on aimera mieux se passer de cette force dissolvante du beau que de se voir, quels que soient les avantages du raffinement, en proie à ses influences énervantes. Toutefois, peut-être l'expérience n'est-elle pas le tribunal devant lequel doit se décider une telle question; avant de donner tant de poids à son témoignage, il faudrait qu'il fût hors de doute que la beauté dont nous parlons est bien celle que condamnent les exemples précédents. Mais ceci paraît supposer une idée du beau puisée à une autre source que l'expérience, puisque par cette idée l'on doit reconnaître si ce que l'expérience appelle beau porte à bon droit ce nom.

Cette idée pure et rationnelle du beau, en admettant qu'on puisse la mettre en évidence, devrait donc, attendu qu'elle ne peut être tirée d'aucun cas réel et particulier, et qu'elle doit au contraire diriger et légitimer notre jugement sur chaque cas particulier : cette idée devrait, dis-je, être cherchée par voie d'abstraction et pouvoir être déduite de la simple possibilité d'une nature à la fois sensible et rationnelle; en un mot, il faudrait que le beau se présentât comme une condition nécessaire de l'humanité. Il importe donc que nous nous élevions à l'idée pure de l'humanité, et, comme l'expérience ne nous montre que des individus dans des états particuliers, et jamais l'humanité, il faut que nous cherchions à découvrir dans leurs manières d'être et de paraître, individuelles et variables, l'absolu et le permanent, et à saisir, supprimant toutes les limites accidentelles, les conditions nécessaires de leur existence. A la vérité, cette voie transcendentale nous éloignera quelque temps du cercle familier des phénomènes et de la présence vivante des objets, pour nous retenir sur le terrain nu des idées abstraites; mais nous sommes à la recherche d'un principe de connaissance qui soit assez stable pour que rien ne puisse l'ébranler, et celui qui n'ose s'élever au-dessus de la réalité ne conquerra jamais la vérité.

LETTRE XI.

En s'élevant aussi haut qu'il est possible, l'abstraction arrive à deux idées premières devant lesquelles elle est obligée de s'arrêter et de reconnaître ses limites. Elle distingue dans l'homme quelque chose qui persiste, et quelque chose qui change sans cesse. Ce qui persiste, elle le nomme sa *personne*; ce qui change, son *état*.

La personne et l'état, le *moi* et ses déterminations, que nous nous représentons comme une seule et même chose dans l'être nécessaire, sont éternellement distincts dans l'être fini. Malgré toute la persistance de la personne, l'état change; malgré tous les changements dans l'état, la personne demeure et persiste. Nous passons du repos à l'activité, de l'émotion à l'indifférence, de l'assentiment à la contradiction, mais nous sommes toujours *nous*, et ce qui découle immédiatement de *nous* demeure. Dans le sujet absolu seul, persistent aussi *avec* la personnalité toutes ses déterminations, parce qu'elles découlent *de* la personnalité. Tout ce qu'est la divinité, elle l'est *parce qu'*elle est : en conséquence, elle est éternellement tout ce qu'elle est, parce qu'elle est éternelle.

Puisque dans l'homme, en tant qu'être fini, la personne et l'état sont distincts, l'état ne peut se fonder sur la personne, ni la personne sur l'état. En admettant le second cas, la personne devrait changer; dans le premier, l'état devrait persister. Ainsi, dans l'une ou l'autre supposition, ou la personnalité ou la qualité d'être fini cesserait nécessairement. Ce n'est point parce que nous pensons, voulons, sentons, que nous sommes;

ce n'est point parce que nous sommes, que nous pensons, voulons, sentons. Nous sommes parce que nous sommes ; nous sentons, pensons et voulons, parce qu'il y a au dehors de nous quelque chose qui n'est pas nous.

La personne doit donc avoir en elle-même sa raison d'être, car le permanent ne peut dériver du changeant, et ainsi nous serions d'abord en possession de l'idée de l'être absolu, fondé en lui-même : c'est-à-dire de l'idée de la *liberté*. L'état doit avoir un fondement, et, puisqu'il n'est point par la personne, que dès lors il n'est pas absolu, il doit *suivre* et *résulter* ; et ainsi, en second lieu, nous serions arrivés à la condition de tout être dépendant ou du devenir : c'est-à-dire à l'idée du *temps*. « Le temps est la condition de tout devenir » est une proposition identique, car elle ne dit rien autre chose que ceci : « Pour que quelque chose suive, il faut qu'il y ait succession. »

La personne qui se manifeste dans le *moi* éternellement persistant, et seulement en lui, ne peut devenir, commencer dans le temps, parce qu'au contraire c'est bien plutôt le temps qui doit commencer en elle, parce que quelque chose de permanent doit servir de base au changement. Pour qu'il y ait changement, il faut que quelque chose change : ce quelque chose ne peut donc point être le changement lui-même. Quand nous disons : la fleur s'épanouit et se fane, nous faisons de la fleur un être persistant au sein de cette transformation ; nous lui prêtons en quelque sorte une personnalité, dans laquelle ces deux états se manifestent. Dire que l'homme prend d'abord naissance, devient, n'est pas une objection ; car l'homme n'est pas seulement personne en général, mais il est une personne qui se trouve dans un état déterminé. Or, tout état, toute existence déterminée naît dans le temps, et c'est ainsi que l'homme, en tant que phénomène, doit avoir un commencement, bien qu'en lui la pure intelligence soit éternelle. Sans le temps, c'est-à-dire sans le devenir, il ne serait pas un être déterminé ; sa personnalité existerait virtuellement, sans doute, mais non en acte. Ce n'est que par la succession de ses perceptions que le moi immuable se manifeste à lui-même.

Ainsi donc, la matière de l'activité, ou la réalité, que l'intelligence suprême puise dans son propre sein, il faut que l'homme commence par la *recevoir* et, en effet, il la reçoit, par la voie de la perception, comme quelque chose qui est hors de lui dans l'espace, et qui change en lui dans le temps. Cette matière qui change en lui est toujours accompagnée par le *moi* qui ne change jamais; et demeurer immuablement *lui* au milieu du changement, ramener toutes les perceptions à l'expérience, c'est-à-dire à l'unité de connaissance, et faire de chacun de ses modes de manifestation dans le temps la loi de tous les temps, voilà la règle qui est prescrite à l'homme par sa nature rationnelle. Il n'*existe* qu'en tant qu'il change; *lui* n'existe qu'en tant qu'il ne change pas. En conséquence, représenté dans sa perfection, l'homme serait l'unité permanente qui demeure toujours la même dans les vagues du changement.

Maintenant, quoiqu'un être infini, une divinité, ne puisse *devenir*, on doit cependant nommer divine une tendance qui a pour but infini l'attribut le plus caractéristique de la divinité: la manifestation absolue de la puissance (la réalité de tout le possible) et l'unité absolue de la manifestation (la nécessité de tout le réel). L'homme porte incontestablement en lui, dans sa personnalité, une prédisposition à la divinité. La voie de la divinité, si l'on peut nommer voie ce qui ne conduit jamais au but, lui est ouverte dans les *sens*.

Considérée en elle-même et indépendamment de toute matière sensible, sa personnalité n'est que la pure virtualité d'une manifestation infinie possible, et, tant qu'il n'a ni intuition ni sentiment, il n'est rien de plus qu'une forme, une puissance vide. Considérée en elle-même et indépendamment de toute activité spontanée de l'esprit, la sensibilité ne peut rien que faire l'homme matière, sans elle il est pure forme; mais elle ne peut en aucune façon établir l'union entre la matière et lui. Tant qu'il ne fait que sentir, désirer, et agir sous l'influence du désir, il n'est rien de plus que *monde*, si par ce mot nous désignons seulement le contenu informe du temps. Sans doute, c'est uniquement sa sensibilité qui fait passer sa puissance en acte efficace, mais sa personnalité seule fait que cette activité est sienne. Ainsi, pour n'être pas seulement monde, il faut qu'il donne une forme à la matière; et pour n'être pas seulement forme, il faut qu'il donne la réalité à la virtualité qu'il porte en lui. Il donne la matière à la forme, en créant le temps, et en opposant à l'immuable le changeant, à l'éternelle unité de son *moi*, la diversité du monde ; il donne une forme à la matière, en supprimant de nouveau le temps, en maintenant la permanence dans le changement, et en soumettant la diversité du monde à l'unité de son *moi*.

Or, de là découlent pour l'homme deux exigences opposées, les deux lois fondamentales de la nature rationnelle-sensible. La première a pour objet la *réalité* absolue : il doit faire monde tout ce qui n'est que forme, manifester tout ce qui, chez lui, est en puissance. La seconde loi a pour objet la *formalité* absolue : il doit détruire en lui tout ce qui n'est que monde et porter l'harmonie dans tous les changements. En d'autres termes, il doit manifester tout ce qui est interne et donner la forme à tout ce qui est externe. Envisagée dans son accomplissement le plus élevé, cette double tâche ramène à l'idée de la divinité, qui a été mon point de départ.

LETTRE XII.

Cette double tâche, qui consiste à faire passer, *en nous*, le nécessaire à la réalité, et à soumettre, *hors de nous*, le réel à la loi de la nécessité, nous sommes excités à la remplir par deux forces opposées qui, parce qu'elles nous poussent à réaliser leur objet, sont très-justement nommées impulsions ou instinct[1]. La première de ces impulsions, que j'appellerai *instinct sensible*[2], dérive de l'existence physique de l'homme ou de sa nature sensible, et c'est elle qui tend à le renfermer dans les bornes du temps et à le faire matière : je ne dis pas lui donner

1. Au mot *impulsions* (ou *instincts*) se rapporte, dans les *Heures*, la note suivante, que Schiller a supprimée dans les *Opuscules en prose* et qui, par suite, manque aussi dans les *Œuvres complètes* : « Je ne me fais aucun scrupule d'employer ce terme d'une manière commune, tout aussi bien pour ce qui tend à l'accomplissement d'une loi, que pour ce qui tend à la satisfaction d'un besoin, bien qu'on le restreigne d'ordinaire à ce dernier sens. Si les idées rationnelles deviennent, dès qu'on les place, en général, dans les limites du temps, des impératifs ou des devoirs : d'un autre côté ces devoirs deviennent des impulsions ou instincts, dès qu'ils se rapportent à quelque chose de déterminé et de réel. La véracité, par exemple, en tant que chose absolue et nécessaire que la raison prescrit à toutes les intelligences, est dans l'être suprême réelle, parce qu'elle est possible ; car cela résulte de l'idée d'un être nécessaire. Cette même idée de véracité, placée dans les bornes de l'humanité, reste toujours, il est vrai, nécessaire, mais elle ne l'est plus que moralement, et il faut d'abord qu'elle soit réalisée, parce que, chez un être contingent, la possibilité n'implique pas la réalité. Or, que l'expérience fournisse un cas auquel se puisse rapporter cet impératif de la véracité, alors il éveille une impulsion, une tendance à exécuter cette loi, et à opérer cet accord avec soi-même que prescrit la raison. Cette impulsion a lieu nécessairement, et ne manque pas même chez celui qui agit directement contre elle. Sans elle, il n'y aurait pas de volonté moralement mauvaise, ni par conséquent aussi de volonté moralement bonne. »

2. Dans les *Heures* : « l'impulsion *réelle*.»

une matière, car, pour cela, il faut déjà une libre activité de la personne qui, recevant la matière, la distingue du moi, du permanent. Par matière je n'entends ici que le changement ou la réalité qui remplit le temps. En conséquence, cet instinct exige qu'il y ait changement, que le temps ait un contenu. Cet état du temps simplement rempli se nomme sensation, et c'est uniquement par cet état que se manifeste l'existence physique.

Comme tout ce qui est dans le temps est *successif*, il s'ensuit que par cela seul que quelque chose est, tout le reste est exclu. Quand on attaque une note sur un instrument, parmi toutes celles qu'il peut virtuellement donner, cette note seule est réelle: lorsque l'homme est actuellement modifié, la possibilité infinie de toutes ses modifications est limitée à cet unique mode d'existence. Ainsi donc, l'action exclusive de l'impulsion sensible a pour conséquence nécessaire la limitation la plus étroite. Dans cet état, l'homme n'est qu'une unité de grandeur, un moment rempli dans le temps; ou, pour mieux dire, *il* n'est pas, car sa personnalité est supprimée aussi longtemps que la sensation le domine et emporte le temps avec elle [1].

Cet instinct étend son domaine sur toute la sphère du fini dans l'homme, et, comme la forme ne se révèle que dans la matière, et l'absolu que par le moyen des limites, la manifestation totale de la nature humaine tient en dernière analyse à l'instinct sensible. Mais, quoique lui seul éveille et développe ce qui existe virtuellement dans l'homme, c'est cependant lui seul aussi qui en rend la perfection impossible. Il rattache au monde des sens, par des liens indestructibles, l'esprit,

---

1. Pour cet état d'impersonnalité sous l'empire de la sensation, la langue possède une expression très-frappante : *être hors de soi*, c'est-à-dire être hors de son *moi*. Quoique cette manière de parler ne s'emploie guère que lorsque la sensation prend le caractère de la passion, et que cet état devient plus remarquable par sa durée, l'homme est hors de soi, tant qu'il ne fait que sentir. Revenir de cet état à la réflexion, c'est ce qu'on appelle, avec non moins de justesse, *rentrer en soi*, c'est-à-dire revenir à son *moi*, rétablir sa personnalité. De quelqu'un qui est en défaillance, on ne dit pas « il est *ausser sich* (hors de soi), » mais « il est *von sich* (loin de soi, pas chez soi), » c'est-à-dire il est enlevé à son *moi*, vu que, dans cet état, le fait est seulement qu'il n'est pas dans son *moi* (sans que pour cela il soit ailleurs, hors de soi). Aussi celui qui est revenu d'un évanouissement est-il simplement « *bei sich* (revenu à lui), » ce qui peut très-bien se concilier avec être *hors de soi*. (*Note de Schiller.*)

qui tend plus haut, et il rappelle aux bornes du présent l'abstraction, qui prenait son libre essor dans la sphère de l'infini. Sans doute, la pensée peut lui échapper momentanément, et une ferme volonté résiste victorieusement à ses exigences; mais bientôt la nature opprimée rentre dans ses droits, pour donner impérieusement une réalité à notre existence, un contenu, un fond, à notre connaissance, un but à notre activité.

La seconde impulsion, qu'on peut nommer *instinct formel*, part de l'existence absolue de l'homme ou de sa nature rationnelle, et tend à le mettre en liberté, à porter l'harmonie dans la diversité de ses manifestations, et à maintenir, malgré tous les changements d'état, la personnalité. Comme celle-ci, en tant qu'unité absolue et indivisible, ne peut jamais être en contradiction avec elle-même, comme *nous sommes nous à tout jamais*, cette impulsion, qui tend à maintenir la personnalité, ne peut en aucun temps exiger autre chose que ce qu'il faut qu'elle exige constamment et à tout jamais : elle décide donc pour toujours ce qu'elle décide maintenant, et ordonne maintenant ce qu'elle ordonne pour toujours. Dès lors, elle embrasse la série totale du temps, ou, ce qui revient au même, elle supprime le temps, elle supprime le changement; elle veut que le réel soit nécessaire et éternel, et que l'éternel et le nécessaire soient réels; en d'autres termes, elle tend à la vérité et à la justice.

Si l'instinct sensible ne produit que des *accidents*, l'instinct formel donne des *lois* : des lois pour tout jugement, quand il est question de connaissances, des lois pour toute volonté, quand il s'agit d'actions. Soit donc que nous reconnaissions un objet, que nous accordions une valeur objective à un état du sujet, soit que nous agissions en vertu de connaissances, que nous fassions de l'objectif le principe déterminant de notre état : dans l'un et l'autre cas, nous soustrayons cet état à la juridiction du temps, et nous lui attribuons la réalité pour tous les hommes et pour tous les temps, c'est-à-dire l'universalité et la nécessité. Le sentiment peut dire seulement : « Cela est vrai *pour ce sujet et dans ce moment*, » et il peut venir un autre moment, un autre sujet, qui rétracte l'affirmation du sentiment actuel. Mais, quand une fois la pensée prononce, et dit : « *Cela est,* » elle décide pour toujours et à tout jamais, et la validité de sa décision est garantie par la personnalité elle-même, qui brave tout changement. L'inclination peut dire seulement : « Cela est bon *pour ton individu* et *pour ton besoin actuel;* » mais ton individu et ton besoin actuel, le cours changeant des choses les emportera, et ce que tu désires ardemment aujourd'hui, il en fera quelque jour l'objet de ton aversion. Mais, lorsque le sentiment moral dit : « *Cela doit être,* » il décide pour toujours et à jamais. Si tu confesses la vérité, parce qu'elle est la vérité, et si tu pratiques la justice, parce qu'elle est la justice, tu as fait d'un cas particulier la loi de tous les cas possibles, et traité un moment de ta vie comme l'éternité.

En conséquence, lorsque l'impulsion formelle exerce le pouvoir, et que l'objet pur agit en nous, l'être acquiert sa plus haute expansion, toutes les barrières disparaissent, et de l'unité de grandeur dans laquelle le renfermait l'étroite sensibilité, l'homme s'élève à une *unité d'idée*, qui embrasse et se subordonne la sphère totale des phénomènes. Durant cette opération, nous ne sommes plus dans le temps, mais c'est le temps qui est en nous avec sa succession infinie. Nous ne sommes plus individus, mais espèce; le jugement de tous les esprits est exprimé par le nôtre, et le choix de tous les cœurs est représenté par notre acte.

LETTRE XIII.

Au premier abord, rien ne paraît plus opposé que les tendances de ces deux impulsions, puisque l'une a pour objet le changement et l'autre l'immutabilité. Et cependant ce sont ces deux impulsions qui épuisent la notion de l'humanité, et une troisième *impulsion fondamentale*, qui tiendrait le milieu entre elles, est absolument inconcevable. Comment donc rétablirons-nous l'unité de la nature humaine, unité qui paraît complétement détruite par cette opposition primitive et radicale?

Il est vrai, ces tendances se contredisent; mais, il faut bien le remarquer, ce n'est pas dans *les mêmes objets*. Or, ce qui ne se rencontre pas ne saurait entrer en collision. Sans doute, l'impulsion sensible veut le changement; mais elle ne veut pas qu'il s'étende à la personnalité et à son domaine : qu'il y ait changement dans les principes. L'impulsion formelle veut l'unité et la permanence; mais elle ne veut pas qu'avec la personne l'état aussi devienne fixe : qu'il y ait identité de sentiment. Ces deux impulsions ne sont donc pas opposées par nature; et si, malgré cela, elles le paraissent, c'est qu'elles le sont devenues par une libre transgression de la nature, en se méconnaissant elles-mêmes, et en confondant leurs sphères[1].

---

1. Dès qu'on admet un antagonisme primitif, et partant nécessaire, des deux impulsions, il est hors de doute que le seul moyen de maintenir l'unité dans l'homme, c'est de *subordonner* absolument l'impulsion sensible à l'impulsion rationnelle. Mais de là ne peut naître que l'uniformité, et non l'harmonie, et la scission continuera éternellement dans l'homme. Sans contredit, la subordination doit avoir lieu, mais une subordination réciproque; car, bien que les

Veiller sur elles et assurer à chacune d'elles ses limites, est la tâche de la *culture*, qui, par conséquent, doit à toutes deux une égale justice et qui a à défendre, non pas seulement l'impulsion rationnelle contre l'impulsion sensible[1], mais encore celle-ci contre celle-là. Dès lors, son rôle est double : premièrement, protéger la sensibilité contre les attaques de la liberté ; secondement, garantir la personnalité contre la puissance des sensations. Un de ces buts est atteint par la culture de la sensibilité ; l'autre, par la culture de la raison.

Puisque le monde est étendue dans le temps, changement, la perfection de cette faculté qui met l'homme en rapport avec le monde, sera nécessairement la mutabilité et l'extensibilité la plus grande possible. Puisque la personnalité est la permanence dans le changement, la perfection de cette faculté qui doit s'opposer au changement, sera nécessairement l'autonomie et l'intensité la plus grande possible. Plus la réceptivité se développe sous des faces multiples, plus elle est mobile, plus

limites ne puissent jamais fonder l'absolu, et que, par conséquent, la liberté ne puisse jamais relever du temps, il n'en est pas moins certain que, par lui-même, l'absolu ne peut jamais fonder les limites, et que l'état dans le temps ne saurait relever de la liberté. Ces deux principes sont donc à la fois subordonnés et coordonnés l'un par rapport à l'autre, c'est-à-dire qu'ils sont corrélatifs : pas de matière sans forme, pas de forme sans matière. (Ce concept de la corrélation est analysé supérieurement par Fichte, qui en montre toute l'importance dans son *Fondement de la doctrine universelle de la science*, Leipzig, 1794.) Ce qu'il en est de la personne dans la sphère des idées, nous l'ignorons sans doute ; mais, ce que nous savons très-bien, c'est qu'elle ne peut se manifester dans la sphère du temps, sans recevoir une matière. Ainsi donc, dans cette sphère, la matière aura quelque chose à déterminer. non-seulement *sous* la forme, mais aussi *à côté* de la forme, et indépendamment de cette dernière. Dès lors, autant il est nécessaire que le sentiment ne décide rien dans la sphère de la raison, autant il l'est d'autre part que la raison ne s'arroge pas le droit de déterminer dans la sphère du sentiment. Par cela seul qu'on assigne un domaine à chacune des deux facultés, on en exclut l'autre, et l'on fixe à chacune d'elles une limite qui ne peut être franchie qu'*au détriment de toutes les deux.*

Dans une philosophie transcendentale, où tout tend à affranchir la forme du fond et à maintenir le nécessaire pur de tout contingent, on s'accoutume fort aisément à considérer le monde physique simplement comme un obstacle, et à se représenter la sensibilité qui gêne ces opérations, comme en contradiction nécessaire avec la raison. Cette opinion, il est vrai, n'est nullement dans l'esprit du système de Kant, mais elle pourrait bien être dans la lettre. (*Note de Schiller.*)

1. Les *Heures*, dans le texte, ont, comme toujours, les deux termes d'*impulsion réelle* et d'*impulsion formelle*; mais dans la note qui précède on lit, comme dans les *Opuscules en prose* et dans les *OEuvres complètes* : « Impulsion sensible et impulsion rationnelle. »

elle offre de surface aux phénomènes : plus la part de monde que l'homme *saisit* est considérable, plus il développe en lui de virtualités. Plus la personnalité acquiert de force et de profondeur, et la raison de liberté, plus la part de monde que l'homme *comprend* est grande, plus il crée de formes au dehors de lui. Sa culture consistera donc : premièrement, à mettre la réceptivité en contact avec le monde par les points les plus nombreux possibles, et à élever la passivité au plus haut degré du côté du sentiment; secondement, à procurer au pouvoir déterminatif l'indépendance la plus grande par rapport au pouvoir réceptif, et à élever l'activité au plus haut degré du côté de la raison. Par la réunion de ces deux qualités, l'homme associera le plus haut degré d'autonomie et de liberté avec le plus haut degré de plénitude d'existence, et, au lieu de se livrer au monde au point de s'y perdre, il l'absorbera plutôt en lui, avec toute l'infinité de ses phénomènes, et le soumettra à l'unité de sa raison.

Mais ce rapport, l'homme peut l'*intervertir*, et, par là, manquer de deux manières sa destination. Il peut transporter à la force passive l'intensité que demande la force active, empiéter par l'impulsion matérielle sur l'impulsion formelle, et faire du pouvoir réceptif le pouvoir déterminatif. Il peut attribuer à la force active l'extensibilité qui appartient à la passive, empiéter par l'impulsion formelle sur l'impulsion matérielle, et substituer le pouvoir déterminatif au pouvoir réceptif. Dans le premier cas il ne sera jamais *moi*; dans le second, il ne sera jamais *non-moi*; et dès lors, dans les deux cas, il ne sera *ni l'un ni l'autre*, par conséquent.... il sera nul[1].

---

1. La fâcheuse influence qu'exerce sur nos pensées et nos actions la prépondérance de la sensibilité saute aux yeux de tout le monde; mais ce qu'on ne voit pas avec la même facilité, quoique cela arrive aussi fréquemment et ait la même importance, c'est l'influence funeste qu'exerce la prépondérance de la rationalité sur notre connaissance et notre conduite. Parmi le grand nombre de cas qui se rapportent à ce que je dis là, qu'on me permette d'en rappeler seulement deux qui peuvent mettre en lumière le danger que présentent les empiétements de l'intelligence et du vouloir sur l'intuition et le sentiment.

Une des causes principales de la lenteur des progrès que font chez nous les sciences naturelles, c'est évidemment le penchant général et presque invincible aux jugements téléologiques, dans lesquels, dès qu'on leur donne une valeur constitutive, le pouvoir déterminatif se substitue au pouvoir réceptif. Quelque

En effet, si l'impulsion sensible devient déterminante, si les sens font les législateurs, et si le monde étouffe la personnalité,

énergique et multiple que soit l'influence de la nature sur nos organes, toute sa variété est perdue pour nous, parce que nous ne cherchons dans la nature que ce que nous y avons mis, et qu'au lieu de la laisser agir *du dehors sur nous*, notre raison impatiente et envahissante veut agir *du dedans sur elle*. Dès lors, si, dans le cours des âges, il se rencontre un homme qui, abordant la nature avec un sens chaste et ouvert, soit frappé d'une foule de phénomènes que dans notre préoccupation nous avons négligés, nous nous étonnons au plus haut point que tant d'yeux, par une si vive lumière, n'aient rien remarqué. Cette précipitation qui veut réaliser l'harmonie avant d'avoir réuni les sons épars qui doivent la constituer, cette usurpation violente de la pensée sur un domaine où elle n'a pas à exercer un pouvoir absolu *, est la cause qui rend tant de penseurs stériles pour le progrès de la science ; et il serait difficile de dire ce qui a le plus nui à l'extension de nos connaissances, ou de la sensibilité, qui n'admet pas de forme, ou de la raison, qui n'attend pas que le fond soit connu.

Il serait tout aussi difficile de déterminer si c'est la vivacité de nos désirs ou la rigidité de nos principes, l'égoïsme de nos sens ou l'égoïsme de notre raison, qui a le plus troublé et refroidi notre philanthropie pratique. Pour faire de nous des hommes sympathiques, secourables, actifs, le sentiment et le caractère doivent s'unir ; de même que, pour nous procurer de l'expérience, un sens ouvert doit s'allier à l'énergie de l'intelligence. Comment pouvons-nous, quelque louables que soient nos maximes, être justes, bons, humains envers les autres, s'il nous manque la faculté de nous identifier vraiment et sincèrement avec une nature étrangère, de nous approprier des situations étrangères, de faire nôtres des sentiments étrangers ? Mais, tant dans l'éducation que nous recevons que dans celle que nous nous donnons nous-mêmes, cette faculté est comprimée avec le même soin qu'on apporte à briser la puissance des désirs et à fortifier le caractère par des principes. Comme il en coûte de rester fidèle à ses principes en dépit de la vivacité du sentiment, on a recours au moyen plus commode d'émousser ses sentiments pour mettre le caractère en sûreté ; car sans doute il est infiniment plus aisé d'être tranquille et rassuré en présence d'un adversaire désarmé, que de maîtriser un ennemi robuste et courageux. Aussi est-ce dans cette opération que consiste en grande partie ce qu'on appelle *former un homme*, et cela dans le meilleur sens du mot, dans celui de culture, non-seulement externe, mais interne. Un homme ainsi formé ne courra sans doute pas le risque d'avoir une nature grossière et de la manifester ; mais, en même temps, il sera cuirassé par des principes contre toutes les impressions de la nature, et restera également inaccessible à l'humanité *du dehors* et à celle *du dedans*.

C'est faire un abus très-pernicieux de l'idéal de perfection, que de l'appliquer dans toute sa rigueur aux jugements que nous portons sur les autres hommes et à l'appréciation des circonstances dans lesquelles nous devons agir pour eux. L'un conduit à l'exaltation, l'autre à la dureté et à la froideur. On se rend, à la vérité, les devoirs sociaux singulièrement faciles, lorsque à l'homme *réel* qui réclame notre secours on substitue par la pensée l'homme *idéal* qui vraisemblablement pourrait se secourir lui-même. La sévérité envers soi-même associée à la douceur envers les autres, constitue le caractère vraiment excellent. Mais, le plus souvent, l'homme doux pour les autres le sera aussi pour lui-

---

* Dans les *Heures* : « Où elle n'a absolument rien à dire. »

il perd comme objet ce qu'il gagne comme force. On peut dire de l'homme que, dès qu'il n'est que le contenu du temps, *il n'est pas*, et *il n'a* par conséquent aucun contenu. Son état est détruit en même temps que sa personnalité, parce que ce sont deux idées corrélatives, parce que le changement suppose la permanence, et la réalité limitée une réalité infinie. Si l'impulsion formelle devient réceptive, c'est-à-dire si la pensée devance la sensation, et que la personne se substitue au monde, elle perd comme sujet et force autonome ce qu'elle gagne comme objet, parce que l'immuable suppose le changement, et que, pour se manifester, la réalité absolue veut des limites. Dès que l'homme n'est que forme, il n'a plus de forme, et la personnalité disparaît avec l'état. En un mot, ce n'est qu'en tant qu'il est autonome, qu'il y a de la réalité hors de lui, qu'il est réceptif; et ce n'est qu'en tant qu'il est réceptif, qu'il y a de la réalité en lui, qu'il est une force pensante.

Ces deux impulsions [1] ont donc besoin de limite, et, envisagées comme forces, de tempérament : celle-là, afin qu'elle n'envahisse pas le domaine de la législation; celle-ci, afin qu'elle ne fasse pas irruption dans le domaine du sentiment. Mais ce tempérament de l'impulsion sensible ne doit pas être l'effet d'une impuissance physique, et d'un émoussement des sensations, qui ne mérite jamais que le mépris : il doit être un acte de la liberté, une activité de la personne, qui, par son intensité morale, modère l'intensité sensible, et par la domination des impressions leur enlève en profondeur ce qu'elle leur donne en surface. Le caractère doit imposer des bornes à la complexion, car les sens n'ont le droit de perdre *qu'au profit de l'esprit*. A son tour, le tempérament de l'impulsion formelle ne doit pas davantage être l'effet d'une impuissance morale, d'un relâchement de la pensée ou de la volonté, qui avilirait l'humanité. Il faut que la source glorieuse de ce second tempérament soit la plénitude des sensations; il faut que la sensibilité elle-

même, et l'homme sévère pour lui-même le sera aussi pour les autres. Être doux pour soi-même et sévère pour autrui, c'est le caractère le plus méprisable. (*Note de Schiller.*)

1. Dans les *Heures* leurs noms sont ici répétés : « L'impulsion réelle et la formelle. »

même défende son domaine avec une force victorieuse et résiste à la violence que voudrait lui faire l'activité envahissante de l'esprit. En un mot, il faut que l'impulsion matérielle soit contenue dans les limites convenables par la personnalité, et l'impulsion formelle par la réceptivité ou la nature.

LETTRE XIV.

Nous avons été amenés à l'idée d'une corrélation telle entre les deux impulsions, que l'action de l'une fonde et limite tout à la fois l'action de l'autre, et qu'isolément prises, chacune d'elles n'arrive à sa manifestation la plus élevée que parce que l'autre est active.

Sans doute, cette corrélation des deux impulsions est simplement un problème que pose la raison, et que l'homme ne pourra résoudre entièrement que dans la perfection de son être. C'est, dans la signification la plus stricte du mot, *l'idée de son humanité :* partant, un infini dont il peut se rapprocher de plus en plus dans le cours du temps, mais sans jamais l'atteindre. « Il ne doit pas tendre à la forme au détriment de la réalité, ni à la réalité au détriment de la forme. Il faut plutôt qu'il cherche l'être absolu au moyen d'un être déterminé, et l'être déterminé au moyen d'un être infini. Il faut qu'en face de lui il pose le monde parce qu'il est une personne, et qu'il soit une personne parce qu'il a le monde en face de lui. Il doit sentir parce qu'il a conscience de lui-même, et il doit avoir conscience de lui-même parce qu'il sent. » Ce n'est que conformément à cette idée qu'il est homme, dans la pleine signification du mot; mais il ne peut s'en convaincre tant qu'il se livre exclusivement à une de ces deux impulsions, ou qu'il ne les satisfait que l'une après l'autre; car, tant qu'il ne fait que sentir, sa personnalité ou son existence absolue demeure pour lui un mystère, et tant qu'il ne fait que penser, c'est son état ou son existence dans le temps qui lui échappe. Mais s'il y avait des cas où il pût faire *à la fois* cette double expérience, où il aurait à la fois la conscience de sa liberté et le sentiment de son existence, où il se sentirait à la fois comme matière et se connaîtrait comme esprit : dans ces cas, et seulement dans ceux-là, il aurait une intuition complète de son humanité, et l'objet qui lui procurerait cette intuition lui serait un symbole de sa *destination accomplie*, et conséquemment (puisque cette destination ne peut être remplie que dans la totalité du temps) lui servirait à représenter l'infini.

En supposant que des cas de ce genre puissent se présenter dans l'expérience, ils éveilleraient en lui une nouvelle impulsion qui, précisément parce que les deux autres coopéreraient en elle, serait opposée à chacune d'elles isolément prise, et pourrait passer à juste titre pour une impulsion nouvelle. L'impulsion sensible veut qu'il y ait changement, que le temps ait un contenu ; l'impulsion formelle veut que le temps soit supprimé, qu'il n'y ait pas de changement. En conséquence l'impulsion dans laquelle les deux autres agissent de concert (qu'il me soit permis de la nommer , en attendant que je justifie cette dénomination, *instinct de jeu*), l'instinct de jeu aurait pour objet de supprimer le temps *dans le temps*, de concilier le devenir avec l'être absolu, le changement avec l'identité.

L'instinct sensible veut être déterminé, il veut recevoir son objet; l'instinct formel veut lui-même déterminer, il veut produire son objet : l'instinct de jeu s'efforcera donc de recevoir comme il aurait lui-même produit, et de produire comme le sens aspire à recevoir [1].

L'impulsion sensible exclut de son sujet toute autonomie et liberté; l'impulsion formelle, toute dépendance et passivité. Mais l'exclusion de la liberté est nécessité physique; l'exclusion de la passivité, nécessité morale. Ainsi, les deux impulsions soumettent l'âme, celle-là aux lois de la nature, celle-ci aux

---

1. On lit de plus ici dans les *Heures* les lignes suivantes : « On peut dire que l'instinct réel (ou sensible) tend à multiplier l'unité dans le temps, parce que le sentiment est une succession de réalités. L'instinct formel (ou rationnel) tend à unir la pluralité dans l'idée, parce que la pensée est l'accord du divers. L'instinct de jeu s'occupera donc de multiplier l'unité de l'idée dans le temps, de faire de la loi un sentiment ; ou, ce qui revient au même, d'unir dans le temps la pluralité dans l'idée, de faire du sentiment la loi. »

lois de la raison. Il en résulte que l'instinct de jeu, qui réunit
la double action des deux autres instincts, obligera l'âme tout à
la fois moralement et physiquement : dès lors, parce qu'il supprime toute contingence, il supprimera aussi toute coaction et
mettra l'homme en liberté à la fois physiquement et moralement.
Lorsque nous embrassons avec passion quelqu'un qui mérite
notre mépris, nous ressentons avec douleur *la contrainte de la
nature*. Lorsque nous avons des sentiments hostiles envers une
personne qui force notre estime, nous ressentons avec douleur
la contrainte de la raison. Mais, si cette personne nous inspire
de l'intérêt et qu'en même temps elle ait gagné notre estime,
la contrainte du sentiment s'évanouit ainsi que la contrainte de
la raison [1], et nous commençons à l'aimer, c'est-à-dire à jouer,
à nous récréer à la fois avec notre inclination et notre estime.

De plus en tant que l'impulsion sensible nous oblige physiquement, et l'impulsion formelle moralement, celle-là rend
contingente notre constitution formelle, et celle-ci notre constitution matérielle, c'est-à-dire qu'il y a contingence dans l'accord de notre bonheur avec notre perfection et réciproquement.
L'instinct de jeu dans lequel les deux autres agissent d'accord,
rendra tout à la fois contingentes notre constitution formelle
et matérielle, partant, notre perfection et notre félicité ; et,
d'un autre côté, précisément parce qu'il les fait contingentes
toutes deux, et qu'avec la nécessité disparaît aussi la contingence, il supprimera dans toutes deux la contingence et par là
donnera la forme à la matière et la réalité à la forme. A mesure qu'il diminuera l'influence dynamique des sentiments et
des passions, il les mettra en harmonie avec des idées rationnelles, et, en enlevant aux lois de la raison leur contrainte
morale, il les réconciliera avec l'intérêt des sens [2].

1. Dans les *Heures* : « La contrainte de la conscience. »
2. Cette lettre, dans les *Heures*, se termine par les deux phrases suivantes :
« Sous son empire, l'agréable devient un objet, et le bien une puissance. Dans
son *objet*, il échangera la matière contre la forme et la forme contre la matière; dans son *sujet*, il transformera la nécessité en liberté et la liberté en
nécessité, et de la sorte il amènera les deux natures dans l'homme à la plus
étroite communauté. »

LETTRE XV.

Je me rapproche de plus en plus du but, auquel je vous conduis par un sentier peu divertissant. Si vous voulez bien me suivre quelques pas encore, un horizon d'autant plus libre s'ouvrira à vos regards, et peut-être une riante perspective compensera-t-elle les fatigues du chemin.

Exprimé dans une idée générale, l'objet de l'impulsion sensible se nomme *vie*, dans la signification la plus large : notion qui embrasse toute existence matérielle, tout ce qui s'adresse immédiatement aux sens. L'objet de l'impulsion formelle, exprimé dans une idée générale, se nomme *forme*, tant au propre qu'au figuré : notion qui embrasse toutes les qualités formelles des choses et tous leurs rapports avec les facultés intellectuelles. L'objet de l'instinct de jeu, représenté dans une formule générale, pourra donc se nommer *forme vivante* : notion qui sert à désigner toutes les qualités esthétiques des phénomènes, et, en un mot, ce qu'on nomme *beauté*, dans la signification la plus étendue.

Il résulterait de cette explication, si c'en était une, que le beau ne s'étend pas à toute la sphère du vivant, et n'est pas renfermé uniquement dans cette sphère. Un bloc de marbre, quoiqu'il soit et demeure inanimé, ne laisse pas pour cela de pouvoir devenir forme vivante sous la main de l'architecte et du sculpteur; et bien qu'un homme vive et qu'il ait une forme, il s'en faut de beaucoup que cela suffise pour qu'il soit forme vivante. Pour cela il importe que sa forme soit vie et sa vie forme. Tant que nous ne faisons que penser sa forme, elle est inanimée, abstraction pure; tant que nous ne faisons que sentir sa vie, elle est sans forme, pure impression. Ce n'est qu'à la condition que sa forme vive dans notre sentiment, et que sa vie prenne une forme dans notre intelligence, qu'il est forme vivante; et ce sera toujours le cas lorsque nous le jugerons beau.

Mais de ce que nous pouvons indiquer les parties constituantes qui, par leur réunion, produisent la beauté, il ne suit pas que sa genèse soit expliquée en aucune manière; car, pour cela, il faudrait comprendre *cette réunion elle-même*, qui pour nous demeure impénétrable, comme, en général, toute corrélation entre le fini et l'infini. En vertu d'un principe transcendental, la raison exige qu'il y ait communion entre l'instinct formel et l'instinct matériel, c'est-à-dire qu'il y ait un instinct de jeu, parce que l'idée de l'humanité n'est consommée que par l'unité de la réalité et de la forme, de la contingence et de la nécessité, de la passivité et de la liberté. La raison doit poser ce postulat, parce qu'il est dans son essence de tendre à la perfection et à la suppression de toute limite, et que l'action exclusive de l'un ou de l'autre instinct laisse la nature humaine incomplète et lui impose des bornes. En conséquence, lorsque la raison prononce : « Il faut qu'il y ait une humanité, » elle pose par cela seul cette loi : « Il faut qu'il y ait une beauté. » L'expérience peut nous dire s'il y a une beauté, et nous le saurons aussitôt qu'elle nous aura appris s'il y a une humanité. Mais *comment* peut-il y avoir une beauté, et comment une humanité est-elle possible, c'est ce que ne peut nous enseigner ni la raison ni l'expérience.

L'homme, nous le savons, n'est ni exclusivement matière, ni exclusivement esprit. Le beau, comme consommation de son humanité, ne peut donc pas être exclusivement vie, comme l'ont affirmé des observateurs perspicaces, qui s'en sont tenus trop rigoureusement au témoignage de l'expérience, entraînés d'ailleurs à cette dépréciation par le goût de leur temps; elle ne peut pas non plus être exclusivement forme pure[1], comme

---

1. Il y a quelques mots de plus dans les *Heures :* « Le beau.... ne peut donc être exclusivement un objet de l'impulsion réelle, c'est-à-dire vie pure.... ni exclusivement un objet de l'impulsion formelle, c'est-à-dire forme pure. »

cela a été dit par des philosophes spéculatifs, qui s'éloignaient trop de l'expérience, et par des artistes philosophes, qui, dans l'explication du beau, se laissaient trop guider par les besoins de l'art[1] : elle est l'objet commun des deux impulsions, c'est-à-dire de l'instinct de jeu. Cette dénomination est complétement justifiée par l'usage de la langue, qui désigne d'ordinaire par le mot jeu tout ce qui n'est contingent ni subjectivement ni objectivement, et qui cependant n'oblige ni à l'extérieur ni à l'intérieur. Dans l'intuition du beau, l'âme se trouve dans un heureux milieu entre la loi et le besoin, et c'est précisément parce qu'elle se partage entre les deux, qu'elle échappe à la contrainte de l'une et de l'autre. L'impulsion matérielle et l'impulsion formelle prennent leurs exigences au sérieux, parce que, dans la connaissance, l'une se rapporte à la réalité, l'autre à la nécessité des choses ; parce que, dans l'action, la première tend à la conservation de la vie, la seconde au maintien de la dignité, et que, dès lors, toutes deux ont pour objet la vérité et la perfection. Mais la vie devient plus indifférente dès que la dignité intervient, et le devoir ne contraint plus dès que le penchant entraîne : de même, l'âme reçoit avec plus de calme et de liberté la réalité des choses, la vérité matérielle, aussitôt que celle-ci entre en contact avec la vérité formelle, avec la loi de la nécessité, et elle ne se trouve plus tendue par l'abstraction lorsque l'intuition immédiate peut l'accompagner. En un mot, en entrant en communion avec des idées, le réel perd sa sérieuse importance, parce qu'il devient *petit*; et le nécessaire perd la sienne en se rencontrant avec le sentiment, parce qu'il devient *facile*.

Cependant il est une objection que depuis longtemps déjà vous pourriez être tenté de m'adresser. « Le beau, pourriez-vous me dire, n'est-il pas ravalé dès qu'on en fait un pur jeu, et

---

1. Pour Burke, dans ses recherches philosophiques sur l'origine de nos idées du beau et du sublime, la beauté est seulement vie. Elle n'est, autant que je sache, qu'une pure forme pour tous les sectateurs du *système dogmatique* qui ont fait leur profession de foi sur cet objet. Parmi les artistes, je citerai, omettant les autres, Raphaël Mengs, dans les *Pensées sur le goût en peinture.* Sur ce point, comme sur tous les autres, la philosophie critique a ouvert la voie, pour ramener l'empirisme aux principes et la spéculation à l'expérience.
(*Note de Schiller.*)

qu'on le place sur la même ligne que les objets frivoles désignés de tout temps par ce mot? N'est-il pas en contradiction avec l'idée rationnelle et la dignité du beau, qui pourtant est considéré comme un instrument de culture, de le restreindre à un pur jeu, et ne répugne-t-il pas à la notion expérimentale de jeu, qui peut subsister à l'exclusion de toute espèce de goût, de le renfermer dans les limites du beau?

Mais qu'est-ce donc qu'un *pur* jeu, puisque nous savons que, dans toutes les situations où l'homme peut se trouver, c'est le jeu, et lui *seulement*, qui le rend complet, et qui développe à la fois sa double nature? Ce qu'à votre point de vue vous nommez *limitation*, moi, d'après une manière de voir que j'ai justifiée par des preuves, je le nomme *extension*. Ainsi, prenant tout juste le contre-pied, je dirais : « L'agréable, le bon, le parfait, l'homme les prend *seulement* au sérieux; mais avec le beau, il joue[1]. » Sans doute, nous ne devons pas songer ici à ces jeux, en usage dans la vie réelle, qui d'ordinaire ne se rapportent qu'à des objets très-matériels; mais c'est vainement aussi que nous chercherions dans la vie réelle la beauté dont il est question ici. Le beau de l'existence réelle est digne de l'instinct de jeu réel; mais, par l'idéal de beauté que pose la raison, est donné aussi un idéal d'instinct de jeu que l'homme, dans tous ses jeux, ne doit jamais perdre de vue.

On ne peut se tromper en suivant pour trouver l'idéal de beauté que se fait un homme, la voie qu'il suit lui-même pour satisfaire son instinct de jeu[2]. Quand nous voyons, dans les jeux olympiques, les peuples de la Grèce contempler avec bonheur les combats non sanglants de la force, de la rapidité, de la souplesse, et la lutte plus noble encore des talents, et d'un autre côté le peuple romain se délecter à contempler l'agonie d'un gladiateur terrassé ou de son adversaire libyen, ce

---

1. Schiller a supprimé ici la note suivante, qui se trouve dans les *Heures* : « Il y a le *jeu* de cartes et le *jeu* de deuil (c'est le nom qu'on donne en allemand à la tragédie); mais manifestement le jeu de cartes se prend trop au sérieux pour que ce nom lui convienne. »

2. L'auteur a abrégé cette phrase; elle commençait ainsi dans les *Heures* : « Selon que l'instinct de jeu se rapproche de l'impulsion réelle ou de l'impulsion formelle, le beau aura plus d'affinité soit avec la vie pure, soit avec la forme pure, et l'on ne peut se tromper, etc. »

seul trait suffit à nous faire comprendre pourquoi nous devons
chercher non à Rome, mais en Grèce, les figures idéales d'une
Vénus, d'une Junon, d'un Apollon [1]. En dictant à l'homme la
loi de la formalité absolue et de la réalité absolue, la raison
dit : « Le beau ne doit pas être seulement vie et seulement
forme, mais forme vivante, c'est-à-dire beauté. » Par conséquent, elle dit aussi : « L'homme doit *seulement* jouer avec le
beau, et il doit jouer *avec le beau seulement* [2]. »

Une fois pour toutes et pour en finir, l'homme ne joue que là
où il est homme dans la pleine signification du mot, et il *n'est
homme complet que là où il joue.* Cette proposition qui, au premier abord, semble peut-être paradoxale, acquerra un grand
sens, un sens profond, quand viendra le moment de l'appliquer à la fois au sérieux du devoir et de la destinée ; elle portera, je vous le promets, l'édifice entier de l'art esthétique, et
de l'art de la vie, plus difficile encore. Mais aussi c'est dans la
science seulement que cette proposition est inattendue ; depuis
longtemps déjà elle vivait dans l'art, et dans le sentiment des
Grecs, les interprètes les plus éminents de l'art : seulement
ils transportaient dans l'Olympe ce qui devait être réalisé sur
la terre. Guidés par cette vérité, ils écartaient du front des divinités bienheureuses le sérieux et le travail, qui sillonnent de
rides les joues des mortels ; ils en écartaient tout autant le plaisir frivole qui lisse le visage vide d'expression ; ils les affran-
chissaient, dans un éternel contentement, des chaînes de tout
devoir, de tout but, de tout souci, et faisaient du *loisir* et de
l'*indifférence* le lot digne d'envie de la condition divine : ce qui
n'était qu'une expression tout humaine pour désigner l'existence

---

1. Si, pour ne pas sortir du monde moderne, on met en regard les courses de
Londres, les combats de taureaux de Madrid, les spectacles du Paris d'autrefois,
les régates de Venise, les combats d'animaux à Vienne, et la vie belle et joyeuse
du Corso à Rome, il ne sera pas difficile de marquer comparativement les
nuances du goût chez ces peuples divers. Au reste, quand on compare entre
eux ces différents pays, on trouve beaucoup moins d'uniformité dans les jeux
du peuple que dans ceux des classes raffinées, ce qui s'explique aisément.
(*Note de Schiller.*)

2. Ici encore, il y a quelques mots de plus dans les *Heures* : « Par conséquent elle dit aussi : « L'instinct de jeu ne doit pas être uniquement instinct réel,
ni uniquement instinct formel, mais les deux choses à la fois, c'est-à-dire
instinct de jeu. En d'autres termes, l'homme doit, etc. »

la plus libre et la plus sublime. La contrainte matérielle des lois de la nature, aussi bien que la contrainte spirituelle des lois morales s'évanouissait dans leur idée plus haute de la nécessité, qui embrassait à la fois les deux mondes, et c'était seulement de l'identification de ces deux nécessités que procédait pour eux la vraie liberté. Animés de cet esprit, ils effaçaient des traits de leur idéal et l'*inclination* et toute trace de *volonté*, ou, pour mieux dire, ils les rendaient toutes deux méconnaissables, parce qu'ils savaient les associer de la manière la plus intime. Ce n'est ni la grâce ni la dignité qui nous frappent dans l'auguste visage de la Junon Ludovisi; ce n'est ni l'une ni l'autre, parce que c'est l'une et l'autre à la fois. Pendant que le dieu féminin force notre adoration, la femme divine enflamme notre amour; mais tandis que nous nous abandonnons attendris à l'attrait du charme céleste, nous nous sentons repoussés par la grandeur céleste de qui se suffit. Toute cette figure accomplie repose sur elle-même et habite en elle-même comme une création achevée et indépendante, sans abandon et sans résistance, comme si elle était au delà de l'espace : là, il n'est point de force luttant contre des forces, nul côté faible qui livre passage à la vie du temps. D'une part irrésistiblement saisis et attirés, de l'autre repoussés et tenus à distance, nous nous trouvons à la fois dans le repos le plus complet et l'agitation la plus vive, et de là résulte cette émotion étrange pour laquelle l'intelligence n'a point d'idée ni la langue d'expression.

LETTRE XVI.

De l'antagonisme de deux impulsions, et de l'association de deux principes opposés, nous avons vu sortir le beau, dont l'idéal le plus élevé doit être cherché, en conséquence, dans l'union et l'*équilibre* le plus parfait possible de la réalité et de la forme. Mais cet équilibre demeure toujours une idée, que la réalité ne peut jamais atteindre complétement. Dans la réalité, il restera toujours une prépondérance d'un de ces éléments sur l'autre, et le point le plus élevé auquel l'expérience puisse arriver consistera dans une *oscillation* entre les deux principes, où tantôt la réalité, tantôt la forme l'emportera. La beauté idéale est donc éternellement une et indivisible, parce qu'il ne peut y avoir qu'un équilibre unique ; au contraire, la beauté expérimentale sera éternellement double, parce que dans l'oscillation l'équilibre peut-être dépassé de deux manières : en deçà et au delà.

J'ai fait remarquer dans une des lettres précédentes, et l'on peut d'ailleurs le déduire avec une rigoureuse nécessité de l'ensemble des considérations auxquelles je me suis livré jusqu'à présent, j'ai fait remarquer, dis-je, que l'on peut attendre à la fois du beau une action tempérante et excitante : une action *tempérante* pour retenir dans leurs limites l'impulsion sensible et l'impulsion formelle, une action *excitante* pour les maintenir toutes deux dans leur force. Mais ces deux modes d'action de la beauté doivent être complétement identifiés dans l'idée. Le beau doit tempérer en excitant uniformément les deux natures, il doit exciter en les tempérant uniformément[1]. C'est déjà la conséquence de l'idée d'une corrélation en vertu de laquelle les deux termes se supposent mutuellement, sont la condition réciproque l'un de l'autre, corrélation dont le produit le plus pur est la beauté. Mais l'expérience ne nous offre pas d'exemple d'une corrélation si parfaite : dans ce domaine, il arrivera toujours plus ou moins que l'excès dans un sens donnera lieu à l'insuffisance dans l'autre, et l'insuffisance à l'excès. Il en résulte que ce qui, dans le beau idéal, n'est distinct que dans l'idée, est différent en réalité dans le beau expérimental. Le beau idéal, quoique simple et indivisible, révèle, envisagé sous deux aspects divers, d'une part une propriété de douceur et de grâce[2], et de l'autre une propriété d'énergie : dans l'expérience, il y a une beauté douce et gracieuse et une beauté énergique. Il en est, et il en sera toujours ainsi, toutes les fois que l'absolu est renfermé dans les bornes du temps et que les idées de la raison doivent se réaliser dans l'humanité. L'homme intellectuel, par exemple, a l'idée de la vertu, de la vérité, du bonheur ; mais l'homme actif n'exercera que *des vertus*, ne saisira que *des vérités*, ne jouira que *de jours heureux*. Ramener cette multiplicité à l'unité, à la place des mœurs mettre la moralité, à la place des connaissances la connaissance, à la place du bonheur la béatitude, c'est l'affaire de l'éducation physique et morale; faire des beautés la beauté, c'est la tâche de l'éducation esthétique.

La beauté énergique ne peut pas plus préserver l'homme d'un certain reste de fougue sauvage et de dureté que la beauté gracieuse ne le garantit d'un certain degré de mollesse et d'affai-

---

1. A la suite de cette phrase, on lit dans les *Heures :* « En excitant à la fois l'instinct réel et l'instinct formel, il leur a fixé à tous deux leurs limites; en les limitant tous deux l'un par l'autre, il a donné à tous deux la liberté convenable. »

2. Schiller, se servant d'une métaphore très-usitée en allemand pour exprimer des idées voisines de celle de tendresse, de mol abandon, de relâchement, de facilité aux impressions, emploie ici les mots : *schmelzende Eigenschaft,* qui signifient littéralement « propriété fondante, » et plus loin il dira de même et répétera souvent : *schmelzende Schönheit,* « beauté fondante. » Nous avons substitué à cette expression, qui ne serait point intelligible en français, où elle n'a point d'équivalent que nous sachions, les termes « douceur, grâce, doux, gracieux. » Nous y étions suffisamment autorisés, je crois, et par le sens et par ce que dit l'auteur lui-même dans la note de la p. 252.

blissement. L'effet de la première étant d'exalter l'âme au point de vue physique et moral, et d'augmenter son ressort, il n'arrive que trop souvent que la résistance du tempérament et du caractère diminuent l'aptitude à recevoir des impressions, que la partie délicate de l'humanité subit une oppression qui ne devait atteindre que la nature grossière, et que cette nature grossière participe à un accroissement de force qui ne devait profiter qu'à la libre personnalité. C'est pour cela qu'aux époques de force et de séve abondante, on trouve la véritable grandeur de la pensée associée au gigantesque et à l'extravagant, et le sublime du sentiment accouplé aux plus horribles emportements de la passion. C'est pour cela qu'aux époques de la règle et de la forme, on voit la nature aussi souvent opprimée que gouvernée, aussi souvent outragée que surpassée. Et, comme l'action de la beauté douce et gracieuse est de détendre l'esprit dans la sphère du moral comme du physique, il arrive tout aussi facilement que l'énergie des sentiments est étouffée avec la violence des désirs, et que le caractère a part à la perte de force qui ne devait atteindre que la passion. C'est pour cela que, dans les âges prétendus raffinés, il n'est pas rare de voir la douceur dégénérer en mollesse, le poli en platitude, la correction en stérilité vide, les allures libérales en caprices arbitraires, l'aisance en frivolité, le calme en apathie, et enfin la caricature la plus méprisable toucher de bien près au plus beau type d'humanité. Pour l'homme qui subit la contrainte de la matière ou des formes, la beauté douce et gracieuse est donc un besoin ; car il est ému par la grandeur et la force longtemps avant qu'il commence à être sensible à l'harmonie et à la grâce. Pour l'homme qui est sous l'empire indulgent du goût, la beauté énergique est un besoin, car, dans l'état de raffinement, il n'est que trop porté à faire bon marché de la force qu'il a gardée de l'état de rudesse sauvage.

Et maintenant, je crois avoir répondu, en même temps que je l'éclaircissais, à la contradiction que l'on rencontre d'ordinaire dans les jugements des hommes sur l'influence du beau, et dans l'appréciation de la culture esthétique. Elle est expliquée, cette contradiction, dès qu'on se souvient qu'il y a deux sortes de beauté expérimentale et que des deux parts on affirme du genre entier ce que, d'un côté comme de l'autre, l'on ne peut prouver que d'une des espèces. Elle disparaît, cette contradiction, lorsqu'on distingue dans l'humanité un double besoin, auquel correspondent ces deux sortes de beauté. Il est donc vraisemblable que les deux partis auront l'un et l'autre gain de cause, s'ils réussissent à s'entendre sur l'espèce de beauté et sur la forme de l'humanité qu'ils ont en vue.

En conséquence, dans la suite de mes recherches, j'adopterai la voie que la nature suit elle-même avec l'homme au point de vue esthétique, et partant des deux espèces de beauté, je m'élèverai jusqu'à l'idée du genre. J'examinerai les effets que produit sur l'homme la beauté douce et gracieuse quand les ressorts sont tendus, et ceux que produit la beauté énergique quand ils sont détendus, pour fondre à la fois ces deux sortes de beauté dans l'unité du beau idéal, de même que dans l'unité de l'homme idéal sont absorbées ces deux formes et manières d'être opposées de l'humanité.

LETTRE XVII[1].

Tant qu'il s'agissait simplement de déduire l'idée universelle de beauté du concept de la nature humaine en général, nous n'avions à considérer dans cette dernière que les limites fondées immédiatement en son essence même et inséparables de la notion du fini. Sans nous préoccuper des restrictions contingentes que la nature humaine peut subir dans le monde réel des phénomènes, nous avons puisé le concept de cette nature immédiatement dans la raison, comme source de toute nécessité, et avec l'idéal de l'humanité nous a été donné en même temps l'idéal de la beauté.

Mais à présent, nous descendons de la région des idées sur la scène de la réalité, pour rencontrer l'homme *dans un état déterminé,* et par conséquent dans des limites qui ne dérivent pas de son concept pur, mais de circonstances extérieures et d'un usage accidentel de sa liberté. Mais, quelque multiple que puisse être dans l'individu la limitation de l'idée de l'humanité, le contenu de cette idée suffit déjà pour nous apprendre qu'en somme on ne peut s'en écarter que par *deux* voies opposées. En effet, si la perfection de l'homme gît dans l'énergie concordante de ses forces sensibles et spirituelles, cette perfection ne lui peut manquer que par le défaut d'harmonie ou le défaut d'énergie. Ainsi donc, avant d'avoir recueilli sur ce point les témoignages de l'expérience, la raison suffit déjà pour nous

1. Les lettres XVII à XXVII se trouvent, comme nous l'avons dit, dans le 6ᵉ cahier des *Heures.* Elles ont un titre particulier : *la Beauté douce et gracieuse, suite des lettres sur l'éducation esthétique de l'homme.*

assurer d'avance que nous trouverons l'homme réel, et par
conséquent borné, dans un état d'excitation ou de relâchement,
selon que l'activité exclusive de forces isolées trouble l'harmonie de son être ou que l'unité de sa nature se fonde sur le relâchement uniforme de ses forces physiques et spirituelles. Ces
bornes opposées sont, comme nous avons à le démontrer maintenant, supprimées par le beau, qui rétablit l'harmonie dans
l'homme excité, l'énergie dans l'homme amolli, et qui de la
sorte, conformément à la nature de la beauté, ramène l'état de
limitation à un état absolu, et fait de l'homme un tout, accompli en lui-même [1].

Ainsi le beau ne dément nullement dans la réalité l'idée que
nous nous sommes faite de lui dans la spéculation ; seulement
son action y est bien moins libre que dans le domaine de la
théorie, où nous pouvions l'appliquer au pur concept de l'humanité. Dans l'homme tel que nous l'offre l'expérience, le beau
trouve une matière déjà gâtée et résistante, qui lui enlève
en perfection *idéale* ce qu'elle lui communique de sa manière
d'être *individuelle*. Dans la réalité, le beau paraîtra donc toujours comme une espèce particulière, limitée, et non comme le
genre pur ; dans les âmes excitées et tendues il perdra de sa
liberté et de sa variété ; dans les âmes relâchées, de sa force vi-
vifiante ; mais, pour nous qui sommes maintenant plus fami-
liarisés avec son vrai caractère, ce phénomène contradictoire
ne saurait nous égarer. Bien loin de chercher comme le grand
nombre des critiques, la définition de l'idée du beau dans des
expériences isolées, et de rendre la beauté responsable des défauts que présente l'homme sous son influence, nous savons, au
contraire, que c'est l'homme qui transporte sur elle les imperfections de son individualité, qui, par sa propre limitation subjective, en entrave sans cesse la perfection, et en rabaisse
l'idéal absolu à deux formes bornées de manifestation.

1. Ici Schiller a encore supprimé la note suivante, qui se trouve dans les
*Heures : « L'excellent auteur de l'ouvrage intitulé *Principes de l'Esthétique*, etc.
(Erfurth, 1791) distingue dans la beauté deux principes fondamentaux, la *grâce*
et la *force*, et fait consister la beauté dans la réunion la plus parfaite de ces
deux éléments, ce qui s'accorde on ne peut plus exactement avec l'explication
donnée ici. Dans sa définition aussi se trouve déjà le principe d'une division de

J'ai affirmé que la beauté douce et gracieuse convenait à une âme tendue, et la beauté énergique à une âme relâchée. Or, j'appelle tendu, l'homme qui subit la contrainte des sentiments, tout aussi bien que celui qui subit la contrainte des idées[1]. Toute domination exclusive de l'une de ses deux impulsions fondamentales est pour l'homme un état de coaction et de violence, et la liberté gît uniquement dans l'action simultanée de ses deux natures[2]. L'homme exclusivement dominé par les sentiments ou dont l'âme est tendue sensiblement, est délivré et mis en liberté par la forme; l'homme exclusivement dominé par la forme ou tendu spirituellement, est délivré et mis en liberté par la matière. Pour satisfaire à cette double tâche, la beauté douce et gracieuse se montrera sous deux formes différentes. Premièrement, comme forme paisible, elle calmera la fougue de la vie et ménagera la transition des sentiments aux pensées; secondement, comme vivante image, elle armera d'une force sensible la forme abstraite, et ramènera le concept à l'intuition et la loi au sentiment. Elle rend le premier de ces deux services à l'homme de la nature, le second à l'homme de la civilisation. Mais, comme dans les deux cas elle ne commande pas en toute liberté à la matière, et qu'elle dépend de celle que lui fournit soit la nature dénuée de forme, soit l'art contraire à la nature, dans les deux cas elle gardera des traces de son origine et inclinera, ici vers la vie matérielle, là vers la forme abstraite.

Afin de comprendre comment le beau peut devenir un moyen de faire cesser cette double tension, nous avons à rechercher l'origine de celle-ci dans l'esprit humain. Décidez-vous à faire encore un court séjour dans le domaine de la spéculation, pour l'abandonner ensuite à jamais, et avancer d'un pas d'autant plus sûr dans le champ de l'expérience.

la beauté en beauté douce, où domine la grâce, et en beauté énergique, où domine la force. »

1. Dans les *Heures*, après *la contrainte des sentiments*, il y a entre parenthèses : « sous la domination exclusive de l'impulsion réelle, » et après *la contrainte des idées*, « sous la domination exclusive de l'impulsion formelle. »

2. Dans les *Heures*, il y a de plus: « Dans l'accord des deux nécessités. »

LETTRE XVIII.

Par la beauté, l'homme sensitif est amené à la forme et à la pensée; par la beauté[1], l'homme spirituel est ramené à la matière et rendu au monde des sens.

De là il paraît résulter, qu'entre la matière et la forme, entre la passivité et l'activité, il doit y avoir un *état moyen*, et que le beau nous place dans cet état. C'est en effet l'idée que la plupart des hommes se font de la beauté, dès qu'ils ont commencé à réfléchir sur ses effets, et toutes les expériences mènent à cette idée. Mais, d'un autre côté, rien n'est plus absurde et plus contradictoire qu'une pareille idée; car la distance entre la matière et la forme, entre la passivité et l'activité, entre le sentiment et la pensée, est *infinie*, et ne peut absolument être comblée par aucun milieu. Comment ferons-nous disparaître cette contradiction? Le beau réunit les deux états opposés du sentiment et de la pensée, et cependant il n'y a absolument pas de milieu entre les deux. De ces deux propositions, l'une est certifiée par l'expérience, l'autre immédiatement par la raison.

C'est là le point spécial auquel se réduit finalement toute la question du beau, et si nous réussissons à résoudre ce problème d'une manière satisfaisante, nous aurons en même temps trouvé le fil qui nous guidera dans tout le labyrinthe de l'esthétique.

---

1. Le mot « la beauté, » *die Schönheit*, est accompagné les deux fois, dans les *Heures*, de l'adjectif *schmelzende*, dont nous avons expliqué plus haut le sens et que nous avons coutume de traduire par « douce et gracieuse. »

Mais il s'agit ici de deux opérations très-différentes, qui, dans cet examen, doivent nécessairement se prêter un mutuel appui. Le beau, disons-nous, relie ensemble deux états *opposés l'un à l'autre* et qui jamais ne peuvent devenir un. Nous devons partir de cette antinomie, nous devons la saisir et la reconnaître dans toute sa pureté et toute sa rigueur, de telle sorte que les deux états se séparent de la manière la plus tranchée : autrement, nous mêlerions, et nous n'unirions pas. Secondement, nous disons que le beau *allie* les deux états opposés et conséquemment supprime l'antinomie. Mais, comme ces deux états demeurent éternellement opposés l'un à l'autre, le seul moyen de les allier, c'est de les absorber. En conséquence, notre seconde tâche est de rendre cette association parfaite, de la faire si complète et si pure que les deux états disparaissent entièrement dans un troisième, et que nulle trace de division ne reste dans le tout : autrement, nous isolerions et n'unirions pas. Toutes les discussions sur l'idée du beau qui de tout temps ont agité le monde philosophique, et qui, en partie, l'agitent encore aujourd'hui, viennent uniquement de ce qu'on n'a pas pris pour point de départ une distinction suffisamment rigoureuse, ou qu'on n'a pas poussé cette recherche jusqu'à l'union pure et complète des deux états. Parmi les philosophes, ceux qui, dans leurs *réflexions* sur cet objet, s'abandonnent aveuglément à la direction de leur *sentiment*, ne peuvent arriver à une *idée* du beau, parce que, dans la totalité de l'impression sensible, ils ne distinguent pas d'éléments partiels. Les autres, qui prennent exclusivement l'intelligence pour guide, ne peuvent arriver à une idée du *beau*, parce que, dans sa totalité, ils ne voient que les parties, et que, même dans leur unité la plus complète, l'esprit et la matière demeurent éternellement séparés pour eux. Les premiers craignent de détruire la beauté *dynamiquement*, c'est-à-dire comme force active, s'ils séparent ce qui est allié dans le sentiment; les autres craignent de détruire la beauté *logiquement*, c'est-à-dire en tant qu'idée, s'ils réunissent ce qui est séparé dans l'intelligence. Ceux-là veulent penser le beau comme il agit; ceux-ci veulent le faire agir comme il est pensé. Tous deux s'écartent donc nécessairement de la vérité : les premiers, parce qu'avec

leur intelligence bornée, ils prétendent égaler la nature infinie; les seconds, parce qu'ils veulent restreindre la nature
infinie selon les lois de leur pensée. Ceux-là craignent de ravir
au beau sa liberté par une analyse trop sévère; ceux-ci, de
détruire la précision de son concept par une union trop hardie.
Mais les uns ne songent pas que la liberté dans laquelle ils font
consister avec toute raison l'essence du beau est, non manque
de lois, mais harmonie de lois, non arbitraire, mais suprême
nécessité interne; les autres ne songent pas que la précision
qu'ils exigent à aussi bon droit de la beauté, ne consiste pas
dans l'*exclusion de certaines réalités*, mais dans la *compréhension
absolue de toutes*, et que, dès lors, elle n'est pas limitation, mais
infinité. Nous éviterons les écueils contre lesquels les uns et les
autres sont venus faire naufrage, si nous prenons pour point
de départ les deux éléments que l'intelligence sépare dans l'idée
du beau, mais pour nous élever ensuite à l'unité esthétique
pure par laquelle il agit sur la sensibilité, et dans laquelle ces
deux distinctions disparaissent complétement[1].

1. Une remarque qui se sera présentée naturellement au lecteur attentif, à
l'occasion du parallèle précédent, c'est que les esthéticiens *sensualistes* qui
accordent au témoignage du sentiment plus de valeur qu'à celui du raisonnement, s'écartent moins *en fait* de la vérité que leurs adversaires, bien qu'ils
ne puissent se mesurer avec eux au point de vue de la *théorie;* et ce rapport,
on le trouve partout entre la nature et la science. La nature (la sensibilité) unit
toujours, l'intelligence sépare toujours; mais la raison unit de nouveau. Aussi,
l'homme avant de commencer à philosopher est-il plus près de la vérité que
le philosophe qui n'est pas encore au bout de ses investigations *. C'est pour
cela que, sans plus ample examen, on peut déclarer erronée une théorie philosophique dès qu'elle a contre elle, *quant au résultat*, le sentiment général; mais
on peut, à tout aussi bon droit, la tenir pour suspecte, si, *quant à la forme et
à la méthode*, elle a pour elle le sentiment général. La dernière observation
doit consoler les écrivains qui ne peuvent, comme certains lecteurs semblent
l'attendre, donner à une déduction philosophique les allures faciles d'une conversation au coin du feu. Avec la première on peut réduire au silence tous
ceux qui veulent fonder de nouveaux systèmes aux dépens du sens commun.

(*Note de Schiller.*)

* Dans les *Heures* il y a quelques mots de plus : « Le philosophe qui n'a pas encore
fait passer par toutes les catégories et mené à fin son investigation. »

LETTRE XIX.

On peut, en général, distinguer dans l'homme deux états différents de déterminabilité passive et active, et deux états de détermination passive et active. L'explication de cette thèse nous conduira au but par le chemin le plus court.

L'état de l'esprit humain, antérieurement à toute détermination occasionnée en lui par l'impression sensible, est une déterminabilité sans bornes. L'infini de l'espace et du temps est livré à son imagination pour en user à son gré, et comme, d'après notre supposition même, rien dans ce vaste empire du possible n'est posé, et que, par conséquent, rien n'est exclu, on peut nommer cet état d'indétermination *une infinité vide*, qu'il ne faut nullement confondre avec un vide infini.

Maintenant, il faut que sa sensibilité soit modifiée, et que, dans la série indéfinie de déterminations possibles, une seule devienne réelle. Une perception doit naître en lui. Ce qui, dans l'état antérieur de pure déterminabilité, n'était qu'une puissance vide, devient à présent une force active, et reçoit un contenu, mais en même temps, comme force active, une limite, après avoir été, en tant que simple puissance, illimité. La réalité existe maintenant, mais l'infinité a disparu. Pour décrire une figure dans l'espace, il faut que nous *limitions* l'espace infini; pour nous représenter un changement dans le temps, il faut que nous *divisions* la totalité du temps. Ainsi, nous n'arrivons à la réalité que par des limites; au positif, à la *position* réelle, que par la *négation* ou l'exclusion; à la détermination, que par la suppression de notre libre déterminabilité.

Mais jamais la pure exclusion ne produirait une réalité, jamais la pure impression sensible ne donnerait naissance à une perception, s'il n'y avait pas quelque chose d'où l'on exclut, si, par un acte absolu de l'esprit, la négation n'était pas rapportée à quelque chose de positif, et si l'opposition ne sortait pas de la non-position. Cet acte de l'esprit s'appelle juger ou penser, et le résultat se nomme la *pensée*.

Avant que nous déterminions un lieu dans l'espace, il n'y a pas pour nous d'espace ; mais, sans l'espace absolu, nous ne pourrions jamais déterminer un lieu. Il en est de même du temps. Avant que nous ayons l'instant, il n'y a pas pour nous de temps ; mais, sans le temps infini, l'éternité, nous n'aurions jamais la notion de l'instant. Ainsi donc, nous ne pouvons arriver au tout que par la partie, à l'illimité que par la limite[1] ; mais, réciproquement, nous n'arrivons à la partie que par le tout, à la limite que par l'illimité.

Dès lors, quand on affirme du beau qu'il ménage pour l'homme une transition du sentiment à la pensée, cela ne doit nullement s'entendre dans ce sens, que le beau puisse combler l'abîme qui sépare le sentiment de la pensée, la passivité de l'activité ; cet abîme est infini, et, sans l'intermédiaire d'une faculté nouvelle et indépendante, il est à tout jamais impossible que le général sorte de l'individuel, le nécessaire du contingent[2]. La pensée est l'acte immédiat de ce pouvoir absolu, qui, à la vérité, ne peut se manifester qu'à l'occasion des impressions sensibles, mais qui, dans cette manifestation, dépend si peu de la sensibilité, qu'il se révèle surtout par son antagonisme avec elle. L'autonomie avec laquelle il agit exclut toute influence étrangère, et ce n'est pas en tant qu'il *aide* à la pensée (ce qui renferme une contradiction manifeste), mais seulement en tant qu'il procure aux facultés intellectuelles la liberté de se manifester conformément à leurs propres lois, que le beau peut devenir un moyen pour conduire l'homme de la matière à la

---

1. Les *Heures* ajoutent ici : « à l'activité que par l'état passif ; » et à la fin de la phrase : « à l'état passif que par l'activité. »
2. Il y a encore deux mots de plus dans les *Heures* : « et le permanent de l'instantané. »

forme, du sentiment aux lois, d'une existence bornée à une existence absolue.

Mais cela suppose que la liberté des facultés intellectuelles peut être entravée, ce qui paraît en désaccord avec la notion d'un pouvoir autonome. En effet, un pouvoir qui ne reçoit du dehors que la matière de son activité, ne peut être empêché dans son action que par la privation de cette matière et, par conséquent, d'une manière négative, et c'est méconnaître la nature d'un esprit que d'attribuer aux passions sensibles la puissance d'opprimer positivement la liberté de l'âme. A la vérité, l'expérience présente des exemples nombreux où les forces rationnelles paraissent comprimées en proportion de la violence des forces sensibles; mais, au lieu de déduire cette faiblesse spirituelle de l'énergie de la passion, il faut, au contraire, expliquer cette énergie prépondérante de la passion par cette faiblesse de l'esprit; car les sens ne peuvent avoir un semblant d'empire sur l'homme, que lorsque l'esprit a volontairement négligé de faire valoir le sien.

Cependant, en essayant, par ces éclaircissements, d'aller au-devant d'une objection, je me suis, ce semble, exposé à une autre, et je n'ai sauvé l'autonomie de l'âme qu'aux dépens de son unité. Car comment l'âme peut-elle puiser à la fois en *elle-même* les principes de la non-activité et de l'activité, si elle-même n'est pas divisée, si elle n'est pas en opposition avec elle-même?

Ici, nous devons nous souvenir que nous avons devant nous non l'esprit infini, mais l'esprit fini. L'esprit fini est celui qui ne devient actif que par la passivité, n'arrive à l'absolu que par la limite, n'agit et ne façonne qu'autant qu'il reçoit une matière. Un esprit de cette nature doit donc associer à l'impulsion vers la forme ou vers l'absolu, une impulsion vers la matière ou vers la limite, conditions sans lesquelles il ne pourrait avoir la première impulsion ni la satisfaire. Comment deux tendances si opposées peuvent-elles exister ensemble dans le même être? C'est un problème qui, sans doute, peut embarrasser le métaphysicien, mais non le philosophe transcendental[1].

---

1. Le terme *transcendental*, qui du reste est éclairci par la phrase suivante, est ainsi défini par Kant dans ses *Prolégomènes à toute métaphysique future*

Celui-ci n'a nullement la prétention d'expliquer la possibilité des choses, mais il se contente d'asseoir solidement les connaissances qui font comprendre la possibilité de l'expérience. Et, comme l'expérience serait également impossible, et sans cette antinomie dans l'âme, et sans l'unité absolue de l'âme, il pose de plein droit ces deux concepts comme des conditions également nécessaires de l'expérience, sans s'inquiéter davantage de leur conciliation. D'ailleurs, cette immanence de deux impulsions fondamentales ne contredit en aucune manière l'unité absolue de l'esprit, dès qu'on le distingue *lui-même* de ces deux mobiles. Sans doute, ces deux impulsions existent et agissent *en lui*, mais lui-même n'est ni matière ni forme, ni sensibilité ni raison, et c'est à quoi semblent n'avoir pas toujours songé ceux qui ne regardent l'esprit comme agissant lui-même que lorsque ses actes sont en harmonie avec la raison, et qui le déclarent passif lorsque ses actes la contredisent.

Arrivée à son développement, chacune de ces deux impulsions fondamentales tend nécessairement et par sa nature à se satisfaire; mais, précisément parce qu'elles ont toutes deux une tendance nécessaire, et toutes deux néanmoins une tendance opposée, cette double contrainte se détruit réciproquement, et la volonté conserve entre les deux une liberté entière. C'est donc la volonté qui se comporte comme une *puissance* (comme fondement de la réalité) à l'égard des deux impulsions; mais aucune des deux ne peut par elle-même se comporter comme une puissance à l'égard de l'autre. Par la tendance positive à la justice, qui ne lui fait nullement défaut, l'homme violent n'est pas détourné de l'injustice, et la tentation du plaisir, quelque vive qu'elle soit, n'amène pas un caractère ferme à violer ses principes. Il n'y a dans l'homme d'autre pouvoir que sa volonté, et cela seul qui détruit l'homme, la mort, ou une privation quelconque de la conscience de soi-même, peut anéantir la liberté interne [1].

(*OEuvres de Kant*, éd. Rosenkr., t. III, p. 153, note) : « *Le mot transcendental ne signifie pas ce qui va au delà de toute expérience, mais ce qui existe, a lieu avant elle (*a priori*), sans avoir pourtant d'autre destination que de rendre simplement possible la connaissance expérimentale.* »

1. Il y a ici dans les *Heures* tout un alinéa de plus, dont voici la traduction :

Une nécessité *externe* détermine notre état, notre existence dans le temps, au moyen de la sensation. Celle-ci est tout à fait involontaire, et dès qu'elle est produite en nous, nous sommes nécessairement passifs. De même, une nécessité *interne* éveille notre personnalité à l'occasion des sensations, et par son antagonisme avec elles ; car la conscience ne peut dépendre de la volonté, qui la présuppose. Cette manifestation primitive de la personnalité n'est pas plus pour nous un mérite que sa privation n'est pour nous une faute. De celui-là seulement qui a conscience de lui-même on peut exiger la raison, c'est-à-dire la conséquence absolue et l'universalité de la conscience : auparavant, il n'est pas homme, et aucun acte de l'humanité ne peut être attendu de lui. Aussi peu le *métaphysicien* peut s'expliquer les limites imposées par la sensation à l'esprit libre et autonome, aussi peu le *physicien* comprend l'infinité qui se révèle dans la conscience à l'occasion de ces limites. Ni l'abstraction ni l'expérience ne peuvent nous ramener à la source d'où découlent nos idées d'universalité et de nécessité ; elle dérobe sa première apparition dans le temps à l'observateur, et son origine supra-sensible aux recherches du métaphysicien. Mais, bref, la conscience est là, et en même temps que son immuable unité, est posée la loi d'unité pour tout ce qui est *pour* l'homme, et pour tout ce qui doit être *par* l'homme, pour son entendement et son activité. Inévitables, incorruptibles, insondables, les idées de vérité et de droit[1] se présentent déjà dans l'âge de la sensibilité ; et, sans qu'on puisse dire pourquoi ni comment, on voit dans le temps l'éternité, et le nécessaire à la suite du contingent. C'est ainsi que naissent, sans que le sujet y ait la moindre part, la sensation et la conscience de

« C'est donc du vouloir que dépend la satisfaction de l'instinct réel et de l'instinct formel. Mais, il faut bien le remarquer, ce qui dépend du vouloir, ce n'est pas que nous sentions, mais que la sensation devienne déterminante ; ce n'est pas que nous arrivions à la conscience de nous-mêmes, mais que la pure conscience du *moi* devienne déterminante. Le vouloir ne se manifeste pas avant que les instincts aient agi, et ceux-ci ne s'éveillent que lorsque leurs deux objets, la sensation et la conscience de nous-mêmes, sont donnés. Il faut donc que ces objets existent avant que la volonté se manifeste, et par conséquent ils ne peuvent exister par la volonté. »

1. Schiller a ici supprimé l'apposition suivante, qui se lit dans les *Heures* : « Théophanie, s'il en fut jamais. »

soi-même, et l'origine de toutes deux est au delà de notre volonté, comme au delà de la sphère de notre connaissance.

Mais, dès que ces deux facultés sont passées en acte et que
l'homme a fait l'expérience, par l'entremise de la sensation,
d'une existence déterminée, et, par le moyen de la conscience,
de son existence absolue, les deux impulsions fondamentales
s'exercent en même temps que leur objet est donné. L'impulsion sensible s'éveille avec l'expérience de la vie (avec le commencement de l'individu); l'impulsion rationnelle, avec l'expérience de la loi (avec le commencement de la personnalité);
et ce n'est que lorsque ces deux penchants sont arrivés à l'existence, que se trouve réalisé le type humain. Jusque-là, tout se
passe dans l'homme suivant la loi de la nécessité; mais, à présent, la main de la *nature* l'abandonne, et *c'est à lui* de maintenir l'humanité dont elle déposa le germe dans son sein. En
effet, dès que les deux impulsions fondamentales opposées
s'exercent en lui, toutes deux perdent leur contrainte, et l'antinomie des deux nécessités donne naissance à la *liberté*[1].

1. Pour aller au-devant de tout malentendu, je fais remarquer que toutes les
fois qu'il est ici question de liberté, je ne veux pas parler de celle qui appartient nécessairement à l'homme en tant qu'intelligence, et qui ne peut lui être
donnée ni ravie; mais de celle qui se fonde sur sa nature mixte. Par cela seul
que l'homme agit, en général, d'une manière simplement rationnelle, il fait
preuve d'une liberté de la première espèce; en agissant rationnellement dans
les limites de la matière, et sous les lois de la raison, il fait preuve d'une liberté
de la seconde espèce. On pourrait expliquer tout simplement cette dernière liberté par une possibilité naturelle de la première. (*Note de Schiller.*)

LETTRE XX.

Que l'on ne puisse agir sur la liberté, c'est ce qui résulte déjà de son pur concept; mais que *la liberté elle-même* soit un effet de la *nature* (ce mot pris dans son acception la plus large), et non l'œuvre de l'homme, et que dès lors elle puisse être favorisée ou entravée par des moyens naturels, c'est la conséquence nécessaire de ce qui précède. Elle ne commence que lorsque l'homme est *complet* et que ses *deux* impulsions fondamentales se sont développées; elle doit donc faire défaut tant qu'il est incomplet et qu'une des deux impulsions est exclue; et elle doit être rétablie par tout ce qui rend à l'homme son intégrité.

Or, on peut réellement, tant pour l'espèce entière que pour l'individu, marquer un moment où l'homme n'est pas encore complet, et où l'une des deux impulsions agit exclusivement en lui. Nous savons que l'homme commence par la vie toute pure pour finir par la forme, qu'il est plus tôt individu que personne, et qu'il part de la limite pour aller à l'infinité. L'impulsion sensible entre donc en exercice avant l'impulsion rationnelle, parce que la sensation précède la conscience, et, dans cette *priorité* de l'impulsion sensible[1], nous trouvons la clef de toute l'histoire de la liberté humaine.

En effet, il y a un moment où l'instinct de la vie, auquel ne s'oppose pas encore l'instinct de la forme, agit comme nature

1. Dans les *Heures*, il y a, comme presque toujours, « l'impulsion réelle. » Cependant au commencement de la phrase on lit, comme dans les *OEuvres complètes*, « l'impulsion sensible. »

et comme nécessité, et où la sensibilité est une puissance, parce que l'homme n'a pas encore commencé ; car, dans l'homme même, il ne peut y avoir d'autre puissance que sa volonté. Mais, dans l'état de pensée, auquel l'homme doit atteindre maintenant, il faut, tout au contraire, que la raison soit une puissance, et que la nécessité logique ou morale prenne la place de cette nécessité physique. La puissance de la sensation doit donc être anéantie, avant que la loi qui la doit régir puisse être établie. Il ne suffit donc pas que quelque chose commence qui n'était pas encore ; il faut d'abord que quelque chose finisse qui était déjà. L'homme ne peut passer immédiatement de la sensation à la pensée : il faut *qu'il fasse un pas en arrière;* car c'est seulement lorsqu'une détermination est supprimée, que la détermination contraire peut avoir lieu. En conséquence, pour échanger la passivité contre l'activité libre, une détermination passive contre une active, il faut qu'il soit momentanément *libre de toute détermination,* et qu'il traverse un état de pure déterminabilité[1]. Il faut donc qu'il retourne, en quelque sorte, à cet état négatif d'indétermination pure dans lequel il se trouvait avant que ses sens fussent affectés par quoi que ce soit. Mais cet état était absolument vide de tout contenu, et maintenant il s'agit de concilier une égale indétermination et une déterminabilité pareillement sans limite, avec le contenu le plus grand possible, parce que de cette situation doit suivre immédiatement quelque chose de positif. La détermination que l'homme a reçue par la sensation doit donc être conservée, parce qu'il ne doit pas perdre la réalité ; mais en même temps, en tant que limite, elle doit être supprimée, parce qu'une déterminabilité sans bornes doit avoir lieu. Le problème consiste donc à anéantir la détermination du mode d'existence et à la conserver tout à la fois, ce qui n'est possible que d'une seule manière : *lui en opposer une autre.* Les plateaux d'une balance sont en équilibre quand ils sont vides, mais ils sont aussi en équilibre quand ils contiennent des poids égaux.

Ainsi, pour passer de la sensation à la pensée, l'âme tra-

---

1. Dans les *Heures*, la phrase est un peu plus longue et se termine ainsi : « Parce que pour avancer de moins à plus, il faut passer par zéro. »

verse une situation moyenne, dans laquelle la sensibilité et la raison sont actives *en même temps*, mais par cela seul détruisent mutuellement leur puissance déterminante, et, par leur antagonisme, produisent une négation. Cette situation moyenne dans laquelle l'âme n'est contrainte ni physiquement ni moralement, et toutefois est active des deux façons, mérite par excellence le nom de situation libre, et, si l'on nomme physique l'état de détermination sensible, et logique ou moral l'état de détermination rationnelle, on doit appeler *esthétique*[1] cet état de détermination réelle et active.

1. Les lecteurs auxquels ne serait pas bien familière l'exacte signification de ce mot, dont l'ignorance a tant abusé, trouveront une explication dans ce qui suit. Nous pouvons ramener tout ce qui peut être perçu à quatre rapports différents. Une chose peut se rapporter immédiatement à notre état sensible (notre existence et notre bien-être) : c'est là la constitution *physique* de la chose. Elle peut se rapporter à notre entendement et nous procurer une connaissance : c'est sa constitution *logique*. Elle peut se rapporter à notre volonté et être considérée comme l'objet d'un libre choix pour un être raisonnable : c'est sa constitution *morale*. Elle peut enfin se rapporter à l'ensemble de nos diverses facultés, sans être pour aucune d'elles isolément prise un objet déterminé : c'est sa constitution *esthétique*. Un homme peut nous être agréable par son empressement à rendre service ; il peut nous donner à penser par sa conversation ; il peut nous inspirer de l'estime par son caractère ; enfin, abstraction faite de tout cela, et sans que nous ayons égard, dans le jugement que nous portons sur lui, à une loi ou à un but quelconque, il peut aussi nous plaire à la simple intuition, rien que par la manière dont il s'offre à nous. En cette dernière qualité, nous le jugeons esthétiquement. C'est ainsi qu'il y a une éducation en vue de la santé, une éducation pour l'intelligence, une éducation pour la moralité, une éducation en vue du goût et du beau. Cette dernière a pour objet de développer et former avec le plus d'harmonie possible l'ensemble de nos facultés physiques et spirituelles. Mais, attendu qu'égaré par un goût faux, et affermi encore dans cette erreur par un faux raisonnement, on est porté à faire entrer l'idée d'arbitraire dans celle d'esthétique, je crois devoir (quoique ces lettres sur l'éducation esthétique soient presque uniquement destinées à réfuter cette erreur) faire observer ici, une fois encore, que dans l'état esthétique, l'action de l'âme, à la vérité, est libre, et libre au plus haut degré, de toute contrainte, mais qu'elle n'est nullement affranchie de lois. Cette liberté esthétique ne se distingue de la nécessité logique de la pensée et de la nécessité morale de la volonté, qu'en ce que les lois en vertu desquelles l'âme procède dans cette sphère ne sont point présentées sous forme de lois, et que, ne trouvant aucune résistance, elles n'ont point l'apparence d'une contrainte. (*Note de Schiller.*)

LETTRE XXI.

Il y a, comme je le remarquais au commencement de la lettre précédente, un double état de déterminabilité et un double état de détermination. Cette proposition, je puis l'éclaircir maintenant.

L'âme n'est déterminable qu'en tant qu'elle n'est pas en général déterminée: mais elle est aussi déterminable en tant qu'elle n'est pas déterminée d'une manière exclusive, c'est-à-dire d'une manière qui lui impose des bornes. Dans le premier cas, il y a indétermination pure (absence de limite parce que la réalité manque); dans le second, il y a déterminabilité esthétique (absence de limite parce qu'il y a réunion de toute réalité).

L'âme est déterminée en tant qu'elle est en général limitée; mais elle est aussi déterminée en tant qu'elle se limite elle-même par son pouvoir propre et absolu. Elle se trouve dans le premier cas quand elle sent, dans le second quand elle pense. Ainsi ce qu'est la pensée par rapport à la détermination, la constitution esthétique l'est par rapport à la déterminabilité. La première est une limitation par une force interne infinie, la seconde est une négation par une plénitude interne infinie. De même que le sentiment et la pensée, séparés pour tout le reste par un abîme infranchissable, se touchent par un seul point, qui est que, dans ces deux états, l'âme est déterminée, que l'homme est exclusivement quelque chose, individu ou personne; de même la déterminabilité esthétique se rencontre avec la pure indétermination dans un seul point, qui est que toutes deux excluent tout mode d'existence déterminée, tandis que, pour tout le reste, la distance qui les sépare est celle du rien au tout et par conséquent infinie. Si donc cette dernière, l'indétermination par défaut, a été représentée comme une *infinité vide*, la déterminabilité esthétique, ou la liberté de détermination, qui est son pendant réel, peut être considérée comme une *infinité remplie* : idée qui s'accorde de la manière la plus exacte avec ce qu'enseignent les recherches précédentes[1].

Ainsi, dans l'état esthétique, l'homme est *zéro*, si l'on se préoccupe d'un résultat particulier et non du pouvoir total, et si l'on considère en lui le manque de toute détermination spéciale. C'est pour cela qu'on doit donner complétement raison à ceux qui déclarent le beau, et l'état de l'âme auquel il donne lieu, comme absolument indifférent et stérile à l'égard de la *connaissance* et du *sentiment*. Ils ont parfaitement raison, car le beau ne produit absolument aucun résultat particulier, soit pour l'entendement, soit pour la volonté : nous n'atteignons par lui aucun but particulier, soit intellectuel, soit moral; il ne découvre pas une seule vérité, ne nous aide à remplir aucun devoir ; en un mot, il est également incapable de fonder le caractère et d'éclairer l'intelligence[2]. Par la culture esthétique, la valeur personnelle d'un homme ou sa dignité, en tant qu'elle peut dépendre de lui-même, reste donc complétement indéterminée, et le seul résultat obtenu, c'est que, *de par la nature*, il lui est devenu possible de faire de lui ce qu'il veut, que la liberté d'être ce qu'il doit être lui est complétement rendue.

Mais, par cela précisément, il a atteint un but infini. Car, si nous nous souvenons que justement cette liberté lui avait été ravie par la contrainte exclusive de la nature dans le sentiment, et, dans la pensée, par la législation rationnelle également exclusive, nous devons considérer le pouvoir qui lui est rendu dans la situation esthétique, comme le plus élevé de tous les dons, comme le don de l'humanité. Sans doute, cette humanité, il la possède virtuellement avant tout état déterminé auquel il

---

1. Ici Schiller, dans les *Heures*, renvoie, en note, aux lettres XIV et XV.
2. Il y a de plus dans les *Heures :* « La beauté est *nature*, et l'homme no peut devoir qu'à *soi-même* ses idées aussi bien que ses résolutions. »

peut arriver ; mais , en acte, il la perd avec tout état déterminé auquel il arrive ; et, pour qu'il puisse passer à un état
contraire, il faut qu'elle lui soit rendue chaque fois par la vie
esthétique [1].

Il n'est donc pas seulement poétiquement permis, mais encore
philosophiquement exact, de nommer le beau notre second créateur : car, s'il est vrai qu'il nous rende simplement l'humanité
possible, et qu'il laisse à notre libre arbitre le soin de réaliser
ce type à un degré plus ou moins élevé, on peut dire qu'il a
cela de commun avec notre première créatrice, la nature, qui
de même ne nous a donné l'humanité qu'en puissance et a livré
l'exercice de cette puissance à la libre détermination de notre
volonté.

1. Sans doute, grâce à la rapidité avec laquelle certains caractères passent de
la sensation à la pensée et à la résolution, on ne remarque point, ou l'on remarque à peine l'état esthétique qu'ils doivent nécessairement traverser. Les
caractères de cette nature ne peuvent supporter longtemps l'état d'indétermination, et ils tendent impatiemment au résultat, qu'ils ne trouvent point dans
l'état d'illimitation esthétique. Chez d'autres, au contraire, qui font consister
leur jouissance dans le sentiment de la *puissance totale*, bien plus que dans
celui d'un *acte particulier*, l'état esthétique s'étend sur une surface beaucoup
plus considérable. Autant les premiers ont peur du vide, aussi peu les seconds
peuvent supporter la limitation. J'ai à peine besoin de rappeler que les premiers sont propres aux détails et aux travaux subalternes, tandis que les
seconds, en supposant toutefois qu'à ce caractère ils allient la réalité, sont nés
pour de vastes conceptions et de grands rôles. (*Note de Schiller.*)

LETTRE XXII.

Si donc la disposition esthétique de l'âme doit, sous un rapport, être considérée comme zéro, quand on a égard à des effets particuliers et déterminés : sous un autre rapport, il la faut regarder comme l'état de *la réalité la plus élevée*, quand on y considère l'absence de limite, et la somme des forces qu'elle met conjointement en action. Ainsi, l'on ne peut pas non plus donner tort à ceux qui veulent que la situation esthétique soit la plus féconde au point de vue de la connaissance et de la moralité. Ils ont parfaitement raison, car une disposition de l'âme qui comprend en soi l'essence totale de l'humanité, doit nécessairement aussi renfermer en puissance chacune de ses manifestations particulières; une disposition de l'âme qui écarte de l'ensemble de la nature humaine toute espèce de limites, doit nécessairement aussi les écarter de toute manifestation particulière. C'est précisément parce qu'elle ne protége exclusivement aucune fonction spéciale de l'humanité, qu'elle est favorable à toutes indifféremment, et elle n'en favorise aucune en particulier par cette seule raison qu'elle est le fondement de la possibilité de chacune d'elles. Tous les autres exercices donnent à l'âme une habileté spéciale quelconque, mais, en revanche, lui imposent une limite spéciale ; seul l'exercice esthétique conduit à l'illimité. Toutes les autres dispositions dans lesquelles notre âme peut se trouver nous ramènent à une disposition précédente et ont besoin de se résoudre dans une suivante; seule la disposition esthétique est un tout en soi, attendu qu'elle réunit en elle-même toutes les conditions de son origine et de sa durée. Là seulement, nous nous sentons en quelque sorte enlevés au temps, et notre humanité se manifeste avec autant de pureté et d'*intégrité* que si elle n'avait pas encore éprouvé d'altération par l'influence des forces extérieures.

Ce qui flatte nos sens dans les rapports immédiats avec le monde extérieur, ouvre à toutes les impressions notre âme molle et mobile, mais nous rend, au même degré, moins aptes à la contention d'esprit. Ce qui tend nos facultés intellectuelles et nous invite aux idées abstraites, fortifie notre esprit pour toute espèce de résistance, mais l'endurcit dans la même proportion, et nous enlève en réceptivité ce qu'il nous donne en activité propre. Des deux côtés, pour cela même, nous ne pouvons échapper à l'épuisement, parce que la matière ne peut se passer longtemps de la force plastique, ni la force de la matière à façonner. Si, au contraire, nous nous abandonnons à la jouissance du beau véritable, nous sommes, dans le même instant, maîtres au même degré de nos forces actives et passives, et nous pouvons nous livrer avec une égale facilité au sérieux et au jeu, au repos et au mouvement, à l'abandon et à la résistance, à la pensée abstraite et à l'intuition.

Cette liberté, cette parfaite égalité d'âme, associée à la force et à la vigueur, est la disposition où doit nous laisser une véritable œuvre d'art, et il n'est point de pierre de touche plus sûre de la vraie valeur esthétique. Si, après une jouissance de cette nature, nous nous trouvons particulièrement disposés à tel ou tel mode de sentiment ou d'action, tandis que nous nous sentons de l'incapacité ou de la répugnance pour un autre, cela prouve infailliblement que nous n'avons pas éprouvé une influence *esthétique pure*, soit que cela dépende de l'objet ou de notre manière de sentir, ou, comme c'est presque toujours le cas, de tous les deux en même temps.

Comme on ne peut trouver dans la réalité d'influence purement esthétique, attendu que l'homme ne peut jamais se soustraire à la dépendance des forces, l'excellence d'une œuvre d'art ne peut consister que dans une approximation plus grande de cet idéal de pureté esthétique, et, quelle que soit la liberté à laquelle on aura pu s'élever dans cette œuvre, elle nous laissera toujours dans une disposition particulière et une direction propre. Plus la disposition de notre âme a de généralité et moins est restreinte la direction qui lui est imprimée par un art déterminé et par un produit particulier de cet art : plus cet art est noble, et plus ce produit est excellent. On peut appliquer ce criterium aux produits de différents arts et aux divers produits d'un même art. Nous quittons une belle musique les sens et le cœur ému, une belle poésie avec une imagination animée, un chef-d'œuvre de sculpture ou d'architecture avec une intelligence éveillée; mais celui qui, immédiatement après une vive jouissance musicale, nous inviterait à la pensée abstraite; après une vive jouissance poétique, à une occupation compassée de la vie vulgaire; celui qui, aussitôt après la contemplation de belles peintures ou de belles sculptures, voudrait échauffer notre imagination, ou surprendre notre sentiment : celui-là choisirait mal son temps. La raison, c'est que *par sa matière*, la musique, même la plus spirituelle, présente avec les sens une affinité plus grande que ne le permet la vraie liberté esthétique; c'est que la poésie, même la plus heureuse, ayant *pour medium* le jeu arbitraire et contingent de l'imagination, y participe toujours plus que ne le permet la nécessité intime du beau véritable; c'est que la meilleure sculpture touche à la science sérieuse *par ce qu'il y a de déterminé dans son concept*. Toutefois, ces affinités particulières se perdent à mesure que les œuvres de ces trois espèces d'art s'élèvent à une plus grande hauteur, et une conséquence naturelle et nécessaire de leur perfection, c'est que, sans confondre leurs limites objectives, les différents arts arrivent à se ressembler de plus en plus *dans l'action qu'ils exercent sur l'âme*. A son degré d'ennoblissement suprême, la musique doit devenir forme et agir sur nous avec la puissance calme d'une statue antique; dans sa perfection la plus élevée, l'art plastique doit devenir musique et nous émouvoir par l'action immédiate exercée sur les sens; dans son développement le plus complet, la poésie doit tout à la fois nous saisir fortement comme la musique, et, comme la plastique, nous environner d'une paisible clarté. Dans chaque art le style parfait consiste précisément à savoir éloigner les limites spécifiques, sans sacrifier en même temps les avantages particuliers de cet art, et à lui donner, par un sage emploi de ce qui lui appartient en propre, un caractère plus général.

Et ce ne sont pas seulement les limites inhérentes au caractère spécifique de chaque espèce d'art, que l'artiste doit franchir par la mise en œuvre : il doit triompher aussi de celles qui sont inhérentes au sujet particulier qu'il traite. Dans une œuvre d'art vraiment belle, le fond ne doit rien faire, la forme tout ; car, par la forme, on agit sur l'homme tout entier ; par le fond, au contraire, rien que sur des forces isolées. Ainsi donc quelque vaste et quelque sublime qu'il soit, le fond exerce toujours sur l'esprit une action restrictive, et ce n'est que de la forme qu'on peut attendre la vraie liberté esthétique. Par conséquent, le véritable secret du maître consiste à *anéantir la matière par la forme*, et plus la matière est par elle-même imposante, ambitieuse, attrayante, plus elle se fait valoir et tient à produire l'effet qui lui est propre, ou encore, plus celui qui la considère est tenté d'entrer directement en rapport avec elle : plus grand aussi est le triomphe de l'art qui la dompte et maintient sa domination sur ceux qui jouissent de son œuvre. Il faut que l'âme du spectateur et de l'auditeur reste parfaitement libre et intacte ; il faut qu'elle sorte pure et entière du cercle magique de l'artiste, comme des mains du créateur. Le sujet le plus frivole doit être traité de telle sorte, que nous demeurions disposés à passer de là immédiatement au sérieux le plus sévère. La matière la plus sérieuse doit être traitée de telle sorte, que nous conservions la faculté de l'échanger immédiatement contre le jeu le plus frivole. Les arts qui ont la passion pour objet, comme la tragédie, par exemple, ne sont pas ici une objection ; car d'abord ces arts ne sont pas entièrement libres, attendu qu'ils sont au service d'une fin particulière (le pathétique), et ensuite nul vrai connaisseur ne niera que, même dans cette classe, une œuvre ne soit d'autant plus parfaite que, même au milieu des plus violents orages de la passion, elle respecte davantage la liberté de l'âme. Il y a un bel art de la passion, mais un bel art passionné est une contradiction dans les termes, car l'effet immanquable du beau, c'est l'affranchissement des passions. L'idée d'un bel art instructif (didactique) ou améliorateur (moral), n'est pas moins contradictoire, car rien ne s'accorde moins avec l'idée du beau que de donner à l'âme une tendance déterminée.

Cependant, de ce qu'une œuvre produit de l'effet uniquement par son fond, il ne faut pas toujours conclure qu'il y ait manque de forme dans cette œuvre: cela peut témoigner tout aussi souvent d'un manque de forme chez celui qui l'apprécie. Si son esprit est trop tendu ou trop relâché, s'il est accoutumé à n'accueillir les choses qu'avec les sens ou avec l'intelligence, il ne s'arrêtera, dans l'ensemble le plus parfait, qu'aux parties, et, sous la forme la plus belle, il ne verra que la matière. Uniquement sensible à *l'élément* brut, il lui faut d'abord détruire l'organisation esthétique d'un ouvrage pour y trouver une jouissance, et déterrer soigneusement les détails que le génie a fait disparaître, avec un art infini, dans l'harmonie de l'ensemble. L'intérêt qu'il prend à l'œuvre est uniquement soit moral, soit physique: il ne lui manque qu'une chose, c'est d'être, tout juste ce qu'il devrait être, esthétique. Les lecteurs de ce genre goûtent un poëme sérieux et pathétique, comme un sermon; une œuvre naïve ou badine, comme un breuvage enivrant; et, si d'une part ils ont assez peu de goût pour demander de *l'édification* à une tragédie, ou à une épopée, fût-ce *la Messiade*, de l'autre ils seront infailliblement scandalisés par une pièce à la façon d'Anacréon ou de Catulle.

LETTRE XXIII.

Je reprends le fil de mes recherches, que je n'ai brisé que pour appliquer à l'art pratique et à l'appréciation de ses œuvres les principes que j'ai posés.

La transition de la passivité de la sensation à l'activité de la pensée et de la volonté ne peut donc s'effectuer que par l'état intermédiaire de liberté esthétique, et, quoiqu'en soi cet état ne décide rien pour nos opinions et nos sentiments, et que dès lors il laisse entièrement problématique notre valeur intellectuelle et morale, il est cependant la condition nécessaire sans laquelle nous ne saurions arriver à une opinion et à un sentiment. En un mot, il n'est pas d'autre moyen de faire raisonnable l'homme sensitif, que de le faire d'abord esthétique.

Mais, pourriez-vous m'objecter, cette médiation est-elle absolument indispensable? Le vrai et le devoir ne pourraient-ils l'un et l'autre, en soi et par soi, trouver accès chez l'homme sensitif? A cela je répondrai : non-seulement il est possible, mais il faut absolument qu'ils ne doivent qu'à eux-mêmes leur force déterminante, et rien ne serait plus contradictoire à nos précédentes affirmations que d'avoir l'air de défendre l'opinion opposée. Il a été prouvé expressément que le beau ne fournit aucun résultat, soit pour l'entendement, soit pour la volonté; qu'il ne se mêle à aucune opération, soit de pensée, soit de résolution; et qu'il se borne à conférer cette double puissance, mais sans rien déterminer quant à l'exercice réel de cette puissance. Ici tout secours étranger disparaît, et la pure forme logique, l'idée, doit parler immédiatement à l'intelligence;

comme la pure forme morale, la loi, immédiatement à la volonté.

Mais que la forme pure en soit capable, et qu'il y ait en général une forme pure pour l'homme sensitif, voilà ce qui doit d'abord, je le soutiens, être rendu possible par la disposition esthétique de l'âme. La vérité n'est pas une chose qui puisse être reçue du dehors, comme la réalité ou l'existence sensible des objets; c'est la force pensante, dans sa liberté et son activité propre, qui la produit, et c'est justement cette activité propre, cette liberté, que nous cherchons en vain chez l'homme sensitif. L'homme sensitif est déjà déterminé (physiquement), et dès lors il n'a plus sa libre déterminabilité. Il faut nécessairement qu'il rentre d'abord en possession de cette déterminabilité perdue, avant de pouvoir échanger la détermination passive contre une détermination active. Or, pour la récupérer, il faut, ou bien qu'il perde la détermination passive qu'il avait, ou bien *qu'il renferme déjà en lui la détermination active* à laquelle il doit passer. S'il se bornait à perdre la détermination passive, avec elle il perdrait, en même temps, la possibilité d'une détermination active, parce que la pensée a besoin d'un corps, et que la forme ne peut être réalisée que dans une matière. Il faut donc qu'il renferme déjà en lui la détermination active, qu'il soit déterminé activement et passivement tout à la fois, c'est-à-dire, qu'il devienne nécessairement esthétique.

En conséquence, par la disposition esthétique de l'âme, l'activité propre de la raison se révèle déjà dans la sphère de la sensibilité, la puissance de la sensation est déjà brisée au dedans de ses propres limites, et l'ennoblissement de l'homme physique porté assez loin pour que l'homme spirituel n'ait plus qu'à se développer suivant les lois de la liberté. La transition de l'état esthétique à l'état logique et moral (de la beauté à la vérité et au devoir) est donc infiniment plus facile que ne l'était la transition de l'état physique à l'état esthétique (de la vie pure et aveugle à la forme). Cette transition, l'homme peut l'effectuer par sa seule liberté, attendu qu'il n'a besoin que de prendre possession de lui-même, non de se donner; que de séparer les éléments de sa nature, et non de l'élargir. Parvenu à la disposition esthétique, l'homme donnera à ses jugements et à ses actions une valeur universelle, dès qu'il le voudra. Ce passage de la matière brute à la beauté, dans lequel une faculté tout à fait nouvelle doit s'éveiller en lui, la nature doit le lui rendre plus facile, et sa volonté n'a nul pouvoir sur une disposition qui, nous le savons, donne elle-même naissance à la volonté. Pour amener l'homme esthétique à des vues profondes, à de grands sentiments, il ne faut lui donner rien de plus que des occasions importantes; pour obtenir la même chose de l'homme sensitif, il faut d'abord changer sa nature. Pour faire du premier un héros, un sage, il n'est souvent besoin que d'une situation sublime (qui exerce sur la faculté du vouloir l'action la plus immédiate); pour le second, il faut d'abord le transplanter sous un autre ciel.

Une des tâches les plus importantes de la culture, c'est donc de soumettre l'homme à la forme, même dans la vie purement physique, et de le rendre esthétique aussi loin que peut s'étendre le domaine du beau; car c'est de l'état esthétique seulement, et non de l'état physique, que l'état moral peut se développer. Si, dans chaque cas particulier, l'homme doit posséder le pouvoir de faire de son jugement et de sa volonté le jugement de l'espèce entière; s'il doit trouver dans chaque existence bornée la transition à une existence infinie; s'il doit enfin pouvoir, de chaque situation dépendante, prendre son élan pour s'élever à l'autonomie et à la liberté: il faut veiller à ce que, dans aucun moment, il ne soit seulement individu et n'obéisse uniquement à la loi de la nature. Pour être apte et prêt à s'élever, du cercle étroit des fins de la nature, aux fins rationnelles, il faut que, *dans la sphère des premières*, il se soit déjà exercé aux secondes, qu'il ait déjà réalisé sa destination physique avec une certaine liberté qui n'appartient qu'aux esprits, c'est-à-dire d'après les lois du beau.

Et cela, il le peut sans contrarier le moins du monde son but physique. Les exigences de la nature à son égard portent seulement sur *ce qu'il fait*, sur *la matière* de ses actes; mais les fins de la nature ne déterminent en aucune sorte *la manière dont il agit, la forme des actions*. Au contraire, les exigences de la raison ont rigoureusement pour objet la forme de son activité. Aussi, autant il est nécessaire, pour la destination morale de l'homme, qu'il soit purement moral, qu'il montre une activité propre absolue, autant il est indifférent pour sa destination physique qu'il soit purement physique, qu'il se comporte d'une manière purement passive. Dès lors, par rapport à cette dernière destination, il dépend entièrement de lui de la remplir uniquement comme être sensitif et force naturelle (comme une force qui n'agit que selon qu'elle pâtit), ou, en même temps, comme force absolue, comme être rationnel. Lequel des deux répond le mieux à sa dignité? c'est ce qui ne fait pas question. Autant il est pour lui honteux et méprisable de faire sous l'impulsion de la sensibilité, ce à quoi il aurait dû se déterminer par le motif pur du devoir, autant il est pour lui noble et honorable de tendre vers la conformité à la loi, l'harmonie, l'indépendance, là même où l'homme vulgaire ne fait que satisfaire un besoin légitime[1]. En un mot, dans le domaine de la

1. Cette manière élevée de traiter avec une liberté esthétique la réalité vulgaire est, partout où on la rencontre, le signe distinctif d'une âme *noble*. On peut en général nommer noble l'âme qui possède le don de transformer en infini, par la conduite, par la mise en œuvre, l'occupation la plus bornée, l'objet le plus mesquin. Noble est toute forme qui imprime le sceau de l'indépendance à ce qui, par sa nature, est *subordonné* (pur moyen). Un noble esprit ne se contente pas d'être libre lui-même, il veut tout affranchir autour de lui, même les objets inanimés. Or, le beau est la seule expression possible de la liberté dans le monde des phénomènes. L'expression dominante de l'*intelligence* dans un visage, une œuvre d'art, etc., n'arrivera jamais à la noblesse, de même qu'elle n'est jamais belle; et la raison, c'est qu'au lieu de cacher la dépendance (qui ne se peut séparer de la conformité au but[*]), elle la met en saillie.

Le moraliste nous enseigne, à la vérité, qu'on ne peut jamais faire *plus* que son devoir, et il a parfaitement raison, s'il n'a en vue que le rapport qu'ont les actions avec la loi morale. Mais, dans des actes qui ne se rapportent qu'à un but déterminé, s'élever *par delà ce but* jusqu'au supra-sensible (ce qui ne peut ici signifier autre chose que réaliser esthétiquement une fin physique), c'est aller en même temps *par delà le devoir*: le devoir, en effet, peut exiger seulement que la *volonté* soit sainte, et non que la *nature* se soit aussi sanctifiée. Dès lors on ne peut dépasser les limites du devoir moralement, mais bien esthétiquement, et une telle conduite s'appelle noble. Mais précisément parce qu'on voit toujours de l'exubérance dans la noblesse, en ce qu'une chose qui n'avait besoin d'avoir qu'une valeur matérielle, possède aussi une valeur libre et formelle, ou, ce qui revient au même, unit à la valeur interne qu'elle doit avoir, une valeur externe dont elle pourrait se passer, quelques personnes ont confondu l'exubérance esthétique avec l'exubérance morale, et, séduites par la manifestation de la noblesse, ont apporté dans la moralité elle-même un arbitraire et une contingence qui la détruiraient complétement.

Il faut distinguer une conduite noble d'une conduite sublime. La première

[*] Dans les *Heures*, la négation manque; mais elle se trouve déjà dans les *Opuscules en prose*, comme dans les *Œuvres complètes*.

vérité et de la moralité, il faut que la sensation n'ait rien à déterminer ; mais dans la sphère du bonheur, il faut que la forme trouve place, et que l'instinct de jeu domine.

Ainsi donc, dans la sphère indifférente de la vie physique, l'homme doit commencer déjà sa vie morale ; son activité propre doit déjà se faire jour dans la passivité, et sa liberté rationnelle en deçà des limites des sens. Il faut que déjà il impose à ses inclinations la loi de sa volonté ; il faut, si vous voulez bien me permettre cette expression, qu'il fasse pénétrer dans le domaine même de la matière la guerre contre la matière, afin d'être dispensé de combattre ce redoutable ennemi sur le terrain sacré de la liberté ; il faut qu'il apprenne à avoir *de plus nobles désirs*, pour n'être pas forcé d'avoir des *volontés sublimes*. C'est là le fruit de la culture esthétique, qui soumet aux lois du beau ce en quoi, ni les lois de la nature, ni celles de la raison, n'obligent la volonté de l'homme, et qui, par la forme qu'elle donne à la vie extérieure, ouvre déjà la vie interne.

dépasse l'obligation morale, mais il n'en est pas de même de la dernière, quoique nous la placions bien plus haut dans notre estime. Mais nous l'estimons parce qu'elle dépasse, non le concept rationnel de son objet (de la loi morale), mais le concept expérimental de son sujet (les notions que nous avons de la bonne volonté et de la force de volonté chez l'homme) ; au contraire, l'estime que nous accordons à une noble conduite ne vient pas de ce qu'elle dépasse la nature du sujet, dont elle doit plutôt dériver sans effort, mais de ce qu'elle s'élève par de là la nature de son objet (le but physique), jusqu'à la sphère spirituelle. Là, pourrait-on dire, nous nous étonnons du triomphe de l'objet sur l'homme ; ici, nous admirons l'essor que l'homme donne à l'objet. (*Note de Schiller.*) — La phrase qui suit celle à laquelle cette note se rapporte, a quelques mots de plus dans les *Heures* : « En un mot, *là où l'impulsion formelle doit régner*, dans le domaine de la vérité et de la moralité, *il faut qu'il n'y ait point de matière*, il faut que la sensation, etc. ; mais *là où l'impulsion réelle gouverne*, dans la sphère du bonheur, etc. »

LETTRE XXV.

Tant que l'homme, dans son premier état physique, se borne à recevoir passivement les impressions du monde matériel, à sentir, il est encore complétement identifié avec lui, et, précisément parce qu'il n'est encore que monde, il n'y a pas encore de monde pour lui. C'est seulement lorsque, dans son état esthétique, il le pose hors de lui ou le *contemple*, que sa personnalité se distingue de l'univers, et un monde lui apparaît parce qu'il a cessé de ne faire qu'un avec lui [1].

La réflexion est le premier rapport libéral de l'homme avec l'univers qui l'entoure. Tandis que le désir saisit immédiatement son objet, la réflexion recule le sien à distance, et c'est en le mettant à l'abri de la passion, qu'elle en fait sa propriété véritable et inadmissible. La nécessité de nature, qui, dans l'état de pure sensation, gouvernait l'homme sans partage, abdique dans l'état de réflexion : les sens, à l'instant, jouissent de la paix

1. Je rappelle encore une fois, que ces deux périodes se séparent nécessairement l'une de l'autre dans l'idée, mais que, dans l'expérience, elles se mêlent plus ou moins. Il ne faut pas non plus s'imaginer qu'il y ait eu un temps où l'homme se soit trouvé dans ce pur état physique, et un autre temps où il s'en soit complétement affranchi. Dès que l'homme *voit un objet*, il n'est déjà plus dans un état purement physique, et tant qu'il continuera à voir un objet, il n'échappera pas non plus à cet état physique ; car enfin il ne peut voir qu'en tant qu'il sent. Ces trois moments que j'ai distingués au commencement de la vingt-quatrième lettre sont, en somme, trois différentes époques dans le développement de l'humanité entière et dans le développement total de chaque individu ; mais on peut les distinguer aussi dans chaque perception d'objet isolément prise ; ils sont, en un mot, les conditions nécessaires de toute connaissance acquise par les sens. (*Note de Schiller.*)

nomènes qui changent et se succèdent, et, tandis que l'individu passe, maintient la loi sur la scène du monde. C'est en vain que la nature déploie devant ses sens sa variété infinie : dans sa splendide exubérance, il ne voit rien qu'une proie ; dans sa puissance et sa grandeur, rien qu'une force ennemie. Ou bien il se rue sur les objets et veut se les approprier violemment pour satisfaire ses appétits : ou bien les objets exercent sur lui une influence délétère et il les repousse avec horreur. Dans les deux cas, son rapport avec le monde sensible est le *contact* immédiat ; sans cesse en butte à cette oppression exercée sur lui par la matière, torturé sans cesse par le besoin impérieux, il ne trouve de repos nulle part que dans l'épuisement, de limite nulle part que dans le besoin assouvi.

Sans doute la puissante poitrine et la moelle vigoureuse des Titans est son héritage assuré ; mais le Dieu lui attacha autour du front un bandeau d'airain. La prudence, la modération, la sagesse et la patience, il les cacha à son regard farouche et sombre. Chacun de ses désirs devient une fureur, et cette fureur ne connaît pas de bornes qui l'arrêtent[1].

Ignorant de sa dignité d'homme, il est bien loin de l'honorer dans les autres, et, comme il a conscience de ses appétits sauvages, il les redoute dans chaque créature qui lui ressemble. Il ne voit que lui dans les autres, jamais les autres en lui, et la société, loin d'étendre son être jusqu'à l'espèce, le resserre de plus en plus dans les bornes de son individualité. Emprisonné dans cette lourde atmosphère, il erre à travers cette vie ténébreuse, jusqu'à ce que la nature propice délivre ses sens obscurcis du fardeau de la matière, que la réflexion le distingue lui-même des choses, et qu'enfin les objets se montrent à lui dans le reflet de la conscience.

Sans doute, on ne peut montrer chez aucun peuple et à aucune époque, cet état de grossière nature, tel qu'il est décrit ici ; ce n'est qu'une idée, mais une idée avec laquelle l'expérience, dans certains traits particuliers, s'accorde de la manière

1. *Iphigénie en Tauride*, acte I, sc. 3. — Dans cette citation de Goethe, Schiller s'est permis quelques changements. Il a remplacé les possessifs du pluriel par ceux du singulier, et, dans les deux derniers vers, les imparfaits prétérits par des présents.

la plus exacte. L'homme, peut-on dire, n'a jamais vécu complétement dans cet état bestial, mais aussi il n'y a jamais échappé complétement. On trouve, même chez les sujets les plus grossiers, des traces irrécusables de liberté rationnelle, de même que les moments ne manquent pas où les plus cultivés rappellent ce sombre état de nature. Il appartient en propre à l'homme de réunir dans sa nature ce qu'il y a de plus haut et de plus bas, et si sa *dignité* repose sur une rigoureuse distinction de ces deux extrêmes, son bonheur dépend d'une habile suppression de cette différence. La culture qui doit mettre en harmonie sa dignité avec son bonheur, devra donc veiller à ce que ces deux principes, en se combinant de la manière la plus intime, conservent chacun la plus grande pureté possible.

La première apparition de la raison dans l'homme n'est donc pas encore le commencement de son humanité. Ce sera plus tard l'œuvre de la liberté, et d'abord la raison commence par rendre illimitée sa dépendance sensible : phénomène qui ne me paraît pas avoir été suffisamment expliqué eu égard à son importance et à sa généralité. La raison, on le sait, manifeste sa présence dans l'homme par le postulat de l'absolu (c'est-à-dire de ce qui est nécessaire et fondé en soi-même). Ce postulat, comme il n'y peut satisfaire dans aucune des situations de sa vie physique, le force d'abandonner tout à fait l'élément physique, pour s'élever, de la réalité bornée, à la sphère des idées. Mais quoique, dans sa signification véritable, cette exigence de la raison ait pour objet de l'arracher aux bornes du temps, pour le transporter du monde sensible dans un monde idéal, elle peut aussi, par une méprise, qu'il n'est guère possible d'éviter à cette époque où la sensibilité domine, être appliquée à la vie physique, et, loin d'affranchir l'homme, le jeter dans le plus horrible esclavage.

Et c'est ainsi que cela se passe, en effet. Sur les ailes de l'imagination, l'homme abandonne les bornes étroites du présent, dans lesquelles la vie purement animale s'enferme, et il prend son vol vers un avenir illimité ; mais, pendant que le soleil de l'infini se lève pour son imagination éblouie, son cœur n'a pas cessé de vivre dans le particulier et de relever du mo-

ment. Cette tendance vers l'absolu vient le surprendre au sein
de son existence animale, et comme, dans cet état d'abrutisse-
ment, tous ses efforts sont dirigés vers le matériel et le transitoire, et ne dépassent pas la sphère de son individualité, ce
postulat de l'infini , bien loin de l'amener à faire abstraction de
son individu , le pousse à lui donner une étendue sans bornes,
à chercher, non la forme, mais une matière inépuisable; non
l'immuadle, mais l'éternelle durée du changement, et la garantie absolue de son existence temporelle. Appliqué à l'intelligence et à la volonté, ce penchant devait le conduire à la vérité
et à la moralité; appliqué à la passivité et à la sensibilité, il ne
produit rien qu'un désir sans bornes et un besoin absolu. *L'inquiétude* et la *crainte* , voilà donc les premiers fruits que l'homme
recueille dans le royaume des esprits : double produit de la
raison (non de la sensibilité), mais d'une raison qui se méprend sur son objet , et qui applique immédiatement à la matière son impératif catégorique. Les fruits de cet arbre sont tous
les systèmes absolus de félicité, qu'ils aient pour objet le moment présent, ou la vie entière, ou, ce qui ne les rend pas
plus respectables, toute l'éternité. Une durée illimitée de l'existence et du bien-être, uniquement en vue de l'existence et du
bien-être, n'est qu'un idéal du désir, et dès lors une prétention que ne peut élever qu'une nature tout animale tendant
à l'infini. Ainsi donc, loin de tirer profit pour son humanité
d'une telle manifestation de la raison, l'homme perd seulement
par là l'heureuse limitation de l'animal, et il n'a sur lui que la
prérogative, peu digne d'envie, de compromettre par ses aspirations lointaines la possession du présent, sans pourtant chercher autre chose que le présent dans le lointain sans bornes.

Mais, supposé même que la raison ne se méprenne pas dans
son objet, et ne se trompe pas sur la question, longtemps encore
la sensibilité falsifiera la réponse. Dès que l'homme a commencé
à user de son intelligence, et à associer, d'après les rapports de
cause et de fin, les phénomènes qui l'entourent, la raison, conformément à sa nature, tend à une liaison nécessaire, à un principe absolu. Il faut que l'homme , pour pouvoir seulement se
poser un pareil problème, se soit déjà élevé au-dessus de la
sensibilité; mais celle-ci se sert justement de cette tendance pour

ramener le fugitif. En effet, c'est maintenant qu'il devrait abandonner tout à fait le monde des sens, pour prendre son essor
dans l'empire des idées ; car l'intelligence demeure éternellement
enfermée dans le fini et le conditionnel , et elle ne cesse d'interroger sans pouvoir arriver à un dernier anneau de la chaîne;
mais, comme l'homme dont il est ici question n'est pas capable
encore d'une pareille abstraction, ce qu'il ne trouve pas dans *la
sphère de la connaissance sensible*, et qu'il ne cherche pas encore
au-dessus, dans la raison pure, il le cherchera au-dessous, dans
la sphère du sentiment, et le trouvera en apparence. Sans doute,
la sensibilité ne lui montre rien qui ait en soi-même son fondement et qui se donne à soi-même la loi ; mais elle lui montre
quelque chose qui n'a que faire d'un fondement, et qui ne s'inquiète d'aucune loi. Ainsi donc, ne pouvant mettre en repos, en
lui montrant une cause finale et interne, l'intelligence qui interroge, il la réduit du moins au silence par le concept de
la *négation de cause*, et, dans l'impuissance où il est encore
de comprendre la sublime nécessité de la raison , il s'en tient à
l'aveugle contrainte de la matière. Comme la sensibilité ne connaît d'autre *but* que son intérêt , et ne se sent déterminée par
aucune autre *cause* que l'aveugle hasard, elle fait de celui-là le
mobile de ses actions, de celui-ci le maître du monde.

Même ce qu'il y a de saint dans l'homme, la loi morale, ne
peut, dans sa première manifestation au sein de la sensibilité,
se soustraire à cette falsification. Comme cette loi morale n'est
que prohibitive, et combat dans l'homme les intérêts de l'égoïsme
sensible, elle doit lui sembler quelque chose d'étranger, tant
qu'il n'est pas arrivé encore à considérer cet amour de soi
comme l'étranger, et la voix de la raison comme son véritable
moi. Il se borne donc à sentir les chaînes que cette dernière
lui impose, sans avoir conscience de l'affranchissement infini
qu'elle lui procure. Sans soupçonner en lui-même la dignité
du législateur, il n'éprouve que la contrainte et la révolte impuissante du sujet soumis au joug. Parce que, dans son expérience, l'impulsion sensible *précède* l'impulsion morale, il donne
à la loi de nécessité un commencement dans le temps, une *origine positive*, et, par la plus malheureuse de toutes les erreurs,
il fait de l'immuable et de l'éternel qui est en lui, un accident

du transitoire. Il se décide à considérer les notions de juste et d'injuste comme des statuts qui ont été introduits par une volonté, et non comme ayant en eux-mêmes une valeur éternelle. De même que, dans l'explication de certains phénomènes naturels, il va au delà de la *nature* et cherche en dehors d'elle ce qui ne peut être trouvé qu'au dedans d'elle, dans ses propres lois, de même, dans l'explication des phénomènes moraux, il va au delà de la *raison* et fait bon marché de son humanité en cherchant par cette voie un Dieu. Il n'est point étonnant qu'une religion qu'il a achetée au prix de son humanité, se montre digne de cette origine, et qu'il ne considère pas comme absolues et obligatoires *pour* toute l'éternité, des lois qui n'ont pas obligé *de* toute éternité. Il s'est mis en relation, non avec un être saint, mais seulement avec un être puissant. L'esprit de sa religion, de l'hommage qu'il rend à Dieu, est donc une crainte qui le rabaisse, et non une vénération qui l'élève dans sa propre estime.

Quoique ces aberrations diverses par lesquelles l'homme s'écarte de l'idéal de sa destination ne puissent avoir lieu toutes à la même époque, attendu que, pour passer de l'absence de pensée à l'erreur, de l'absence de volonté à la corruption de la volonté, il a plusieurs degrés à franchir, elles sont cependant, sans exception, la conséquence de son état physique, parce que, dans toutes, l'impulsion vitale domine l'impulsion formelle. Soit donc que la raison n'ait pas encore parlé dans l'homme et que le physique règne sur lui avec une aveugle nécessité, ou que la raison ne se soit pas encore suffisamment purifiée des impressions sensibles et que le moral soit encore soumis au physique : dans les deux cas, le seul principe qui ait sur lui une puissance réelle est un principe matériel, et l'homme, du moins quant à sa tendance dernière, est un être sensible. L'unique différence, c'est que, dans le premier cas, il est un animal sans raison, et dans le second un animal raisonnable. Mais il ne doit être ni l'un ni l'autre : il doit être homme. La nature ne doit pas le dominer exclusivement; ni la raison, conditionnellement. Il faut que les deux législations soient complétement indépendantes l'une de l'autre, et toutefois complétement d'accord.

LETTRE XXIV.

On peut donc distinguer trois différents moments ou degrés de développement que l'homme individu aussi bien que l'espèce entière doivent traverser nécessairement et dans un ordre déterminé, s'ils veulent parcourir le cercle entier de leur destination. Sans doute des circonstances fortuites, qui consistent soit dans l'influence des objets extérieurs, soit dans le libre arbitre de l'homme, peuvent tantôt allonger, tantôt raccourcir chacune de ces périodes; mais aucune ne peut être complétement omise, et ni la nature, ni la volonté ne sauraient intervertir l'ordre dans lequel elles se succèdent. L'homme dans son état *physique* subit uniquement la domination de la nature; il s'affranchit de cette domination dans l'état *esthétique*, et la maîtrise dans l'état *moral*.

Qu'est l'homme avant que le beau l'appelle à de libres jouissances, et que la forme paisible adoucisse sa vie sauvage? Éternellement uniforme dans ses desseins, éternellement changeant dans ses jugements, égoïste sans être lui-même, effréné sans être libre, esclave sans obéir à une règle. Dans cette période, le monde n'est pour lui que le destin, et pas encore un objet; les choses n'ont pour lui d'existence qu'en tant qu'elles servent à son existence : ce qui ne lui donne ni ne lui prend rien n'existe pas pour lui. Tous les phénomènes sont là devant lui isolés, sans lien entre eux, comme il est isolé lui-même dans la série des êtres. Tout ce qui est n'est pour lui que par la toute-puissance du moment; chaque changement est à ses yeux comme une création nouvelle; car, avec la nécessité *interne*, lui manque aussi cette nécessité *externe* qui relie en un seul univers les phé

le temps lui-même, ce marcheur éternel, s'arrête, alors que se réunissent les rayons épars de la conscience; et une image de l'infini, la *forme*, se réfléchit sur le fond périssable. Dès qu'il fait jour dans l'homme, la nuit disparaît aussi au dehors; dès que le calme se fait dans son âme, l'orage s'apaise aussi dans l'univers, et les forces rivales de la nature trouvent le repos dans des limites permanentes. Il n'est donc pas étonnant que les antiques fictions parlent de ce grand événement accompli dans l'intérieur de l'homme, comme d'une révolution dans le monde extérieur, et rendent sensible le triomphe de la pensée sur la loi du temps, sous l'image de *Jupiter*, qui met fin au règne de *Saturne*.

D'esclave de la nature qu'il était tant qu'il s'est borné à sentir, l'homme devient le législateur de la nature dès qu'il la pense; et, tandis qu'auparavant elle ne faisait que le maîtriser comme *force*, elle apparaît maintenant comme *objet* à son regard qui la juge. Ce qui est objet pour l'homme ne saurait avoir d'empire sur lui, car l'objet, pour être tel, doit au contraire éprouver le sien. En tant et aussi longtemps qu'il donne une forme à la matière, il reste invulnérable à son action; car rien ne peut porter atteinte à un esprit que ce qui lui ravit la liberté, et ne prouve-t-il pas la sienne en donnant une forme à ce qui en manque? La crainte ne réside que là où règne la masse grossière et sans forme, et où de vagues contours flottent dans des limites indécises : l'homme s'élève au-dessus de toutes les épouvantes de la nature, dès qu'il sait lui donner une forme et la changer en objet pour lui. Du moment qu'il commence à maintenir son indépendance vis-à-vis de la nature envisagée comme phénomène, il fait aussi valoir sa dignité contre la nature en tant que force, et avec une noble liberté il se redresse et tient tête à ses dieux. Ils dépouillent ces masques de fantômes avec lesquels ils ont tourmenté son enfance, et, devenus sa pensée, ils l'étonnent en lui présentant sa propre image. Le monstre divin de l'Orient qui gouverne le monde avec la force aveugle de la bête féroce, prend dans l'imagination grecque les gracieux contours de l'homme; l'empire des Titans s'écroule, et la force finie est domptée par la forme infinie.

Mais, tandis que je cherchais seulement une issue pour sortir du monde matériel, et un moyen de passer dans le monde des esprits, le libre essor de mon imagination m'a déjà transporté au milieu de ce dernier. Le beau que nous cherchons est déjà derrière nous, et nous l'avons franchi en passant immédiatement de la vie matérielle à la forme pure et à l'objet pur. Un pareil saut n'est pas dans la nature humaine, et, pour marcher avec elle d'un pas égal, il nous faudra retourner au monde des sens.

Le beau est sans doute l'œuvre de la libre réflexion, et avec lui nous entrons dans le monde des idées ; mais, et cela est important à noter, sans abandonner pour cela le monde sensible, comme il arrive dans la connaissance de la vérité. Celle-ci est le produit pur de l'abstraction de tout ce qui est matériel et contingent, le pur objet qui ne doit rien retenir des limites du sujet, la pure activité sans mélange de passivité. Sans doute, il y a aussi un chemin qui ramène de l'abstraction la plus haute à la sensibilité, car la pensée affecte le sens intime, et l'idée de l'unité logique et morale donne lieu à un sentiment d'harmonie sensible. Cependant, quand nous nous abandonnons au plaisir que procure la connaissance, nous distinguons très-exactement l'idée du sentiment, et nous regardons ce dernier comme quelque chose de contingent qui pourrait bien faire défaut sans que pour cela la connaissance cessât, et que la vérité ne fût plus vérité [1]. Mais ce serait une vaine tentative que de vouloir supprimer dans l'idée du beau cette relation à la faculté de sentir : en conséquence, nous n'aboutirions à rien en nous représentant l'une comme l'effet de l'autre, mais il nous faut les considérer à la fois et réciproquement comme cause et effet. Dans le plaisir que procure la connaissance, nous distinguons sans peine le *passage* de l'activité à la passivité, et nous remarquons clairement que la première a fini quand la seconde commence. Au contraire, dans le plaisir que nous prenons à la beauté, cette succession entre l'activité et la passivité ne se laisse pas distinguer, et ici la réflexion se confond si parfaitement avec le sentiment, que nous croyons sentir

---

1. Les *Heures* ont ici de plus la phrase suivante : « La vérité demeurerait ce qu'elle est, lors même qu'elle n'affecterait pas les sens, lors même qu'il n'y aurait pas de sens : dans l'idée de la divinité ne faisons-nous pas persister la vérité, et disparaître toute nature sensible ? »

immédiatement la forme. La beauté est donc, il est vrai, un *objet* pour nous, parce que la réflexion est la condition du sentiment que nous en avons; mais elle est aussi *un état de notre moi*, parce que le sentiment est la condition de l'idée que nous en avons. La beauté est donc forme, sans doute, puisque nous la contemplons; mais elle est également vie, puisque nous la sentons. En un mot, elle est à la fois notre état et notre acte.

Et précisément parce qu'elle est état et acte en même temps, elle nous sert à prouver d'une manière victorieuse que la passivité n'exclut nullement l'activité; ni la matière, la forme; ni la limitation, l'infini; et que, par conséquent, la dépendance physique à laquelle l'homme est nécessairement voué ne détruit en aucune façon sa liberté morale. Voilà ce que prouve le beau, et je dois ajouter que lui *seul* peut nous le prouver. En effet, comme dans la jouissance de la vérité ou de l'unité logique, le sentiment ne fait pas nécessairement un avec la pensée, mais la suit accidentellement, c'est un fait qui prouve seulement qu'une nature sensitive peut succéder à une nature rationnelle et *vice versa*, mais non qu'elles coexistent, qu'elles exercent l'une sur l'autre une action réciproque, et qu'enfin elles doivent être unies d'une manière absolue et nécessaire. De cette exclusion du sentiment tant qu'il y a pensée, et de la pensée tant qu'il y a sentiment, il faudrait, bien au contraire, conclure à l'*incompatibilité* des deux natures; et en effet, pour démontrer que la raison pure est réalisable dans l'humanité, la meilleure preuve que donnent les analystes, c'est que cette réalisation est commandée. Mais comme, dans la jouissance du beau ou l'*unité esthétique*, il y a *union* réelle, substitution mutuelle de la matière et de la forme, de la passivité et de l'activité, par cela seul est prouvée la *compatibilité* des deux natures, la réalisation possible de l'infini dans le fini, et, par conséquent aussi, la possibilité de l'humanité la plus sublime.

Dès lors, nous ne devons plus être embarrassés pour trouver une transition de la dépendance sensible à la liberté morale, puisque le beau nous révèle en fait qu'elles peuvent parfaitement coexister, et que, pour se montrer esprit, l'homme n'a pas besoin d'échapper à la matière. Mais si, d'une part, il est libre, même dans son commerce avec le monde sensible, comme l'enseigne le fait du beau, et si, d'autre part, la liberté est quelque chose d'absolu et de supra-sensible, ce qui résulte nécessairement de son concept, il n'y a plus à se demander comment l'homme parvient à s'élever de la limite à l'absolu, et à opposer à la sensibilité la pensée et la volonté, puisque cela s'est déjà produit dans le fait du beau. En un mot, il n'y a plus à se demander comment il passe de la beauté à la vérité, qui est déjà renfermée virtuellement dans la première, mais comment il se fraye un chemin de la réalité vulgaire à la réalité esthétique, et des sentiments ordinaires de la vie aux sentiments du beau.

LETTRE XXVI.

Puisque c'est seulement la disposition esthétique de l'âme, ainsi que je l'ai montré dans les lettres précédentes, qui donne naissance à la liberté, il est aisé de voir qu'elle ne saurait dériver de celle-ci, et que dès lors elle ne peut avoir une origine morale. Il faut qu'elle soit un don de la nature ; seule la faveur du hasard peut rompre les liens de l'état physique, et amener le sauvage à la beauté.

Le germe du beau trouvera une égale difficulté à se développer, et dans les contrées où une nature avare prive l'homme de tout délassement, et dans celles où une nature prodigue le dispense de tout effort : là où une sensibilité émoussée n'éprouve aucun besoin, et là où le désir violent ne peut jamais s'assouvir. Ce n'est ni chez le *troglodyte* caché dans sa caverne, toujours seul, et ne trouvant jamais l'humanité *au dehors de lui*, ni chez le nomade qui, voyageant en grande troupe, n'est jamais que nombre et jamais ne trouve l'humanité *en lui-même*, que s'épanouira l'aimable fleur du beau ; mais seulement aux lieux où l'homme s'entretient paisiblement avec lui-même dans sa chaumière, et, dès qu'il en sort, avec toute son espèce. Dans ces climats où un limpide éther ouvre les sens aux plus légères impressions, tandis qu'une chaleur énergique anime la nature luxuriante ; là où, déjà dans la création inanimée, est renversé l'empire de la masse inerte et où la forme victorieuse ennoblit les natures les plus infimes ; dans ces joyeuses relations et dans cette zone fortunée où l'activité seule mène à la jouissance, et la jouissance seule à l'activité, où de la vie elle-même découle la sainte harmonie et où les lois de l'ordre développent la vie ; là enfin où l'imagination échappe sans cesse à la réalité et toutefois n'abandonne jamais dans ses égarements la simplicité de la nature : c'est là seulement que l'esprit et les sens, la force réceptive et la force plastique se développeront dans cet heureux équilibre qui est l'âme du beau et la condition de l'humanité [1].

Et quel est donc le phénomène par lequel s'annonce chez le sauvage l'initiation à l'humanité ? Aussi loin que nous portions nos regards dans l'histoire, ce phénomène est toujours identique chez tous les peuples qui se sont affranchis de la servitude de l'état bestial : l'amour de l'*apparence*, le penchant à la *parure* et au *jeu*.

L'extrême stupidité et l'extrême intelligence ont entre elles une certaine affinité, en cela qu'elles ne cherchent que le *réel* et sont complétement insensibles à la pure apparence. Celle-là n'est arrachée à son repos que par la présence immédiate d'un objet dans les sens, et ce n'est qu'en ramenant ses idées aux faits de l'expérience que la seconde est mise en repos : en un mot, la stupidité ne peut s'élever au-dessus de la réalité, ni l'intelligence s'arrêter au-dessous de la vérité [2]. Ainsi, en tant que le besoin de réalité et l'attachement au réel ne sont que la conséquence d'un manque et d'un défaut, l'indifférence pour le réel et l'intérêt pour l'apparence sont une véritable extension de l'humanité et un pas décisif vers la culture. D'abord, c'est la preuve d'une liberté extérieure ; car, tant que la nécessité commande et que le besoin sollicite, l'imagination est rigoureusement enchaînée au réel ; c'est seulement quand le besoin est satisfait, qu'elle se développe sans entraves. Mais c'est aussi la preuve d'une liberté interne, parce que cela nous révèle une force qui, indépendante d'un substrat extérieur, se met en mouvement par elle-même et possède assez d'énergie pour

---

1. Ici Schiller a supprimé la note suivante, qui se lit dans les *Heures* : « Qu'on lise à ce sujet ce que Herder, dans le livre XIII de ses *Idées sur la philosophie de l'histoire de l'humanité*, dit des causes occasionnelles de la culture de l'esprit chez les Grecs.

2. Encore une phrase de plus dans les *Heures* : « Ce que fait ici le manque d'imagination, sa domination absolue le produit là. »

écarter d'elle les sollicitations de la matière. La réalité des choses est l'œuvre des choses; l'apparence des choses est l'œuvre de l'homme, et une âme qui se repaît de l'apparence ne trouve déjà plus de plaisir à ce qu'elle reçoit, mais à ce qu'elle fait.

Il s'entend de soi-même qu'il ne s'agit ici que de l'apparence esthétique, que l'on distingue de la réalité et de la vérité; et non de l'apparence logique, que l'on confond avec elles. Dès lors, si on l'aime, c'est parce qu'elle est apparence, et non parce qu'on la tient pour quelque chose de meilleur qu'elle n'est en effet. La première seule est jeu, tandis que la seconde n'est que tromperie. Donner une valeur à l'apparence de la première espèce, ne peut jamais porter atteinte à la vérité, parce qu'il n'est point à craindre que jamais elle la supplante, ce qui pourtant est la seule manière de nuire à la vérité. Mépriser cette apparence, c'est mépriser en général tous les beaux-arts, dont elle est l'essence. Cependant il arrive quelquefois à l'entendement de porter le zèle pour la réalité jusqu'à cette intolérance, et de frapper d'une sentence d'ostracisme tous les arts de la belle apparence, parce qu'ils ne sont qu'apparence. L'intelligence toutefois ne montre ce rigorisme que lorsqu'elle se souvient de l'affinité signalée plus haut. Je trouverai quelque jour l'occasion de traiter à part des limites de la belle apparence [1].

C'est la nature elle-même qui élève l'homme de la réalité à l'apparence, en le douant de deux sens qui ne le conduisent que par l'apparence à la connaissance du réel. Dans l'œil et l'oreille, les organes des sens sont déjà déjà débarrassés des obsessions de la matière, et l'objet avec lequel nous sommes immédiatement en contact par les sens animaux, s'éloigne de nous. Ce que nous *voyons* par l'œil est différent de ce que nous *sentons*; car l'entendement pour arriver aux objets, franchit la lumière qui est entre eux et nous. L'objet du tact est une puissance que nous subissons, l'objet de la vue et de l'ouïe une

---

1. Dans les *Heures*, cet alinéa n'est point dans le texte, mais en note. — Schiller a tenu la promesse qui le termine : voyez plus loin, p. 307, la dissertation *Sur les bornes nécessaires dans l'emploi des belles formes*.

forme que nous créons. Tant que l'homme est encore sauvage, il jouit uniquement par les organes du toucher, dont les organes de l'apparence ne sont à cette époque que les auxiliaires. Ou il ne s'élève pas jusqu'à la perception par la vue, ou il ne s'en contente pas. Dès qu'il commence à jouir au moyen de la vue, et que la vision acquiert pour lui une valeur indépendante, il est déjà esthétiquement libre, et l'instinct de jeu s'est développé.

Aussitôt qu'apparaît l'instinct de jeu, qui se complaît dans l'apparence, il est suivi de l'instinct formel imitatif, qui traite l'apparence comme quelque chose d'indépendant. Dès que l'homme est arrivé assez loin pour distinguer l'apparence, de la réalité, la forme, du corps, il est aussi en état de l'en séparer, car il l'a déjà fait en les distinguant. Ainsi, la faculté de l'art d'imitation est donnée avec la faculté de la forme en général. Le penchant qui nous y entraîne repose sur une autre prédisposition dont je n'ai pas à m'occuper ici. Pour ce qui est du moment, plus ou moins proche ou éloigné, où doit se développer l'instinct esthétique, l'instinct de l'art, il dépendra uniquement du degré d'amour avec lequel l'homme pourra s'arrêter à la pure apparence.

Comme toute existence réelle provient de la nature en tant que puissance étrangère, tandis que toute apparence dérive primitivement de l'homme en tant que sujet percevant, il ne fait qu'user de son droit absolu de propriété en détachant de l'être le paraître et en en disposant suivant des lois subjectives. Avec une liberté sans frein, il peut réunir ce que la nature a séparé, pourvu qu'il puisse imaginer cet assemblage, et il peut séparer ce que la nature a réuni, pourvu que cette séparation puisse avoir lieu dans son intelligence. Ici, rien ne doit être sacré pour lui que sa propre loi : la seule condition qui lui soit imposée, c'est de respecter la frontière qui sépare son domaine à lui de l'existence des choses ou du domaine de la nature.

Ce droit humain de domination, il l'exerce dans l'*art de l'apparence*, et plus il met de rigueur à distinguer ici le tien et le mien, plus il s'attache à séparer la forme de la substance, plus il sait leur donner une existence indépendante, plus aussi il réussira, non-seulement à étendre l'empire du beau, mais à garder les frontières de la vérité; car il ne peut purger l'apparence, de la réalité, sans affranchir en même temps la réalité, de l'apparence.

Mais ce pouvoir souverain, il le possède uniquement dans le *monde de l'apparence*, dans le royaume sans substance de l'imagination, et à la condition de s'abstenir consciencieusement, en théorie, d'attribuer l'être à l'apparence, et, en pratique, de s'en servir pour donner l'être. Vous voyez par là, que le poëte sort également des limites qui lui sont imposées, et lorsqu'il attribue l'existence à son idéal, et lorsqu'il donne cet idéal pour but à une existence déterminée; car ce double résultat, il ne peut l'atteindre qu'à la condition, ou bien d'outre-passer son droit de poëte, d'empiéter par l'idéal sur le domaine de l'expérience et de prétendre déterminer l'existence réelle en vertu d'une simple possibilité; ou bien de renoncer à son droit de poëte, de laisser l'expérience empiéter sur le domaine de l'idéal, et de restreindre la possibilité aux conditions de la réalité.

Ce n'est qu'en tant qu'elle est *franche* (qu'elle dépouille expressément toute prétention à la réalité), et qu'elle est *indépendante* (qu'elle se passe complétement de l'appui de la réalité), que l'apparence est esthétique. Aussitôt qu'elle est fausse et singe la réalité, ou bien qu'elle est impure et a besoin de la réalité pour produire son effet, elle n'est rien qu'un vil instrument pour des fins matérielles et ne peut rien prouver pour la liberté de l'esprit. Du reste, il n'est nullement nécessaire que l'objet dans lequel nous trouvons la belle apparence soit sans réalité, pourvu que, dans le jugement que nous en portons, nous ne tenions aucun compte de cette réalité; car, dès qu'on en tient compte, le jugement n'est plus esthétique. Une belle femme vivante nous plaira sans doute autant, et même un peu plus qu'une femme aussi belle que nous ne voyons qu'en peinture; mais précisément parce qu'elle nous plaît plus que cette dernière, ce n'est plus comme apparence indépendante qu'elle nous plaît: elle ne plaît plus au pur sentiment esthétique. Pour celui-ci, la vie elle-même ne doit avoir d'attrait que comme apparence, et le réel que comme idée; mais, sans doute, pour

ne sentir dans l'objet vivant que l'apparence pure, il faut un
degré de culture esthétique incomparablement plus élevé que
pour se passer de la vie dans l'apparence.

Quand, chez l'homme isolément pris ou chez un peuple entier, on trouve l'apparence franche et indépendante, on peut
conclure de là à l'esprit et au goût, et à toutes les prérogatives
qui s'y rattachent. Là, on verra l'idéal gouverner la vie réelle,
l'honneur triompher de la fortune; la pensée, de la jouissance;
le rêve de l'immortalité, de l'existence passagère. Là, on ne re-
doutera que l'opinion publique, et on attachera un plus grand
prix à une couronne d'olivier qu'à un manteau de pourpre. Ce
n'est que l'impuissance et la perversité qui ont recours à l'apparence fausse et pauvre, et les individus aussi bien que les
peuples entiers qui « prêtent à la réalité l'appui de l'apparence,
ou à l'apparence (esthétique) l'appui de la réalité » (ces deux
choses s'associent volontiers), montrent à la fois leur indignité
morale et leur impuissance esthétique.

A cette question : *Jusqu'où l'apparence sera-t-elle permise dans
le monde moral?* la réponse sera donc aussi brève que concluante : *dans la mesure où cette apparence sera esthétique*, c'est-
à-dire une apparence qui ne veut pas suppléer à la réalité, et
qui n'a pas besoin d'être suppléée par elle. Jamais l'apparence
esthétique ne peut mettre en péril la vérité des mœurs, et partout où l'on croira trouver le contraire, il sera facile de montrer
que l'apparence n'était pas esthétique. Il n'y a qu'un homme
étranger au beau monde qui puisse prendre pour des témoignages d'affection personnelle ces assurances polies qui ne sont
que des formules générales, et crier à la dissimulation quand il
se voit trompé; mais ce n'est aussi qu'un lourdaud qui, dans
ce commerce de la bonne société, appelle la duplicité à son
aide, et flatte pour se rendre aimable. Au premier, manque
encore le sens pur de l'apparence indépendante : voilà pourquoi
il ne peut donner une valeur à l'apparence que par la vérité;
au second, manque la réalité, et il voudrait bien la remplacer
par l'apparence[1].

Rien n'est plus ordinaire, que d'entendre des contempteurs

1. Cet alinéa encore forme une note dans les *Heures.*

du siècle articuler ces plaintes triviales : que toute solidité a disparu du monde, et que l'on néglige l'être pour le paraître. Quoique je ne me sente nullement appelé à défendre le siècle contre ces reproches, je dois dire toutefois que la grande extension que ces rigoureux censeurs donnent à leurs critiques, suffit amplement à prouver qu'ils font un grief au siècle, non-seulement de la fausse, mais aussi de la franche apparence ; et il n'est pas jusqu'aux exceptions peut-être encore admises par eux en faveur du beau, qui n'aient pour objet, moins l'apparence indépendante que l'apparence besogneuse. Non-seulement ils attaquent le fard trompeur qui cache la vérité et ose prendre la place de la réalité ; mais ils s'irritent contre l'apparence bienfaisante qui comble le vide et couvre la pauvreté, et même contre l'apparence idéale qui ennoblit une réalité vulgaire. La fausseté des mœurs blesse avec raison leur sentiment rigoureux de la vérité ; seulement il est malheureux qu'ils rangent dans cette fausseté jusqu'à la politesse. Il leur déplaît que le clinquant, les vains dehors, éclipsent si souvent le vrai mérite ; mais ils ne sont pas moins choqués de ce qu'on demande aussi l'apparence au mérite, et qu'on ne dispense pas un fond réel d'une forme agréable. Ils regrettent la cordialité, l'énergie et la solidité des temps anciens, mais ils voudraient voir revivre aussi la rudesse et l'âpreté des mœurs primitives, la lourdeur des anciennes formes, et la vieille profusion gothique. Par des jugements de ce genre, ils témoignent à *la matière en elle-même* une estime peu digne de l'humanité, qui ne doit apprécier la matière qu'en tant qu'elle peut recevoir une forme et étendre l'empire des idées. Le goût du siècle n'a donc pas à s'inquiéter beaucoup de ces critiques, pourvu qu'il puisse se justifier devant de meilleurs juges. Notre défaut n'est pas d'accorder une valeur à l'apparence esthétique (nous sommes encore loin de le faire suffisamment); mais ce qu'un juge rigoriste du beau pourrait nous reprocher, c'est de n'être pas encore arrivés à l'apparence pure, de n'avoir pas séparé assez nettement encore l'existence, du phénomène, et, par là, assuré à jamais leurs limites. Ce reproche, nous le mériterons tant que nous ne pourrons jouir du beau dans la nature vivante, sans le désirer ; tant que nous ne pourrons admirer le beau dans les arts d'imitation, sans nous préoccuper d'un but; tant que nous n'accorderons pas à l'imagination une législation propre et absolue, et que nous ne lui inspirerons pas le souci de sa dignité par l'estime que nous témoignerons à ses œuvres.

LETTRE XXVII.

Ne craignez rien pour la réalité et la vérité, lors même que l'idée élevée de l'apparence esthétique que je posais dans ma dernière lettre, deviendrait générale. Elle ne le deviendra pas tant que l'homme sera encore assez peu cultivé pour pouvoir en abuser, et, si elle devenait générale, cela ne pourrait être que l'effet d'une culture qui rendrait en même temps tout abus impossible. La poursuite de l'apparence indépendante demande plus de force d'abstraction, de liberté de cœur, d'énergie de volonté, qu'il n'en faut à l'homme pour se renfermer dans la réalité, et il est nécessaire qu'il ait déjà laissé celle-ci derrière lui, s'il veut atteindre à l'apparence esthétique. Dès lors, quel mauvais calcul ne ferait pas celui qui prendrait le chemin de l'idéal pour s'épargner celui de la réalité [1]! Ainsi donc, la réalité n'aurait pas grand'chose à redouter de l'apparence, telle que nous l'entendons; mais, en revanche, l'apparence n'en aurait que plus à craindre de la réalité. Enchaîné à la matière, longtemps l'homme fait servir l'apparence à ses desseins, avant de lui reconnaître une personnalité propre dans l'art de l'idéal. Pour en venir là, il faut qu'il subisse dans sa manière de sentir une révolution complète, sans laquelle il ne se trouverait pas même *sur la voie de l'idéal*. En conséquence, partout où nous découvrons chez l'homme les indices d'une estime libre et désintéressée pour la pure apparence, nous pouvons conclure que cette révolution a eu lieu dans sa nature, et que l'humanité a

1. Les *Heures* ajoutent : « Et de la vérité. »

vraiment commencé en lui. On trouve déjà des indices de ce genre dans les premières et grossières tentatives qu'il fait pour *embellir* son existence, même au risque de l'empirer dans ses conditions matérielles. Dès qu'en général il commence à préférer la forme au fond, et à risquer la réalité pour l'apparence (mais il faut qu'il la reconnaisse pour telle), les barrières de la vie animale tombent, et il se trouve entré dans une voie qui n'a point de fin.

Non content de ce qui suffit à la nature et de ce qu'exige le besoin, il demande le superflu : d'abord, à la vérité, rien qu'un superflu *de matière* pour cacher au désir les limites qui lui sont posés, et pour assurer la jouissance au delà du besoin présent ; mais, plus tard, il veut une surabondance *dans la matière*, un supplément esthétique, pour satisfaire aussi à l'impulsion formelle, pour étendre la jouissance au delà de tout besoin. En amassant des provisions, simplement pour un usage ultérieur, et en en jouissant d'avance par l'imagination, il franchit, à la vérité, les limites du moment actuel, mais sans franchir celles du temps en général : il jouit *davantage*, il ne jouit pas *autrement*. Mais, dès qu'il fait entrer aussi la forme dans ses jouissances, qu'il tient compte des formes des objets qui satisfont ses désirs[1], il n'a pas seulement accru son plaisir en étendue et en intensité, mais encore il l'a ennobli quant au mode et à l'espèce.

Sans doute, même à l'être irraisonnable, la nature a donné au delà du besoin ; elle a fait briller jusque dans les ténèbres de la vie animale une lueur de liberté. Quand la faim ne ronge pas le lion, et qu'aucune bête féroce ne le provoque au combat, sa vigueur oisive se crée elle-même un objet : plein d'ardeur, il remplit de ses rugissements terribles le désert retentissant, et la force exubérante jouit d'elle-même en se déployant sans but. L'insecte voltige, joyeux de vivre, dans un rayon de soleil, et ce n'est certainement pas le cri du désir qui se fait entendre dans le chant mélodieux de l'oiseau. Incontestablement, il y a liberté dans ces mouvements : toutefois ce n'est pas l'affranchissement du besoin en général, mais d'un besoin déterminé,

---

1. *Les Heures* ajoutent : « Il est sorti des limites mêmes du temps, et il n'a pas seulement, etc. »

externe. L'animal *travaille*, quand une privation est le mobile de son activité, et il *joue*, quand la plénitude de la force est ce mobile, quand une vie exubérante s'excite elle-même à l'activité. Même dans la nature inanimée se montre un luxe de forces et une latitude de détermination que, dans ce sens matériel, on pourrait fort bien nommer jeu. L'arbre produit d'innombrables germes qui avortent sans se développer, et il pousse bien plus de racines, de branches et de feuilles, organes de nutrition, qu'il n'en emploie pour la conservation de l'individu et de l'espèce. Ce qu'il rend aux éléments de sa séve exubérante, sans en user, sans en jouir, la vie peut le dépenser en mouvements libres et joyeux. C'est ainsi que la nature nous offre déjà, dans sa sphère matérielle, comme un prélude à l'illimité, et que, là même, elle supprime en partie les chaînes dont elle se délivrera complétement dans l'empire de la forme. Pour passer de la contrainte du besoin ou du *sérieux physique* au jeu esthétique, la contrainte de la surabondance ou le *jeu physique* lui sert de transition, et, avant de secouer, dans la suprême liberté du beau, le joug d'une fin quelconque, elle se rapproche déjà, au moins de loin, de cette indépendance, par le *libre mouvement*, qui est à lui-même sa fin et son moyen.

Comme les organes corporels, l'imagination, elle aussi, a dans l'homme son libre mouvement et son jeu matériel, jeu où, sans nul rapport à la forme, elle se complaît simplement dans sa puissance arbitraire et dans l'absence de toute entrave. En tant que la forme ne se mêle en rien encore à ces jeux de la fantaisie, et qu'une libre suite d'images en fait tout le charme, ils appartiennent, quoiqu'ils soient l'apanage exclusif de l'homme, uniquement à sa vie animale, et ne prouvent qu'une chose : c'est qu'il est délivré de toute contrainte extérieure sensible, sans qu'on ait encore le droit de conclure qu'il y a en lui une force plastique indépendante[1]. De ce jeu de la *libre association*

---

1. La plupart des jeux qui ont cours dans la vie ordinaire, ou bien reposent tout à fait sur ce sentiment de la libre association des idées, ou du moins lui empruntent leur plus grand charme. Bien qu'en soi cela ne prouve pas une nature élevée, et que ce soient justement les âmes les plus paresseuses qui s'abandonnent avec tant de plaisir à ce libre courant d'images, cette indépendance de l'imagination par rapport aux impressions extérieures est du moins la condition négative de sa puissance créatrice. Ce n'est qu'en s'arrachant à la

des idées, qui est encore d'une nature toute matérielle, et s'explique par de simples lois naturelles, l'imagination, en faisant l'essai d'*une forme libre*, passe enfin de plein saut au jeu esthétique : je dis de plein saut, car une force toute nouvelle entre ici en action; car ici, pour la première fois, l'esprit législateur se mêle aux actes d'un instinct aveugle, soumet la marche arbitraire de l'imagination à son éternelle et immuable unité, fait entrer sa permanence indépendante dans le transitoire et son infinité dans le sensible. Cependant, tant que la nature grossière, qui ne connaît d'autre loi que de courir sans cesse du changement au changement, conservera encore trop de puissance, elle s'opposera, par ses caprices divers, à cette nécessité; par son agitation, à cette permanence; par ses besoins multiples, à cette indépendance, et par son insatiabilité, à cette simplicité sublime. On aura donc peine encore à reconnaître l'instinct du jeu dans ses premiers essais, attendu que l'impulsion sensible, avec son humeur capricieuse et ses appétits fougueux, se jette sans cesse à la traverse[1]. C'est pour cela que nous voyons le goût encore grossier saisir d'abord le nouveau et le surprenant, le désordonné, l'aventureux et le bizarre, le violent et le sauvage, et ne fuir rien tant que le calme et la simplicité. Il compose des figures grotesques, il aime les transitions rapides[2], les formes luxuriantes, les contrastes tranchés, les tons criards, un chant pathétique. Ce que l'homme appelle beau à cette époque, c'est ce qui l'excite, ce qui lui donne matière : mais ce qui l'excite à opposer sa personnalité à l'objet, ce qui donne matière à une *opération plastique possible*, car

---

réalité, que la force plastique s'élève à l'idéal, et, avant que l'imagination, dans sa qualité productive, puisse agir d'après des lois propres, il faut que déjà, dans son procédé reproductif, elle se soit affranchie des lois étrangères. Sans doute, il y a encore bien loin d'une pure anarchie à une législation interne indépendante, et une force toute nouvelle, la faculté des idées, doit ici entrer en jeu; mais cette force peut aussi maintenant se développer avec plus de facilité, attendu que les sens n'agissent plus à l'encontre, et que, négativement du moins, l'indéterminé touche à l'infini. (*Note de Schiller.*)

1. La phrase est un peu plus longue dans les *Heures* : « ....Qu'elle confond la haute nécessité de l'idéal avec les besoins de l'individu, et qu'elle souille, par les traces impures d'un désir passager, la noble représentation, sous une belle forme, d'une éternelle volonté. »

2. Les *Heures* ajoutent : « et abruptes. »

autrement ce ne serait pas le beau pour lui. Un changement remarquable est donc survenu dans la forme de ses jugements : il recherche ces objets, non parce qu'ils l'affectent, mais parce qu'ils lui fournissent l'occasion d'agir; ils lui plaisent, non parce qu'ils répondent à un besoin, mais parce qu'ils satisfont à une loi, qui parle dans son sein, quoique tout bas encore.

Bientôt il ne lui suffit plus que les choses lui plaisent, il veut plaire lui-même : d'abord, il est vrai, seulement par ce *qui lui appartient;* plus tard, *par ce qu'il est.* Ce qu'il possède, ce qu'il produit ne doit plus porter uniquement les traces de la servitude, ni marquer simplement, scrupuleusement, par la forme le but : indépendamment de l'usage auquel il est destiné, l'objet doit refléter aussi l'intelligence éclairée qui l'imagina, la main qui le façonna avec amour, l'esprit libre et serein qui le choisit et l'exposa aux regards. Maintenant l'ancien Germain recherche des fourrures plus brillantes, des ramures de cerf plus splendides, des cornes à boire plus élégantes, et le Calédonien choisit pour ses fêtes les plus jolies coquilles. Les armes elles-mêmes ne doivent plus être seulement un objet de terreur, mais aussi de plaisir, et le baudrier travaillé avec art ne veut pas moins attirer l'attention que le tranchant meurtrier du glaive[1]. Non content d'apporter dans le nécessaire une surabondance esthétique, l'instinct de jeu, désormais plus libre, s'affranchit enfin complétement des liens du besoin, et le beau devient par lui-même un objet des efforts de l'homme. Il *se pare.* Le libre plaisir vient prendre place parmi ses besoins, et l'inutile devient bientôt la meilleure part de ses joies.

La forme, qui, du dehors, se rapproche graduellement de lui, dans son habitation, ses meubles, son vêtement, commence enfin à prendre possession de l'homme lui-même, pour le transformer, d'abord à l'extérieur, et plus tard à l'intérieur. Les sauts désordonnés de la joie deviennent la danse, le geste informe se change en une aimable et harmonieuse pantomime, les accents confus du sentiment se développent et commencent à obéir à la mesure et à se plier au chant. Lorsque, semblable

---

1. Dans les *Heures*, on lit, au lieu de *Schneide*, « tranchant, » *Scheide*, « fourreau, » ce qui est évidemment une faute.

à un vol de grues, l'armée troyenne se rue sur le champ de bataille avec des cris perçants, l'armée grecque s'approche en silence, et d'un pas noble et mesuré. D'un côté, nous ne voyons que l'exubérance d'une force aveugle ; de l'autre, le triomphe de la forme et la majesté simple de la loi.

Maintenant, une nécessité plus noble enchaîne les sexes l'un à l'autre, et l'intérêt du cœur contribue à rendre durable une alliance d'abord capricieuse et changeante comme le désir qui la noue. Délivré des lourdes chaînes du désir, l'œil plus calme s'attache à la forme, l'âme contemple l'âme, et l'échange intéressé du plaisir devient un généreux échange de mutuelle inclination. Le désir s'étend et s'élève à l'amour, à mesure que dans son objet il voit poindre l'humanité, et, méprisant les vils triomphes obtenus sur les sens, l'homme s'efforce de remporter sur la volonté une plus noble victoire. Le besoin de plaire soumet le puissant à la douce juridiction du goût ; il peut ravir le plaisir, mais il faut que l'amour soit un don. Pour obtenir cette plus haute récompense, ce n'est que par la forme, et non par la matière, qu'il peut lutter. Il faut qu'il cesse d'agir sur le sentiment comme une force, pour paraître aux yeux de l'intelligence comme simple phénomène : il faut qu'il respecte la liberté, puisque c'est à la liberté qu'il veut plaire. De même que le beau concilie le différend des natures diverses dans son expression la plus simple et la plus pure, dans l'éternel contraste des sexes, il le concilie également, ou du moins s'efforce de le faire, dans le tout complexe de la société, et prenant pour modèle la libre alliance qu'il a nouée entre la force virile et la douceur féminine, il tend à mettre en harmonie, dans le monde moral, tous les éléments de douceur et de violence. Maintenant la faiblesse devient sacrée, et la force sans frein déshonore ; l'injustice de la nature est corrigée par la générosité des mœurs chevaleresques. Celui que nulle puissance ne peut faire trembler est désarmé par l'aimable incarnat de la pudeur, et les larmes étouffent une vengeance que le sang n'aurait pu assouvir. La haine elle-même entend la voix délicate de l'honneur, le glaive du conquérant épargne l'ennemi désarmé, et un foyer hospitalier fume pour l'étranger sur la côte redoutée où le meurtre seul autrefois l'accueillait.

Au milieu de l'empire formidable des forces, et de l'empire sacré des lois, l'impulsion esthétique formelle crée insensiblement un troisième et joyeux empire, du jeu et de l'apparence, où elle délivre l'homme des chaînes de toutes ses relations, et le débarrasse de tout ce qui s'appelle contrainte tant au physique qu'au moral.

Si dans l'État *dynamique* des droits les hommes se rencontrent et se heurtent mutuellement comme forces, si dans l'État *moral* (*éthique*) des devoirs l'homme oppose à l'homme la majesté des lois et enchaîne sa volonté : dans le domaine du beau, dans l'État *esthétique*, l'homme ne doit apparaître à l'homme que comme forme, que comme objet d'un libre jeu. *Donner la liberté par la liberté* est la loi fondamentale de cet État [1].

L'État dynamique ne peut que rendre la société simplement possible, en domptant la nature par la nature; l'État moral (éthique) ne peut que la rendre moralement nécessaire, en soumettant la volonté individuelle à la volonté générale; seul, l'État esthétique peut la rendre réelle, parce qu'il exécute par la nature de l'individu la volonté de l'ensemble. Si déjà le besoin force l'homme d'entrer en société, et si la raison grave dans son âme des principes sociaux, c'est la beauté seule qui peut lui donner un *caractère social :* le goût seul porte l'harmonie dans la société, parce qu'il crée l'harmonie dans l'individu. Toutes les autres formes de perception divisent l'homme, parce qu'elles se fondent exclusivement, soit sur la partie sensible, soit sur la partie spirituelle de son être; ce n'est que la perception du beau qui fait de lui un tout, parce qu'elle demande le concours de ses deux natures. Toutes les autres formes de communication divisent la société, parce qu'elles s'adressent exclusivement, soit à la réceptivité, soit à l'activité privée de ses membres, et, par conséquent, à ce qui distingue les hommes les uns des autres : seule, la communication esthétique unit la société, parce qu'elle s'adresse à ce qu'il y a de commun dans tous ses membres. Nous ne goûtons les plaisirs des sens qu'en tant qu'individus,

---

1. Dans les *Heures*, cet alinéa se termine de la manière suivante : « Ici ni le particulier ne doit lutter avec le tout, ni le tout avec le particulier. L'un ne doit pas être puissant parce que l'autre cède : ici il ne doit y avoir que des vainqueurs, mais point de vaincu. »

sans que l'espèce qui nous est immanente y ait part : nous ne pouvons dès lors donner un caractère général à nos plaisirs physiques parce que nous ne pouvons généraliser notre individu. Les plaisirs de la connaissance, nous les goûtons uniquement comme espèce et en écartant avec soin de nos jugements toute trace d'individualité : nous ne pouvons, en conséquence, généraliser nos plaisirs rationnels, parce que nous ne pouvons exclure des jugements d'autrui comme des nôtres les traces d'individualité. C'est le beau seul que nous goûtons tout à la fois comme individus et comme espèce, c'est-à-dire comme représentants de l'espèce. Le bien sensible ne peut faire qu'un heureux, parce qu'il se fonde sur l'appropriation, qui entraîne toujours une exclusion avec elle; et même, cet heureux ne peut l'être que partiellement, parce que la personnalité ne prend point part à ce bien. Le bien absolu ne peut rendre heureux qu'à des conditions qu'on ne peut supposer généralement; car la vérité ne s'acquiert qu'au prix du renoncement, et il faut un cœur pur pour croire à une volonté pure. Le beau seul rend tout le monde heureux, et tous les êtres, tant qu'ils ressentent sa magique influence, oublient les limites où ils sont renfermés.

Nul privilége, nul despotisme n'est toléré aussi loin que s'étend l'empire du goût et de la belle apparence. Cet empire s'élève jusqu'à la région où la raison domine avec une absolue nécessité et où cesse toute matière, et il descend jusqu'à celle où l'impulsion naturelle exerce son aveugle contrainte et où la forme ne commence pas encore. Même à cette limite extrême où le pouvoir législatif lui est ravi, le goût ne se laisse point arracher le pouvoir exécutif. Il faut que la convoitise insociable renonce à son égoïsme, et que l'agréable, qui d'ordinaire ne charme que les sens, essaye même sur les esprits les séductions de la grâce. Il faut que la voix sévère de la nécessité, le devoir, modifie ses formules de reproche, que la résistance seule légitime, et qu'il honore la nature docile, par une plus noble confiance. Arrachant la connaissance aux mystères de la science, le goût la produit au grand jour du sens commun, et fait du patrimoine des écoles le bien commun de l'espèce humaine tout entière. Dans le domaine du goût, le génie même le plus puissant doit abdiquer sa grandeur et descendre familièrement jusqu'à la naïveté enfantine. Il faut que la force se laisse enchaîner par les Grâces, et que le fier lion obéisse au frein d'un Amour. En retour, le goût étend sur le besoin physique, qui, sous sa forme nue, blesse la dignité d'esprits libres, son voile adoucissant, et, par une aimable illusion de liberté, il nous cache l'affinité déshonorante de ce besoin avec la matière. Sur les ailes du goût, l'art mercenaire qui rampait dans la poudre prend lui-même son essor, et, touchées de sa baguette magique, tombent à la fois les chaînes des êtres vivants et des êtres inanimés. Dans l'État esthétique, chacun, jusqu'à l'instrument subordonné, jusqu'au serviteur, est libre citoyen, ayant les mêmes droits que le plus noble, et l'intelligence, qui ailleurs courbe violemment sous son joug la masse patiente pour la faire servir à ses fins, doit ici demander son assentiment. Ici donc, dans la sphère de l'apparence esthétique, est accompli cet idéal d'égalité que le rêveur enthousiaste aimerait tant à voir réaliser aussi dans le domaine des faits; et, s'il est vrai que le bel et bon ton se développe le plus tôt et le plus complétement dans le voisinage du trône, il faudrait, ici encore, reconnaître la bonté de la Providence qui souvent ne semble borner l'homme dans la réalité que pour le pousser dans un monde idéal.

Mais cet État que nous nommons de la belle apparence, existe-t-il, et où le trouver? Il existe, quant au besoin et à l'aspiration, dans toute âme douée de sentiments délicats; en fait, comme l'Église pure, la république pure, on pourrait tout au plus le trouver dans un petit nombre de cercles choisis où, conservant son originalité, l'on prend pour règle de sa conduite la belle nature et non une fade imitation des mœurs étrangères; où, marchant à travers les relations les plus complexes avec une hardie simplicité et une calme innocence, l'homme n'a besoin, ni de léser la liberté d'autrui pour maintenir la sienne, ni de dépouiller sa dignité pour montrer de la grâce [1].

---

1. Dans les *Heures*, ce dernier alinéa ne fait point partie du texte, mais forme une note, qui, à la fin, a une phrase de plus, dont voici la traduction : « Comme tout bon État doit avoir sa *constitution*, on peut aussi en réclamer une pour l'État esthétique. Je n'en connais pas encore, et je puis espérer, par conséquent, qu'un essai en ce genre, que j'ai destiné à ce journal, sera accueilli avec indulgence. »

DES LIMITES QU'IL FAUT OBSERVER

DANS L'EMPLOI

DES BELLES FORMES

DES LIMITES QU'IL FAUT OBSERVER

DANS L'EMPLOI

DES BELLES FORMES[1].

L'usage indiscret du beau, et les empiétements de l'imagination, qui prétend, là où elle n'a droit qu'au pouvoir exécutif, usurper aussi le législatif, ont été si préjudiciables et à la société et à la science, qu'il n'est pas d'une médiocre importance de déterminer avec précision les limites où doit s'arrêter l'emploi des belles formes. Ces limites sont d'avance indiquées par la nature même du beau; et nous n'avons qu'à nous rappeler *comment* le goût exerce son influence, pour être à même de déterminer *jusqu'où* cette influence doit s'étendre.

Les effets du goût, à envisager la question d'une manière générale, sont de mettre en harmonie les facultés sensibles de l'homme et ses facultés spirituelles, et de les réunir dans une

---

1. Ce morceau en formait primitivement deux, dont le premier a paru dans le 9ᵉ cahier (p. 99-125) des *Heures* de 1795, sous le titre suivant, conservé en grande partie : *Des limites à observer dans l'emploi des belles formes, particulièrement dans l'exposition des vérités philosophiques;* le second fut inséré dans le 11ᵉ cahier de la même année (p. 31-40), avec ce titre : *Du danger des mœurs esthétiques.* En 1800, Schiller les réunit en un seul traité, dans le tome II des *Opuscules en prose* (p. 355-415).

alliance intime. Toutes les fois donc qu'une telle alliance entre
la raison et les sens est convenable et légitime, il faut admettre
l'influence du goût. Mais vient-il à se présenter un de ces cas
où, soit pour atteindre un but, soit pour satisfaire à un devoir,
nous sommes tenus de nous affranchir de toute influence sensible, et d'agir en qualité d'êtres purement raisonnables ; un
de ces cas où il est nécessaire, par conséquent, que cette alliance
entre l'esprit et la matière soit momentanément suspendue :
alors le goût a ses limites, qu'il ne doit point outre-passer,
sous peine de nous faire manquer un but, ou de nous éloigner
de notre devoir. Ces sortes de cas se présentent en effet dans
la vie, et il est dans la destination de l'homme qu'il s'en présente.

Notre destination est d'acquérir des connaissances, et d'agir
en raison de ces connaissances. Il faut, pour l'un et l'autre objet,
une certaine aptitude à exclure les sens de ce que fait l'esprit,
parce que dans tout acte de la faculté cognitive nous devons
faire abstraction de la sensation, et dans tout acte de la faculté
morale du vouloir, abstraction de l'appétit.

Quand nous *connaissons*, nous sommes *actifs*. Notre attention
est dirigée sur un *objet*, sur un rapport entre des idées et des
idées. Lorsque nous *sentons*, nous sommes simplement *passifs*;
et notre attention (si l'on peut encore appeler ainsi ce qui n'est
plus du tout un acte de l'esprit), notre attention est uniquement
dirigée sur notre *état*, en tant qu'il est modifié par une impression
reçue. Or, puisque nous ne faisons que *sentir* le beau, et ne le
connaissons pas, il s'ensuit que nous ne sommes attentifs à aucun
rapport existant entre lui et d'autres objets : nous n'en rapportons point l'idée à d'autres idées, mais bien à notre *moi*, au
sujet sentant. *Sur* l'objet doué de beauté, nous ne recevons aucune notion; mais nous recevons *de* lui la notion d'une modification de notre état, modification qui se manifeste par le
phénomène même de la sensation. Ainsi, notre savoir n'est
point étendu par les jugements du goût; aucune notion, non
pas même la notion de la beauté, ne nous arrive par la sensation de la beauté. Lors donc que nous avons pour but la
connaissance, le goût ne peut nous rendre aucun service, du
moins aucun service direct et immédiat; la connaissance est

plutôt suspendue tout juste aussi longtemps que le beau nous occupe.

Mais, va-t-on m'objecter, à quoi sert de revêtir les idées avec goût, si cela est plus contraire que favorable au but de toute exposition, qui ne peut être que de produire la connaissance?

Oui, sans doute, la beauté de l'expression contribue tout aussi peu à opérer la conviction dans l'entendement, que le bon goût dans l'ordonnance d'un festin à rassasier les convives, ou l'élégance extérieure d'un homme à nous faire apprécier sa valeur intime. Mais de même que dans un festin le bel arrangement d'une table dressée avec art provoque l'appétit, et que les qualités extérieures qui recommandent un homme, attirent sur lui l'attention et la rendent plus vive : de même la vérité gagne à être présentée sous une forme attrayante : nous sommes plus favorablement disposés à lui ouvrir notre âme ; et cela suffit à écarter les obstacles qui sans cela auraient empêché notre esprit de suivre, par une opération toujours difficile, une longue et rigoureuse chaîne d'idées. Ce n'est jamais le fond des idées qui gagne à la beauté de l'expression, et ce n'est jamais l'entendement à qui le goût rend service dans l'acte de la connaissance. Le fond des idées doit se recommander immédiatement et par lui-même, à l'entendement ; tandis que la beauté de la forme parle à l'imagination, et la flatte d'un semblant de liberté.

Mais il n'est pas jusqu'à cette complaisance innocente qu'on se permet à l'égard de la sensibilité, uniquement en ce qui regarde la *forme*, et sans rien changer au *fond des idées*, qui ne soit soumise à de grandes restrictions, et qui ne puisse être tout à fait contraire au but, selon ce que sera l'espèce de connaissance ou le degré de conviction qu'on se propose en communiquant ses pensées.

Il y a deux sortes de connaissances : une connaissance *scientifique*, qui repose sur des notions précises, sur des principes reconnus ; et une connaissance *populaire*, qui ne se fonde que sur des sentiments plus ou moins développés. Ce qui souvent est fort avantageux à la seconde peut être directement contraire à l'autre.

Là où l'on veut opérer une conviction rigoureuse et fondée
sur des principes, il ne suffit pas d'énoncer simplement la vérité *en elle-même*; il faut de plus que la *marque* de cette vérité
soit empreinte dans la forme même sous laquelle on l'expose.
Or, ceci ne peut signifier autre chose, si ce n'est que non-seulement le fond de l'idée, mais aussi la forme d'exposition doit
être conforme aux lois de la pensée. Les idées s'enchaînent
dans l'entendement selon des lois nécessaires et rigoureuses :
il faut qu'elles se lient dans le discours avec la même rigueur,
il faut que la continuité dans l'exposition réponde à la continuité qui est dans l'esprit. Mais toute liberté accordée à l'imagination dans l'acte de la connaissance, est en contradiction
avec la rigoureuse nécessité selon laquelle l'entendement enchaîne les jugements aux jugements, et les conséquences aux
conséquences. L'imagination, obéissant en cela à sa nature, aspire toujours à des intuitions, c'est-à-dire à des représentations
complètes et de tout point déterminées : elle est sans cesse occupée à représenter le général dans un cas particulier, à le
limiter dans le temps et dans l'espace, à faire de l'idée un individu, à donner un corps aux abstractions. Elle aime d'ailleurs
à être *libre* dans ses compositions, et n'y reconnaît d'autre loi
que le hasard de l'association dans l'espace, dans le temps ; car
c'est la seule connexité qui demeure entre nos idées, une fois
que nous faisons abstraction de tout ce qui est pur concept, de
ce qui les lie entre elles quant au fond. L'entendement procède
précisément au rebours : il ne s'occupe que d'idées *partielles* ou
de concepts *partiels*, et ses efforts tendent à distinguer dans le
vivant ensemble d'une intuition des caractères et des indices
particuliers. Comme il associe les choses *d'après leurs rapports
intimes*, que l'abstraction seule peut découvrir, l'entendement
ne peut *réunir* qu'autant qu'il a préalablement *séparé*, c'est-à-
dire qu'au moyen de représentations partielles. L'entendement
obéit dans ses combinaisons à une nécessité étroite, à une
régularité rigoureuse ; et il n'y a que la constante connexité des
concepts qui le puisse satisfaire. Or, cette connexité est toujours détruite lorsque l'imagination vient jeter parmi cette
chaîne d'abstractions des idées ou représentations *complètes*
(des cas particuliers), et mêler à la rigoureuse nécessité de la

combinaison des choses le hasard des combinaisons tempo-
relles[1]. Il est donc de toute nécessité, lorsqu'il s'agit de conséquence rigoureuse dans la pensée, que l'imagination, renonçant à son caractère arbitraire, apprenne à subordonner et
sacrifier aux besoins de l'entendement la tendance qu'elle a à se
représenter les idées sous les formes les plus sensibles et à les
combiner avec la plus grande liberté possible. C'est pour cela
qu'il faut ménager l'exposition de façon à combattre cette tendance de l'imagination, en excluant tout ce qui est individuel et
sensible, et à calmer la fougue de son instinct poétique à force
de précision dans les termes, aussi bien qu'à borner l'arbitraire
de ses combinaisons à force de régularité dans la progression
logique des idées. Sans doute, elle ne se soumettra pas à ce
joug sans résistance; mais on a bien le droit de compter en pareil cas sur une certaine abnégation de soi-même, et sur la disposition où doit être sérieusement l'auditeur ou le lecteur, de
passer, par amour pour la chose même, sur les difficultés inséparables de la forme.

Mais lorsqu'on ne peut pas compter sur une telle disposition,
ni se flatter que l'intérêt du sujet soit assez puissant pour encourager à un tel effort, il faudra renoncer sans doute à communiquer une connaissance vraiment scientifique : en revanche,
on gagnera un peu plus de liberté au point de vue de l'exposition. En pareil cas, on abandonne la forme scientifique, qui fait
trop de violence à l'imagination, et que l'importance du but
peut seule rendre acceptable ; on a recours à une autre forme, à
celle du beau, qui se recommande par elle-même, indépendamment de la matière, quelle qu'elle soit. La chose ne pouvant protéger la forme, il faut que la forme défende la chose.

L'enseignement populaire comporte cette liberté. L'orateur
ou l'écrivain populaire (et j'appelle ainsi tous ceux qui ne

---

1. C'est pour cela qu'un écrivain qui a besoin de rigueur scientifique n'em-
ploiera que très-peu d'*exemples*, et à son corps défendant. Ce qui est parfaitement
vrai en thèse générale est sujet à des restrictions dans chaque cas particulier ;
et comme dans chaque cas particulier il se trouve des circonstances qui, par
rapport à l'idée générale qu'on veut exprimer, sont accidentelles, il est toujours
à craindre que l'idée de ces rapports accidentels, se mêlant à cette idée générale, n'ôte à celle-ci quelque chose de son caractère de généralité et de nécessité. (*Note de Schiller.*)

s'adressent pas exclusivement aux savants) n'a point affaire à
un public déjà préparé; il ne choisit pas ses lecteurs comme
fait l'auteur scientifique : il faut qu'il les prenne tels qu'il les
trouve; par conséquent, il ne doit supposer en eux que les
conditions générales de la pensée et des motifs tout généraux
d'attention, mais point d'*aptitude* particulière *à la réflexion*,
point de connaissance déjà faite avec des idées déterminées,
enfin point d'intérêt pour tel ou tel ordre d'objets. Il ne peut
donc pas non plus s'en reposer sur l'imagination de ceux qu'il
veut instruire, du soin d'attacher à ses abstractions le sens
convenable, et de donner un corps, une application, aux idées générales à l'énoncé desquelles se borne l'exposition scientifique.
Pour avancer avec sécurité, il aimera donc mieux donner en
même temps et tout d'abord lui-même les exemples et cas particuliers auxquels ces idées se rapportent, et il laissera à
l'entendement du lecteur le soin d'improviser la notion générale. L'imagination a donc un rôle beaucoup plus considérable
dans l'exposition populaire; mais son rôle se borne toujours à
reproduire (à renouveler des images déjà reçues), et ne va pas
jusqu'à *produire* (à exercer la faculté qu'elle a de former elle-
même des images). Ces cas particuliers, ces exemples, objets
d'intuition, sont beaucoup trop adaptés au but actuel, et beaucoup trop précisément calculés en vue de l'usage qu'on doit en
faire, pour que l'imagination puisse oublier qu'elle ne fait
qu'agir pour le *service de l'entendement.* Cette sorte d'exposition
se rapproche, il est vrai, un peu plus de la vie réelle et du
monde des sens; mais elle ne va pas jusqu'à s'y confondre.
Aussi ne cesse-t-elle pas d'être purement *didactique*, attendu
que, pour être *belle*, il lui manque deux conditions encore, et
les plus essentielles : *forme sensible d'expression* et *liberté dans le
mouvement.*

L'exposition est *libre* lorsque l'entendement, tout en déterminant lui-même la connexité des idées, en dissimule si bien
la rigueur logique, que l'imagination semble agir seule, en
pleine liberté, sans suivre aucun ordre que la succession for-
tuite des images dans la durée. L'exposition devient *sensible*,
lorsque dissimulant l'idée générale sous une espèce particulière, elle offre à la fantaisie l'image vivante (la représentation

complète) là où il ne s'agit que du simple concept (ou idée partielle). L'exposition sensible a donc, d'un côté, de la *richesse*, puisqu'au lieu d'une seule détermination, qui est tout ce qu'on lui demande, elle nous donne une image complète, un ensemble de déterminations, un individu ; mais, à la considérer d'un autre côté, elle a, au contraire, quelque chose de *borné*, de *pauvre*, parce qu'elle se réduit à affirmer d'un individu ou d'un cas particulier ce qui doit pourtant s'entendre de tout un genre. Elle lésine donc avec l'entendement autant qu'elle est prodigue envers l'imagination ; car plus une idée est complète quant à son contenu, moins elle est compréhensive.

L'intérêt de l'imagination est de varier ses objets au gré de sa fantaisie ; l'intérêt de l'entendement est d'établir entre les siens une liaison nécessaire et rigoureuse. Quoique ces deux intérêts semblent peu conciliables, il y a pourtant un certain point où ils peuvent se réunir : trouver ce point, c'est proprement en quoi consiste le mérite de la *belle* élocution.

Pour que l'imagination trouve son compte, il faut dans le discours une partie matérielle ou un *corps*; et ce qui forme ce corps, ce sont les idées intuitives, desquelles l'entendement tire par abstraction les notions partielles ou concepts ; car, si abstraite que puisse être notre pensée, c'est toujours quelque chose de sensible qui, en fin de compte, lui sert de fondement. Seulement l'imagination veut être affranchie de tout lien, de toute règle, sauter d'une idée intuitive à l'autre, et ne s'assujettir à aucun autre enchaînement qu'à la succession dans la durée. Lors donc que, dans le discours, les idées intuitives qui en forment le corps ne tiennent les unes aux autres par aucune connexion quant au fond des choses ; lorsque, au contraire, elles font l'effet d'autant de membres indépendants ou d'autant de corps formant par eux-mêmes un tout, lorsqu'elles trahissent tout le désordre d'une imagination qui se joue et qui n'obéit qu'à elle-même : l'expression alors a de la liberté esthétique, et le besoin de l'imagination est satisfait. On pourrait dire d'une exposition de cette sorte que c'est un produit *organique*, où non-seulement le tout est vivant, mais où chacun des membres a aussi sa vie propre ; tandis que l'exposition simplement scientifique est une œuvre *mécanique*, où les parties, sans vie propre, communiquent à l'ensemble, par leur accord, une vie artificielle.

De l'autre côté, pour satisfaire l'entendement et produire la connaissance, il faut que le discours ait une partie spirituelle, une *signification*, et ce qui fait la signification du discours, ce sont les concepts, au moyen desquels les idées intuitives de tout à l'heure sont mises en rapport les unes avec les autres, et rattachées de manière à former un tout. A-t-on établi entre ces concepts, considérés comme partie spirituelle du discours, la connexion la plus exacte, tandis que les idées intuitives qui y correspondent, les images qui sont le corps du discours, semblent ne se trouver réunies que par un libre jeu de l'imagination : voilà le problème résolu, et l'entendement est satisfait par la rigueur logique du discours, en même temps que l'imagination est flattée par une apparence de capricieuse liberté.

Quand on cherche à quoi tient la magie du beau style, on trouve toujours que c'est à une de ces transactions heureuses entre la liberté extérieure et la nécessité du fond. Ce qui contribue le plus à cette liberté de l'imagination, c'est d'abord ce procédé qui consiste à *individualiser* les objets ; c'est ensuite *l'expression* figurée ou *impropre :* par le premier procédé, si l'objet était sensible, il le devient davantage ; par le second, nous donnons ce caractère à un objet qui ne l'avait point. En représentant l'espèce par un individu, et en exposant une idée générale par un cas particulier, nous affranchissons l'imagination des entraves que lui imposait l'entendement, et nous lui donnons plein pouvoir pour se montrer créatrice. Toujours avide d'images complétement déterminées, elle obtient et exerce alors le droit de compléter à son gré l'image qui lui est offerte, de l'animer, de la façonner, de la suivre dans toutes les associations et les transformations dont elle est susceptible. Elle peut oublier pour un moment son rôle subalterne, et se comporter comme une puissance indépendante et qui ne relève que de soi-même, parce que la rigueur de l'enchaînement intérieur a suffisamment pourvu à ce qu'elle n'échappe jamais tout à fait au frein de l'entendement. L'expression impropre ou figurée ajoute encore à cette liberté, en associant des images qui par leur nature diffèrent essentiellement les unes des autres, mais qui se réunissent en se subordonnant à l'idée supérieure. L'imagination s'attachant à la nature même de l'objet, et l'entendement à cette idée supérieure, la première trouve le mouvement et la variété, là même où l'autre constate la continuité la plus parfaite. Les concepts se développent selon *la loi de la nécessité*, mais ils passent devant l'imagination selon *la loi de la liberté*. La pensée reste la même : le milieu qui la représente est la seule chose qui change. C'est ainsi que l'écrivain éloquent sait tirer de l'anarchie même l'ordre le plus magnifique, et que sur un sol toujours mouvant, sur le torrent même de l'imagination, qui ne cesse de couler, il parvient à élever un monument solide.

Si l'on compare entre elles l'exposition scientifique, l'exposition populaire, et la belle diction, on voit d'abord que toutes trois rendent l'idée avec une égale fidélité quant à la matière, et, par conséquent, que toutes trois nous aident à acquérir une connaissance, mais que, pour le mode et le degré de cette connaissance, il y a entre elles des différences très-sensibles. L'écrivain qui parle la langue du beau nous représente la chose dont il traite plutôt comme *possible* et comme *désirable*, que de façon à nous convaincre de sa réalité, encore moins de sa nécessité : en effet sa pensée s'annonce simplement comme une création arbitraire de l'imagination, laquelle n'est jamais en état, par elle-même, de nous garantir la réalité de ce qu'elle représente. L'écrivain populaire nous porte à croire, il est vrai, que la chose se comporte *en réalité* comme il le dit; mais ne lui demandez rien de plus, car s'il sait nous rendre sensible la vérité d'une proposition, il ne la rend point absolument certaine. Or, le sentiment peut bien nous apprendre ce qui *est*, mais jamais ce qui *doit être*. L'écrivain philosophique élève cette croyance à la hauteur d'une conviction, car il démontre par des raisons indubitables que la chose se comporte *nécessairement* ainsi.

En partant des principes que nous venons d'établir, il ne sera pas difficile d'assigner à chacune de ces trois formes de diction la place qui lui convient. En thèse générale, on peut poser comme règle que la préférence doit être donnée au style scientifique toutes les fois qu'il ne s'agit pas seulement du résultat, mais en même temps des preuves; que dans les cas où le résultat seul importe essentiellement, il faut donner l'avantage à l'élocution populaire et à la belle diction. Mais *dans quel cas* l'élocution populaire doit-elle s'élever au *beau style?* Cela dépend du plus ou moins d'intérêt que l'on suppose chez le lecteur ou qu'on prétend lui inspirer.

L'exposition purement scientifique nous met (plus ou moins, suivant qu'elle se rapproche davantage de l'élocution philosophique ou de l'élocution populaire), nous met, dis-je, *en possession* d'une connaissance ; la belle élocution ne fait que nous *prêter* cette connaissance pour une jouissance et un usage momentané. La première, si l'on veut bien me permettre cette comparaison, nous donne l'arbre avec ses racines, à la condition, il est vrai, d'attendre patiemment qu'il fleurisse et qu'il porte des fruits ; l'autre, la belle élocution, se contente de nous en cueillir les fleurs et les fruits : mais l'arbre qui les portait, ne devient point notre propriété, et, une fois que les fleurs sont flétries et les fruits consommés, c'en est fait de notre richesse. Eh bien, autant il serait absurde de ne donner que la fleur et le fruit à qui veut avoir l'arbre lui-même transplanté dans son jardin, autant il serait déraisonnable, au moment où les gens n'ont envie que d'un fruit, d'aller leur offrir l'arbre tout entier avec ses fruits à venir. L'application se fait d'elle-même, et je me contente d'observer que le beau style convient tout aussi peu dans une chaire de professeur, que le style scolastique dans un salon ou dans une chaire ou tribune d'orateur.

L'étudiant amasse en vue d'un but ultérieur et pour un usage futur : aussi le professeur doit-il s'appliquer à lui transmettre la *pleine et entière propriété* des connaissances qu'il lui communique. Or, rien ne nous appartient en propre que ce qui a été transmis à l'entendement. L'orateur, au contraire, a en vue un but immédiat, et sa parole doit répondre à un besoin présent de son public. Son intérêt est donc de rendre *pratiques*, le plus tôt que faire se peut, les connaissances qu'il est chargé de répandre ; et le plus sûr moyen d'y arriver, c'est de les transmettre à la *sensibilité*, et de les préparer pour l'usage de la *sensation*. Le professeur, qui n'accepte son public qu'à de certaines conditions et qui est en droit de supposer d'avance chez lui la disposition d'esprit où il faut être pour recevoir la vérité, le professeur ne se règle, dans son exposition, que sur l'*objet* qu'il traite, tandis que l'orateur, qui ne peut faire aucune condition avec son public, l'orateur, qui a besoin avant tout de gagner la sympathie et de la mettre dans ses intérêts, doit se régler en même temps sur les *sujets*, les personnes, à qui il s'adresse. Le public du professeur est déjà venu à son cours, et doit y revenir : de simples fragments qui ne formeront un tout qu'après avoir été rattachés aux leçons précédentes, il ne lui en faut pas davantage. Le public de l'orateur se renouvelle sans cesse, il arrive non préparé, et peut-être ne reviendra plus : il faut donc qu'à chaque séance l'orateur *achève* ce qu'il veut faire, que chacune de ses harangues forme par elle-même un tout et contienne expressément et complétement sa conclusion.

Il n'y a donc pas lieu de s'étonner qu'une exposition dogmatique, si solide qu'elle soit, n'ait aucun succès ni dans la conversation, ni dans une chaire de prédicateur ; et qu'une belle diction, quelque esprit qu'on y puisse mettre, ne porte aucun fruit dans la chaire du professeur : rien de surprenant que le beau monde ne lise pas les écrits qui font époque parmi les savants, et que le savant ignore des ouvrages qui sont l'école des gens du monde et que dévorent avec avidité tous les amants du beau. Chacun de ces ouvrages, pour le cercle auquel il est destiné, peut être digne d'admiration : bien plus, l'un et l'autre, au fond, peuvent être d'une valeur parfaitement égale ; mais ce serait demander l'impossible que d'exiger d'une œuvre qui veut toute l'application du penseur, d'offrir en même temps un amusement facile à celui qui n'est que bel esprit.

Par la même raison, je trouve qu'il est nuisible de choisir pour l'instruction de la jeunesse des ouvrages où les matières scientifiques sont revêtues d'un beau style. Je ne parle point ici de ceux où le fond est *sacrifié* à la forme, mais de certains écrits, réellement excellents, qui sont assez forts pour supporter l'examen le plus rigoureux, mais ne font point leurs preuves par leur forme même. Sans doute, avec des écrits de ce genre, on arrive à une de ses fins, on se fait lire ; mais c'est toujours aux dépens d'un autre but plus important, celui pour lequel on tient à être lu. Dans ces sortes de lectures, l'entendement n'est jamais exercé qu'en tant qu'il s'accorde avec l'imagination : il n'apprend point à distinguer la forme du fond, ni à agir seul, en qualité d'entendement pur. Et pourtant, l'exercice de l'entendement pur est par lui-même un point essentiel et capital dans l'instruction de la jeunesse ; et le plus souvent l'exercice même de la pensée importe plus que l'objet sur lequel elle s'exerce. Voulez-vous qu'une affaire soit sérieusement faite ? gardez-vous bien de l'annoncer comme un jeu. Mieux vaut, au contraire, commander l'attention et l'effort, par la forme même dont on se sert, et employer une sorte de violence pour faire passer les esprits de l'état passif à l'état d'activité. Le professeur ne doit nullement dissimuler à son élève l'exacte régularité de la méthode : il doit plutôt l'y rendre attentif, et, s'il est possible, lui faire désirer cette rigueur. L'étudiant doit apprendre à poursuivre un but, et, dans l'intérêt de ce but, à s'accommoder même d'un procédé difficile. Il doit aspirer de bonne heure à cette satisfaction plus relevée qui est le prix de l'effort. Dans l'exposition scientifique, les sens sont tout à fait mis de côté : dans l'exposition esthétique on veut les intéresser. Que s'ensuit-il ? On dévore avec avidité un écrit, un entretien de cette espèce ; mais qu'on vous demande ensuite les conclusions, à peine êtes-vous en état d'en rendre compte. Et cela est tout naturel, puisque ici les idées n'arrivent à l'esprit que par masses entières, et que l'entendement ne connaît que ce qu'il analyse : l'âme, pendant une lecture de ce genre, est bien moins active que passive, et l'esprit ne possède rien que ce qu'il a produit par son activité propre.

Au reste, tout cela ne se doit entendre que du beau vulgaire, et d'une façon vulgaire de sentir le beau. Le beau véritable repose sur la détermination la plus rigoureuse, sur l'abstraction, la distinction la plus exacte, sur la plus haute nécessité intime ; seulement cette détermination doit plutôt se laisser trouver que s'imposer violemment. Il y faut la plus parfaite régularité, mais elle y doit faire l'effet de la nature. Une œuvre qui réunit ces conditions satisfera pleinement l'entendement dès qu'on voudra l'étudier ; mais précisément parce que cette œuvre est vraiment belle, ce qu'elle a de régulier ne s'impose point, elle ne prend pas l'entendement à part pour ne s'adresser qu'à lui : c'est une unité harmonieuse qui s'adresse à l'homme tout entier, à toutes ses facultés ensemble ; c'est la nature qui parle à la nature. Un critique vulgaire pourra trouver cette œuvre vide, mesquine, et trop peu déterminée. Ce qui est précisément le triomphe de l'art, cette unité harmonieuse où les parties sont fondues en un pur ensemble, cela lui fait peine, à lui qui ne s'entend qu'à distinguer, et qui n'a de sens que pour le particulier. Sans doute il faut, dans une exposition philosophique, que l'entendement, en tant que faculté d'analyse, trouve de quoi se satisfaire; il faut que des résultats partiels en ressortent pour lui : c'est là le but essentiel, qui ne doit en aucune façon être perdu de vue. Mais si l'écrivain, en mettant au fond des idées toute la précision désirable, a pris ses mesures pour que l'entendement, dès qu'il voudra s'en donner la peine, y trouve nécessairement ces résultats; si cet écrivain, non content de cela, et obéissant à sa nature (qui agit toujours comme une unité harmonieuse et qui, lorsqu'elle a perdu cette unité dans ses efforts d'abstraction, n'a rien de plus pressé que de la rétablir), si, dis-je, il rattache ce que l'abstraction avait séparé; si, faisant appel en même temps aux facultés sensibles et aux facultés spirituelles, il s'adresse à la fois à l'homme tout entier, je ne vois vraiment pas qu'il se soit montré moins bon écrivain, pour s'être approché davantage de la plus haute perfection. Sans doute, le critique vulgaire, qui n'a pas le sentiment de cette harmonie, qui ne court jamais qu'après les détails, qui même dans la basilique de Saint-Pierre s'attacherait exclusivement aux piliers sur lesquels repose ce firmament artificiel, celui-là saura peu de gré à notre écrivain de ce qu'il lui impose une double peine : cet homme, en effet, doit commencer par le *traduire* pour le comprendre, de même que l'entendement pur, réduit à lui-même, et privé du concours de toutes les facultés représentatives, s'il rencontre la beauté et l'harmonie, soit dans la nature, soit dans l'art, doit commencer par la transporter dans sa propre langue, et par la décomposer, faire, en un mot, comme l'écolier qui épelle avant de lire. Mais, ce n'est point de l'esprit étroit et borné de ses lecteurs que l'écrivain qui exprime ses idées dans la langue du beau reçoit la loi. L'idéal qu'il porte en lui-même, voilà où il marche, sans s'inquiéter qui le suit et qui reste en arrière. Il y en aura beaucoup qui resteront en arrière; car, s'il est rare,

même de trouver des lecteurs simplement capables de penser,
il est infiniment plus rare encore d'en rencontrer qui sachent
penser avec imagination. Ainsi notre écrivain, par la force des
choses, se brouillera tout à la fois, d'une part avec ceux qui
n'ont que des idées intuitives et des sentiments, car il leur impose une tâche pénible, il les oblige à penser ; et d'autre part
avec ceux qui savent seulement penser, car il leur demande, ce
qui leur est absolument impossible, de donner aux idées une
forme vivante et animée. Mais comme les uns et les autres ne
représentent que très-imparfaitement la véritable humanité,
l'humanité normale qui veut absolument l'harmonie de ces
deux opérations, leurs objections contradictoires ne signifient
rien, et, si leurs jugements prouvent quelque chose, c'est bien
plutôt que l'auteur a su atteindre ce qu'il cherchait. Le penseur
abstrait trouve que le fond de l'ouvrage est solidement pensé ;
le lecteur à idées intuitives en trouve le style vif et animé :
tous deux, par conséquent, y reconnaissent et approuvent ce
qu'ils sont capables de comprendre, et il n'y manque pour eux
que ce qui passe leurs moyens.

Mais, précisément par la même raison, un écrivain de cet
ordre n'est point propre à faire connaître à un lecteur ignorant
l'objet dont il traite, ou, dans le sens le plus propre du mot, à
enseigner. Heureusement aussi on n'a pas besoin de lui pour
cela, car les sujets ne manqueront jamais pour l'enseignement
des écoliers. Le professeur, dans la plus stricte acception,
est obligé de se plier aux besoins de ses élèves ; la supposition d'où il part, c'est l'impuissance de ceux qui l'écoutent :
l'autre, au contraire, demande au lecteur ou à l'auditoire une
certaine maturité, une certaine culture. Mais aussi son rôle ne
se borne pas à leur communiquer des idées mortes : il saisit
l'objet vivant, avec une vive énergie, et s'empare à la fois de
tout l'homme, de son entendement, de son cœur, de sa volonté.

Nous avons reconnu qu'il y avait du danger pour la solidité
de la science à donner libre carrière, dans l'enseignement proprement dit, aux exigences du goût ; mais cela ne veut dire en
aucune façon que la culture de cette faculté chez l'étudiant soit
chose prématurée. On doit, tout au contraire, l'encourager à
appliquer, sur le terrain de l'exposition animée et vivante, les

connaissances qu'il s'est appropriées sur le terrain de l'école,
et lui en fournir l'occasion. Une fois que le premier point a été
observé, que les connaissances sont acquises, l'autre, l'exercice
du goût, ne peut avoir que des conséquences utiles. Il est certain qu'il faut être déjà bien maître d'une vérité, pour abandonner sans danger la forme sous laquelle on l'a trouvée : il
faut une grande force d'entendement pour ne pas perdre de
vue son objet tout en se livrant avec liberté aux jeux de l'imagination. Celui qui me transmet ses connaissances sous une
forme scolastique, me persuade, il est vrai, qu'il les a saisies
comme il faut, et qu'il sait les soutenir; mais celui qui de
plus est en état de me les communiquer dans la langue du beau,
celui-là ne prouve pas seulement qu'il est fait pour en élargir le
cercle, il me prouve en outre qu'il se les est assimilées, et qu'il
est capable d'en faire passer l'image dans ses productions et
dans ses actes. Il n'y a pour les résultats de la pensée qu'une
seule voie par où ils puissent pénétrer jusqu'à la volonté et
passer dans la vie, c'est l'imagination agissant d'elle-même.
Ce qui *en nous-mêmes* était d'avance un *acte* vivant, peut seul le
devenir *hors de nous;* et il en est des créations de l'esprit
comme des créations de la nature organique : c'est de la fleur
seulement que sort le fruit.

Si l'on considère combien de vérités, à l'état d'intuitions intérieures, étaient depuis longtemps vivantes et efficaces, avant
que la philosophie les eût démontrées, et combien les vérités
les plus démontrées restent souvent sans action sur le sentiment
et la volonté, on reconnaîtra de quelle importance il est pour
la vie pratique de suivre en cela les indications de la nature, et,
lorsque nous avons acquis scientifiquement une connaissance,
de la ramener, par la forme, à l'état d'intuition vivante. C'est
le seul moyen de faire participer aux trésors de la sagesse ceux
mêmes à qui leur nature seule interdisait de suivre les voies
contre nature de la science. Le beau nous rend ici, par rapport
aux lumières, le même service qu'en morale par rapport à la
conduite : il met les hommes d'accord sur les résultats et sur le
fond des choses, eux qui sur la forme et sur les principes ne se
seraient jamais accordés.

L'autre sexe, par sa nature même, et par sa destination, qui est le beau, ne peut ni ne doit rivaliser avec le nôtre pour la *connaissance scientifique;* mais, au moyen de la reproduction des choses, il peut entrer avec nous en partage de *la vérité.* L'homme consent encore à ce que son goût soit blessé, pourvu que le fond des idées, par sa valeur, dédommage son entendement. D'ordinaire, plus la précision ressort fortement, plus la nature intime de l'objet est nettement distinguée de ses apparences, plus il est content. Mais les femmes ne pardonnent point la négligence de la forme, quelle que soit la valeur de l'idée, et la structure intime de tout leur être leur donne le droit de montrer sur ce point cette sévère exigence. Ce sexe, qui, lors même qu'il ne gouvernerait pas par la beauté, aurait encore cette raison de s'appeler le beau sexe, qu'il est gouverné par la beauté, fait comparaître tous les objets qui se présentent à lui au tribunal du sentiment; et tout ce qui ne parle point au sentiment ou qui le blesse, est perdu pour lui. Sans doute, par cet intermédiaire, on ne peut faire arriver à l'esprit de la femme que la *matière* de la vérité, et non point la vérité même, laquelle est inséparable de ses preuves. Mais heureusement elle n'a besoin que de la matière de la vérité pour atteindre sa plus haute perfection; et les rares exceptions qu'on a vues jusqu'ici ne sont pas de nature à faire souhaiter que l'exception devienne jamais la règle.

Il faut donc que la tâche dont la nature n'a pas seulement dispensé l'autre sexe, mais qu'elle lui a même interdite, il faut, dis-je, que l'homme s'en charge doublement, s'il veut d'ailleurs se rencontrer avec la femme et se trouver à son niveau en ce qui touche ce grand intérêt de la vie humaine. En conséquence, il fera passer tout ce qu'il pourra, du domaine de l'abstraction, où il est le maître, dans le domaine de l'imagination et du sentiment, où la femme est tout à la fois modèle et juge. L'esprit de la femme étant un sol qui ne comporte pas de plantations durables, il se proposera de faire rendre à son propre terrain le plus de fleurs et de fruits possible, afin de renouveler plus souvent sur l'autre sol des provisions bientôt fanées, et d'entretenir une sorte de moisson artificielle là où les moissons naturelles ne pourraient mûrir. Le goût corrige ou dissimule les différences naturelles de l'esprit des deux sexes : il nourrit, il orne l'esprit de la femme des productions de celui de l'homme, et permet au beau sexe de sentir sans s'être d'abord fatigué par la pensée, de goûter des jouissances sans les avoir achetées par le travail.

Ainsi, sauf les restrictions dont j'ai parlé, c'est bien au goût qu'est confié le soin de la forme dans toute exposition par laquelle se communique la connaissance; mais à la condition expresse qu'il n'empiétera pas sur le fond des choses. Il ne doit jamais oublier qu'il remplit un mandat étranger et que ce ne sont point ses propres affaires qu'il a à traiter. Tout son rôle doit se borner à mettre l'âme dans une disposition favorable à la connaissance; mais pour tout ce qui touche à la chose même, il n'a absolument aucune autorité à prétendre.

Que s'il entend, là aussi, exercer une autorité, s'il fait prévaloir *sa propre* loi, qui n'est autre que de plaire à l'imagination, et de se rendre agréable aux facultés intuitives; s'il applique cette loi non pas seulement à la *mise en œuvre*, mais à la *chose* même; s'il suit cette règle non-seulement pour disposer les matériaux, mais pour les choisir, il fait plus qu'outre-passer son mandat, il le trahit, et dénature l'objet qu'il devait nous transmettre avec fidélité. Dès lors, il n'est plus question de ce que *sont* les choses, mais de la meilleure façon de les présenter pour les recommander aux sens. L'enchaînement des idées, dont on aurait dû seulement nous dissimuler la rigueur, est rejeté comme une entrave importune; la perfection est sacrifiée à l'agrément, la vérité des parties à la beauté de l'ensemble, l'essence intime des choses à l'impression extérieure. Or, du moment que le fond se règle sur la forme, le fond, à proprement parler, n'existe plus; l'exposition est vide, et au lieu d'avoir étendu ses connaissances, on n'a fait que jouer un jeu amusant.

Les écrivains qui ont plus d'esprit que d'intelligence, et plus de goût que de science, ne se rendent que trop souvent coupables de cette tromperie; et les lecteurs plus habitués à sentir qu'à penser ne se montrent que trop disposés à la pardonner. En général, il est dangereux de donner au sens esthétique toute sa culture avant d'avoir exercé l'entendement, en tant que pure faculté de penser, et d'avoir enrichi la tête de concepts; car comme le goût regarde toujours à l'exécution et jamais au fond des choses, partout où il devient l'unique arbitre, c'en est fait de toute différence essentielle entre les choses. On devient indifférent pour la réalité, et l'on finit par ne plus attacher de prix qu'à la forme et à l'apparence.

De là cet esprit superficiel et frivole que nous voyons souvent dominer dans les conditions sociales et dans les cercles où l'on se pique d'ailleurs, et non sans raison, de la plus fine culture. Introduire un jeune homme dans ces réunions où règnent les *Grâces*, avant que les *Muses* lui aient donné son congé et l'aient reconnu majeur, c'est quelque chose qui nécessairement lui sera fatal : il est difficile que ce qui achève l'éducation extérieure d'un jeune homme dont l'esprit est mûr, ne tourne pas à la fatuité celui qui n'est pas mûri par l'étude [1]. Sans doute, posséder un fond d'idées sans avoir la forme à son service, ce n'est posséder qu'à demi ; car les plus magnifiques connaissances dans une tête incapable de leur donner une figure, sont comme un trésor enfoui en terre. Mais la forme sans le fond, ce n'est que l'ombre de la richesse, et toute l'habileté possible dans l'expression ne sert de rien à qui n'a rien à exprimer.

Ainsi, pour éviter que la belle éducation ne nous mène dans cette fausse voie, il faut que le goût se borne à régler la forme extérieure, que la raison et l'expérience déterminent le fond et

1. M. Garve, dans sa comparaison, pleine de vues excellentes, entre les *Mœurs de la bourgeoisie et celles de la noblesse* (voy. la 1re partie de ses *Essais*, ouvrage que je puis supposer entre les mains de tout le monde), compte parmi les prérogatives des jeunes gens de famille noble, l'avantage qu'ils ont de pouvoir fréquenter de bonne heure le grand monde, dont les jeunes bourgeois sont exclus par le fait même de leur naissance. Ce privilège, très-précieux sans contredit pour la culture extérieure et esthétique, est-il également avantageux au jeune gentilhomme pour ce qui regarde la culture intérieure ; et son éducation, en somme, y gagne-t-elle ? M. Garve ne nous a pas dit ce qu'il pense à ce sujet, et je doute qu'il pût justifier l'affirmative. Plus l'éducation des salons est avantageuse du côté de la forme, plus elle fait perdre quant au fond, et si l'on considère combien plus il est facile de trouver la forme quand on a le fond, qu'un fond pour utiliser une forme, il faudra convenir que le bourgeois n'a pas lieu de tant envier cette prérogative au gentilhomme. Il est vrai d'ailleurs que, si l'on doit s'en tenir à cette organisation en vertu de laquelle le bourgeois *travaille* et le noble *représente*, on ne saurait mieux faire que de laisser subsister cette différence dans l'éducation ; mais je doute que les nobles s'accommodent éternellement d'un tel partage. (*Note de Schiller.*)

l'essence des idées. Si l'on fait de l'impression produite sur les sens le *criterium* suprême, et si l'on rapporte exclusivement les choses à la sensation, l'homme ne cessera jamais d'être au service de la matière; jamais il ne fera jour dans son intelligence : bref, la raison perdra en liberté tout ce qu'il aura laissé usurper à l'imagination.

Le beau produit son effet à la simple intuition, le vrai demande de l'étude. Aussi l'homme qui de toutes ses facultés n'a exercé que le sens du beau, se contente, là même où il faut absolument de l'étude, de contempler superficiellement les choses; et il prétend ne faire qu'un jeu de l'esprit de ce qui demande du sérieux et de l'effort. Mais la simple contemplation ne saurait donner aucun résultat. Pour produire quelque chose de grand, il faut pénétrer au fond des choses, les distinguer rigoureusement, les associer de diverses manières, et les étudier avec une attention persistante. L'artiste même et le poëte, quoiqu'ils travaillent tous deux pour nous procurer seulement le plaisir de l'intuition, ne peuvent parvenir que par une étude des plus laborieuses et qui n'est rien moins qu'attrayante, à nous charmer en jouant.

Aussi est-ce là, si je ne me trompe, la pierre de touche infaillible pour distinguer le simple *dilettante* de l'artiste d'un vrai génie. Ce charme séducteur qu'exercent le grand et le beau, ce feu dont ils embrasent une jeune imagination, cette apparente facilité avec laquelle ils font illusion aux sens, ont déjà persuadé à plus d'un esprit sans expérience de prendre en main la palette ou la lyre, et de traduire par des figures ou d'épancher en mélodie ce qu'ils sentaient vivre dans leur sein. Dans leur tête travaillent des idées nébuleuses, comme un monde en voie de formation, et elles leur font croire qu'ils sont inspirés. Ils prennent l'obscurité pour de la profondeur, la fougue sauvage pour de la force, l'indéterminé pour l'infini, le non-sens pour le supra-sensible.... Et comme ils se complaisent dans ces créations de leur cerveau! Mais le jugement du connaisseur ne confirme pas ce témoignage de l'amour-propre échauffé. De sa critique impitoyable, il dissipe tout le prestige de l'imagination et de ses rêves, et portant le flambeau devant ces esprits novices, il les mène dans les profondeurs mysté-

rieuses de la science et de la vie, là où, loin des regards pro-
fanes, jaillit pour quiconque est initié la source de toute beauté
véritable! Si un vrai génie sommeille encore dans le jeune
homme qui cherche sa voie, sans doute sa modestie hésitera au
début; mais bientôt la conscience d'un vrai talent l'enhardira
à s'essayer. Si la nature l'a doué pour les arts plastiques, il
étudiera la structure de l'homme avec le scalpel de l'anato-
miste ; *il descendra dans les profondeurs les plus intimes, pour
être vrai en représentant les surfaces*, et il interrogera, passera
en revue l'espèce entière, pour être juste envers l'individu.
Est-il né pour être poëte, il épie l'humanité dans son propre
cœur, pour comprendre cette variété infinie de scènes qu'elle
joue sur le vaste théâtre du monde; il soumet l'imagination et
sa fécondité exubérante à la discipline du goût, et charge l'entendement de marquer dans sa froide sagesse les rives entre
lesquelles doit gronder le torrent de l'inspiration. Il n'ignore
pas que le grand ne se forme que du petit, de l'imperceptible ;
et il amasse, grain de sable par grain de sable, les matériaux
du merveilleux édifice qui, se découvrant tout d'un coup à nos
regards, nous saisit à nous donner le vertige. Mais, si la nature ne l'a destiné qu'à être un *dilettante*, les difficultés refroi-
dissent son zèle impuissant, et de deux choses l'une : ou il
abandonne, s'il est modeste, une carrière où ne l'engageait
qu'une méprise sur sa vocation, ou, s'il n'a pas de modestie, il
ramène l'idéal aux proportions étroites de ses facultés, faute
de pouvoir étendre ses facultés jusqu'aux vastes proportions de
l'idéal. Ainsi, le véritable génie de l'artiste se reconnaîtra toujours à ce signe, que, dans ses plus vifs mouvements d'enthousiasme pour l'ensemble, il conserve un sang-froid, une patience
à toute épreuve, pour le détail; et que, pour ne porter aucune
atteinte à la perfection, il renoncera plutôt à la jouissance que
donne l'achèvement. Pour le simple amateur, c'est la difficulté
des moyens qui le dégoûte du but lui-même : son rêve serait
de n'avoir pas plus de mal pour produire qu'il n'en a eu pour
concevoir et contempler[1].

---

1. Ce qui suit se trouve dans le 11ᵉ cahier des *Heures*, sous le titre : *Du
danger des mœurs esthétiques.*

J'ai parlé jusqu'ici [1] des dangers auxquels nous expose une sensibilité exagérée pour le beau dans la forme, et des exigences esthétiques trop étendues, et j'ai considéré ces dangers par rapport à la faculté de penser et de connaître. Que sera-ce donc lorsque ces prétentions du goût esthétique porteront sur la *volonté?* Car autre chose est de se voir arrêté dans ses progrès scientifiques par un trop grand amour du beau, autre chose de voir ce penchant dépraver le caractère même, et nous faire violer la loi du devoir. Dans les choses de la pensée, les caprices du bel esprit sont un mal sans doute, et ils doivent infailliblement obscurcir l'intelligence; mais ces mêmes caprices appliqués aux maximes de la volonté, c'est quelque chose de *pernicieux*, et infailliblement le cœur se déprave. Voilà pourtant à quelles dangereuses extrémités nous mène une culture esthétique trop raffinée, dès que nous nous abandonnons *exclusivement* au sentiment du beau, et que nous érigeons le goût en législateur absolu de notre volonté.

La destination morale de l'homme exige que la volonté soit complétement indépendante de toute influence des instincts sensibles, et le goût, nous le savons, travaille sans cesse à rendre le lien de plus en plus intime entre la raison et les sens. Or, ce travail a bien pour effet d'ennoblir les appétits, de les rendre plus conformes aux exigences de la raison; mais de cela même il peut enfin résulter un grave danger pour la moralité.

Je m'explique : une éducation esthétique très-raffinée habitue l'imagination *à se diriger selon des lois, même dans son libre jeu*, et la sensibilité à ne point goûter de jouissances sans le concours de la raison; mais on arrive bientôt à exiger que la raison, en retour, *se dirige, même dans les opérations les plus sérieuses de sa puissance législative, selon l'intérêt de l'imagination*, et ne donne plus d'ordres à la volonté qu'avec l'agrément des instincts sensibles. L'obligation morale de la volonté, qui pourtant est une loi absolue et inconditionnelle, prend insensiblement le caractère d'un simple contrat, qui n'oblige l'une des deux parties qu'autant que l'autre en exécute les clauses. L'accord, purement

---

1. Au lieu de *jusqu'ici*, on lit dans les *Heures* : « Dans un des articles précédents, » et une note renvoie au 9ᵉ cahier.

accidentel, du devoir avec le penchant finit par être considéré comme une condition *nécessaire;* et ainsi est empoisonné dans sa source le principe de toute moralité.

Comment le caractère en vient-il peu à peu à se dépraver de la sorte? Voici comment on peut se l'expliquer.

Tant que l'homme n'est encore qu'un sauvage, tant que ses instincts ne portent que sur des objets matériels, et qu'un égoïsme grossier détermine ses actions, la sensibilité ne peut être un danger pour la moralité que par sa *force aveugle*, et ne contrarie la raison qu'en tant que *puissance*. La voix de la justice, de la modération, de l'humanité, est étouffée par les appétits qui crient plus haut qu'elle. L'homme alors est terrible dans sa vengeance, parce qu'il ressent terriblement l'offense. Il vole, il tue, parce que ses désirs sont encore trop puissants, pour les faibles rênes de la raison. Il est à l'égard d'autrui comme une bête féroce, parce que l'instinct de nature le gouverne encore lui-même à la façon des animaux.

Mais lorsqu'à l'état de nature, à l'état sauvage, succède pour l'homme un état de civilisation, lorsque le goût ennoblit ses instincts et leur propose de plus dignes objets empruntés à l'ordre moral, lorsque la culture modère les brutales explosions des appétits en les ramenant à la discipline du beau, il peut se faire que ces mêmes instincts, qui n'étaient dangereux autrefois que *par leur puissance aveugle*, venant à prendre un air de *dignité* et une certaine *autorité usurpée*, deviennent bien plus dangereux encore pour la moralité du caractère, et que, sous le masque de l'innocence, de la noblesse et de la pureté, ils exercent sur la volonté une tyrannie cent fois pire que l'autre.

L'homme de goût se soustrait volontairement au joug grossier des appétits. Il soumet à la raison l'instinct qui le porte au plaisir, et pour le choix des objets qu'il doit désirer, il consent à prendre conseil de sa nature spirituelle et pensante. Eh bien, plus il arrive fréquemment que le jugement moral et le jugement esthétique, le sens du bien et le sens du beau se rencontrent sur le même objet et dans une même décision, plus la raison incline à prendre un instinct si *spiritualisé* pour un de *ses propres* instincts, et finalement à lui abandonner avec un plein pouvoir le gouvernail de la volonté.

Tant qu'il demeure possible que l'inclination et le devoir se rencontrent sur le même objet et dans un commun désir, cette *représentation* du sens moral par le sens esthétique peut ne pas entraîner de conséquences positivement fâcheuses, quoiqu'à prendre les choses rigoureusement, la moralité des actes particuliers ne gagne rien à cet accord. Mais les conséquences seront tout autres lorsque la sensibilité et la raison ont chacune un intérêt différent : si, par exemple, le devoir nous ordonne telle action qui révolte le goût ou que le goût se sente attiré vers un objet que la raison, en tant qu'arbitre moral, est obligée de rejeter.

Ici, en effet, se présente tout à coup la nécessité de distinguer entre les exigences du sens moral et celles du sens esthétique, qu'un si long accord avait presque confondues au point qu'elles ne se peuvent plus démêler ; de déterminer leurs droits réciproques, et d'éprouver quel est en réalité dans notre âme le vrai maître. Mais ce maître, une représentation si prolongée du sens moral par le sens du beau, l'a fait oublier : quand on a si longtemps pratiqué cette règle d'obéir immédiatement aux suggestions du goût, et qu'on s'en est toujours bien trouvé, le goût a dû mettre insensiblement de son côté une apparence de droit. Comme il s'est montré *irréprochable* dans la surveillance qu'il exerçait sur la volonté, on a dû nécessairement finir par accorder à ses décisions une certaine *estime*, et c'est précisément cette estime que l'inclination, avec sa dialectique captieuse, fait valoir désormais contre les devoirs de la conscience.

L'estime est un sentiment qu'on ne peut éprouver que pour la *loi* et pour ce qui y répond. Ce qui est en droit d'exiger de l'estime prétend à un hommage sans conditions. L'inclination ennoblie, qui a su capter notre estime, n'entend donc plus être *subordonnée* à la raison, elle entend *prendre rang à côté* d'elle. Elle ne veut pas être prise pour un sujet infidèle qui se révolte contre son souverain, elle veut être regardée comme une reine, et traitant de pair à pair avec la raison, dicter comme elle des lois à la conscience. Ainsi, à l'entendre, elle pèserait, en droit, du même poids dans la balance ; et dès lors, comment ne pas craindre que ce ne soit l'intérêt qui décide ?

De toutes les inclinations qui dérivent du sentiment du beau, et qui sont le propre des âmes délicates, il n'en est point qui se recommande au sens moral autant que l'*amour*, épuré et ennobli : il n'en est point de plus fécond en impressions qui répondent à la véritable dignité de l'homme. A quelle hauteur n'élève-t-il pas la nature humaine! Et souvent quelles divines étincelles ne sait-il pas faire jaillir même d'une âme vulgaire! C'est un feu sacré qui consume toute inclination égoïste; et les principes mêmes de la morale sont à peine une plus pure sauvegarde pour la chasteté de l'âme, que l'amour pour la noblesse du cœur. Combien de fois n'arrive-t-il pas, lorsque les principes luttent encore, que l'amour a déjà vaincu pour eux, et hâté, par son irrésistible puissance, des résolutions que le devoir seul eût vainement demandées à notre faible humanité! Qui voudrait donc se méfier d'une affection qui protége si énergiquement ce qu'il y a d'excellent dans la nature humaine, et qui combat si victorieusement le mortel ennemi de toute moralité, l'égoïsme?

Mais n'allez pas vous aventurer avec un tel guide avant d'être prémuni par un guide meilleur. Qu'il se rencontre, par exemple, que l'objet aimé soit malheureux, malheureux à cause de vous, et qu'il ne tienne qu'à vous de lui rendre le bonheur en sacrifiant quelques scrupules de morale : « Faut-il donc le laisser souffrir pour le plaisir de garder notre conscience pure? Est-ce là ce que veut, ce que permet, cette affection désintéressée, généreuse, toute dévouée à son objet, toujours prête à s'oublier elle-même pour son objet? C'est aller, il est vrai, contre notre conscience que de recourir à ce moyen immoral pour soulager ce que nous aimons; mais peut-on dire qu'on *aime*, lorsqu'en présence de l'objet aimé et de sa douleur, on continue de songer à soi? Ne sommes-nous pas plus préoccupés de nous-mêmes que de lui, puisque nous aimons mieux le voir malheureux que de consentir à l'être nous-mêmes par les reproches de notre conscience? » Tels sont les sophismes que cette passion sait opposer en nous à la conscience, dont la voix contrarie son intérêt. Voilà comment elle sait la rendre méprisable, en la représentant *comme suggestion de l'égoïsme*, en représentant notre dignité morale *comme un des éléments dont se*

compose notre bonheur, comme un bien que nous sommes libres
d'aliéner. Alors, si la moralité de notre caractère n'est pas fortement préservée par de bons principes, nous nous livrerons,
quel que soit l'élan de notre imagination exaltée, à des actes
honteux, et nous croirons remporter une glorieuse victoire sur
notre égoïsme, tandis que nous serons au contraire la méprisable victime de cet instinct. Un roman français bien connu,
les Liaisons dangereuses, nous offre un exemple très-frappant de
cette fraude par laquelle l'amour trompe une âme d'ailleurs
pure et belle. La présidente de Tourvel a failli par surprise, et
la voilà qui cherche à calmer ses remords par l'idée qu'elle a
sacrifié sa vertu à la générosité.

Les devoirs secondaires ou imparfaits, comme on les appelle,
sont ceux que le sentiment du beau prend le plus volontiers
sous son patronage, et qu'il fait prévaloir en mainte occasion
sur les devoirs parfaits. Comme ils ont quelque chose de facul-
tatif qui laisse une bien plus grande part à la liberté, et qu'en
même temps ils ont un air de mérite qui leur donne de l'éclat,
ils se recommandent infiniment plus au goût esthétique que les
devoirs parfaits ou nécessaires, lesquels nous obligent rigoureusement sans condition. Combien n'y a-t-il pas de gens qui se
permettent d'être injustes, afin de pouvoir être généreux! Combien qui manquent au devoir envers la société, pour faire du
bien à un individu, et réciproquement! Combien de gens qui se
pardonnent un mensonge plutôt qu'une indélicatesse, un attentat
contre l'humanité, plutôt qu'une atteinte à l'honneur; qui,
pour hâter la perfection de leur esprit, ruinent leur corps, et
qui, pour orner leur entendement, dégradent leur caractère!
Combien n'y en a-t-il point qui ne reculent même pas devant
un crime, lorsqu'il s'agit d'atteindre par là un but louable;
qui poursuivent un idéal de félicité politique à travers toutes les
horreurs de l'anarchie, qui foulent aux pieds les lois existantes pour
faire place à des lois meilleures, et ne se font aucun scrupule de
vouer la génération présente à la misère, pour assurer à ce prix le
bonheur de la génération prochaine! Le désintéressement apparent
de certaines vertus leur donne un vernis de pureté qui les rend
assez téméraires pour rompre en visière à la loi morale; et
bien des gens sont dupes de cette illusion étrange, de vouloir

s'élever plus haut que la morale, de vouloir être plus raisonnables que la raison.

L'homme d'un goût raffiné est susceptible, à cet égard, d'une sorte de dépravation morale dont l'enfant grossier de la nature est garanti par sa grossièreté même. Chez celui-ci l'opposition entre ce que réclame la sensibilité et ce qu'ordonne la loi morale est si nettement tranchée, si manifeste, et l'élément spirituel entre pour si peu dans ses désirs, que les appétits, lors même qu'ils exercent encore sur lui une *autorité despotique*, ne peuvent du moins surprendre son *estime*. Ainsi, quand le sauvage, cédant à l'attrait supérieur de la sensibilité, se laisse aller à quelque action injuste, il peut bien succomber à la tentation, mais il ne se dissimulera point qu'il *commet une faute*; et il rendra hommage à la raison dans le même temps qu'il va contre ses prescriptions. L'enfant de la civilisation, au contraire, l'homme raffiné, ne veut pas convenir qu'il fait une faute, et pour apaiser sa conscience, il aime mieux lui *en imposer* par un sophisme. Sans doute il voudrait bien obéir à l'appétit, mais sans déchoir pour cela dans sa propre estime. Et par quel biais y arrive-t-il? Il commence par renverser l'autorité supérieure qui contrarie son inclination, et, avant de transgresser la loi, il met en question la compétence du législateur. Devait-on s'attendre qu'une volonté dépravée pût à ce point dépraver l'intelligence! Toute la dignité où une inclination peut prétendre ne lui vient que de son accord avec la raison; et la voilà, non moins aveugle qu'effrontée, la voilà qui prétend, à l'instant même où elle se met en lutte avec la raison, garder cette dignité dont elle lui était redevable! que dis-je? qui prétend même s'en servir contre la considération due à la raison!

Tels sont les dangers qui menacent la moralité du caractère, lorsque, entre les instincts sensibles et les instincts moraux qui ne peuvent jamais être parfaitement d'accord que dans l'idéal, mais non dans la vie réelle, on prétend établir une communauté trop intime. Il est vrai que la sensibilité ne risque rien à cette communauté, puisqu'elle ne possède rien à quoi il ne lui fallût renoncer dès que le devoir parle et que la raison exige le sacrifice. Mais la raison, en tant qu'arbitre de la loi morale, y courra d'autant plus de risque, si elle se laisse *octroyer* par l'inclination ce qu'elle est en droit d'*exiger* d'elle; car, sous l'apparence de la liberté, le sentiment de l'*obligation* peut aisément se perdre; et ce que la raison accepte à titre de faveur pourra bien lui être refusé le jour où il en coûterait à la sensibilité pour le lui donner. Il est donc infiniment plus sûr pour la moralité du caractère de suspendre, au moins par moments, cette représentation du sens moral par le sens du beau; le mieux est que la raison commande plus souvent par elle-même *sans intermédiaire*, et fasse voir à la volonté son véritable maître.

On a donc bien raison de dire que la véritable moralité ne se reconnaît qu'à l'école de l'adversité, et qu'une prospérité continuelle devient aisément un écueil pour la vertu. J'entends ici par prospérité l'état d'un homme qui, pour jouir des biens de la vie, n'a pas besoin de commettre d'injustices, et qui, pour se conformer à la justice, n'a besoin de renoncer à aucun des biens de la vie. L'homme qui jouit d'une prospérité continuelle ne voit donc jamais le devoir moral face à face, parce que ses inclinations naturellement régulières et modérées *devancent* toujours le commandement de la raison, et qu'aucune tentation de violer la loi ne rappelle à son esprit l'idée de la loi. Uniquement guidé par le sens du beau, qui représente la raison dans le monde des sens, il arrivera au tombeau sans avoir connu par expérience la dignité de sa destinée. L'infortuné, au contraire, si c'est en même temps un homme vertueux, jouit du sublime privilége d'être dans un commerce *immédiat* avec la divine majesté de la loi morale; et comme sa vertu, à lui, n'est secondée par aucune inclination, il fait preuve, dès ce bas monde, et comme homme, de la liberté des purs esprits!

DE

LA POÉSIE NAÏVE

ET SENTIMENTALE

DE

LA POÉSIE NAÏVE

ET SENTIMENTALE[1].

Il y a des moments dans la vie, où la nature considérée dans les plantes, dans le règne minéral, dans les animaux, dans les sites champêtres, et aussi la nature humaine chez les enfants, dans les mœurs des gens de la campagne et du monde primitif, nous inspire une sorte d'amour et de respectueuse émotion, non parce qu'elle est bienfaisante pour nos sens, parce qu'elle satisfait notre esprit ou notre goût (car c'est souvent

1. Cette dissertation a été d'abord insérée dans les *Heures* de 1795 et 1796. Elle y est divisée en trois parties. La première, intitulée *du Naïf*, se trouve dans le 11ᵉ cahier de 1795; la seconde, ayant pour titre *des Auteurs de poésie sentimentale*, est dans le 12ᵉ cahier de la même année; la troisième a paru dans le 1ᵉʳ cahier de 1796, avec ce titre : *Fin de la Dissertation sur les auteurs de poésie naïve et de poésie sentimentale, avec quelques remarques sur une différence caractéristique des hommes entre eux*. Nous indiquerons où commence et finit chacun de ces morceaux. — Le Traité tout entier a été réimprimé, en 1800, dans les *Opuscules en prose* (tome II, p. 1-216).

Nous avons dit, dans la *vie de Schiller* (p. 103), que *Sentimentalische Dichtung* se traduirait peut-être plus exactement en français *Poésie de sentiment* que *Poésie sentimentale*. Cependant nous avons ici adopté cette dernière expression, parce qu'il fallait absolument un adjectif de qualité, et que, le terme une fois défini dans le sens particulier et un peu de convention où le prend l'auteur, toute impropriété ou obscurité disparaissent.

le contraire qui arrive), mais uniquement *parce que c'est la nature*. Tout homme délicat, pour peu qu'il ait d'âme, éprouve ce sentiment lorsqu'il se promène à ciel ouvert, lorsqu'il vit à la campagne, ou qu'il s'arrête à contempler les monuments des anciens âges; bref, lorsque, échappant aux relations et situations factices, il se trouve tout à coup en face de la simple nature. Cet intérêt qui s'exalte souvent jusqu'à devenir pour nous un besoin, est ce qui explique beaucoup de nos fantaisies, pour les fleurs, pour les animaux, notre prédilection pour les jardins dont le goût est simple, pour les promenades, pour la campagne et ceux qui l'habitent, pour un grand nombre d'objets provenant d'une antiquité reculée, etc. : en supposant, bien entendu, qu'il n'y ait là aucune affectation, et que d'ailleurs aucun intérêt accidentel ne soit en jeu. Mais cette sorte d'intérêt que nous prenons à la nature n'est possible qu'à deux conditions. Il faut d'abord, et de toute nécessité, que l'objet qui nous l'inspire soit bien réellement la *nature*, ou du moins quelque chose que nous prenions pour la nature; en second lieu, il faut que cet objet soit, dans toute l'acception du mot, quelque chose de *naïf*, c'est-à-dire que la nature y soit en contraste avec l'art, et que tout l'avantage reste à la nature. Dès que cette seconde condition vient se réunir à la première, mais pas plus tôt, la nature prend le caractère du naïf.

Considérée de la sorte, la nature n'est pour nous que l'existence dans toute sa liberté, c'est la constitution des choses prises en soi, c'est l'être même selon ses lois propres et immuables.

Il faut de toute nécessité que nous ayons cette idée de la nature, pour prendre intérêt à des phénomènes de ce genre. Je suppose une fleur artificielle si parfaitement imitée qu'elle aurait toute l'apparence de la nature et nous ferait l'illusion la plus complète; je suppose l'imitation du naïf dans les mœurs poussée jusqu'à la dernière illusion : si nous venons à découvrir que ce n'est qu'imitation, le sentiment dont je parle est complétement détruit [1]. Il est donc bien évident que cette sorte

1. Kant, le premier, que je sache, qui ait proprement commencé à réfléchir sur ce phénomène, fait observer que, si nous entendions le chant du rossignol imité par une voix humaine de manière à produire la plus grande illusion, et que notre âme s'abandonnât à cette impression avec l'émotion la plus vive, l'illusion

de satisfaction que nous fait éprouver la nature n'est point une satisfaction du sens esthétique, mais bien une satisfaction du sens moral; car elle se produit par le moyen d'un concept, et non immédiatement par le seul fait de l'intuition : aussi n'est-elle nullement déterminée par le plus ou moins de beauté des formes. Qu'a donc après tout de si charmant en soi une fleur sans apparence, une source, une pierre couverte de mousse, le gazouillement des oiseaux, le bourdonnement des abeilles, etc.? Qu'est-ce qui pourrait donner à ces objets un titre à notre amour? Ce ne sont point ces objets en eux-mêmes, c'est une idée qu'ils nous représentent que nous aimons en eux. Nous aimons en eux la vie et son action latente, les effets que les êtres produisent paisiblement d'eux-mêmes, l'existence d'après ses lois propres, la nécessité intime des choses, l'éternelle unité de leur nature.

Ces objets qui nous captivent *sont* ce que nous *étions*, ce que nous *devons être un jour*. Nous étions, comme eux, nature, et la culture, en suivant la voie de la raison et de la liberté, nous doit ramener à la nature. Ces objets sont donc tout à la fois une image de notre enfance passée sans retour, c'est-à-dire de ce qui nous reste éternellement le plus cher, d'où vient qu'ils nous pénètrent d'une certaine mélancolie; et l'image aussi de notre perfection suprême dans le monde idéal, d'où vient qu'ils excitent en nous une émotion sublime.

Mais la perfection de ces objets n'est pas un mérite qui leur appartienne, puisqu'elle n'est pas l'effet de leur libre choix. Aussi nous procurent-ils ce plaisir tout particulier, qu'ils sont nos modèles sans rien avoir qui nous humilie. C'est comme une constante manifestation de la divinité, qui nous entoure, mais qui récrée notre âme plutôt qu'elle ne l'éblouit. Ce qui constitue leur caractère, c'est précisément ce qui manque au nôtre pour être accompli; et ce qui nous distingue d'eux est précisé-

---

venant à être détruite, tout notre plaisir s'évanouirait aussitôt. Qu'on lise, dans sa *Critique du jugement esthétique*, le chapitre intitulé : *de l'Intérêt intellectuel qui s'attache à la beauté.* Ceux qui sont habitués à n'admirer en lui que le grand penseur, seront heureux de rencontrer là la marque de son cœur, et de se convaincre par cette découverte de sa haute vocation philosophique, vocation qui suppose toujours la réunion des deux aptitudes. (*Note de Schiller.*)

ment ce qui leur manque à eux-mêmes pour être divins. Nous sommes libres, et ils sont nécessaires, nous changeons et ils demeurent identiques. Or, ce n'est que lorsque ces deux conditions sont réunies, lorsque la volonté se soumet librement aux lois de la nécessité, et qu'au milieu de tous les changements dont l'imagination est susceptible, la raison maintient sa règle, c'est alors seulement que se manifeste le divin ou l'idéal. Ainsi, nous apercevons éternellement *en eux* ce que nous n'avons pas, mais ce à quoi nous sommes sollicités à tendre, ce que nous ne devons jamais atteindre, mais dont nous pouvons espérer de nous rapprocher par un progrès indéfini. Et nous apercevons *en nous* un avantage qui leur manque, mais auquel les uns, les êtres dépourvus de raison, ne peuvent absolument participer, et auquel les autres, tels que les enfants, ne peuvent un jour avoir part qu'en suivant *notre* voie. Ils nous procurent donc le plus délicieux sentiment de notre nature en tant qu'idée, bien que par rapport à chaque *état déterminé* de notre nature, ils ne puissent manquer de nous humilier.

Puisque cet intérêt pour la nature repose sur une idée, il ne peut se manifester que dans une âme capable d'idées, c'est-à-dire dans une âme morale. Pour l'immense majorité, ce n'est qu'affectation pure, et ce goût de *sentimentalité*, si répandu de nos jours, qui se manifeste surtout, depuis l'apparition de certains écrits, par des promenades sentimentales, des voyages, des jardins du même genre, et d'autres fantaisies d'amateurs, ce goût ne prouve en aucune façon que la véritable sensibilité soit en effet devenue générale. Mais il n'en reste pas moins que la nature produira toujours quelque chose de cette impression, même sur les cœurs les plus insensibles, parce qu'il suffit pour cela de cette *disposition* ou *aptitude* morale qui est commune à tous les hommes : tous tant que nous sommes, si contraires que soient nos *actes* à la simplicité, à la vérité de la nature, toujours nos *idées* nous y ramènent. Cette sensibilité à l'égard de la nature se manifeste surtout avec force, et chez le plus grand nombre de personnes, à l'occasion de ces sortes d'objets qui sont avec nous dans une liaison plus étroite, et qui nous faisant aire un retour sur nous-mêmes, nous montrent de plus près ce qui en nous s'écarte de la nature : par exemple, à l'oc-

casion des enfants ou des peuples enfants[1]. On a tort de croire
que ce soit simplement l'idée de leur faiblesse qui, à certains
moments, nous fait arrêter nos yeux sur les enfants avec tant
d'émotion. Cela peut être vrai de ceux qui, en présence d'un
être débile, ne sentent d'ordinaire autre chose que leur propre
supériorité. Mais le sentiment dont je parle (on ne l'éprouve
que dans une disposition morale toute particulière, et il ne faut
pas le confondre avec celui qu'excite en nous la joyeuse activité
des enfants), ce sentiment, dis-je, est plus fait pour humilier
que pour flatter notre amour-propre; et s'il nous donne l'idée
de quelque avantage, du moins l'avantage n'est-il pas de notre
côté. Ce n'est pas parce que nous laissons tomber un regard de
commisération sur l'enfance, du haut de notre force et de notre
perfection; c'est, au contraire, parce que, du fond de notre impuissance, dont le sentiment est inséparable de celui de l'état
réel et déterminé auquel nous sommes parvenus, nous levons
les yeux sur l'enfant et sur sa pure innocence, c'est pour cela,
dis-je, que nous sommes émus en sa présence; et le sentiment
que nous éprouvons alors est trop évidemment mêlé d'une certaine tristesse, pour qu'on en puisse méconnaître la source.
Chez l'enfant tout est *disposition* et *destination :* chez nous, tout
est à l'état de *chose accomplie*, et l'accomplissement reste toujours infiniment au-dessous de la destination. Il s'ensuit que
l'enfant est pour nous comme une représentation de l'idéal:
non pas, il est vrai, de l'idéal tel que nous l'avons réalisé, mais
tel que le comportait notre destination; et, par conséquent,
ce n'est point du tout l'idée de son indigence, de ses entraves,
qui nous fait éprouver une émotion en sa présence : c'est, tout
au contraire, l'idée de sa pure et libre force, de l'intégrité, de
l'infinité de son être. Voilà pourquoi, aux yeux de tout homme
moral et sensible, l'enfant sera toujours une chose *sacrée*: je
veux dire un objet qui, par la grandeur d'une idée, réduit à rien
toute grandeur réalisée par l'expérience; un objet, qui, malgré
tout ce qu'il peut perdre au jugement de l'intelligence, regagne
largement son avantage au jugement de la raison.

Eh bien, c'est précisément cette contradiction entre le juge-

1. Ces mots « et des peuples enfants » ne sont point dans les *Heures*.

ment de la raison et celui de l'entendement qui produit en nous ce phénomène tout particulier, ce sentiment mixte, que nous fait éprouver le *naïf*, j'entends le naïf dans la façon de penser. C'est à la fois l'idée d'une simplicité *enfantine*, et d'une simplicité *puérile*. Par ce qu'elle a de puéril, la naïveté laisse voir à l'entendement un côté faible, et provoque en nous ce sourire par lequel nous témoignons notre supériorité (supériorité toute *spéculative*). Mais, sitôt que nous avons une raison de croire que cette simplicité puérile est en même temps simplicité enfantine, que, par conséquent, ce n'est pas un manque d'intelligence, une infirmité au point de vue théorique, mais bien une force supérieure (force *pratique*), un cœur plein d'innocence et de vérité, qui en est la source, un cœur qui a dédaigné le secours de l'art, parce qu'il avait conscience de sa réelle et intime grandeur : alors l'entendement ne songe plus à triompher; et la raillerie, qui s'adressait à la *simplicité*, fait place à l'admiration qu'inspire la noble *simplesse*. Nous nous sentons obligés à estimer cet objet qui d'abord nous a fait sourire, et, jetant un regard sur nous-mêmes, à nous trouver malheureux de ne pas lui ressembler. Ainsi se produit ce phénomène tout particulier d'un sentiment où la raillerie joyeuse, le respect et la tristesse viennent se confondre[1]. C'est la con-

---

1. Kant dans une note de son *Analyse du sublime* (*Critique du jugement esthétique*, p. 225 de la première édition *), distingue également ces trois sortes d'éléments dans le sentiment du naïf, mais il en donne une autre explication : « Il entre, dit-il, un composé de l'un et de l'autre (du plaisir, sentiment animal, et de l'estime, sentiment spirituel) dans la naïveté, qui n'est autre chose qu'un éclat de la sincérité originellement naturelle à l'espèce humaine, contre la dissimulation devenue pour l'homme une seconde nature. On rit de la simplicité d'un homme qui ne sait point encore se déguiser, et pourtant on est charmé d'y retrouver la simplicité de la nature, qui joue ici un tour à cet art et le déconcerte. On s'attendait à rencontrer les mœurs de tous les jours, celles des gens qui ont reçu l'éducation artificielle, des dehors étudiés, composés en vue du bel air; et, tout à coup, voilà qu'on rencontre, en effet, la saine et innocente nature, la nature que l'on ne songeait pas le moins du monde à trouver là, et que celui même qui l'a laissé voir ne songeait pas à mettre à nu. Cette affectation du bel air ou du faux air, auquel notre jugement attache d'ordinaire tant d'importance, se trouve ici tout à coup réduite à rien ; il semble que la fausseté qui est en nous-mêmes soit subitement démasquée; et cela imprime à notre âme un double mouvement en sens opposé, mouvement qui, en même temps, communique au corps une secousse salutaire **. Mais nous voyons là, en

* Tome IV, p. 210 de l'édition Rozenkranz.
** Le rire.

dition- du naïf que la nature triomphe de l'art[1], soit à l'insu de la personne et contre son gré, soit que le sujet en ait pleine et entière conscience. Dans le premier cas, c'est le *naïf de surprise*, et l'impression qui en résulte est un mouvement de gaieté ; dans le second cas, c'est le *naïf de sentiment*, et nous sommes émus.

Pour le naïf de surprise, il faut que la personne soit *moralement* capable de renier la nature. Dans le naïf de sentiment, elle peut n'en pas être moralement capable, mais il faut que nous ne l'en croyions pas physiquement incapable, pour qu'elle puisse faire sur nous l'impression du naïf. C'est pourquoi les actes et les propos des enfants ne nous donnent proprement

outre, qu'une chose infiniment supérieure à toute habitude acquise, je veux dire la transparence et la sincérité de la façon de penser, ou du moins une disposition naturelle à cette sincérité, n'est pas, après tout, entièrement bannie de l'âme humaine, et cette remarque mêle à ce jeu de notre judiciaire quelque chose de sérieux, un sentiment d'estime. Mais comme ce n'est là qu'un phénomène de peu de durée, et que l'art de la dissimulation ne tarde pas à ramener le voile, notre impression se complique en outre d'une certaine compassion qui est un mouvement de tendresse, lequel, comme une sorte de jeu, peut fort bien se concilier, et s'associe, en effet, ordinairement avec ce rire bienveillant que provoque la naïveté ; et cette compassion dédommage en même temps celui qui y donne lieu, de l'embarras qu'il éprouve de n'avoir pas encore assez d'esprit à la façon dont l'entendent les autres. » — J'avoue que cette explication ne me satisfait pas entièrement, surtout parce qu'elle affirme de la naïveté en général ce qui n'est vrai que d'une certaine sorte de naïf, dont je parlerai tout à l'heure, le *naïf de surprise*. Sans doute, une naïveté fait toujours *rire* lorsqu'elle *découvre* son homme et lui fait prêter le flanc, et il est vrai aussi que, dans bon nombre de cas, ce rire tient à ce que nous nous étions attendus à quelque chose, et que notre attente a été déçue. Mais l'autre espèce de naïveté, l'espèce la plus noble, la *naïveté de sentiment*, provoque toujours un *sourire*, qu'il serait difficile d'expliquer par une déception de ce genre : ce sourire, en général, tient simplement à un contraste entre la conduite dont nous sommes témoins et les formes adoptées, les procédés auxquels nous nous étions attendus. Je ne sais même si la pitié qui se mêle à notre impression en présence d'une naïveté de cette seconde espèce, a bien pour objet la personne naïve, et si elle ne se rapporte pas plutôt à nous-mêmes, ou plutôt encore à l'humanité en général, dont la déchéance se représente alors à notre esprit. Il est par trop évident que notre regret est un sentiment moral qui doit porter sur un plus noble objet que ne sont les maux tout matériels auxquels la sincérité peut être exposée dans le cours ordinaire des choses en ce monde ; et cet objet ne peut être que l'idée de la vérité et de la simplicité perdues pour le genre humain. (*Note de Schiller.*)

1. Peut-être devrais-je dire simplement : « Il faut que *la vérité triomphe de la dissimulation;* » mais l'idée du naïf, à ce qu'il me semble, comprend quelque chose de plus, puisque la simplicité en général, lorsqu'elle l'emporte sur l'artifice, et la liberté des mouvements naturels, lorsqu'elle prend le dessus sur la roideur et la contrainte, nous font éprouver un sentiment analogue.

(*Note de Schiller.*)

l'idée du naïf qu'autant que nous oublions qu'ils sont physiquement incapables d'artifice, et en général qu'autant que
nous sommes exclusivement frappés du contraste qu'il y a entre
leur naturel et ce que nous avons d'artificiel en nous. La naïveté
est *une ingénuité enfantine qui se rencontre là où l'on ne s'y attend
plus*; et c'est précisément pour cela qu'à prendre le mot dans
toute sa rigueur, on ne saurait attribuer la naïveté à l'enfance
proprement dite.

Mais dans l'un et dans l'autre cas, dans le naïf de surprise,
comme dans le naïf de sentiment, il faut toujours que la nature
ait gain de cause et que l'art ait le dessous.

Tant que nous n'avions pas établi ce dernier point, nous ne
pouvions nous faire de la naïveté qu'une idée incomplète. Les
affections aussi sont quelque chose de naturel, et les règles de
la décence quelque chose d'artificiel : pourtant le triomphe des
affections sur la décence n'est rien moins que naïf. Mais que
l'affection triomphe de l'artifice, de la fausse décence, de la
dissimulation, nous ne ferons aucune difficulté d'appliquer le
mot naïf[1]. Il faut donc que la nature triomphe de l'art, non
point par sa force aveugle et brutale, et comme grandeur *dynamique*, mais en vertu de sa forme, et en tant que *grandeur
morale*; en un mot, non pas comme *impuissance*, mais comme
nécessité interne. Il faut que ce ne soit pas l'*insuffisance*, mais
bien l'*inopportunité* de l'art, qui donne la victoire à la nature;
car l'insuffisance n'est que manque et défaut, et rien de ce qui
résulte du manque et du défaut ne saurait produire l'estime.

---

1. On dit d'un enfant qu'il est mal élevé lorsque, par convoitise, légèreté
ou emportement, il agit contrairement aux prescriptions d'une bonne éducation ; mais il n'est que naïf lorsque, par l'effet de sa libre et saine nature, il
s'affranchit de tout le maniéré d'une éducation déraisonnable, des attitudes
guindées que lui apprend le maître de danse, etc. Même chose a lieu pour certains objets que nous qualifions de naïfs, dans un sens tout à fait impropre,
quand nous transportons les attributs de l'homme à ce qui est dépourvu de
raison. Ainsi personne ne dira d'un jardin mal entretenu où les mauvaises
herbes envahissent tout, que ce soit un spectacle naïf ; mais on le pourra dire
assurément en voyant, dans un jardin à la française, la libre croissance des
branches qui se poussent en avant, annihiler l'œuvre laborieuse, disgracieuse
des ciseaux. Ainsi encore, quand nous voyons un cheval de manége faire maladroitement ses exercices parce qu'il est naturellement lourd, il n'y a là absolument rien de naïf ; mais que le cheval oublie sa leçon pour obéir à sa nature et à son libre instinct, voilà du naïf. (*Note de Schiller.*)

Sans doute, dans le naïf de surprise, c'est toujours la prédominance de l'affection et un manque de réflexion qui fait qu'on se montre naturel ; mais ce manque et cette prédominance ne suffisent pas du tout à constituer le naïf : ils donnent simplement occasion à la nature d'*obéir sans obstacle à sa constitution morale*, c'est-à-dire à la *loi de l'harmonie*.

Le naïf de surprise ne peut se rencontrer que dans l'homme, et non pas même à tous les instants ; mais seulement lorsqu'il cesse d'être pure et innocente nature. Cette sorte de naïveté suppose une volonté qui n'est pas en harmonie avec ce que la nature fait de son chef. Une personne naïve de la sorte, si vous la rappelez à elle-même, sera la première à s'effrayer de ce qu'elle est : celle, au contraire, en qui se trouve le naïf *de sentiment*, ne s'étonnera que d'une chose, c'est de la façon dont sentent les hommes et de leur étonnement. Puisque ce n'est pas ici le caratère moral du sujet en tant que personne, mais bien seulement son caractère naturel, affranchi par l'affection, qui confesse la vérité, il suit de là que nous ne ferons aucun mérite à l'homme de cette sincérité, et que nous aurons le droit d'en rire, notre raillerie n'étant retenue alors par aucune estime personnelle pour son caractère. Et toutefois, comme c'est encore la sincérité de la nature qui, même dans le naïf de surprise, perce tout à coup à travers le voile de la dissimulation, il se mêle une satisfaction d'un ordre supérieur à la maligne joie que nous ressentons d'avoir pris quelqu'un sur le fait : c'est que la nature, opposée à l'affectation, et la vérité, opposée à la tromperie, doit dans tous les cas inspirer de l'estime. Ainsi nous éprouvons, même en présence du naïf de surprise, un plaisir réellement moral, bien que ce ne soit pas à l'occasion d'un objet moral [1].

Il est vrai que dans le naïf de surprise, nous éprouvons toujours un sentiment d'estime pour la *nature*, parce qu'il faut bien

---

1. Comme le naïf consiste uniquement dans la manière dont une chose se fait ou se dit, cette qualité disparaît pour nous dès que la chose en elle-même, par ses causes ou par ses conséquences, fait sur nous une autre impression plus forte, ou même contraire. Un crime, par exemple, peut être découvert par une naïveté de ce genre ; mais nous n'avons alors ni le calme ni le temps nécessaires pour prendre garde à la façon naïve dont la découverte a eu lieu ; l'horreur que nous inspire le caractère personnel du scélérat absorbe tout le

que nous estimions la vérité; tandis que dans le naïf de sentiment, nous estimons *la personne* même, goûtant par là non-seulement une satisfaction morale, mais encore une satisfaction
dont l'objet est moral. Dans l'un comme dans l'autre cas, la
nature a *raison*, puisqu'elle dit la vérité; mais, dans le second
cas, outre que la nature a raison, il y a un acte qui fait *honneur* à la personne. Dans le premier cas, la sincérité de la nature fait toujours honte à la personne, parce que ce mouvement
est involontaire; dans le second, c'est toujours un mérite dont
il faut tenir compte à la personne, lors même que ce qu'elle
avoue serait de nature à lui faire honte.

Nous attribuons à un homme la naïveté de sentiment, lorsque, dans les jugements qu'il porte sur les choses, il passe sans
les voir par-dessus tous les côtés factices et artificiels d'un objet,
pour s'en tenir exclusivement à la simple nature. Tous les jugements qu'on peut porter des choses sans sortir de la saine
nature, nous les exigeons de lui; et nous ne le tenons quitte
absolument que de ce qui suppose qu'on s'écarte de la nature
dans sa façon de penser ou de sentir, ou du moins qu'on sait
ce que c'est que de s'en écarter.

Qu'un père raconte à son fils que telle ou telle personne
meurt de faim, et que l'enfant s'en aille porter à ce malheureux la bourse de son père, voilà une action naïve: c'est en
effet la saine nature qui agit dans cet enfant; et, dans un monde
où la saine nature ferait loi, il aurait eu parfaitement raison
d'en user ainsi. Il ne voit que la misère de son semblable, et
que le moyen le plus prochain de la soulager. Cette extension
donnée au droit de propriété, par suite de laquelle une partie
du genre humain peut périr, n'est pas fondée sur la simple nature. Ainsi l'action de cet enfant fait honte à la société réelle,
et c'est aussi ce que reconnaît notre cœur par le plaisir qu'il
ressent de cette action.

Qu'un homme sans connaissance du monde, mais de bon

---

plaisir que nous pourrions prendre à voir son caractère naturel. De même que,
si la naïveté nous fait découvrir un crime, l'indignation nous ôte la satisfaction
morale que nous eussions eue à retrouver la sincérité de la nature, de même la
pitié qui s'éveille en nous étouffe la joie maligne que nous ferait éprouver la naïveté d'un homme. dès que cette naïveté le met en péril. (*Note de Schiller.*)

sens d'ailleurs, confie ses secrets à un autre, qui le trompe, mais qui est habile à déguiser sa perfidie, et que par sa sincérité même il lui fournisse les moyens de lui faire du tort, nous trouvons que sa conduite est naïve. Nous rions de lui, et toutefois nous ne pouvons nous défendre de l'estimer, précisément pour sa naïveté. C'est qu'en effet sa confiance envers autrui lui vient de la droiture de son propre cœur : du moins n'y a-t-il ici de naïveté qu'autant que c'est là le cas.

La naïveté dans la façon de penser ne saurait donc jamais être le fait d'un homme dépravé : cette qualité n'appartient qu'aux enfants et aux hommes qui sont enfants par le cœur. Il arrive souvent à ceux-ci, au milieu des relations artificielles du grand monde, d'agir ou de penser d'une façon naïve : étant eux-mêmes d'une bonne nature, d'une nature vraiment humaine, ils oublient qu'ils ont affaire à un monde dépravé ; et ils se conduisent, même à la cour des rois, avec une ingénuité et une innocence qui ne se rencontrent que dans le monde de la pastorale.

Ce n'est d'ailleurs pas chose si facile de distinguer toujours exactement la candeur puérile de la candeur enfantine, car il y a des actions qui sont sur la lisière de l'une et de l'autre. Est-ce simplicité, et faut-il en rire? ou noble simplesse, et faut-il en estimer les gens davantage? On ne sait quel parti prendre en pareil cas. J'en trouve un exemple bien remarquable dans l'histoire du gouvernement du pape Adrien VI, que nous a racontée M. Schröckh, avec toute la solidité et l'esprit de vérité pratique qui le distinguent. Adrien, Néerlandais de naissance, exerça le pontificat dans un moment des plus critiques pour la hiérarchie, à une époque où un parti exaspéré découvrait sans ménagement aucun tous les endroits faibles de l'Église romaine, tandis que le parti opposé était intéressé au plus haut point à les couvrir. Ce qu'aurait dû faire en pareil cas un homme d'un caractère vraiment naïf, si un caractère de cette trempe se fût fourvoyé dans la chaire papale, cela ne fait pas question; mais je me demande jusqu'à quel point cette naïveté de sentiment pouvait être compatible avec le rôle d'un pape. Au reste, c'est ce qui embarrassa le moins les prédécesseurs et les successeurs d'Adrien. Ils suivirent uniformément le système adopté une fois pour toutes par la cour romaine, de ne faire nulle part aucune concession. Mais Adrien avait conservé le caractère droit de sa nation et l'innocence de sa condition antérieure. Parti de l'humble sphère des lettrés pour monter à ce poste éminent, il ne démentit pas, à la hauteur où il était parvenu, la simplicité primitive de son caractère. Il fut touché des abus de l'Église romaine, et il était beaucoup trop sincère pour dissimuler en public ce qu'il s'avouait dans le particulier. C'est par suite de cette façon de penser, que dans son *Instruction* à son légat en Allemagne, il se laissa entraîner à des aveux inouïs jusqu'alors de la part d'un souverain pontife, et diamétralement contraires aux principes de cette cour. « Nous savons bien, disait-il entre autres choses, que depuis longues années il s'est passé, dans cette chaire sacrée, beaucoup de choses abominables : il n'est donc pas étonnant que le mal se soit propagé du chef aux membres, du pape aux prélats. Nous sommes tous sortis de la bonne voie, et depuis longtemps déjà il n'est pas un de nous, pas un, qui ait rien fait de bon. » Ailleurs encore il ordonne au légat de déclarer en son nom « que lui, Adrien, ne saurait être blâmé de ce qu'ont pu faire avant lui les autres papes; que lui-même, lorsqu'il était encore dans une condition médiocre, il avait toujours condamné ces débordements, etc., etc. » On se figure sans peine comment une telle naïveté, chez un pape, devait être accueillie par le clergé romain. Le moindre crime dont on l'accusa fut de trahir l'Église et de la livrer aux hérétiques. Eh bien, cette démarche souverainement imprudente pour un pape, mériterait cependant toute notre estime et notre admiration, si nous pouvions nous persuader qu'elle fut réellement naïve, c'est-à-dire qu'Adrien n'y fut poussé que par la sincérité naturelle de son caractère, sans égard aux conséquences possibles d'un tel aveu, et qu'il n'eût pas laissé d'agir de cette sorte quand bien même il aurait compris toute la portée de sa maladresse[1]. Malheureusement nous avons plutôt quelques raisons de croire que cette conduite ne lui semblait point si impolitique, et que dans sa candeur, il allait jusqu'à se flatter d'avoir servi très-utilement, par

_____

1. Dans les *Heures*, « de sa sottise. »

son indulgence pour les adversaires, les intérêts de son Église. Il ne s'imaginait pas seulement qu'il dût agir de la sorte en qualité d'homme de bonne foi : il croyait aussi, comme pape, pouvoir justifier sa conduite ; et, oubliant que le plus artificiel des édifices ne se pouvait soutenir que si l'on continuait à nier la vérité, il commit la faute impardonnable de recourir à des moyens de salut, excellents peut-être dans une situation naturelle, et de les appliquer dans des circonstances toutes contraires. Cela modifie nécessairement beaucoup notre jugement, et quoique nous ne puissions refuser notre estime à l'honnêteté de cœur d'où dérive cette action, cette estime toutefois est sensiblement diminuée quand nous faisons réflexion que la nature, en cette occasion, eut trop facilement raison de l'art, et le cœur de la tête.

Le vrai génie est nécessairement naïf, ou il n'est pas le génie. La naïveté seule lui donne ce caractère, et ce qu'il est dans l'ordre intellectuel et esthétique, il ne peut pas le démentir dans l'ordre moral. Il ne connaît point les règles, ces béquilles de la faiblesse, ces pédagogues qui redressent les esprits faussés : il n'est guidé que par la nature ou par l'instinct, son ange gardien ; il marche d'un pas tranquille et sûr à travers tous les piéges du faux goût, piéges où l'homme sans génie, s'il n'a pas la prudence de les éviter du plus loin qu'il les découvre, reste infailliblement empêtré. Il n'est donné qu'au génie de sortir du connu sans cesser d'être chez lui, et d'*élargir* le cercle de la nature sans le *franchir*. Le franchir, c'est ce qui quelquefois, je l'avoue, arrive aussi aux plus grands génies ; mais seulement parce qu'ils ont aussi leurs moments de fantaisie, où la nature, leur protectrice, les abandonne, parce que la force de l'exemple les entraîne, ou que le goût corrompu de leur siècle les égare.

Les problèmes les plus embrouillés, le génie doit les résoudre avec simplicité, sans prétention, avec aisance : l'œuf de Christophe Colomb est l'emblème de toutes les découvertes du génie. Il ne justifie de son caractère de génie, qu'en triomphant par la simplicité de toutes les complications de l'art. Il ne procède pas selon les principes connus, mais par saillies et par sentiments ; seulement les saillies chez lui sont les inspirations d'un Dieu (tout ce que produit la saine nature est divin); ses sentiments sont des lois pour tous les temps, pour toutes les générations humaines.

Ce caractère enfantin que le génie imprime à ses œuvres, il le fait voir aussi dans sa vie privée et dans ses mœurs. Il est *pudique*, parce que la nature l'est toujours; mais il n'est point *décent*, parce que la corruption seule est décente. Il est *intelligent*, parce que la nature ne saurait être inintelligente; mais il n'est point *rusé*, parce que l'art seul peut être rusé. Il est *fidèle* à son caractère et à ses inclinations, mais ce n'est pas tant parce qu'il a des principes, que grâce à la nature qui, malgré toutes ses oscillations, revient toujours à son équilibre, et ramène toujours les mêmes besoins. Il est *modeste* et même timide, parce que le génie reste toujours un secret pour lui-même; mais il n'est point inquiet, parce qu'il ne connaît pas les dangers du chemin où il marche. Nous savons peu de chose de la vie privée des plus grands génies; mais le peu que nous en savons, ce que la tradition nous a conservé, par exemple, de Sophocle, d'Archimède, d'Hippocrate, et, dans les temps modernes, d'Arieste, de Dante et de Tasse, de Raphaël, d'Albert Dürer, de Cervantes, de Shakspeare, de Fielding, de Sterne, etc., confirme cette assertion.

Je dis plus, et, quoique ceci semble plus difficile, je trouve que les grands politiques eux-mêmes, et les grands hommes de guerre, du moment qu'ils sont grands par leur génie, ont de la naïveté dans le caractère. Je ne veux rappeler ici qu'Épaminondas et Jules César parmi les anciens; chez les modernes, Henri IV de France, Gustave-Adolphe de Suède, et le czar Pierre le Grand. Le duc de Marlborough, Turenne, Vendôme, nous offrent tous ce caractère. Quant à l'autre sexe, la nature lui propose la naïveté de caractère comme la suprême perfection où il lui soit donné d'atteindre. Aussi l'envie de plaire, chez les femmes, ne recherche rien tant que l'apparence *du naïf*: preuve suffisante, quand on n'en aurait point d'autre, que le plus grand pouvoir du sexe repose sur cette qualité. Mais, comme les principes qui dominent dans l'éducation des femmes sont perpétuellement en lutte avec ce caractère, il leur est tout aussi difficile, dans l'ordre moral, de concilier ce magnifique présent de la nature avec les avantages d'une bonne éducation, qu'il est difficile aux hommes de les conserver sans altération, dans l'ordre intellectuel ; et la femme qui joint au savoir-vivre du grand monde cette sorte de naïveté dans les mœurs, n'est ni plus ni moins digne de respect que le savant qui joint à toute la rigueur de l'école la liberté et l'originalité de la pensée.

La naïveté dans la façon dont on pense entraîne nécessairement la naïveté dans la façon dont on s'exprime, naïveté dans les termes, aussi bien que dans les mouvements ; et c'est en cela surtout que consiste la grâce. Le génie exprime avec cette grâce naïve ses pensées les plus sublimes et les plus profondes : ce sont des oracles divins qui sortent de la bouche d'un enfant. Tandis que l'esprit scolastique, toujours en peine d'éviter l'erreur, torture tous ses mots, toutes ses idées, et les fait passer au creuset de la grammaire et de la logique, dur et roide pour n'être pas vague, verbeux pour ne rien dire de trop, énervant et émoussant la pensée pour ne pas blesser le lecteur qui n'est point sur ses gardes : le génie donne à la sienne, d'un seul et heureux trait de pinceau, une forme précise, ferme, et, malgré cela, parfaitement libre. Chez l'un, le signe et la chose signifiée sont toujours hétérogènes, étrangers l'un à l'autre ; ici, au contraire, l'expression jaillit naturellement de l'idée comme par une nécessité intime ; la langue et la pensée ne font qu'un, au point que, même à travers le voile de l'expression qui lui donne un corps, l'esprit paraît comme mis à nu. Cette façon de s'exprimer où le signe disparaît entièrement dans la chose signifiée, où la langue laisse pour ainsi dire nue la pensée qu'elle traduit, tandis que l'autre manière ne saurait représenter la pensée sans la voiler en même temps : c'est ce que dans le style on appelle surtout l'originalité et l'inspiration.

Cette liberté, ce naturel par où le génie s'exprime dans les œuvres de l'esprit, sont aussi l'expression de l'innocence du cœur dans le commerce de la vie. Chacun sait que dans le monde on s'est écarté de la simplicité, de la rigoureuse véracité du langage, aussi bien que de la simplicité des sentiments, et dans la même proportion : la conscience coupable, facile à blesser, l'imagination, facile à séduire, ont rendu nécessaire une inquiète décence. Sans être faux, on parle souvent autrement qu'on ne pense; on est obligé de prendre des détours pour dire de certaines choses, qui pourtant ne peuvent affliger qu'un amour-propre malade, et qui n'ont de danger que pour une imagination dépravée. L'ignorance de ces lois de convention, jointe à une sincérité naturelle qui dédaigne toutes sortes de biais et toute apparence de fausseté (sincérité, dis-je, et non grossièreté : la grossièreté se dispense des formes parce qu'elle en est gênée), donne lieu dans le commerce à une naïveté d'expression qui consiste à nommer par leur vrai nom, et sans ambages, des choses qu'on ne se risque pas à désigner ou qu'on ne désigne qu'artificiellement. De ce genre sont les expressions ordinaires des enfants. Elles nous font rire, parce qu'elles sont en opposition avec les mœurs reçues; mais on conviendra toujours au fond du cœur que l'enfant a raison.

Il est vrai que le naïf de sentiment ne peut proprement, lui aussi, être attribué qu'à l'homme, c'est-à-dire à un être non absolument soumis à la nature, bien qu'il n'y ait de naïveté qu'à la condition que ce soit encore la pure nature qui réellement agisse par lui; mais, par un effet de l'imagination, qui aime à poétiser les choses, on transporte souvent ces attributs de l'être raisonnable aux êtres dépourvus de raison. C'est ainsi qu'en voyant un animal, un paysage, un édifice, et la nature en général, par opposition à ce qu'il y a d'arbitraire et de fantastique dans les conceptions de l'homme, nous leur attribuons souvent un caractère naïf. Mais cela suppose toujours que, dans notre pensée, nous prêtons une volonté à ces êtres qui n'en ont point, et que nous sommes frappés de la voir se diriger rigoureusement suivant la loi de nécessité. Mécontents que nous sommes d'avoir mal employé notre propre liberté morale, et de ne plus trouver l'harmonie morale dans notre conduite, nous sommes aisément amenés à une certaine disposition d'esprit où volontiers nous nous adressons à l'être dépourvu de raison, de même que si c'était une personne; et, comme s'il avait eu réellement à lutter contre la tentation d'agir autrement, nous nous prenons à lui faire un mérite de son éternelle uniformité, à lui envier sa paisible constance. Nous sommes tout disposés, dans ces moments-là, à considérer la raison, cette prérogative de l'espèce humaine, comme un don pernicieux et comme un mal : nous sentons si vivement tout ce qu'il y a d'imparfait dans notre conduite réelle, que nous oublions d'être justes envers notre destination et nos aptitudes.

Alors nous ne voyons dans la nature dépourvue de raison qu'une sœur qui, plus heureuse, est restée sous le toit maternel, tandis que dans l'ivresse de notre liberté nous l'avons fui pour nous lancer dans un monde étranger. Nous regrettons cet asile, nous aspirons douloureusement à y revenir, dès que nous avons commencé à éprouver les amertumes de la civilisation ; et dans cette vie tout artificielle où nous sommes exilés, nous entendons avec attendrissement la voix de notre mère. Tant que nous n'étions que des enfants de la nature, nous étions heureux, nous étions parfaits : nous sommes devenus libres, et nous avons perdu l'un et l'autre avantage. De là une double et très-inégale aspiration vers la nature : regret de la *félicité*, regret de la *perfection* qui y règnent. L'homme, en tant que sensible, déplore seulement la perte du premier de ces biens ; il n'y a que l'homme moral qui puisse s'affliger de la perte de l'autre.

Interroge-toi donc avec soin, cœur sensible et qui aimes la nature. Est-ce ta mollesse qui regrette son repos, ou ton sens moral blessé qui regrette son harmonie ? Demande-toi bien, lorsque, dégoûté de l'art, offensé des abus que tu découvres dans la vie sociale, tu te sens attiré vers la nature inanimée, au sein de la solitude, demande-toi ce qui te porte à fuir le monde. Sont-ce les privations dont tu y souffres, ses charges, ses peines, ou bien est-ce l'anarchie morale, le caprice, le désordre qui y règne ? Les peines, ton cœur s'y doit plonger avec joie, et trouver son dédommagement dans la liberté même dont elles sont la conséquence. Tu peux, il est vrai, te proposer pour but, dans un avenir lointain, le calme et la félicité de la nature, mais seulement cette sorte de félicité qui est le prix de ta dignité. Ainsi donc, plus de plaintes sur le poids de la vie, sur l'inégalité des conditions, sur la gêne des relations sociales, sur l'incertitude de la possession, l'ingratitude, l'oppression, la persécution : tous ces *maux* de la civilisation, tu dois t'y soumettre avec une libre résignation ; c'est la condition naturelle du bien par excellence, de l'unique bien, et tu dois le respecter à ce titre. Dans tous ces *maux*, tu ne dois déplorer que ce qu'ils ont de *moralement mal*, et il ne faut pas que ce soit simplement avec de lâches pleurs. Veille plutôt à demeurer pur toi-même au milieu de ces impuretés, libre parmi cette servitude, constant avec toi-même au milieu de ces changements capricieux, fidèle observateur de la loi parmi cette anarchie. Ne t'effraye pas du désordre qui est hors de toi, mais du désordre qui est en toi; aspire à l'unité, mais ne la cherche point dans l'uniformité; aspire au repos, mais par l'équilibre et non pas en suspendant l'action de tes facultés. Cette nature que tu envies à l'être dépourvu de raison, elle ne mérite aucune estime, elle ne vaut pas un désir. Tu l'as dépassée, elle doit rester éternellement derrière toi. L'échelle qui te portait ayant manqué sous ton pied, il ne te reste plus qu'à te reprendre à la loi morale, librement, avec une conscience libre, un libre vouloir, ou sinon à rouler, sans espoir de salut, dans un abîme sans fond.

Mais quand tu te seras consolé d'avoir perdu la *félicité* de la nature, que sa *perfection* serve de modèle à ton cœur. Si tu peux sortir de ce cercle où l'art te tient enfermé, et retrouver la nature, si elle se montre à toi dans sa grandeur et dans son calme, dans sa beauté naïve, dans son innocence et sa simplicité enfantine, oh! alors arrête-toi devant cette image, cultive ce sentiment avec amour : il est digne de toi, de ce qu'il y a de plus noble dans l'homme. Qu'il ne te vienne plus à l'esprit de vouloir *changer* avec elle, embrasse-la plutôt, absorbe-la dans ton être, et tâche d'associer l'avantage infini qu'elle a sur toi avec la prérogative infinie qui t'est propre, et que de cette union sublime naisse le divin. Que la nature respire autour de toi comme une aimable *idylle*, où, loin de l'art et de ses égarements, tu puisses toujours te retrouver toi-même, où tu ailles puiser un nouveau courage, une confiance nouvelle pour reprendre ta course et rallumer dans ton cœur la flamme de l'*idéal*, si prompte à s'éteindre parmi les tourmentes de la vie!

Si l'on songe à cette belle nature qui environnait les anciens Grecs, si l'on se rappelle dans quelle intimité ce peuple, sous son bienheureux ciel, pouvait vivre avec la libre nature, combien leur façon d'imaginer, leur façon de sentir et leurs mœurs, se rapprochaient plus que les nôtres de la simplicité de la nature, combien les œuvres de leurs poëtes en sont l'expression fidèle, on devra nécessairement remarquer comme un fait étrange qu'il se rencontre chez eux si peu de traces de cet intérêt *sentimental* que nous pouvons prendre, nous autres modernes, aux scènes de la nature et aux caractères naturels. Les Grecs sont, il est vrai, d'une exactitude et d'une fidélité supérieure dans leurs descriptions de la nature, ils en reproduisent avec soin jusqu'aux détails; mais nous ne voyons pas qu'ils y prennent plus d'intérêt, qu'ils y mettent plus de leur cœur, qu'à décrire un vêtement, un bouclier, une armure, un meuble ou un produit quelconque des arts mécaniques. Dans leur amour pour l'objet, il semble qu'ils ne fassent point de différence entre ce qui existe par soi-même et ce qui doit son existence à l'art, à la volonté humaine. Il semble que la nature intéresse plus leur esprit et leur curiosité que leur sentiment moral. Ils ne s'y attachent point avec cette profondeur de sensibilité, avec cette tristesse douce qui caractérise les modernes. Bien plus, en personnifiant la nature dans ses phénomènes particuliers, en la divinisant, en représentant ses effets comme les actes d'êtres libres, ils lui ôtent ce caractère de calme nécessité qui précisément la rend pour nous si attrayante. Leur imagination impatiente ne fait que traverser la nature pour arriver au delà, au drame de la vie humaine. Elle ne se plaît qu'au spectacle de ce qui est vivant et libre; il lui faut des caractères, des actes, des accidents de fortune et des mœurs; et tandis qu'il nous arrive *à nous*, au moins dans certaines dispositions morales, de maudire notre prérogative, cette libre volonté qui nous expose à tant de combats avec nous-mêmes, à tant d'inquiétudes et d'erreurs, et de la vouloir échanger contre la condition des êtres dépourvus de raison, contre cette existence fatale qui n'admet plus aucun choix, mais qui est si calme dans son uniformité, les Grecs, tout au contraire, n'ont l'imagination occupée qu'à retrouver la nature humaine dans le monde inanimé, et qu'à prêter à la volonté une influence là où règne l'aveugle nécessité.

D'où peut venir cette différence entre l'esprit ancien et l'esprit moderne? Comment se fait-il qu'étant, pour tout ce qui tient à la nature, incomparablement au-dessous des anciens, nous leur soyons supérieurs précisément sur ce point, que nous rendions un plus complet hommage à la nature, que nous ayons pour elle un attachement plus intime, et que nous soyons capables d'embrasser même le monde inanimé avec la sensibilité la plus ardente? Cela vient de ce que la nature, de notre temps, n'est plus dans l'homme, et que nous ne la rencontrons plus dans sa vérité primitive qu'en dehors de l'humanité, dans le monde inanimé. Ce n'est pas que nous soyons plus *conformes à la nature*; tout au contraire, c'est parce que, dans nos relations sociales, dans notre manière d'être, dans nos mœurs, nous sommes *en opposition avec la nature*. C'est là ce qui nous porte, lorsque l'instinct de la vérité et de la simplicité se réveille, cet instinct qui, comme l'aptitude morale dont il procède, vit incorruptible et indélébile dans tout cœur humain, à lui procurer dans le monde physique la satisfaction qu'il n'y a pas lieu d'espérer dans l'ordre moral. Voilà pourquoi le sentiment qui nous attache à la nature tient de si près à celui qui nous fait regretter notre enfance à jamais envolée et notre innocence première. Notre enfance, voilà tout ce qui reste de la nature dans l'humanité telle que la civilisation l'a faite, de la nature intacte et non mutilée. Il n'est donc pas étonnant, lorsque nous rencontrons hors de nous l'empreinte de la nature, que nous soyons toujours ramenés à l'idée de notre enfance.

C'était tout autre chose chez les Grecs de l'antiquité[1]. La civi-

---

1. Mais je ne parle que des Grecs : il ne fallait rien de moins que ce mouvement actif, cette riche plénitude de vie, de vie humaine, qui entourait les Grecs, pour transporter les attributs de la vie même aux êtres inanimés, et poursuivre si ardemment l'image de l'homme dans la nature. Le monde humain qui s'offrait aux regards d'Ossian, par exemple, était pauvre et uniforme : la nature inanimée qui l'environnait était, au contraire, grande, colossale, puissante ; elle devait par conséquent peser davantage sur l'imagination et faire prévaloir ses droits même sur la nature humaine. Aussi, dans les chants de ce poëte, la nature inanimée (par opposition à l'homme) ressort-elle bien plus encore qu'ailleurs, comme objet offert à la sensibilité. Cependant Ossian lui-même se plaint déjà d'une décadence de l'espèce humaine ; et si étroit que fût le cercle de la civilisation dans son pays, et par conséquent de la corruption qu'elle entraîne, l'expérience qu'on en avait faite était assez palpable pourtant et assez frappante pour effrayer un poëte si sensible et si moral, pour le rejeter vers la nature inanimée, et pour répandre sur ses hymnes ce ton élégiaque qui nous y fait trouver tant d'émotion et tant de charme. (*Note de Schiller.*)

lisation, chez eux, ne dégénérait pas, n'était pas poussée à un
tel excès, qu'il fallût rompre avec la nature. L'édifice entier de
leur vie sociale reposait sur des sentiments, et non sur une
conception factice, sur une œuvre de l'art. Leur théologie même
était l'inspiration d'un sentiment naïf, le fruit d'une imagination joyeuse, et non, comme le dogme ecclésiastique des peuples modernes, des combinaisons subtiles de l'entendement.
Puis donc que les Grecs n'avaient pas perdu la nature de vue
dans l'humanité, ils n'avaient aucune raison, la rencontrant
hors de l'homme, pour être surpris de leur découverte, et ils ne
pouvaient sentir bien impérieusement le besoin d'objets où elle
pût se retrouver. D'accord avec eux-mêmes, heureux de se sentir hommes, ils devaient nécessairement s'en tenir à l'humanité, comme à ce qu'il y avait pour eux de plus grand, et s'efforcer d'en rapprocher tout le reste; tandis que nous, qui ne
sommes point d'accord avec nous-mêmes, nous qui sommes
mécontents de l'expérience que nous avons faite de notre humanité, nous n'avons pas de plus pressant intérêt que de nous
enfuir hors d'elle, et d'éloigner de nos regards une forme si mal
réussie.

Le sentiment dont il est ici question n'est donc pas celui que
connaissaient les anciens : il se rapproche bien plutôt de celui
que nous éprouvons nous-mêmes pour les anciens. Les anciens sentaient naturellement; nous sentons, nous, le naturel. C'était
bien certainement une tout autre inspiration qui remplissait
l'âme d'Homère, lorsqu'il peignait son divin bouvier[1] donnant
l'hospitalité à Ulysse, que celle qui agitait l'âme du jeune Werther au moment où il lisait l'*Odyssée*[2], au sortir d'une réunion
où il n'avait trouvé que l'ennui. Le sentiment que nous éprouvons pour la nature ressemble à celui du malade pour la santé.

Dès que la nature commence à disparaître peu à peu de la vie
humaine, c'est-à-dire à mesure qu'elle cesse d'être *éprouvée* en
tant que *sujet* (actif et passif), nous la voyons poindre et grandir
dans le monde poétique en qualité d'*idée* et comme *objet*. Le
peuple qui a poussé le plus loin le défaut de naturel, et en même

---

1. Διος ὑφορβός (*Odyss.*, XIV, 413, etc.).
2. Voy. *Werther*, 26 mai, 21 juin, 28 août, 9 mai, etc.

temps les réflexions sur cette matière, devait être tout d'abord
le plus vivement frappé de ce phénomène du *naïf* et lui donner
un nom. Ce peuple, si je ne m'abuse, a été le peuple français.
Mais le sentiment du naïf, et l'intérêt qu'on y prend, doit naturellement remonter beaucoup plus haut, et il date du temps où
le sens moral et le sens esthétique ont commencé à se corrompre. Cette modification dans la manière de sentir est déjà on ne
peut plus frappante dans Euripide, par exemple, si on le compare à ses devanciers, notamment à Eschyle; et cependant Euripide a été le poëte favori de son temps. La même révolution
est sensible aussi chez les historiens anciens. Horace, le poëte
d'une époque cultivée et corrompue, vante, sous ses ombrages
de Tibur, le calme et la félicité champêtres, et on pourrait le
nommer le vrai fondateur de cette poésie sentimentale, dont il
est resté le modèle non surpassé. Dans Properce, Virgile et
autres, on trouve aussi des traits de cette façon de sentir; on
en trouve moins chez Ovide, à qui il eût fallu pour cela plus
d'abondance de cœur, et qui, dans son exil de Tomes, regrette
douloureusement la félicité dont Horace se passait si volontiers
dans son Tibur.

Le poëte, cela est au fond de l'idée même de la poésie, le
poëte est, partout, *le gardien* de la nature. Lorsqu'il ne peut
plus remplir entièrement ce rôle, et que déjà il a subi en lui-
même l'influence délétère des formes arbitraires et factices, ou
qu'il a eu à lutter contre cette influence, il se présente comme
le *témoin* de la nature et comme son *vengeur*. Le poëte sera donc
l'expression de la nature même, ou bien son rôle sera de la *chercher*, si les hommes l'ont perdue de vue. De là deux sortes de
poésie tout à fait distinctes, qui embrassent et épuisent le domaine entier de la poésie. Tous les poëtes, j'entends ceux qui
le sont véritablement, appartiendront, selon le temps où ils
fleurissent, selon les circonstances accidentelles qui ont influé
sur leur éducation en général et sur les différentes dispositions
d'esprit par où ils passent, appartiendront, dis-je, soit à l'ordre
de la poésie *naïve*, soit à la poésie *sentimentale*.

Le poëte d'un monde jeune, naïf et inspiré, comme aussi le
poëte qui, à une époque de civilisation artificielle, se rapproche
le plus de ces chantres primitifs, est austère et prude comme la

virginale Diane dans ses forêts : sans familiarité aucune, il se
dérobe au cœur qui le cherche, au désir qui veut l'embrasser.
Il n'est pas rare que la vérité sèche avec laquelle il traite son
sujet ressemble à de l'insensibilité[1]. L'objet le possède tout entier, et, pour rencontrer son cœur, il ne suffit pas, comme pour
un métal de peu de prix, de fouiller seulement sous la super-
ficie : comme pour l'or, il faut descendre aux dernières profondeurs. De même que la Divinité derrière l'édifice de cet univers, le poëte naïf se cache derrière son œuvre ; il est *lui-même*
son œuvre, et son œuvre, c'est *lui-même*. Il faut déjà n'être plus
digne de l'œuvre, ne la point comprendre ou en être rassasié,
pour être seulement tenté de s'inquiéter de l'auteur.

Tel nous apparaît, par exemple, Homère dans l'antiquité, et
Shakspeare parmi les modernes : deux natures infiniment diverses et séparées dans le temps par un abîme, mais parfaitement identiques quant à ce trait de caractère. Lorsque, bien
jeune encore, je fis connaissance avec Shakspeare[2], j'étais ré-
volté de sa froideur, de cette insensibilité qui lui permet de rail-
ler dans les moments les plus pathétiques, de troubler l'impression des scènes les plus déchirantes, dans *Hamlet*, dans
le Roi Lear, dans *Macbeth*, etc., en y mêlant les bouffonneries
d'un fou ; qui tantôt l'arrête sur des endroits où ma sensibilité
voudrait courir et passer outre, et tantôt l'emporte avec indifférence, quand mon cœur serait si heureux de s'arrêter. Habitué que j'étais, par la pratique des poëtes modernes, à chercher tout d'abord le poëte même dans son œuvre, à rencontrer
son cœur, à réfléchir familièrement *avec lui* sur sa matière, en
un mot, à voir l'objet dans le sujet, je ne pouvais supporter
que le poëte ici ne se laissât jamais saisir, que jamais il ne
voulût me rendre compte. Depuis plusieurs années déjà, Shakspeare était l'objet de mon étude et de tout mon respect, que
je n'étais pas encore parvenu à aimer sa personne. Je n'étais

---

1. Il y a ici quelques différences dans les *Heures* : « Le poëte d'un monde
jeune, naïf.... est froid, indifférent, concentré, sans aucune familiarité. Austère
et prude comme la virginale Diane dans ses forêts, il se dérobe.... Il ne rend
point amour pour amour, rien ne peut fondre son cœur, ni dénouer la sévère
ceinture de sa chasteté. Il n'est pas rare, etc. »

2. Voyez, dans le tome Ier, la *Vie de Schiller*, p. 11.

pas encore capable de comprendre la nature de première main. Son image seule, réfléchie par l'entendement et arrangée par les règles, voilà tout ce que pouvait supporter mon regard; et, à ce titre, la poésie sentimentale des Français ou celle des Allemands, de 1750 à 1780 environ, était ce qui me convenait le mieux. Au reste, je ne rougis point de ce jugement d'enfant : les critiques adultes prononçaient alors dans le même sens, et poussaient la naïveté jusqu'à publier leurs arrêts dans le monde.

Même chose m'est arrivée pour Homère, avec qui je fis connaissance plus tard encore. Je me rappelle aujourd'hui ce remarquable endroit du sixième livre de l'*Iliade*, où Glaucus et Diomède se rencontrent l'un l'autre dans la mêlée, puis se reconnaissent pour hôtes et échangent des présents. On peut rapprocher de cette touchante peinture de la piété avec laquelle s'observaient, même à la guerre, les lois de l'*hospitalité*, une peinture de la *générosité chevaleresque* qui se trouve dans Arioste. Deux chevaliers, deux rivaux en amour, Ferragus et Renaud, celui-ci chrétien, l'autre Sarrasin, après s'être battus à outrance, tout couverts de blessures, font la paix et montent sur le même cheval pour aller chercher la fugitive Angélique. Ces deux exemples, quelque différents qu'ils soient d'ailleurs, reviennent à peu près au même quant à l'impression produite sur nos cœurs : tous deux nous représentent la noble victoire du sentiment moral sur la passion, et nous touchent par la naïveté des sentiments. Mais quelle différence dans la manière dont s'y prennent les deux poëtes pour décrire deux scènes si analogues! Arioste, qui appartient à une époque avancée, à un monde où la simplicité de mœurs n'était plus de mise, ne peut dissimuler, en racontant ce trait, l'étonnement, l'admiration qu'il en ressent. Il mesure la distance de ces mœurs aux mœurs de son temps, et ce sentiment est plus fort que lui. Il abandonne tout à coup la peinture de l'objet, et paraît de sa personne sur la scène. On connaît cette belle stance qu'on a de tout temps particulièrement admirée :

O noblesse! ô générosité des vieilles mœurs chevaleresques! C'étaient des rivaux, séparés par leur foi, souffrant dans tout leur corps une douleur amère, à la suite d'un combat à outrance; et, sans nul soupçon, les voilà qui chevauchent de compagnie par des sentiers tortueux et sombres. Stimulé par quatre éperons, le cheval précipite sa course, jusqu'à ce qu'ils arrivent à l'endroit ou le chemin se partage[1].

Voyons maintenant le vieil Homère. A peine Diomède a-t-il appris, par le récit de Glaucus, son adversaire, que celui-ci est depuis plusieurs générations l'hôte et l'ami de sa famille, il enfonce sa lance dans la terre, s'entretient familièrement avec lui, et tous deux conviennent de s'éviter dorénavant dans la mélée. Mais écoutons Homère lui-même :

« Ainsi donc je suis pour toi maintenant un hôte fidèle dans Argos et toi pour moi dans la Lycie, quand je visiterai ce pays. Nous éviterons donc que nos lances se rencontrent dans la mélée. N'y a-t-il pas pour moi d'autres Troyens ou de vaillants alliés à tuer, lorsqu'un dieu me les offrira et que mes jambes les atteindront, et pour toi, Glaucus, assez d'Achéens, pour que tu immoles qui tu pourras? Mais échangeons nos armes, afin que les autres voient aussi que nous nous vantons d'être hôtes dès le temps de nos pères. » Ainsi parlèrent-ils, et, s'élançant de leurs chars, ils se prirent les mains et se jurèrent amitié l'un à l'autre[2].

Il eût été difficile à un poëte *moderne* (au moins à un poëte qui serait moderne dans le sens moral de ce mot) d'attendre même jusqu'à cet endroit où nous nous arrêtons pour témoigner sa joie en présence d'une telle action. Nous le lui pardonnerions d'autant plus aisément que, nous aussi, à la lecture, nous sentons ici que notre cœur fait une pause et se détourne volontiers de l'objet pour ramener ses regards sur lui-même. Mais pas la moindre trace de tout cela dans Homère. Comme s'il venait de rapporter quelque chose qui se voit tous les jours, que dis-je? comme s'il ne portait point un cœur dans sa poitrine, avec sa véracité sèche et nue il poursuit :

Alors le fils de Saturne aveugla Glaucus, qui, échangeant son armure avec Diomède, lui donna des armes d'or du prix d'une hécatombe, pour des armes d'airain qui ne valaient que neuf bœufs[3].

Les poëtes de cet ordre, les poëtes proprement naïfs, ne sont plus guère à leur place dans un âge artificiel. Aussi bien n'y

1. *Roland Furieux*, chant Ier, stance 32. (*Note de Schiller.*)
2. *Iliade*, VI, 224-233. Schiller se sert, et il en avertit en note, de la traduction de Voss (tome I, p. 153).
3. *Iliade*, VI, 234-236.

sont-ils plus guère possibles, ou du moins n'y sont-ils plus
possibles qu'à la condition de traverser leur siècle *comme des ef-*
farouchés, en courant, et d'être préservés par une heureuse étoile
de l'influence de leur âge, qui mutilerait leur génie. Jamais,
au grand jamais, la société ne produira de ces poëtes ; mais en
dehors de la société, ils apparaissent encore par intervalles,
plutôt, il est vrai, comme des étrangers qui étonnent, ou comme
des enfants de la nature mal-appris dont on se scandalise. Si
bienfaisantes que soient ces apparitions, pour l'artiste qui les
étudie et pour le véritable connaisseur qui sait les apprécier, en
somme et auprès du siècle où elles se produisent, elles ne font
pas fortune. Le sceau de la domination est empreint sur leur
front, et nous, nous demandons aux Muses de nous bercer, de
nous porter sur leurs bras. Les critiques, en vrais garde-haies
de l'art, détestent ces poëtes comme *perturbateurs des règles et*
des limites. Homère, tout le premier, pourrait bien ne devoir
qu'à la force d'un témoignage de plus de dix siècles tout le prix
que veulent bien lui laisser ces aristarques ; encore ont-ils déjà
assez de mal à maintenir leurs règles contre son exemple, ou
son autorité contre leurs règles.

POÉSIE SENTIMENTALE[1].

Le poëte, disais-je[2], *est* nature, ou bien il *cherche* la nature. Dans le premier cas, c'est un poëte naïf; dans le second, un poëte sentimental[3].

L'esprit poétique est immortel, il ne peut disparaître de l'humanité : il n'en peut disparaître qu'avec l'humanité même, ou avec l'aptitude à être homme. Et, en effet, quoique l'homme, par la liberté de son imagination et de son entendement, s'éloigne de la simplicité, de la vérité, de la nécessité de la nature, il lui reste encore non-seulement un chemin toujours ouvert pour y revenir, mais, de plus, un instinct puissant et indestructible, l'instinct moral, qui le ramène incessamment à la nature; et la faculté poétique est précisément unie à cet instinct par les liens de la plus étroite parenté. Ainsi l'homme ne perd pas la faculté poétique aussitôt qu'il dépouille la simplicité de la nature; seulement cette faculté agit dès lors dans une autre direction.

Aujourd'hui encore, la nature est la seule flamme où se nourrit le génie poétique; c'est en elle seule qu'il puise toute sa force, à elle seule qu'il parle, même chez l'homme factice, au sein de la civilisation. Tout autre moyen d'action est étranger à l'esprit poétique; et c'est pourquoi, soit dit en passant, on a

---

1. Ici commence le second article, inséré au 12ᵉ cahier des *Heures*.
2. Il y a quelques mots de plus dans les *Heures* : « Le poëte, disais-je, dans le précédent essai *sur le Naïf*.... »
3. Les *Heures* ajoutent : « L'explication de cette proposition fera l'objet du présent essai. »

grandement tort d'appeler poétiques tous ces ouvrages où règne l'*esprit* proprement dit, bien que nous les ayons longtemps confondus avec la poésie, abusés que nous étions par le crédit de la littérature française. C'est la nature, dis-je, qui aujourd'hui encore, dans notre civilisation artificielle, fait toute la force de l'esprit de poésie; seulement cet esprit est maintenant dans un tout autre rapport avec elle qu'aux premiers âges.

Tant que l'homme demeure à l'état de pure nature (entendons-nous : je dis pure, et non pas grossière), tout son être agit à la fois comme une simple unité sensible, comme un harmonieux ensemble. Les sens et la raison, la faculté réceptive et la faculté spontanément active, n'ont point encore démêlé leurs fonctions respectives; à plus forte raison ne sont-elles pas encore en contradiction l'une avec l'autre. Alors les sentiments de l'homme ne sont pas le jeu informe du hasard; ni ses pensées, un jeu vide et sans valeur de l'imagination : ses sentiments procèdent de la loi de *nécessité;* ses pensées, de la *réalité.* Mais quand l'homme est entré dans l'état de civilisation, et que l'art l'a façonné, cette harmonie *sensible* qui était en lui disparaît, et désormais il ne peut plus se manifester que comme unité *morale,* c'est-à-dire comme aspirant à l'unité. L'harmonie entre le sentiment et la pensée, harmonie qui existait *de fait* dans le premier état, n'existe plus maintenant qu'à l'état *idéal;* elle n'est plus en lui, mais hors de lui; c'est une conception de la pensée, qu'il doit commencer par réaliser en lui-même; ce n'est plus un fait, une réalité de sa vie. Eh bien, prenons maintenant l'idée de la poésie, qui n'est autre chose que *d'exprimer l'humanité aussi complétement qu'il est possible*, et appliquons cette idée à ces deux états : nous serons amenés à conclure que, d'une part, dans l'état de simplicité naturelle, où, toutes les facultés de l'homme s'exerçant ensemble, son être se manifeste encore dans une harmonieuse unité, où, par conséquent, la *totalité* de sa nature s'exprime complétement dans la réalité même, *le rôle du poëte* est nécessairement *d'imiter le réel* aussi complétement qu'il est possible; dans l'état de civilisation, au contraire, lorsque cet harmonieux concours de toute la nature humaine n'est plus rien qu'une idée, le rôle du poëte est nécessairement d'élever la réalité à l'idéal, ou, ce qui revient au même, *de représenter l'idéal.*

Et, en effet, ce sont là les deux seules manières dont puisse, en général, se manifester le génie poétique. On voit assez combien elles diffèrent l'une de l'autre; mais, quelque opposition qu'il y ait entre elles, il est une idée supérieure qui les embrasse toutes deux, et l'on ne doit pas du tout s'étonner que cette idée ne fasse qu'un avec l'idée même de l'humanité.

Ce n'est pas ici le lieu de poursuivre plus loin cette pensée, qui demanderait à être exposée à part pour être mise en tout son jour. Mais pour peu qu'on soit capable de comparer entre eux les poëtes anciens et modernes[1], non d'après les formes accidentelles dont ils ont pu se servir, mais d'après leur esprit, on se convaincra aisément de la vérité de cette pensée. Ce qui nous touche dans les poëtes anciens, c'est la nature, c'est la vérité sensible, c'est la réalité présente et vivante : les poëtes modernes nous touchent au moyen d'idées.

Ce chemin que suivent les poëtes modernes est d'ailleurs celui que suit nécessairement l'homme en général, les individus aussi bien que l'espèce. La nature concilie l'homme avec lui-même; l'art le divise et le dédouble; l'idéal le ramène à l'unité. Or l'idéal étant un infini qu'il ne parvient jamais à atteindre, il s'ensuit que l'homme civilisé ne peut jamais devenir parfait dans *son* genre, tandis que l'homme de la nature le peut devenir dans le sien. L'un serait donc, quant à la perfection, infiniment au-dessous de l'autre, si l'on ne considérait que le rapport où ils sont tous deux avec leur genre propre et leur maximum. Si, au contraire, ce sont les genres mêmes que l'on compare l'un à l'autre, on reconnaît que le but auquel l'homme *tend* par la civilisation est infiniment préférable à celui où il *atteint* par la nature. Ainsi, l'un tire son prix de ce qu'ayant pour objet une grandeur finie, il atteint complétement

1. Peut-être n'est-il pas superflu de rappeler qu'en opposant ici les poëtes modernes aux anciens, on a moins égard à la distance dans le temps qu'au tour différent de leurs génies. Nous avons aussi des poésies naïves dans les temps modernes, que dis-je? même de nos jours on en pourrait citer de tous les genres, bien que la naïveté n'y soit plus absolument pure; et réciproquement la poésie sentimentale ne laisse pas d'être représentée aussi chez les Latins, et même chez les Grecs. On rencontre souvent la réunion des deux genres, non-seulement dans le même poëte, mais dans le même ouvrage, dans *Werther*, par exemple; et ce seront toujours ces sortes de productions qui feront le plus grand effet. (*Note de Schiller.*)

cet objet; le mérite de l'autre est de s'approcher d'un objet qui est d'une grandeur infinie. Or, comme il n'y a de *degrés* et de *progrès* que dans la seconde de ces évolutions, il s'ensuit que le mérite relatif de l'homme engagé dans les voies de la civilisation n'est jamais déterminable en général, quoique cet homme, à prendre les individus à part, se trouve nécessairement en désavantage par rapport à l'homme en qui la nature agit dans toute sa perfection. Mais nous savons aussi que l'humanité ne peut atteindre à sa fin dernière que par le *progrès*, et que l'homme de la nature ne peut faire de progrès que par la culture, et par conséquent en passant lui-même à l'état de civilisation : il n'y a donc pas à se demander auquel des deux états doit rester l'avantage eu égard à cette fin dernière.

Tout ce que nous disons ici des deux formes différentes de l'humanité, peut s'appliquer également aux deux ordres de poëtes qui y correspondent.

Aussi aurait-on bien fait ou de ne point comparer du tout entre eux les poëtes anciens et les modernes, le poëte naïf et le poëte sentimental, ou de ne les comparer qu'en les rapportant à une idée supérieure (puisqu'il y en a réellement une) qui embrasse les uns et les autres. Car, à vrai dire, si l'on commence par se former une idée spécifique de la poésie uniquement d'après les poëtes anciens, rien n'est plus facile, mais aussi rien n'est plus vulgaire que de déprécier les modernes par cette comparaison. Si l'on veut n'appeler du nom de poésie que ce qui de tout temps a produit une même sorte d'impression sur la simple nature, c'est se mettre dans la nécessité de contester le titre de poëte aux modernes, précisément dans ce qu'ils ont de plus beau, de plus original et de plus sublime, puisque précisément dans les endroits où ils excellent, c'est à l'enfant de la civilisation qu'ils s'adressent, et qu'ils n'ont rien à dire au simple enfant de la nature[1]. Pour celui dont l'âme n'est pas disposée par

---

1. Molière, en tant que poëte naïf, pouvait s'en rapporter au jugement de sa servante, de ce qu'il devait laisser ou retrancher dans ses comédies ; il serait même à désirer que les maîtres du cothurne français eussent fait quelquefois cette épreuve avec leurs tragédies. Toutefois je ne conseillerais pas d'y soumettre les *Odes* de Klopstock, les plus beaux endroits de la *Messiade*, ni le *Paradis perdu*, ni *Nathan le Sage*, ni beaucoup d'autres ouvrages de ce genre. Mais que dis-je? cette expérience, on la fait tous les jours : n'est-ce pas la ser-

avance à sortir de la réalité pour entrer dans le domaine de l'idéal, la poésie la plus riche et la plus substantielle est une vaine apparence, et les plus sublimes élans de l'inspiration poétique une exagération. Jamais l'homme raisonnable ne s'avisera de mettre auprès d'Homère, là où il est grand, aucun de nos poëtes modernes; et c'est déjà quelque chose d'assez malsonnant, d'assez ridicule, que d'entendre honorer Milton ou Klopstock du nom de « nouvel Homère. » Mais prenez chez les poëtes modernes ce qui les caractérise, ce qui fait leur mérite propre, et avisez-vous de rapprocher d'eux par cet endroit un ancien poëte : il ne soutiendra pas mieux le parallèle, et Homère moins que tout autre. Je dirais volontiers que la puissance des anciens consiste à resserrer les objets dans le fini, et que les modernes excellent dans l'art de l'infini.

Que si la force des artistes de l'antiquité (car ce que nous avons dit ici de la poésie peut s'étendre aux beaux-arts en général, sauf certaines restrictions qui vont de soi) consiste à déterminer et limiter les objets, il ne faut plus s'étonner que, dans le domaine des arts plastiques, les anciens restent de beaucoup supérieurs aux modernes, ni surtout que la poésie et l'art plastique chez les modernes, comparés l'une et l'autre à ce qu'ils étaient chez les anciens, ne nous offrent point la même valeur relative. C'est qu'une œuvre qui s'adresse aux yeux n'est parfaite qu'autant que l'objet y est nettement limité; tandis qu'une œuvre qui s'adresse à l'imagination peut atteindre aussi à la perfection qui lui est propre, au moyen de l'idéal et de l'infini. Voilà pourquoi la supériorité des modernes en ce qui touche aux idées, ne leur est pas d'un grand secours dans les arts plastiques, où il leur faut nécessairement *déterminer dans l'espace*, avec la dernière précision, l'image que leur imagination a conçue, et par conséquent se mesurer avec l'artiste ancien justement sur un point où l'on ne peut lui disputer l'avantage. En

vante de Molière qui déraisonne à perte de vue dans nos *Bibliothèques critiques*, dans nos *Annales philosophiques et littéraires*, dans nos *Descriptions de voyages?* N'est-ce pas elle qui prononce souverainement sur la poésie, sur l'art, etc.? Seulement, cela va sans dire, c'est la servante de Molière transplantée en Allemagne, et déraisonnant avec un peu plus d'absurdité qu'en France : critique d'antichambre, toujours, mais accommodée aux antichambres de ce pays-ci.

(*Note de Schiller.*)

fait de poésie, c'est autre chose ; et si l'avantage est encore aux anciens sur ce terrain même, pour ce qui est de la simplicité des formes, pour tout ce qui peut se représenter par des traits sensibles, tout ce qui est chose *corporelle :* en revanche, les modernes l'emportent sur les anciens pour la richesse du fond, pour tout ce qui ne peut ni se représenter ni se traduire par des signes sensibles, bref, pour tout ce qu'on appelle *l'esprit* et *l'idée* dans les ouvrages de l'art[1].

Du moment que le poëte naïf se contente de suivre la simple nature et le sentiment, qu'il se borne à l'imitation du monde réel, il ne peut être placé aussi, à l'égard de son sujet, que dans un seul rapport ; et, à ce point de vue, il n'y a pas de choix pour lui quant à la manière de le traiter. Si les poésies naïves produisent des impressions différentes (il est bien entendu que je ne parle pas des impressions qui tiennent à la nature du sujet, mais

---

1. Il y a ici, dans les *Heures*, une longue note qui a été supprimée dans les *Opuscules en prose* et dans les *OEuvres complètes :*

« C'est *l'individualité* en un mot qui est le caractère de l'antique, et *l'idéalité* qui est la force du moderne. Il est donc naturel que dans tout ce qui doit aboutir à l'intuition sensible immédiate et agir individuellement, le premier remporte la victoire sur le second. D'un autre côté, il est tout aussi naturel que là où il s'agit d'intuitions spirituelles, que là où le monde des sens peut et doit être franchi, le premier souffre nécessairement des bornes de sa matière, et que, tout juste parce qu'il s'y attache rigoureusement, il reste en arrière du second, qui s'en affranchit.

« Ici se présente naturellement une question, la plus importante qui puisse en général s'offrir dans une philosophie de l'art. L'individualité peut-elle, dans un ouvrage de l'art, se concilier avec l'idéalité, et jusqu'à quel point le peut-elle ? Par conséquent, ce qui revient au même, peut-on imaginer une alliance du caractère poétique ancien et du moderne, laquelle, si elle avait réellement lieu, devrait être considérée comme le comble de l'art ? Des juges compétents soutiennent que les anciens, quant à l'art plastique, sont parvenus en quelque manière à ce résultat, puisqu'ici l'individu est réellement idéal, et que l'idéal *se manifeste* dans un individu. Ce qu'il y a de certain, c'est que jusqu'ici dans la poésie, ce comble de l'art n'a été atteint en aucune façon ; car là il s'en faut encore de beaucoup que l'œuvre la plus parfaite pour la forme le soit aussi pour le fond, qu'elle soit non pas seulement un vrai et bel *ensemble*, mais encore l'ensemble *le plus riche* possible. Mais que ce but se puisse atteindre ou non, qu'il ait été, ou non, atteint, toujours est-il que le problème à résoudre en poésie, est d'individualiser l'idéal, et d'idéaliser l'individuel. Le poëte moderne *doit* se proposer cette tâche pour peu qu'il veuille assigner dans sa pensée une fin dernière et suprême à ses efforts. Car, comme d'un côté par la faculté des idées, il est entraîné au delà de la réalité, et que de l'autre, par l'instinct de représentation, il y est constamment ramené de force, il entre en lutte avec lui-même, et cette lutte il ne la peut terminer qu'en admettant, comme règle, la possibilité de représenter l'idéal. »

seulement de celles qui tiennent à l'exécution poétique), toute
la différence est dans le *degré :* il n'y a qu'une seule manière de
sentir, qui varie du plus au moins ; la diversité même des formes extérieures ne change rien à la qualité de cette impression
esthétique. Que la forme soit lyrique ou épique, dramatique ou
descriptive, nous pouvons recevoir une impression ou plus forte
ou plus vive, mais, si nous écartons ce qui tient à la nature du
sujet, jamais nous ne serons affectés de deux manières différentes. Le sentiment que nous éprouvons est absolument identique ; il procède tout entier d'un seul et même élément, à ce
point que nous sommes incapables d'y rien distinguer. La différence même des langues et celle des temps n'entraîne ici aucune diversité, car cette rigoureuse unité d'origine et d'effet est
précisément un caractère de la poésie naïve.

Il en va tout autrement de la poésie sentimentale. Le poëte
sentimental *réfléchit* sur l'impression que produisent sur lui les
objets ; et c'est seulement sur cette réflexion qu'est fondé l'état
d'émotion où il se transporte lui-même, où il nous transporte
après lui. Ici, l'objet est rapporté à une idée ; et c'est uniquement sur ce rapport que repose toute sa force poétique. Il s'ensuit que le poëte sentimental a toujours affaire à deux forces
opposées, à deux façons de se représenter les objets et de les
sentir : à la réalité, en tant que borne, et à son idée, en tant
qu'infini ; et le sentiment mixte qu'il éveille témoignera toujours de cette dualité d'origine[1]. La poésie sentimentale admettant ainsi plus d'un principe, reste à savoir lequel des deux
prédominera chez le poëte, et dans sa façon de sentir et dans sa
façon de se représenter l'objet ; et par conséquent une différence
dans la façon de le traiter est possible. Voici donc une nouvelle

---

1. Demandez-vous quelle sorte d'impression produisent sur vous les poésies
naïves, en faisant abstraction, si vous le pouvez, de l'intérêt inhérent au sujet
lui-même : vous reconnaîtrez que cette impression, même dans les sujets les
plus pathétiques, est toujours gaie, toujours pure et toujours calme : dans les
poésies sentimentales, au contraire, votre impression aura toujours quelque
chose de triste et de tendu. C'est qu'en lisant une description naïve, quelle qu'en
soit d'ailleurs la matière, nous nous réjouissons toujours de la vérité, de la présence vivante de l'objet dans notre imagination, et nous ne cherchons rien au
delà ; tandis que dans une description sentimentale, nous avons à associer la
représentation de l'imagination à une idée rationnelle, si bien que nous flot-
tons toujours entre les deux états différents. (*Note de Schiller.*)

question qui se présente : le poëte s'attachera-t-il de préférence à la réalité ou à l'idéal? à la réalité comme objet d'aversion et de dégoût, ou à l'idéal comme objet d'inclination? Le poëte pourra donc traiter un même sujet soit par le côté *satirique*, soit par le côté *élégiaque* (à prendre ces mots dans un sens plus large et qui sera expliqué dans la suite) : tout poëte sentimental se rattachera nécessairement à l'une ou à l'autre de ces deux façons de sentir.

POÉSIE SATIRIQUE.

Le poëte est satirique lorsqu'il prend pour sujet la distance où les choses sont de la nature et le contraste de la réalité et de l'idéal (quant à l'impression qu'en reçoit l'âme, ces deux sujets reviennent au même). Mais, dans l'exécution, il peut mettre du sérieux et de la passion, ou du badinage et de la sérénité, selon qu'il se complaît dans le domaine de la volonté ou sur le terrain de l'entendement. Dans le premier cas, c'est la satire *vengeresse* ou pathétique ; dans le second, c'est la satire *plaisante.*

Je sais bien qu'à prendre les choses à la rigueur, le but du poëte ne comporte ni le ton d'un homme qui châtie, ni le ton d'un homme qui amuse. L'un est trop sérieux pour un libre jeu de l'esprit, et la poésie ne doit jamais perdre ce caractère ; l'autre est trop frivole pour le sérieux que nous voulons au fond de toute espèce de jeu poétique. Si vous me faites voir des contradictions morales, nécessairement mon cœur prend parti, et par conséquent mon âme n'est plus libre. Or, nous savons que tout intérêt propre, c'est-à-dire toute relation à un besoin, doit être bannie des émotions poétiques. Si vous me faites voir, au contraire, des contradictions qui ne choquent que l'entendement, mon cœur reste dans l'indifférence, et pourtant le poëte a affaire aux deux plus puissants intérêts du cœur humain, à la nature et à l'idéal. Ce n'est donc pas un problème sans difficulté pour lui, que de ne point manquer, dans la satire pathétique, à la forme poétique, c'est-à-dire à la liberté de l'imagination et de ses jeux ; et, dans la satire plaisante, de ne point perdre de vue le fond poétique, je veux dire le sentiment de l'infini. Ce problème, il n'y a qu'une manière de le résoudre. La satire vengeresse arrive à la liberté poétique en s'élevant jusqu'au sublime ; la satire railleuse acquiert une valeur et un fond poétique, lorsqu'elle traite son objet conformément aux lois du beau.

Dans la satire, la réalité est opposée, comme imperfection, à l'idéal, considéré comme la réalité suprême. Il n'est nullement nécessaire d'ailleurs que l'idéal y soit expressément représenté, pourvu que le poëte sache l'éveiller dans nos âmes ; mais il faut toujours qu'il l'éveille, sans quoi il n'exercera absolument aucune action poétique. Ainsi la réalité est ici un objet nécessaire d'aversion ; mais il faut encore, toute la question est là, que cette aversion vienne nécessairement de l'idéal qui est opposé à la réalité. Je m'explique : il pourrait se faire que cette aversion procédât d'une source purement sensible, et ne reposât que sur un *besoin* dont la satisfaction rencontre des obstacles dans le réel ; que de fois, en effet, nous croyons ressentir contre la société un mécontentement *moral*, tandis que nous sommes simplement aigris par les obstacles qu'elle oppose à notre inclination ! C'est cet intérêt tout matériel que le satirique vulgaire met en jeu, et comme, par cette voie, il ne manque jamais de provoquer en nous des mouvements affectifs, il s'imagine tenir notre cœur entre ses mains, et se croit passé maître en fait de pathétique. Mais tout pathétique puisé à cette source est indigne de la poésie, qui ne doit nous émouvoir qu'au moyen d'idées, et n'arriver à notre cœur qu'en passant par notre raison. De plus, ce pathétique impur et matériel n'aura jamais son effet sur les âmes qu'en surexcitant les facultés affectives, en occupant nos cœurs d'un sentiment pénible : à la différence du pathétique vraiment poétique qui exalte en nous le sentiment de l'indépendance morale, et qui se reconnaît à ce que la liberté de notre âme y persiste jusque dans l'état d'affection. En effet, lorsque l'émotion vient de l'idéal opposé au réel, la sublime beauté de l'idéal corrige toute impression de gêne, et la grandeur de l'idée dont nous sommes pénétrés nous élève par delà toutes les bornes de l'expérience. Ainsi, dans la représentation de quelque réalité révoltante, l'essentiel est que le nécessaire soit le fond sur lequel le poëte ou le narrateur place le réel; qu'il sache disposer notre âme aux idées. Pourvu que le point d'où nous voyons et jugeons soit élevé, peu importe que l'objet soit bas et bien loin au-dessous de nous. Lorsque l'historien Tacite nous peint la décadence profonde des Romains du premier siècle, c'est une grande âme qui d'en haut laisse tomber ses regards sur un objet vil; et la disposition où il nous met est véritablement poétique, parce que c'est la hauteur où il est placé lui-même, et où il a su nous élever, qui seule rend si sensible la bassesse de l'objet.

La satire pathétique doit donc toujours partir d'un cœur pénétré et vivifié par l'idéal. Il n'y a que l'instinct, l'instinct dominant de l'harmonie morale, qui puisse produire ce profond sentiment des contradictions morales, et cette ardente indignation contre la perversité, qui s'élève à l'inspiration chez un Juvénal, chez Swift, Rousseau, Haller[1], et d'autres. Ces mêmes poëtes auraient été et ne pouvaient manquer d'être aussi heureux dans la poésie touchante et tendre, si des causes accidentelles n'eussent donné de bonne heure à leur âme cette direction déterminée; aussi voyons-nous que plusieurs d'entre eux ont réellement fait leurs preuves dans les deux genres. Tous ceux que je viens de nommer ont vécu dans un siècle dégénéré et ont eu sous les yeux d'horribles exemples de dépravation morale; ou bien leur propre destinée avait répandu de l'amertume dans leur âme. Il faut tenir compte aussi de l'esprit philosophique, qui, par son impitoyable rigueur à séparer la réalité de l'apparence et à pénétrer dans le fond des choses, incline les âmes vers cette âpreté et cette austérité, que montrent Rousseau, Haller, et d'autres, dans la peinture du réel. Mais toutes ces influences extérieures et accidentelles, qui n'ont jamais qu'une action restrictive, peuvent tout au plus déterminer la direction du génie : elles ne sont jamais le fond même de l'inspiration. Ce fond, chez tous, est nécessairement le même; et, pur de tout besoin extérieur, il dérive d'un ardent instinct qui les pousse vers l'idéal, instinct qui seul constitue la vraie voca-

1. Il y a quelques noms de plus dans les *Heures :* « Chez un Juvénal, chez Lucien, Dante, Swift, Young, Rousseau, Haller, et d'autres. »

tion du poëte satirique en général, comme celle de tout poëte sentimental.

Si la satire pathétique ne sied qu'à des âmes *sublimes*, de même la satire railleuse ne peut réussir qu'à une *belle* âme. Celle-là en effet, est déjà garantie de la frivolité par le sérieux même de son objet; mais celle-ci, qui ne peut traiter que des sujets moralement indifférents, tomberait infailliblement dans le frivole, et perdrait toute dignité poétique, si l'exécution, chez elle, ne rehaussait la matière, et si le *sujet*, la personne du poëte, ne se substituait à son *objet*. Or, il n'est donné qu'à une *belle* âme d'imprimer son caractère, son entière image, à chacune de ses manifestations, indépendamment de l'objet de son activité. Une âme sublime ne peut se faire connaître pour telle que par des victoires isolées sur la rébellion des sens, qu'à certains moments d'exaltation, et par des efforts sans durée; dans une *belle* âme, au contraire, l'idéal agit à la façon de la nature, et partant avec continuité : aussi peut-il se manifester en elle-même dans l'état de repos. La mer profonde ne paraît jamais plus sublime que lorsqu'elle est agitée; la vraie beauté d'un clair ruisseau est dans son cours paisible [1].

C'est une question qu'on a souvent débattue, de savoir lequel des deux genres, la tragédie ou la comédie, doit passer avant l'autre. Si l'on entend simplement demander par là quel est celui des deux qui traite de l'objet le plus important, il n'y a pas l'ombre d'un doute : l'avantage est du côté de la tragédie. Mais veut-on savoir lequel des deux suppose le plus de valeur dans le *sujet*, dans l'auteur, la question en ce cas se décide tout aussi nettement en faveur de la comédie. Dans la tragédie, la matière par elle-même fait déjà beaucoup : dans la comédie, l'objet ne fait rien, et le poëte tout. Or, comme dans les jugements du goût, il ne faut tenir aucun compte de la matière traitée, il s'ensuit naturellement que la valeur esthétique de ces deux genres sera en raison inverse de l'importance propre de leurs matières. Le poëte tragique est soutenu par son objet : dans la comédie, au contraire, c'est le sujet, la personne du poëte qui doit maintenir

---

1. Cette dernière phrase n'est point dans les *Heures*. Schiller l'a ajoutée dans les *Opuscules en prose*.

son objet à la hauteur esthétique. Le premier n'a qu'à prendre son élan, et cela ne demande pas un si grand effort : l'autre doit rester égal à lui-même; il faut qu'il soit d'avance, et comme chez lui, là où le poëte tragique n'arrive qu'au moyen d'un élan. Et voilà précisément ce qui distingue une belle âme d'une âme sublime. Une belle âme porte d'avance en soi toutes les grandes idées; elles découlent sans contrainte et sans peine de sa nature même : nature infinie, au moins en puissance, à quelque point de sa carrière que vous la preniez. Une âme sublime peut s'élever à toute espèce de grandeur, mais à la condition de faire effort; elle peut s'arracher à tout état de servitude, à tout ce qui borne et restreint, mais seulement par la force de sa volonté. Celle-ci, par conséquent, n'est libre que par saccades et avec effort; l'autre l'est avec aisance, et toujours.

Produire en nous cette liberté d'esprit et l'entretenir, c'est le beau problème de la comédie, de même que le but de la tragédie est de rétablir en nous cette liberté d'esprit par des voies esthétiques, lorsqu'elle a été violemment suspendue par la passion. Par conséquent, il faut dans la tragédie que le poëte, comme s'il faisait une expérience, suspende *artificiellement* notre liberté d'esprit, puisque c'est en la rétablissant que la tragédie montre sa vertu poétique; dans la comédie, au contraire, il faut se garder que les choses en viennent jamais jusqu'à cette suspension de la liberté. De là vient que le poëte tragique traite toujours son sujet au point de vue pratique, tandis que le poëte comique traite toujours le sien théoriquement, lors même que le poëte tragique, comme Lessing dans son *Nathan*, se serait passé la fantaisie de traiter une matière théorique, et l'autre une matière pratique. Peu importe où le poëte ait emprunté son sujet : ce qui le rend tragique ou comique, c'est le tribunal devant lequel il le fait comparaître. Le poëte tragique doit se défier du raisonnement calme, et s'adresser toujours au cœur : le poëte comique doit se garder de la passion, et toujours occuper l'esprit. Ainsi l'un fait éclater son art en excitant constamment le pathétique, l'autre en détournant constamment le pathétique; et, naturellement, l'art est d'autant plus grand de part et d'autre que le sujet de l'un est d'une nature plus abstraite, et que celui de l'autre incline davantage au pathétique [1]. Si donc la tragédie a un point de départ plus important, il faut, d'un autre côté, reconnaître que la comédie tend à un but plus important; et, si elle pouvait l'atteindre, elle rendrait toute tragédie superflue et impossible. Ce but n'est autre chose que le terme suprême auquel l'homme doit aspirer sans cesse : c'est de s'affranchir de toute passion, c'est de voir toujours autour de soi et en soi d'une vue claire et d'un regard calme, c'est de reconnaître partout plus d'accident que de fatalité, et de rire de la sottise plutôt que de s'irriter ou de se lamenter de la malice.

Qu'il s'agisse de la vie réelle, ou de tableaux poétiques, il nous arrive assez souvent de prendre ce qui n'est que légèreté d'esprit, talent agréable, bonne et joyeuse humeur, pour autant d'indices d'une belle âme; et la moyenne du goût public ne s'élevant jamais au-dessus de l'agréable, il est facile à ces sortes de *jolis* esprits d'usurper le renom de belles âmes, renom si difficile à mériter. Mais nous avons une pierre de touche infaillible pour distinguer l'heureuse facilité qui est dans l'humeur, de celle où l'on arrive par la possession de l'idéal, aussi bien que pour distinguer la vertu qui tient au tempérament, de la véritable moralité du caractère : c'est de les mettre aux prises l'une et l'autre avec un objet qui a de la grandeur et qui présente de sérieuses difficultés. Mis à cette épreuve, l'esprit élégant et joli ne manque jamais de tomber dans la platitude, de même que la vertu de tempérament tombe dans le matériel : l'âme véritablement belle, au contraire, s'élèvera alors non moins infailliblement à l'état d'âme *sublime*.

Tant que Lucien ne fait que châtier la sottise, dans les *Sou-*

---

1. *Nathan le Sage* n'a point mérité cet éloge : ici le caractère glacial du sujet a refroidi tout l'ouvrage. Mais Lessing lui-même savait bien que ce n'était point là une tragédie, et tout son tort est d'avoir oublié pour son propre compte (ainsi nous faisons tous!) cette doctrine exposée dans la *Dramaturgie* : « Que le poëte n'est point autorisé à faire servir la forme tragique à un autre but que le but tragique. » A moins d'y apporter des changements très-considérables, je ne sais trop si ce poëme aurait jamais pu faire une bonne tragédie; tandis qu'avec de simples changements dans la forme, il en pouvait sortir une bonne comédie. C'est que, pour atteindre ce dernier but, il eût fallu sacrifier le pathétique, tandis que, pour atteindre l'autre, il eût fallu sacrifier le raisonnement; et je n'ai pas besoin de dire sur lequel de ces deux éléments repose surtout la beauté de ce poëme. (*Note de Schiller.*)

haits, par exemple, dans les *Lapithes*, dans *Jupiter-Tragœdus*, ce n'est qu'un railleur dont la joyeuse humeur nous amuse; mais c'est tout un autre homme en plusieurs endroits de son *Nigrinus*, de son *Timon*, de son *Alexandre*, où son esprit satirique s'en prend aussi à la perversité morale : « Malheureux (c'est ainsi qu'il commence, dans son *Nigrinus*, le tableau révoltant de la Rome d'alors), malheureux, pourquoi as-tu quitté la lumière du soleil, la Grèce, et cette vie heureuse et libre, pour venir dans cette cohue de servitude fastueuse, de saluts et de visites, de festins, de sycophantes, de flatteurs, d'empoisonneurs, de gens qui épient les héritages, de faux amis, etc.[1]? » C'est dans ces occasions-là et d'autres semblables que doit se révéler cette haute gravité de sentiment que je veux trouver au fond de tous les jeux de l'esprit, pour que ces jeux soient poétiques. Il n'est pas jusqu'à cette raillerie méchante dont Lucien, de même qu'Aristophane, poursuit Socrate, où ne se trahisse un bon sens sérieux, qui venge la vérité des sophistes, et qui combat pour un idéal qu'il est loin seulement de toujours exprimer. Lucien a fait plus : il a justifié ce caractère dans son *Diogène* et dans son *Demonax*, de façon à ne laisser aucun doute. Et chez les modernes, quel beau, quel grand caractère Cervantes n'a-t-il pas exprimé dans son *Don Quichotte*, toutes les fois que le sujet comporte de la grandeur ! Quel magnifique idéal ne devait pas vivre dans l'âme du poëte qui a conçu Tom Jones et Sophie ! Et Yorick, le rieur, dès qu'il lui en prend envie, avec quelle grandeur, quelle puissance, il émeut notre âme! Dans notre Wieland aussi, je reconnais ce même sérieux de sentiment : lors même qu'il se joue, et qu'il s'abandonne à son humeur, la grâce du cœur anime et ennoblit ses fantaisies; elle marque de son empreinte jusqu'au rhythme de ses chants, et jamais l'essor ne lui fait défaut : dès que le sujet en vaut la peine, il nous emporte aux plus hautes régions.

On ne saurait porter le même jugement de la satire de Voltaire. Sans doute, chez cet écrivain aussi, c'est la vérité et la simplicité de la nature, qui çà et là nous fait éprouver des émo-

---

1. *Nigrinus*, § 17. — Nous traduisons l'allemand de Schiller, non le grec de Lucien.

tions poétiques, soit qu'il rencontre réellement la nature et la retrace dans un caractère naïf, comme plus d'une fois dans son *Ingénu*; soit qu'il la cherche et la venge, comme dans son *Candide* et ailleurs. Mais, quand ni l'un ni l'autre n'a lieu, il peut sans doute nous amuser par la finesse de son esprit, jamais assurément il ne nous touche comme poëte. Toujours sous sa raillerie il y a trop peu de sérieux, et c'est ce qui rend à bon droit suspecte sa vocation de poëte. Vous ne rencontrez toujours que son intelligence, jamais son cœur. Nul idéal ne perce sous cette gaze légère; à peine quelque chose d'absolument fixe sous ce perpétuel mouvement. Sa prodigieuse diversité de dehors et de formes, bien loin de rien prouver en faveur de la plénitude intime de son inspiration, témoigne plutôt du contraire; car il a épuisé toutes les formes sans en trouver une seule où il ait su mettre l'empreinte de son cœur. On est presque forcé de craindre que chez ce riche talent la pauvreté du cœur n'ait seule décidé la vocation à la satire. Et comment s'expliquer autrement qu'il ait pu parcourir une si longue route sans jamais sortir de cette ornière étroite? Quelle que soit la variété de la matière et des formes extérieures, nous voyons la forme intime revenir partout avec son éternelle et stérile uniformité; et, en dépit de sa carrière si féconde, il n'a jamais accompli en lui-même le cercle de l'humanité, ce cercle que chez les satiriques mentionnés plus haut nous voyons avec joie parcouru tout entier.

POÉSIE ÉLÉGIAQUE.

Lorsque le poëte oppose la nature à l'art, et l'idéal à la réalité, de telle sorte que la nature et l'idéal forment le principal objet de ses tableaux, et que le plaisir qu'on y prend soit l'impression dominante, je dis que c'est un poëte *élégiaque*. Dans ce genre, ainsi que dans la satire, je distingue deux classes. Ou bien la nature et l'idéal sont un objet de tristesse, quand l'une est représentée comme perdue pour les hommes, et l'autre comme non atteint. Ou bien tous deux sont un objet de joie, nous étant représentés comme une réalité. Dans le premier cas, c'est l'*élégie* au sens étroit du mot : dans le second, c'est l'*idylle*, dans son acception la plus étendue [1].

1. Si je prends ces dénominations de satire, d'élégie et d'idylle, dans un sens plus large qu'on ne fait d'ordinaire, j'ai à peine besoin de m'en justifier, je pense, auprès des lecteurs qui vont au fond des choses. Mon intention n'est point du tout de déplacer les bornes qu'on a respectées jusqu'ici, non sans raison, dans la pratique, aussi bien pour la satire et l'élégie que pour l'idylle ; je ne considère dans ces différents genres de poésie que la *façon de sentir* qui y domine ; et chacun sait que c'est là une chose qui ne se peut renfermer dans ces étroites limites. Je puis être affecté d'une émotion élégiaque non-seulement par une élégie proprement dite, mais par un morceau de poésie dramatique ou d'épopée. Dans la *Messiade*, dans les *Saisons* de Thomson, dans le *Paradis perdu*, dans la *Jérusalem délivrée*, nous trouvons beaucoup de tableaux qui d'ordinaire n'appartiennent qu'à l'idylle, à l'élégie, à la satire. Et cette observation peut s'étendre, avec une simple différence du plus au moins, à presque toutes les poésies pathétiques. Mais quand je rattache l'idylle au genre élégiaque, c'est un point sur lequel une explication peut sembler plus nécessaire. Toutefois rappelons-nous qu'il n'est question ici que de cette sorte d'idylle qui est une espèce du genre sentimental, que de cette poésie dont le caractère essentiel est d'*opposer* la nature à l'art, et l'idéal à la réalité. Lors même que cette opposition n'est pas expressément marquée par le poëte, et qu'il *se contente de mettre* purement et isolément sous nos yeux ou le tableau de la nature non corrompue,

Comme l'indignation dans la satire pathétique, et la raillerie dans la satire plaisante, ainsi la tristesse, dans l'élégie, ne doit découler que d'une inspiration éveillée par le sentiment de l'idéal. C'est par là seulement que l'élégie acquiert une valeur poétique, et toute autre source de tristesse est bien au-dessous de la dignité de l'art. Le poëte élégiaque cherche la nature, mais la nature dans sa beauté, et non pas seulement dans ce qu'elle a d'agréable; dans son harmonieux accord avec l'idéal, et non pas seulement dans sa condescendance pour nos besoins. La tristesse que nous ressentons au souvenir des joies perdues, de l'âge d'or à jamais évanoui pour le monde, du bonheur, en vain regretté, de la jeunesse, de l'amour, etc., ne peut devenir la matière d'une poésie élégiaque, qu'autant que ces états de paix des sens se peuvent en même temps représenter comme des objets d'harmonie morale. C'est pour cela que, sans méconnaître, dans les chants plaintifs que pousse Ovide exilé au bord de l'Euxin, ce qu'il y a d'émotion, et, çà et là, de poésie, je ne puis guère les considérer, en somme, comme une œuvre poétique. Il y a beaucoup trop peu d'énergie, beaucoup trop peu d'âme et de noblesse dans sa douleur. C'est le besoin, et non l'enthousiasme, qui lui arrache ces plaintes : on y sent, je ne dirai pas une âme vulgaire, mais un noble esprit dans une disposition vulgaire, énervé et abattu par sa destinée. Sans

---

ou le tableau de l'idéal réalisé, cette opposition n'en existe pas moins dans son cœur, et se trahit, sans qu'il le veuille, à chaque trait de son pinceau. Et quand même il n'en serait point ainsi, la langue même dont il est forcé de se servir, par cela seul qu'elle porte l'empreinte de l'esprit du temps et qu'elle a subi l'influence de l'art, nous rappellerait au sentiment de la réalité avec ses bornes, de la civilisation avec ses combinaisons artificielles. Oui, notre propre cœur mettrait en regard de ce tableau de la pure et simple nature, l'expérience de la corruption, et, par suite, quand bien même ce n'aurait pas été l'intention du poëte, l'impression produite sur nous serait élégiaque. Et cela est tellement inévitable que même la plus haute jouissance que fassent éprouver à l'homme civilisé les plus beaux ouvrages de la poésie naïve, soit anciens, soit modernes, ne reste pas longtemps pure : tôt ou tard, elle est accompagnée d'une impression élégiaque. Enfin je fais observer que la classification tentée ici, n'étant fondée que sur la différence des façons de sentir, n'a pas le moins du monde la prétention de faire loi pour ce qui regarde la classification des poëmes et la filiation des genres de poésie : car, du moment que le poëte n'est nullement obligé, fût-ce dans le cours d'un même ouvrage, de s'en tenir constamment à la même manière de sentir, il est clair que ce n'est pas de là, mais seulement de la forme d'exposition, qu'on peut tirer la distinction des genres. (*Note de Schiller.*)

doute, si nous songeons que l'objet de ses regrets est Rome, et la Rome d'Auguste, nous pardonnons à l'enfant de la joie sa tristesse; mais Rome même avec ses magnificences et toutes ses félicités, à moins que l'imagination ne commence par en rehausser l'idée, n'est après tout qu'une grandeur finie, et par conséquent un objet indigne de la poésie, qui étant de sa nature au-dessus de tout ce que peut offrir le monde réel, n'a droit de regretter avec douleur que l'infini.

Ainsi, l'objet de la plainte poétique ne doit jamais être un objet externe, mais bien seulement un objet interne et idéal; lors même qu'elle déplore une perte réelle, il faut qu'elle commence par en faire une perte idéale. C'est à ramener l'objet fini aux proportions de l'infini que consiste proprement l'œuvre du poëte. Par conséquent, la matière externe de l'élégie, considérée en elle-même, est toujours indifférente, puisque la poésie ne peut jamais l'employer telle qu'elle la trouve, et que c'est seulement par ce qu'elle en fait, qu'elle lui confère une dignité poétique. Le poëte élégiaque cherche la nature, mais la nature en tant qu'idée et dans un degré de perfection qu'elle n'a jamais atteint en réalité, bien qu'il pleure cette perfection comme quelque chose qui a existé et qui maintenant est perdu. Quand Ossian nous parle des jours qui ne sont plus et des héros qui ont disparu, son imagination a depuis longtemps transformé ces tableaux que lui représente sa mémoire en un pur idéal, et métamorphosé ces héros en dieux. Les expériences diverses de telle ou telle perte en particulier se sont étendues et confondues dans l'idée générale de la mortalité, et le barde ému, que poursuit l'image de la ruine partout présente, prend son essor vers le ciel, pour y trouver dans le cours du soleil un emblème de ce qui ne passe point[1].

J'arrive tout de suite aux poëtes élégiaques des temps modernes. Rousseau, que l'on considère en lui le poëte ou le philosophe, obéit toujours à la même tendance : chercher la nature, ou la venger de l'art. Suivant l'état de son cœur, suivant qu'il se complaît davantage ou à chercher la nature ou à la

[1] Qu'on lise par exemple la magnifique pièce intitulée *Carthon*.
(*Note de Schiller.*)

venger, nous le voyons tantôt ému de sentiments élégiaques,
tantôt se monter au ton de la satire de Juvénal, tantôt, comme
dans sa *Julie*[1], ravi dans la sphère de l'idylle. Ses compositions
ont sans contredit une valeur poétique, puisque l'objet en est
idéal : seulement, il ne sait point le traiter d'une façon poétique. Sans doute, son caractère sérieux l'empêche de tomber
dans le frivole ; mais ce sérieux aussi ne lui permet pas de
s'élever au jeu poétique. Tantôt absorbé par la passion, tantôt
par l'abstraction, il arrive rarement, si jamais il y arrive, à la
liberté esthétique où le poëte doit se maintenir devant son objet,
et qu'il doit faire partager au lecteur. Ou bien c'est sa sensibilité
maladive qui le domine, et ses impressions deviennent une torture ; ou bien c'est la force de la pensée qui enchaîne l'imagination, et détruit par la rigueur du raisonnement toute la
grâce de ses tableaux. Les deux facultés dont l'influence réciproque et dont l'intime réunion est proprement ce qui fait le
poëte, se rencontrent chez cet écrivain en un degré plus qu'ordinaire, et il ne lui manque qu'une chose, c'est que les deux
qualités se manifestent en effet unies l'une avec l'autre ; c'est
que l'activité propre de la pensée se mêle davantage au sentiment, et la sensibilité au travail de la pensée. Aussi, même dans
l'idéal qu'il s'est fait de la nature humaine, il est trop préoccupé
des bornes de cette nature, et pas assez de sa puissance ; il y
trahit toujours un besoin de *repos* physique, plutôt qu'un besoin
d'*harmonie* morale. C'est à sa sensibilité passionnée qu'il
faut s'en prendre si, pour en finir au plus tôt avec cette lutte
dont l'humanité lui offre le spectacle, il aime mieux ramener
l'homme à l'uniformité inintelligente de sa condition première,
que concilier le débat au sein de l'intelligente et féconde harmonie, la civilisation parfaite ; s'il aime mieux arrêter l'art dès
ses premiers pas, que d'attendre qu'il ait consommé son œuvre ;
bref, s'il préfère placer le but près de terre, et abaisser l'idéal,
afin de l'atteindre d'autant plus vite, d'autant plus sûrement.

Parmi les poëtes de l'Allemagne qui appartiennent à cette famille, je ne veux mentionner ici que Haller, Kleist et Klopstock.
Le caractère de leur poésie est sentimental : c'est par l'idéal

---

1. La *Nouvelle Héloïse.*

qu'ils nous touchent, non par la réalité sensible ; et cela, non pas tant parce qu'ils sont eux-mêmes nature, que parce qu'ils savent nous enthousiasmer pour la nature. Toutefois, ce qui est vrai, *en général*, aussi bien de ces trois poëtes que de tout poëte sentimental, n'exclut aucunement, cela va sans dire, la faculté de nous émouvoir, *en particulier*, par des beautés du genre naïf ; sans quoi, ce ne seraient plus des poëtes. Je veux dire seulement que ce n'est pas leur caractère propre et dominant de recevoir l'impression des objets avec un sentiment calme, simple, facile, et de rendre de même l'impression reçue. Involontairement, l'imagination, chez eux, devance l'intuition, et la réflexion est en jeu avant que la sensibilité ait fait son office : ils ferment les yeux et se bouchent les oreilles, pour se plonger dans les méditations intérieures. Leur âme ne saurait être touchée d'aucune impression, sans observer aussitôt ses propres mouvements, sans placer devant ses yeux et hors de soi ce qui se passe en elle. Il en résulte que nous ne voyons jamais l'objet lui-même, mais ce que l'intelligence et la réflexion du poëte ont fait de l'objet ; et, lors même que cet objet est la propre personne du poëte, lors même qu'il veut nous représenter ses sentiments, nous ne sommes point instruits de son état immédiatement ni de première main ; nous voyons seulement comment cet état est réfléchi dans son âme, et ce qu'il en a pensé en tant que spectateur de lui-même. Lorsque Haller déplore la mort de sa femme (chacun connaît cette belle élégie), et qu'il débute de la manière suivante :

> S'il faut que je chante ta mort,
> O Mariane, quel chant que celui-là !
> Quand les soupirs luttent avec les paroles.
> Et que l'idée court après l'idée, etc.

nous pouvons trouver que cette description est rigoureusement vraie, mais nous sentons aussi que le poëte ne nous communique point, à proprement parler, ses sentiments, mais bien les pensées qu'ils lui suggèrent. Aussi l'émotion que nous éprouvons à l'entendre est-elle beaucoup moins vive : on se dit que le poëte devait être déjà singulièrement refroidi, pour être ainsi spectateur de sa propre émotion.

Haller n'a presque jamais traité que des sujets d'un ordre supra-sensible, et une partie des poésies de Klopstock sont aussi de cette nature : ce choix seul les exclut déjà du genre naïf. Il fallait donc, pour peu qu'on voulût traiter ces sujets d'une façon poétique, il fallait, puisqu'on ne pouvait leur donner un corps, ni par conséquent en faire des objets d'intuition sensible, les faire passer du fini à l'infini, et les élever à l'état d'objets d'intuition spirituelle. En général, on peut dire que ce n'est qu'en ce sens qu'une poésie didactique se peut concevoir sans impliquer contradiction ; car, pour le répéter encore une fois, la poésie n'a que deux domaines, le monde des sens et le monde idéal. Dans la région des concepts, dans le monde de l'entendement, elle ne peut absolument prospérer. Je ne connais encore, je le confesse, aucun poëme didactique, soit chez les anciens, soit chez les modernes, où le sujet soit purement et complétement ramené à l'individuel, ou purement et complétement élevé à l'idéal. Le cas le plus ordinaire, et encore dans les plus heureux essais, c'est que les deux principes changent de rôle entre eux : l'idée abstraite domine, et l'imagination, qui devrait régner sur tout le domaine de la poésie, a simplement la permission de servir l'entendement. Un poëme didactique où la pensée même serait poétique et demeurerait telle, c'est une merveille que nous sommes encore à attendre.

Ce que nous disons ici des poésies didactiques en général, est vrai en particulier des poésies de Haller. La pensée même de ces poésies n'est point poétique, mais l'exécution le devient quelquefois, tantôt par l'emploi des images, tantôt par un certain essor vers l'idéal. C'est par cette dernière qualité seulement que les poésies de Haller appartiennent à notre sujet. L'énergie, la profondeur, une gravité pathétique, tels sont les traits qui distinguent ce poëte. Il a dans son âme un idéal qui l'enflamme, et son ardent amour de la vérité va chercher dans les paisibles vallées des Alpes cette innocence des premiers âges que le monde ne connaît plus. Sa plainte est profondément touchante ; il retrace, dans une satire énergique et presque amère, les égarements de l'esprit et du cœur, et avec amour la belle simplicité de la nature. Seulement, dans ses tableaux, l'abstraction est partout trop prédominante, de même que, dans son âme, l'entendement prime la sensibilité. Constamment il *enseigne* plus qu'il ne *peint*, et, dans ses peintures même, son pinceau est plus énergique qu'aimable. Il est grand, hardi, plein de feu, sublime; mais il atteint rarement, il n'atteint jamais peut-être à la beauté.

Pour la solidité et la profondeur des idées, Kleist est de beaucoup inférieur à Haller : pour la grâce, peut-être aurait-il l'avantage, si toutefois, comme il arrive de temps en temps, nous ne lui imputons pas d'un côté comme un mérite ce qui lui manque de l'autre. L'âme sensible de Kleist jouit surtout avec délices de la vue des scènes et des mœurs champêtres; il se dérobe avec joie au vain bruit de la société, et trouve dans le sein de la nature inanimée l'harmonie et la paix, que ne lui offre plus le monde moral. Combien elle est touchante son *Aspiration au repos*[1] ! que de vérité, que de sentiment dans ces vers!

> O monde, tu es le tombeau de la véritable vie.
> Souvent un généreux instinct m'attire vers la vertu;
> Mon cœur est triste, un ruisseau de larmes baigne mes joues;
> Mais l'exemple l'emporte, et toi, feu de la jeunesse !
> Bientôt vous séchez ces nobles larmes.
> Un homme digne de ce nom doit vivre loin des hommes!

Mais si l'instinct poétique de Kleist le mène ainsi loin du cercle étroit des relations sociales, dans la solitude et parmi les fécondes inspirations de la nature, l'image de la vie sociale et de ses angoisses le poursuit, et aussi ses chaînes, hélas! Ce qu'il fuit, il le porte en lui-même, et ce qu'il cherche reste éternellement hors de lui : jamais il ne peut triompher de l'influence fatale de son siècle. En vain trouve-t-il assez de flamme dans son cœur, assez d'énergie dans son imagination, pour animer par la peinture les froides conceptions de l'entendement : la froide pensée, à chaque fois, tue les vivantes créations de la fantaisie, et la réflexion détruit l'œuvre mystérieuse de la sensibilité. Sa poésie, il faut le reconnaître, est d'un coloris aussi brillant, aussi varié que le printemps qu'il a chanté; son imagination est vive et active; mais on pourrait dire qu'elle est plus mobile que riche, qu'elle se joue plutôt qu'elle ne crée, qu'elle va toujours

---

1. Voyez, dans les œuvres de Kleist, la pièce ainsi intitulée. (*Note de Schiller.*)

en avant d'une marche inquiète, plutôt qu'elle ne s'arrête pour amasser et façonner. Les traits se succèdent avec rapidité, avec exubérance, mais sans se concentrer pour former un individu, sans se compléter pour faire un tout vivant, sans se grouper en une figure. Tant qu'il reste dans la poésie purement lyrique, tant qu'il s'arrête aux peintures champêtres, d'une part la liberté plus grande de la forme lyrique, de l'autre la nature plus arbitraire du sujet, nous empêchent d'être frappés de ce défaut : dans ces sortes d'ouvrages, ce sont, en général, les sentiments du poëte, plutôt que l'objet lui-même, dont nous attendons la peinture. Mais ce défaut ne devient que trop sensible lorsqu'il s'avise, comme dans *Cisside et Pachès*, ou dans son *Sénèque*, de représenter des hommes et des actions humaines, parce qu'ici l'imagination se voit contenue dans de certaines bornes fixes et nécessaires, et qu'on ne peut plus tirer l'effet poétique que de *l'objet* même. Ici, Kleist devient pauvre, ennuyeux, maigre et d'une insupportable froideur : exemple plein d'enseignements pour tous ceux qui, sans avoir la vocation intime, prétendent sortir de la poésie *musicale* pour s'élever jusqu'aux régions de la poésie *plastique*. Un esprit de la même famille, Thomson, a payé le même tribut à l'infirmité humaine.

Dans le genre sentimental, et surtout dans cette partie du genre sentimental que nous nommons élégiaque, il y a peu de poëtes modernes, et encore moins de poëtes anciens, qui se puissent comparer à notre Klopstock. Tout ce à quoi l'on peut atteindre hors des limites de la forme vivante et hors de la sphère de l'individualité, dans la région des idées, la poésie musicale[1] l'a produit chez ce poëte. Ce serait sans doute lui faire une grande injustice que de lui contester absolument cette

---

1. Poésie *musicale* : je me sers de ce terme pour appeler l'attention sur la double parenté qui unit la poésie, d'une part aux arts musicaux, de l'autre aux arts plastiques. Selon que la poésie se propose de représenter un *objet* déterminé, comme font les arts plastiques, ou qu'elle se borne à produire en nous, comme la musique, un certain *état de l'âme*, sans avoir besoin pour cela d'un objet déterminé, on peut nommer la poésie plastique ou musicale. Ainsi, cette dernière qualification ne se rapporte pas seulement à ce qui, dans la poésie, appartient proprement et matériellement à la musique ; mais, en général, à tous les effets qu'elle peut produire dans nos âmes sans enfermer l'imagination dans les bornes d'un objet déterminé ; et c'est en ce sens que j'appelle par excellence Klopstock un poëte musical. (*Note de Schiller.*)

vérité individuelle et ce sentiment de la vie que le poëte naïf répand dans ses peintures. Beaucoup de ses odes, plusieurs traits isolés, soit de ses drames, soit de sa *Messiade*, représentent l'objet avec une vérité frappante, et en marquent admirablement les contours : surtout lorsque l'objet n'est autre que son propre cœur, il a fait preuve, en mainte occasion, d'un grand naturel et d'une naïveté charmante. Je veux dire seulement que ce n'est pas en cela que consiste la force *propre* de Klopstock, et qu'il ne faudrait peut-être pas chercher cette qualité dans toute son œuvre poétique. Autant la *Messiade* est une création magnifique au point de vue de la poésie *musicale* (on sait maintenant ce que j'entends par ce terme), autant, au point de vue de la poésie *plastique*, là où l'on attend des formes déterminées, et *déterminées pour l'intuition*, autant, dis-je, la *Messiade* laisse à désirer encore. Peut-être, dans ce poëme, les figures sont-elles suffisamment déterminées, mais elles ne le sont point assez en vue de l'intuition. C'est l'abstraction seule qui les a créées, et l'abstraction seule les peut discerner. Ce sont d'excellents *types* pour exprimer des idées, mais ce ne sont point des individus, ni des figures vivantes. Quant à l'imagination, à laquelle pourtant doit s'adresser le poëte, et qu'il doit dominer en lui proposant toujours des formes parfaitement déterminées, on la laisse ici beaucoup trop libre de se représenter comme elle le voudra ces hommes et ces anges, ces divinités et ces démons, ce paradis et cet enfer. Je vois bien là de vagues contours où devra se renfermer l'entendement pour concevoir ces personnages ; mais je n'y trouve point la limite nettement tracée où devra se renfermer l'imagination pour les représenter. Et ce que je dis ici des caractères, doit s'appliquer à tout ce qui, dans ce poëme, est ou devrait être de l'action et de la vie, et non pas seulement dans cette épopée, mais aussi dans les poésies dramatiques de Klopstock. Pour l'entendement, tout y est parfaitement déterminé et limité (il me suffit de rappeler ici son Judas, son Pilate, son Philon ; son Salomon dans la tragédie qui porte ce titre) ; mais pour l'imagination, tout cela manque beaucoup trop de forme, et il faut bien que je l'avoue, je ne trouve point du tout que notre poëte soit ici dans sa sphère.

Sa sphère, c'est toujours le royaume des idées : et il sait élever à l'infini tout ce qu'il touche. On pourrait dire qu'il dépouille de leur enveloppe corporelle, pour les spiritualiser, tous les objets dont il s'occupe, de même que les autres poëtes habillent d'un corps tout ce qui est spirituel. Le plaisir que donnent ses poésies s'obtient presque toujours par un exercice de la faculté de réflexion ; les sentiments qu'il sait éveiller en nous, et si profondément, si énergiquement, découlent toujours de sources supra-sensibles. De là le sérieux, la force, l'élan, la profondeur, qui caractérisent tout ce qui vient de lui ; mais de là aussi cette perpétuelle tension d'esprit où nous tient sa lecture. Aucun poëte (à l'exception peut-être de Young, qui, de ce côté, exige encore plus que lui, sans nous en dédommager comme lui), aucun poëte ne pourrait moins convenir que Klopstock au rôle d'auteur favori et de guide dans la vie, parce qu'il ne fait jamais que nous conduire hors de la vie, parce qu'il n'appelle jamais sous les armes que l'esprit, sans récréer et refaire la sensibilité par la calme présence d'aucun objet. Sa Muse est chaste, elle n'a rien de terrestre, elle est immatérielle et sainte comme sa religion ; et l'on est forcé de reconnaître avec admiration que, s'il s'égare parfois sur ces hauteurs, jamais il ne lui est arrivé d'en tomber. Mais précisément pour cette raison, je confesse en toute ingénuité que je ne suis pas sans inquiétude pour le bon sens de ceux qui vont tout de bon et sans affectation prendre Klopstock pour leur livre de chevet, pour un livre où l'on puisse trouver des sentiments pour toute situation, ou auquel on puisse revenir de quelque situation que l'on sorte ; peut-être même, je le soupçonne, a-t-on vu en Allemagne assez de fruits de sa dangereuse influence. Ce n'est que dans certaines dispositions de l'âme, et aux heures d'exaltation, que l'on peut rechercher Klopstock et le bien sentir ; c'est pour cela aussi qu'il est l'idole de la jeunesse, sans être pourtant, il s'en faut bien ! le choix le plus heureux qu'elle pût faire. La jeunesse qui aspire toujours au delà de la vie réelle, qui fuit toute forme arrêtée, et trouve toutes limites trop étroites, se laisse emporter avec amour, avec délices, dans les espaces infinis que lui ouvre ce poëte. Mais attendez que le jeune homme soit devenu un homme, et que, du domaine des idées, il revienne au monde de l'expérience, vous verrez décroître, et de beaucoup, cet amour enthousiaste pour Klopstock, sans toutefois que l'âge altère en rien l'estime qui est due à ce phénomène unique, à ce génie si extraordinaire, à ces sentiments si nobles, l'estime que l'Allemagne, en particulier, doit à ce mérite éminent.

J'ai dit que ce poëte était grand par excellence dans le genre élégiaque, et il est à peine besoin de confirmer ce jugement en entrant dans le particulier. Capable d'exercer toute espèce d'action sur les cœurs, et passé maître pour tout ce qui tient à la poésie sentimentale, il peut tantôt ébranler les âmes par le pathétique le plus élevé, tantôt les bercer de sensations douces et célestes ; pourtant son cœur se laisse aller de préférence à une mélancolie inspirée et féconde ; et, quelque sublimes que soient les sons de sa harpe et de sa lyre, ce sont toujours les tendres accents de son luth qui retentissent avec le plus de vérité et d'émotion profonde. J'en prends à témoin tous ceux dont l'âme est pure et sensible : ne donneraient-ils pas tous les endroits où Klopstock est fort, hardi, toutes les fictions, toutes les descriptions magnifiques, tous les modèles d'éloquence, qui abondent dans la *Messiade*, toutes ces comparaisons éclatantes où excelle notre poëte, ne les donneraient-ils pas pour ces pages où respire la tendresse, l'*Élégie à Ebert*, par exemple, ou bien cette admirable poésie intitulée *Bardale*, ou encore les *Tombes ouvertes avant l'heure*, la *Nuit d'Été*, le *Lac de Zurich*, et mainte autre pièce de ce genre? De même la *Messiade* m'est chère comme un trésor de sentiments élégiaques et de peintures idéales, bien qu'elle me satisfasse peu comme récit d'une action et comme œuvre épique.

Je devrais peut-être, avant de quitter ce domaine, rappeler les mérites en ce genre d'Uz, Denis, Gessner (dans sa *Mort d'Abel*), Jacobi, de Gerstenberg, Hölty, de Göckingk, et de plusieurs autres, qui tous ont su toucher par des idées, et dont les poésies appartiennent au genre sentimental dans le sens où nous sommes convenus d'entendre ce mot. Mais mon but n'est point ici d'écrire une histoire de la poésie allemande ; je n'ai voulu qu'éclaircir ce que j'ai dit plus haut, par quelques exemples empruntés à notre littérature. J'ai voulu montrer que les poëtes anciens et les poëtes modernes, les auteurs de poésie naïve et de poésie sentimentale, suivent des chemins essentiellement différents, pour arriver au même but; que les uns émeuvent par la nature, l'individualité, la *sensibilité* toute vive, tandis que les autres, au moyen des idées et d'une haute *spiritualité*, exercent sur notre âme une action tout aussi puissante, quoique moins étendue.

On a vu, par les exemples qui précèdent, comment la poésie sentimentale conçoit et traite les sujets pris de la nature : on serait peut-être curieux de savoir aussi comment la poésie naïve traite un sujet de l'ordre sentimental. Question absolument neuve, à ce qu'il semble, et d'une difficulté toute particulière; car, avant tout, s'est-il jamais présenté un *sujet de l'ordre senti-mental* aux époques primitives et naïves? et dans les âges modernes, où est le *poëte naïf* avec qui nous pourrions faire cette expérience? Eh bien, cela n'empêche pas que le génie ne se soit posé ce problème et ne l'ait résolu avec un bonheur merveilleux. Un caractère qui, avec une sensibilité ardente, embrasse l'idéal et fuit la réalité, pour s'élever à un infini sans existence; toujours occupé à chercher hors de soi ce qu'il détruit incessamment au dedans de soi; un esprit qui ne trouve de réalité que dans ses rêves, et pour qui les réalités de la vie ne sont que bornes et entraves; qui enfin ne voit dans sa propre existence qu'une barrière et va comme de raison jusqu'à forcer cette barrière même, afin de pénétrer jusqu'à la réalité véritable: un tel esprit, ce périlleux extrême du caractère sentimental, est devenu la matière que s'est proposée un poëte, dans l'âme duquel la nature agit d'une action plus pure et plus fidèle que dans pas une autre, et qui est peut-être aussi de tous les poëtes modernes celui qui s'écarte le moins de la vérité sensible des choses.

Il est intéressant de voir avec quel heureux instinct tout ce qui est de nature à alimenter l'esprit sentimental se trouve ramassé dans *Werther* : un amour rêveur et malheureux, un sentiment très-vif de la nature, le sens religieux joint à l'esprit de contemplation philosophique, enfin, et pour ne rien omettre, le monde d'Ossian, sombre, informe, mélancolique. Ajoutez à cela l'aspect sous lequel se présente le contraste de la réalité,

tout ce qu'il y a de moins propre à la faire aimer, ou plutôt tout
ce qu'il y a de plus propre à la faire haïr ; voyez comme toutes
les circonstances extérieures se réunissent pour repousser l'infortuné dans son monde idéal : on comprend alors qu'il était de
toute impossibilité qu'un caractère ainsi fait pût se sauver et
sortir du cercle où il était enfermé. Le même contraste revient
dans le *Torquato Tasso* du même poëte, bien que les caractères
soient tout différents. Il n'est pas jusqu'à son dernier roman[1],
où l'on ne rencontre, ainsi que dans le premier, cette opposition
entre l'esprit poétique et le sens commun des gens positifs,
entre l'idéal et le réel, entre la façon subjective et la façon objective de voir et de se représenter les choses : c'est la même
opposition, dis-je, mais avec quelle diversité ! Dans *Faust* même,
nous trouvons encore ce contraste, rendu il est vrai, le sujet
le voulait ainsi, bien plus grossièrement des deux parts, et ma-
térialisé. Il vaudrait bien la peine qu'on tentât une explication
psychologique de ce caractère, personnifié et spécifié de quatre
manières si différentes.

On a fait observer plus haut qu'une simple disposition à la
légèreté d'esprit, à la bonne humeur, s'il ne s'y joint dans
l'âme même un certain fonds d'idéal, ne suffisait pas à constituer une vocation de poëte satirique, bien qu'en général on
fasse volontiers cette confusion : de même, une simple disposition aux sentiments tendres, la mollesse du cœur et la mélancolie, ne suffisent point à constituer une vocation pour l'élégie.
Ni d'un côté ni de l'autre je ne puis reconnaître le véritable
talent poétique : il y manque l'essentiel, je veux dire ce principe
énergique et fécond qui doit animer le sujet et produire le beau
véritable. Aussi les productions de ce dernier genre, du genre
tendre, ne font-elles que nous énerver ; et, sans réconforter le
cœur, sans occuper l'esprit, elles ne vont qu'à flatter en nous
la nature sensible. Une disposition constante à cette façon de
sentir, finit nécessairement, à la longue, par amollir le caractère et le fait tomber dans un état de passivité d'où rien de
réel ne peut sortir ni pour la vie extérieure ni pour la vie

---

1. La première partie de *Wilhelm Meister*, dont Goethe communiquait au fur
et à mesure le manuscrit à Schiller.

intérieure. On a donc parfaitement fait de poursuivre par d'impitoyables railleries cette fatale manie de *sentimentalité*[1] et de *mélancolie larmoyante* qui s'empara de l'Allemagne il y a quelque dix-huit ans, à la suite de certains ouvrages excellents, mais qui furent mal compris et indiscrètement imités : on a bien fait, dis-je, de combattre ce travers, quoique l'indulgence avec laquelle on est disposé à recevoir les parodies de ces caricatures élégiaques (parodies qui ne valent guère mieux), la complaisance pour les mauvais plaisants, pour la satire sans cœur et la jovialité sans esprit[2], fassent voir assez clairement que ce zèle contre la sensiblerie ne part pas d'une source absolument pure. Dans la balance du vrai goût, l'un ne peut pas peser plus que l'autre, attendu qu'il manque ici et là ce qui fait la valeur esthétique d'une œuvre d'art, l'union intime de l'esprit avec la matière et le double rapport de l'œuvre avec la faculté de sentir comme avec la faculté de l'idéal.

On s'est moqué de *Siegwart* et de son histoire de couvent[3], et l'on admire les *Voyages dans le midi de la France*[4] : l'une et l'autre production cependant ont tout autant de droits à être estimées en un certain sens, et tout aussi peu de droits à être louées sans réserve. Une sensibilité vraie, quoique excessive, donne du prix au premier de ces romans : une humeur vive et légère, un esprit fin, recommandent l'autre; mais l'un manque absolument de la sobriété d'esprit qui y conviendrait, et l'autre de toute dignité esthétique. Si vous consultez l'expérience, l'un est quelque peu ridicule; si vous songez à l'idéal, l'autre est presque

---

1. M. Adelung définit la sentimentalité : « une disposition à éprouver des sentiments doux et tendres *sans aucun but raisonnable* et sans mesure. » Heureux M. Adelung, qui n'éprouve d'émotions qu'autant qu'il a un but, et, qui plus est, un but raisonnable ! (*Note de Schiller.*)

2. Soit dit sans troubler le méchant plaisir de certains lecteurs; et qu'importe après tout à la critique qu'il y ait des gens pour s'édifier et s'amuser des facéties ordurières de M. Blumauer? Mais nos aristarques au moins devraient s'abstenir de mentionner avec une sorte d'estime des productions dont l'existence même devrait bien rester un secret pour les gens de goût. Je ne nie pas qu'il ne puisse y avoir là du talent et de l'enjouement; mais raison de plus pour déplorer qu'on en fasse un usage si impur. Je ne parle point de nos comédies allemandes : les poètes peignent le temps où ils vivent. (*Note de Schiller.*)

3. *Siegwart*, roman de J. M. Miller, publié à Ulm en 1776.

4. *Le Voyage dans les provinces méridionales de la France*, par M. A. de Thümmel, parut à Leipzig, de 1791 à 1805.

méprisable. Or, la véritable beauté devant nécessairement être d'accord et avec la nature et avec l'idéal, il est clair que ni l'un ni l'autre de ces deux romans ne saurait prétendre à passer pour un bel ouvrage. Et, malgré tout, il est naturel que le roman de Thümmel se fasse lire avec beaucoup de plaisir. cela doit être, et je le sais par expérience. Il ne blesse en effet que ces exigences qui ont leur principe dans l'idéal, et qui par conséquent n'existent pas pour la plupart des lecteurs; qui, même chez les plus délicats, ne se font pas entendre à ces heures où on lit des romans : quant aux autres besoins de l'esprit, et aux besoins des sens surtout, ce livre leur donne au contraire une satisfaction peu commune; il doit donc être, il restera à bon droit, un des livres favoris de notre temps et de toutes les époques où l'on n'écrit des œuvres esthétiques que pour plaire, où l'on ne lit que pour se procurer un plaisir.

Mais la littérature poétique n'offre-t-elle pas aussi, même dans ses monuments classiques, quelques exemples analogues d'atteintes portées à l'idéal, à sa pureté supérieure? N'y en a-t-il pas qui, par leur sujet tout grossier et tout sensuel, semblent s'éloigner étrangement de ce spiritualisme que je demande ici à toute œuvre d'art? Ce que le poëte peut se permettre, lui, le chaste nourrisson des Muses, ne devrait-il pas être accordé au romancier, qui n'est que le demi-frère du poëte, et qui touche encore par tant de points à la terre? Je puis d'autant moins éluder ici cette question, qu'il y a des chefs-d'œuvre, aussi bien dans le genre élégiaque que dans le genre satirique, où l'on cherche et recommande une nature tout autre que celle dont il est question dans cet Essai, et où l'on a l'air de la défendre non pas tant contre les mauvaises mœurs que contre les bonnes. La conclusion serait ou qu'il faut rejeter ces sortes de poëmes, ou qu'en traçant ici l'idée de la poésie élégiaque, nous aurions beaucoup trop donné à l'arbitraire.

Ce que le poëte, disais-je, peut se permettre, faudrait-il ne le point tolérer chez un conteur en prose ? La réponse est contenue dans la question. Ce que l'on accorde au poëte ne prouve rien pour celui qui n'est pas poëte. Cette tolérance, en effet, repose sur l'idée même que nous devons nous faire du poëte, et seulement sur cette idée : ce qui chez lui est une liberté légitime, n'est qu'une licence digne de mépris , dès qu'elle ne prend plus sa source dans l'idéal, dans ces nobles et hautes inspirations qui font le poëte.

Les lois de la décence sont étrangères à la nature innocente : l'expérience de la corruption leur a seule donné naissance. Mais une fois que cette expérience a été faite, et que l'innocence naturelle a disparu des mœurs, ces lois désormais sont des lois sacrées que l'homme qui a le sens moral ne doit pas enfreindre. Elles règnent dans un monde artificiel du même droit que les lois de la nature dans l'innocence des premiers âges. Mais à quel caractère reconnaît-on le poëte? Précisément à ce qu'il fait taire dans son âme tout ce qui rappelle un monde artificiel , et qu'il fait revivre en lui la nature même avec sa simplicité primitive. Du moment qu'il a fait cela , il est affranchi, par cela seul, de toutes les lois par lesquelles un cœur dépravé s'assure contre lui-même. Il est pur, il est innocent, et tout ce qui est permis à la nature innocente lui est également permis. Mais vous qui le lisez, ou l'écoutez, si vous avez perdu votre innocence , et si vous êtes incapables de la retrouver, fût-ce pour un moment, au contact purifiant du poëte, c'est *votre* faute, et non la sienne; que ne le laissez-vous-là ! ce n'est pas pour vous qu'il a chanté !

Voici donc, en ce qui touche ces sortes de libertés, les règles que nous pouvons établir.

Disons d'abord que la *nature* seule peut justifier ces licences ; d'où il suit que l'on ne saurait légitimement s'y porter par choix, ni avec un parti pris d'imitation ; la volonté, en effet, doit toujours se diriger selon les lois de la morale, et de sa part, toute condescendance pour la sensualité est absolument impardonnable. Il faut donc que ces licences soient, avant tout, de la *naïveté*. Mais comment nous convaincre qu'elles soient en effet naïves? Nous les tiendrons pour telles si nous les voyons accompagnées et soutenues de toutes les autres circonstances qui ont pareillement leur raison d'être dans la nature; car la nature ne se reconnaît qu'à l'étroite et rigoureuse conséquence, à l'unité , à l'uniformité de ses effets. Ce n'est qu'à une âme qui a horreur en toute occasion de toute espèce d'artifice, et qui, par conséquent, le rejette aussi là où il lui serait utile, c'est à celle-là seulement que nous permettons de s'en affranchir là où les conventions artificielles la gênent et l'entravent : un cœur qui se soumet à toutes les obligations de la nature a seul le droit de profiter aussi des libertés qu'elle autorise. Tous les autres sentiments de ce cœur-là devront par conséquent porter l'empreinte de la nature : il sera vrai, simple, libre, franc, sensible et droit; tout déguisement, toute ruse, toute fantaisie arbitraire, toute petitesse d'égoïsme, seront bannis de son caractère, et vous n'en verrez pas trace dans ses écrits.

Seconde règle : la *belle* nature peut seule justifier des libertés de ce genre ; d'où il suit qu'elles ne doivent pas être l'éruption exclusive des appétits ; car tout ce qui procède uniquement des besoins de la nature sensible, est méprisable. C'est donc de tout l'ensemble et de la plénitude de la nature humaine que doivent partir aussi ces vives manifestations. Il faut que nous y retrouvions l'*humanité*. Mais comment juger qu'elles procèdent en effet de notre nature tout entière, et non pas seulement d'un besoin exclusif et vulgaire de la sensibilité? Il faut pour cela que nous voyions, qu'on nous représente ce tout dont elles forment un trait particulier. Cette disposition de l'âme à éprouver les impressions de la sensibilité est en soi chose innocente et indifférente. Elle ne messied à un homme, que parce que, lui étant commune avec les animaux, elle accuse en lui l'absence de la véritable, de la parfaite humanité; elle ne nous choque dans un poëme que parce qu'une telle œuvre ayant la prétention de nous plaire, l'auteur semble par conséquent nous croire capables, *nous aussi*, de cette infirmité morale. Mais, lorsque nous voyons dans l'homme qui s'y est laissé entraîner par surprise, tous les autres caractères qu'embrasse la nature humaine en général, lorsque nous trouvons, dans l'œuvre où l'on a pris de ces libertés, l'expression de toutes les réalités de la nature humaine, ce motif de mécontentement disparaît, et nous pouvons jouir, sans que rien altère notre joie, de cette naïve expression d'une vraie et belle nature. Par conséquent, ce même poëte qui ose se permettre de nous associer à des sentiments si bassement humains, doit savoir, d'un autre côté, nous élever à tout ce qu'il y a de grand, de beau, de sublime dans notre nature.

Nous aurions donc trouvé là une mesure à laquelle nous pourrions soumettre avec confiance le poëte qui entreprend sur la décence, et qui ne craint pas de pousser jusque-là pour peindre librement la nature. Son œuvre est commune, basse, absolument inexcusable, du moment qu'elle est *froide*, et du moment qu'elle est *vide*, parce que cela montre un parti pris, un besoin vulgaire, un appel malsain à nos appétits. Son œuvre, au contraire, est belle et noble, et nous devons y applaudir sans aucun égard à toutes les objections de la froide décence, dès que nous y reconnaissons la naïveté, l'alliance de la nature spirituelle et du cœur [1].

On me dira peut-être que, si nous adoptons ce criterium, la plupart des récits de ce genre composés par les Français, et les meilleures imitations qu'on en a faites en Allemagne, n'y trouveraient peut-être pas leur compte, et qu'il en pourrait bien être de même, au moins en partie, de beaucoup de productions de notre poëte le plus spirituel et le plus aimable [2], sans même excepter ses chefs-d'œuvre. A cela, je n'aurais rien à répondre. La sentence, après tout, n'est rien moins que nouvelle, et je ne fais que donner la raison du jugement porté depuis longtemps, sur cette matière, par tous les hommes d'un sens délicat. Mais ces mêmes principes qui, appliqués aux ouvrages dont je viens de parler, semblent peut-être d'un rigorisme par trop sévère, pourraient bien aussi être trouvés un peu trop indulgents, appliqués à quelques autres ouvrages. Je ne nie pas, en effet, que les mêmes raisons qui me font tenir pour absolument inexcusables les dangereuses peintures de l'Ovide romain et de l'Ovide allemand, celles d'un Crébillon, d'un Voltaire, de Marmontel (qui prétend écrire des contes *moraux!*), de Laclos

---

1. Je dis *et du cœur*, parce que la vivacité purement sensible de la peinture, et toute la plénitude, toute l'exubérance d'imagination qu'on y peut mettre, ne suffisent point à en faire une peinture naïve. Voilà pourquoi *Ardinghello* [*], malgré toute l'énergie sensuelle qui y règne, et toute la force du coloris, n'est jamais qu'une caricature brutale, sans vérité comme sans valeur esthétique. Toutefois cette étrange production restera comme un remarquable exemple de l'essor presque poétique que l'*appétit* sensuel est, *à lui seul*, capable de prendre. (*Note de Schiller.*)

2. Wieland, qu'il nommera tout à l'heure l'*Ovide allemand*.

* *Ardinghello ou les Iles fortunées*, par J. J. W. Heinse (Liepzig, 1787).

et de beaucoup d'autres, que ces mêmes raisons, dis-je, ne me réconcilient avec les Élégies du Properce romain et du Properce allemand[1], voire même avec plusieurs productions décriées de Diderot. C'est que les premiers de ces ouvrages ne sont que spirituels, prosaïques et voluptueux, tandis que les autres sont poétiques, humains et naïfs[2].

[1]. L'auteur fait allusion aux *Élégies* de Goethe insérées dans le 6ᵉ cahier des *Heures* de 1795.

[2]. Puisque je mets l'immortel auteur d'*Agathon*, d'*Oberon*, etc., en cette compagnie, je dois déclarer expressément que je ne veux nullement qu'il soit confondu avec elle. Ses peintures même les plus hardies en ce genre n'ont point une tendance matérielle, comme s'est permis de le dire, il y a peu de temps, un de nos critiques du jour, tant soit peu irréfléchi. L'auteur d'*Amour pour Amour*, et de tant d'autres ouvrages naïfs et pleins d'originalité, qui tous offrent les caractères les plus prononcés d'une âme belle et noble, ne peut avoir une telle tendance. Mais on le dirait poursuivi par un malheur tout particulier : c'est que de telles peintures paraissent rendues nécessaires par le plan de ses compositions. C'est l'entendement même, qui de sang-froid a conçu le plan, qui a exigé de lui ces licences, et sa propre sensibilité me paraît si éloignée d'y prendre goût, que je crois toujours reconnaître, dans l'exécution même, le travail de l'entendement, du sens froid et rassis. Et c'est précisément cette froideur dans l'exposition qui fait juger le plus sévèrement ces licences, la naïveté de ces sortes de peintures étant la seule chose qui les puisse justifier au point de vue esthétique, comme au point de vue moral. Quant à savoir s'il est permis au poëte, lorsqu'il conçoit son plan, de s'exposer à courir un semblable danger dans l'exécution, et, en général, si l'on peut considérer comme un plan véritablement poétique celui qui ne peut être exécuté (je veux bien l'accorder) sans blesser le chaste sentiment du poëte aussi bien que du lecteur, sans arrêter leurs regards sur des objets qui révoltent une sensibilité délicate et épurée : c'est une question que je ne prends pas sur moi de résoudre, et sur laquelle je serais bien aise d'entendre un jugement sensé. (*Note de Schiller*)

IDYLLE.

Il me reste encore à dire quelques mots de cette troisième espèce de poésie sentimentale, quelques mots sans plus, car je me réserve d'en parler, dans un autre temps, avec les développements que réclame particulièrement la matière[1].

Représenter poétiquement l'humanité au temps de son innocence et de sa félicité première, telle est l'idée générale de cette sorte de poésie. Cette innocence et cette félicité paraissant in-

---

1. Je dois rappeler encore une fois que la satire, l'élégie et l'idylle, telles que je les considère ici, c'est-à-dire comme les trois seules formes possibles de poésie sentimentale, n'ont de commun avec les trois genres poétiques particulièrement connus sous ces noms, que la façon de sentir qui est également propre à celles-là et à ceux-ci. Quant à prouver que, hors du domaine de la poésie naïve, il ne peut y avoir que ces trois manières de sentir, et ces trois sortes de poésie : que par conséquent cette division embrasse bien tout le champ de la poésie sentimentale : c'est ce qu'on peut déduire aisément de la définition que nous en avons donnée.

La poésie sentimentale, en effet, se distingue de la poésie naïve en ce qu'au lieu de s'arrêter à l'état réel comme celle-ci, elle le rapporte à un idéal, et en ce qu'elle applique l'idéal à la réalité. Il s'ensuit, comme il a été déjà remarqué plus haut, qu'elle a toujours affaire, dans le même temps, à deux objets opposés, à l'idéal et à l'expérience, entre lesquels il ne se peut concevoir que trois sortes de rapports, pas un de plus, pas un de moins. Ou bien nous sommes particulièrement frappés de la *contradiction* entre l'idéal et l'état réel ; ou bien, c'est de leur *accord* ; ou bien enfin, nous sommes partagés entre l'une et l'autre impression. Dans le premier cas, notre âme est satisfaite par la vivacité de la lutte intérieure, *par le mouvement énergique;* dans le second, par l'harmonie de la vie intérieure, par le *calme énergique;* dans le troisième cas, il y a *alternative* de lutte et d'harmonie, de mouvement et de repos. Ce triple état de sensibilité donne lieu à trois différentes sortes de poésie, auxquelles répondent parfaitement les trois termes en usage : *satire, idylle* et *élégie*, à la condition seulement qu'on veuille bien ne penser qu'à une chose, à la disposition d'esprit où nous transporte chacune des formes poétiques qui se présentent sous ces dé-

compatibles avec la vie factice du grand monde et avec un certain degré de culture ou de raffinement, les poëtes ont transporté le théâtre de l'idylle loin du tumulte des cités, au sein de la vie simple des bergers; ils lui ont marqué sa place *aux temps qui précédèrent les premiers jours de la civilisation,* à l'enfance même de l'humanité. Mais on comprend parfaitement que ce théâtre et cette date sont choses tout accidentelles, et qu'il ne faut pas y voir le but même de l'idylle, mais bien seulement le moyen le plus naturel d'atteindre ce but. Ce but, ce n'est jamais que de représenter l'homme dans un état d'innocence, c'est-à-dire dans un état d'harmonie et de paix avec lui-même comme avec la nature extérieure.

Mais un pareil état ne se rencontre pas seulement avant l'aurore de la civilisation; c'est aussi l'état où aspire la civilisation, comme à sa fin dernière, pour peu qu'elle obéisse dans son progrès à une tendance déterminée. L'idée d'un état semblable et la croyance à la réalité possible de cet état, est la seule chose qui puisse réconcilier l'homme avec tous les maux où il est exposé dans la voie de la civilisation; et si cette idée n'était qu'une

nominations, et faire abstraction des moyens dont elles se servent pour la produire.

Si donc on venait après cela me demander auquel de ces trois genres je rapporte l'épopée, le roman, la tragédie, etc., c'est qu'on ne m'aurait pas du tout compris. En effet, l'idée de l'épopée, du roman, etc., en tant que *formes particulières de poésie,* ne peut être en aucune façon déterminée; ou du moins elle ne le peut être que par la manière de sentir : chacun sait que ces sortes d'ouvrages peuvent être exécutés dans plus d'une disposition d'esprit, et, par conséquent, appartenir à plusieurs des genres de poésie que j'ai établis.

Je remarquerai en finissant que, si l'on veut bien considérer la poésie sentimentale, et cela est juste, comme un genre légitime (et non pas seulement comme un genre bâtard), que si l'on veut y voir une extension de la véritable poésie, il faudra bien aussi en tenir quelque compte lorsqu'il s'agira, soit de déterminer les différentes sortes de poésie, soit, plus généralement, d'établir les lois de la poétique, qui repose encore exclusivement sur l'exemple et la tradition des poëtes anciens et naïfs. Le poëte sentimental se sépare du poëte naïf par des points trop essentiels, pour que les formes introduites par ce dernier puissent partout lui être appliquées sans contrainte. Sans doute, il est difficile dans cette matière de distinguer toujours bien exactement les exceptions que réclame la diversité du genre, des expédients que se permet l'impuissance; mais enfin, l'expérience nous apprend que, sous les mains du poëte sentimental (et des plus excellents de cette famille), il n'est pas un genre de poésie qui soit demeuré tout à fait semblable à ce qu'il était chez les anciens; et que, sous les noms anciens, on a souvent exécuté des œuvres qui appartiennent à des genres tout nouveaux. (*Note de Schiller.*)

chimère, les plaintes de ceux qui accusent la vie civile et la culture de l'intelligence comme un mal que rien ne compense, et qui se représentent cet ancien état de nature, auquel nous avons renoncé, comme le véritable but de l'humanité, leurs plaintes, dis-je, seraient parfaitement fondées. Il importe donc infiniment à l'homme engagé dans les voies de la civilisation de voir confirmer d'une manière sensible la croyance que cette idée se peut accomplir dans le monde des sens, que cet état d'innocence peut y être réalisé; et comme l'expérience réelle, loin d'entretenir cette croyance, est plutôt faite pour la contredire sans cesse, la poésie vient ici, comme dans beaucoup d'autres cas, en aide à la raison, pour faire passer cette idée à l'état d'idée intuitive, et pour la réaliser dans un fait particulier.

Sans doute cette innocence de la vie pastorale est aussi une idée poétique, et par conséquent l'imagination en cela a dû témoigner déjà de sa vertu créatrice; mais outre que le problème, avec cette donnée, devenait infiniment plus simple et plus facile à résoudre, n'oublions pas que les éléments de ces peintures se trouvaient déjà dans la vie réelle, et qu'il ne s'agissait plus que de recueillir ces traits isolés pour en former un tout. Sous un beau ciel, dans une société primitive, où toutes les relations sont encore simples, où la science se borne à si peu de chose, la nature est satisfaite à peu de frais, et l'homme ne tourne au sauvage que lorsqu'il est tourmenté par le besoin. Tous les peuples qui ont une histoire ont un paradis, un âge d'innocence, un âge d'or. Je dis plus : tout homme a son paradis, son âge d'or, dont il se souvient avec plus ou moins d'enthousiasme, suivant qu'il est d'une nature plus ou moins poétique. Ainsi l'expérience fournit elle-même assez de traits à cette peinture que l'idylle pastorale exécute. Mais cela n'empêche pas l'idylle pastorale de rester toujours une belle et encourageante fiction, et le génie poétique, en retraçant ces peintures, a travaillé en réalité pour l'idéal. Car, pour l'homme qui s'est une fois écarté de la simple nature et qui a été abandonné à la conduite de ce dangereux guide, il est de la dernière importance de retrouver les lois de la nature exprimées dans un exemplaire fidèle, d'en contempler l'image dans un miroir pur, et de rejeter, à ce spectacle, toutes les souillures de la vie artificielle. Il y a toutefois une circonstance qui diminue singulièrement la valeur esthétique de ces sortes de poésies. Par cela même que l'idylle se transporte *au temps qui précéda la civilisation*, elle échappe bien aux inconvénients de la civilisation, mais elle en perd aussi les avantages, et, par sa nature, elle se trouve nécessairement en opposition avec elle. Ainsi, au sens *théorique*, elle nous ramène en arrière, en même temps qu'au sens *pratique* elle nous pousse en avant et nous ennoblit. Elle place malheureusement *derrière nous* le but *vers lequel elle devrait nous conduire*, et par conséquent elle ne peut nous inspirer que le triste sentiment d'une perte, et non le joyeux sentiment de l'espérance. Ces poésies ne pouvant atteindre à leur but qu'en écartant tout ce qui est dû à l'art et en simplifiant la nature humaine, peuvent donc avoir infiniment de prix pour le *cœur*, mais elles sont aussi par trop pauvres pour ce qui regarde *l'esprit*, et l'on a trop vite parcouru ce cercle uniforme. Aussi ne pouvons-nous les aimer et les rechercher que dans les instants où nous avons besoin de calme, et non lorsque nos facultés aspirent au mouvement et à l'exercice. Une âme malade y trouvera sa *guérison*. une âme saine n'y trouvera point son *aliment*. Elles ne peuvent point vivifier, elles ne peuvent qu'adoucir. Ce défaut qui tient à l'essence même de l'idylle pastorale, tout l'art des poètes n'y a pu remédier. Je sais que ce genre ne manque pas d'amateurs enthousiastes, et qu'il y a bon nombre de lecteurs qui peuvent préférer un Amyntas et un Daphnis aux plus magnifiques chefs-d'œuvre de la muse épique ou dramatique; mais, chez eux, c'est moins le goût esthétique que le sentiment d'un besoin individuel qui prononce sur les œuvres de l'art, et leur jugement, par cela même, ne saurait être pris en considération ici. Le lecteur qui juge avec son esprit et dont le cœur est sensible, sans méconnaître le mérite de ces poésies, avouera du moins qu'il se sent plus rarement attiré de ce côté et qu'il s'en rassasie plus vite. Elles n'en agissent qu'avec plus d'efficacité au moment précis du besoin. Mais faut-il que le beau véritable en soit réduit à attendre nos heures de besoin? et n'est-ce pas plutôt à lui d'éveiller dans notre âme un besoin qu'il va satisfaire?

Ce que je reproche ici à la poésie bucolique ne doit s'entendre que de l'idylle sentimentale : la pastorale naïve, en effet, ne sau-

rait être dépourvue de valeur esthétique, puisque cette valeur
se trouve déjà *rien que dans sa forme*. Je m'explique : toute
espèce de poésie est tenue de justifier d'une valeur infinie,
idéale, qui seule en fait vraiment une poésie; mais elle peut
satisfaire à cette condition de deux façons différentes. Elle peut
nous donner le sentiment de l'infini par sa forme, en représentant l'objet *avec toutes ses limites*, en l'individualisant; elle peut
éveiller en nous le sentiment de l'infini par sa matière, *en dégageant son objet de toutes les limites* où il est enfermé, en idéalisant
cet objet; partant, elle peut avoir une valeur idéale, soit par
une représentation *absolue*, soit par la représentation d'*un absolu*. La poésie naïve prend le premier chemin, l'autre est celui
de la poésie sentimentale. Le poëte naïf n'est donc point exposé à
manquer de valeur idéale, du moment qu'il s'en tient fidèlement
à la nature, laquelle présente toujours des objets complétement
circonscrits, c'est-à-dire est infinie, quant à la forme. Le poëte
sentimental, au contraire, par cela même que la nature ne lui
offre constamment que des objets circonscrits, trouve en elle un
obstacle lorsqu'il veut donner à l'objet particulier une valeur
absolue. Ainsi le poëte sentimental entend mal ses intérêts lorsqu'il va sur les brisées du poëte naïf, et qu'il lui *emprunte ses
objets*, objets qui, par eux-mêmes, sont parfaitement indifférents, et qui ne deviennent poétiques que par la façon dont ils
sont traités. Par là, il s'impose sans aucune nécessité les mêmes
limites qui restreignent le champ du poëte naïf, sans toutefois
pouvoir circonscrire complétement les objets, ni lutter avec son
rival pour la détermination absolue de la peinture. Il devrait
donc bien plutôt s'éloigner du poëte naïf précisément dans le
choix des sujets, puisque celui-ci, ayant l'avantage sur lui du
côté de la forme, ce n'est que par la nature des objets qu'il
peut reprendre le dessus

Appliquons ces principes à l'idylle sentimentale : on voit d'ici
pourquoi ces poésies, quelque génie, quelque art qu'on y
déploie, ne satisfont pleinement ni le cœur ni l'esprit. On s'y
propose un idéal, et, en même temps, on s'en tient à ce milieu étroit et pauvre de la vie pastorale. Ne faudrait-il pas, au
contraire, de toute nécessité, choisir pour l'idéal un autre
cadre, ou bien, pour le monde pastoral, un autre genre de

peinture? Ces peintures sont précisément assez idéales pour
que la peinture y perde la vérité individuelle, et, réciproquement, assez individuelles pour que la valeur idéale en souffre.
Un berger de Gessner, par exemple, ne peut nous charmer ni
par l'illusion de la nature ni par la vérité de l'imitation : c'est
un être trop idéal pour cela ; mais il ne nous satisfait pas davantage comme idéal, par l'infini de la pensée : c'est une
créature beaucoup trop bornée pour nous donner cette satisfaction. Il plaira donc *jusqu'à un certain point* à toutes les classes
de lecteurs, sans exception, parce qu'il cherche à unir le naïf et
le sentimental, et qu'il donne ainsi un commencement de satisfaction aux deux exigences opposées qu'on peut faire valoir à
l'endroit d'un poëme ; mais, comme l'auteur, en s'efforçant de
réunir les deux points, ne *satisfait pleinement* ni à l'une ni à
l'autre exigence, comme on ne trouve en lui ni la pure nature
ni le pur idéal, il ne saurait se mettre parfaitement en règle
avec les juges dont le goût est sévère : le goût n'accepte dans
les choses esthétiques rien d'équivoque ni d'incomplet. C'est
une chose étrange que, dans le poëte que je viens de nommer
ce caractère équivoque s'étend jusqu'à la langue, qui flotte in-
décise entre la poésie et la prose, comme s'il craignait, ou de
se trop éloigner de la nature en parlant le langage rhythmique,
ou, s'il s'affranchissait absolument du rhythme, de perdre tout
essor poétique. Milton donne à l'esprit une satisfaction plus
haute, dans ce magnifique tableau du premier couple humain
et de l'état d'innocence au sein du paradis terrestre : la plus
belle idylle que je connaisse dans le genre sentimental. Ici la
nature est noble, inspirée, simple et unie en même temps que
profonde : c'est l'humanité, dans sa plus haute valeur morale,
revêtue de la forme la plus gracieuse.

Ainsi, même sur ce terrain de l'idylle, aussi bien que dans
tous les autres genres poétiques, il faut se prononcer une fois
pour toutes entre l'*individualité* et l'*idéalité;* car prétendre à la
fois donner satisfaction à l'une et à l'autre exigence, c'est le plus
sûr moyen, tant qu'on n'est pas arrivé au terme de la perfection, de manquer à la fois l'un et l'autre but. Si le poëte moderne croit sentir en lui assez de l'esprit des Grecs pour rivaliser avec eux, malgré toute l'indocilité de sa matière, sur

leur propre terrain, sur le terrain de la poésie naïve, eh bien,
qu'il le fasse exclusivement, et qu'il se place en dehors de
toutes les exigences du goût sentimental de son temps. Sans
doute il est bien douteux qu'il atteigne ses modèles : entre l'o-
riginal et l'imitateur le plus heureux, il restera toujours une
notable distance; mais enfin, en prenant cette route, il est
assuré du moins de produire une œuvre vraiment poétique[1].
Que si, au contraire, il se sent porté vers l'idéal par l'instinct
de la poésie sentimentale, eh bien, qu'il se décide aussi à poursuivre pleinement ce but, qu'il cherche l'idéal dans son entière
pureté, et qu'il ne s'arrête point avant d'avoir atteint les plus
hautes régions, sans regarder derrière lui pour savoir si le réel
le suit et ne l'abandonne pas en chemin. Qu'il ne s'abaisse point
à cet expédient misérable de gâter l'idéal pour l'accommoder
aux besoins de l'infirmité humaine, et d'éconduire l'*esprit* pour
jouer plus aisément avec le *cœur*. Qu'il ne nous ramène point en
arrière, à notre enfance, pour nous faire acheter, au prix des
acquisitions les plus précieuses de l'entendement, un repos qui
ne peut durer plus longtemps que le sommeil de nos facultés
spirituelles; mais qu'il nous conduise en avant à notre émancipation, afin de nous donner le sentiment de cette harmonie supérieure qui paye le combattant de toutes ses peines et qui assure la félicité du vainqueur! Qu'il se propose pour tâche une
idylle qui réalise l'innocence pastorale jusque chez les enfants
de la civilisation, et dans toutes les conditions de la vie la plus
militante, la plus échauffée, de la pensée la plus élargie par la
culture, de l'art le plus raffiné, des conventions sociales les plus
délicates : une idylle, en un mot, qui soit faite, non plus pour
ramener l'homme en *Arcadie*, mais pour le conduire à l'*Élysée!*

Cette idylle, telle que je la conçois, c'est l'idée de l'huma-

---

1. M. Voss, en nous donnant *Louise*, n'a pas seulement enrichi d'une œuvre
de ce genre, mais véritablement élargi notre littérature allemande. Cette idylle,
sans être absolument pure de toute influence sentimentale, rentre tout à fait
dans le genre naïf, et rivalise avec un rare succès, par la vérité individuelle,
par le parfait naturel, avec les meilleurs modèles que nous ait laissés la Grèce.
Aussi, et je le dis à sa gloire, ne peut-elle se comparer à aucun poëme moderne
du même genre; mais bien seulement aux modèles grecs : elle a, comme ceux-
ci, le singulier avantage de nous faire goûter une satisfaction pure, déterminée,
et toujours égale. (*Note de Schiller.*)

nité définitivement réconciliée avec elle-même, aussi bien chez l'individu que dans la société tout entière ; c'est l'union librement rétablie entre l'inclination et le devoir ; c'est la nature épurée, élevée à sa plus haute dignité morale ; en un mot, ce n'est rien de moins que l'idéal de la beauté appliqué à la vie réelle. Ainsi le caractère de cette idylle est de concilier parfaitement *toutes ces contradictions entre la réalité et l'idéal*, qui formaient la matière de la poésie satirique et élégiaque, et, en écartant ces contradictions, de mettre fin à tout conflit entre les sentiments de l'âme. Ainsi l'impression dominante de cette sorte de poésie serait le *calme;* mais le calme qui suit l'accomplissement, et non celui de l'indolence, le calme qui vient de l'équilibre rétabli entre les facultés, et non pas de ce qu'on en suspend l'exercice ; de la plénitude de nos forces, et non de notre infirmité : ce calme enfin qui est accompagné dans l'âme du sentiment d'une puissance infinie. Mais précisément parce que l'idylle ainsi conçue écarte toute idée de lutte, il sera infiniment plus difficile qu'il ne l'était dans les deux genres de poésie dont nous avons parlé plus haut, d'y exprimer le *mouvement :* condition indispensable pourtant, et sans laquelle on ne conçoit point que la poésie puisse jamais agir sur les âmes. Il faut l'unité la plus parfaite, mais l'unité ne doit faire aucun tort à la variété : il faut que le cœur soit satisfait, mais sans que l'inspiration pour cela cesse. La solution de ce problème est proprement ce que nous doit donner la théorie de l'idylle.

Quels[1] sont maintenant les rapports des deux poésies à l'égard l'une de l'autre, et leurs rapports avec l'idéal poétique ? Voici, sur cette double question, les principes que nous avons posés[2].

La nature a accordé cette faveur au poëte naïf d'agir toujours comme une unité indivisible, d'être à tout moment un tout identique et parfait, et de représenter, au sein du monde réel,

---

1. Ici commence le troisième article, qui est contenu, comme nous l'avons dit, dans le 1er cahier des *Heures* de 1796.

2. « Que nous avons posés, dit le texte des *Heures*, dans nos recherches précédentes. »

l'humanité dans sa plus haute valeur. En revanche, elle a donné
au poëte sentimental une faculté puissante, ou plutôt elle a imprimé en lui un ardent sentiment : c'est de réaliser par lui-
même cette unité première que l'abstraction a détruite en lui,
de compléter l'humanité en sa personne, et de passer d'un état
borné à un état infini[1]. Ils se proposent tous deux d'exprimer
complétement la nature humaine (sans quoi ce ne seraient point
des poëtes); mais le poëte naïf a toujours sur le poëte sentimental l'avantage de la réalité sensible, en ce qu'il met en
œuvre comme un fait réel ce que l'autre aspire seulement à
atteindre. C'est même une expérience que chacun peut faire en
s'interrogeant sur le plaisir que lui font goûter les poésies
naïves. On sent alors que les facultés humaines sont toutes
en jeu, on n'éprouve aucun vide, on a le sentiment de son
unité; sans rien distinguer dans ce qu'on éprouve, on jouit tout
ensemble et de son activité spirituelle et de la plénitude de la
vie physique. Tout autre est la disposition d'esprit où nous met
le poëte sentimental. Ici nous ne sentons plus qu'une vive *aspiration* à produire en nous cette harmonie dont nous avions
tout à l'heure et la réalité et la conscience, à faire de nous un
seul et même tout, à réaliser en nous, dans une expression
complète, l'idée de l'humanité. De là vient que l'âme ici est
toute en mouvement, tendue, hésitante entre des sentiments
contraires, tandis qu'elle était tout à l'heure calme et reposée,
en harmonie avec elle-même et pleinement satisfaite.

1. Pour le lecteur qui veut des démonstrations rigoureusement scientifiques,
je ferai observer ici que les deux manières de sentir, à en concevoir l'idée dans
ce qu'elle a de plus élevé, sont entre elles dans le rapport de la première catégorie à la troisième, celle-ci étant toujours produite par la combinaison de la
première avec l'élément qui lui est directement contraire. En effet, le contraire
de la disposition d'esprit que j'appelle naïve, c'est l'esprit de réflexion, et la
disposition d'esprit que j'appelle sentimentale est le résultat des efforts de l'âme
pour retrouver *même dans les conditions nouvelles où l'esprit de réflexion l'a
réduite*, sa première naïveté de sentiment, au moins en essence. Elle y arriverait en réalisant l'idéal, au sein duquel se rencontrent de nouveau l'art et la
nature. Qu'on passe en revue ces trois idées dans l'ordre des catégories, on
trouvera d'abord, toujours dans la première catégorie, la *nature* et la disposition
naïve qui y correspond; puis, toujours dans la seconde catégorie, l'*art*, considéré
comme contrariant la nature au moyen de l'entendement qui agit en liberté;
enfin, dans la troisième catégorie, l'*idéal*, où l'art ayant atteint sa perfection
dernière, revient s'identifier avec la nature. (*Note de Schiller.*)

Mais si le poëte naïf a l'avantage sur le poëte sentimental du côté de la réalité, s'il fait vivre réellement ce dont l'autre ne peut qu'éveiller un vif instinct, le poëte sentimental, en revanche, a ce grand avantage sur le poëte naïf d'être en état d'offrir à cet instinct un *plus grand objet* que n'était celui que nous donnait son rival, et le seul qu'il nous pût donner. Toute réalité, nous le savons, reste au-dessous de l'idéal : tout ce qui existe a ses bornes, mais la pensée est infinie. Cette limitation à laquelle tout est soumis dans la réalité sensible, est donc aussi un désavantage pour le poëte naïf, tandis que la liberté absolue, inconditionnelle, de la faculté de l'idéal, profite au poëte sentimental. Sans doute, le premier accomplit ainsi son objet; mais cet objet est quelque chose de borné : le second, il est vrai, n'accomplit pas entièrement le sien ; mais son objet, à lui, c'est l'infini! Ici encore, j'en appelle à l'expérience de chacun. De la disposition d'esprit où nous a mis le poëte naïf, on passe aisément et avec plaisir aux choses de la vie, aux objets réels : le poëte sentimental, au contraire, nous dégoûtera toujours, pour quelques instants, de la vie réelle. C'est que le caractère infini de l'idée a en quelque sorte dilaté notre âme au delà de sa mesure naturelle, si bien que rien de ce qu'elle trouve dans le monde des sens ne saurait plus remplir sa capacité. Nous aimons mieux retomber contemplativement en nous-mêmes, où nous trouvons, dans le monde idéal, un aliment pour cet instinct éveillé; tandis que chez le poëte naïf nous n'éprouvons d'autre besoin que celui de sortir de nous-mêmes, et de nous porter à la rencontre des objets sensibles. La poésie sentimentale est le fruit de la retraite et du silence, et elle y invite : la poésie naïve est inspirée par le spectacle de la vie, et elle ramène à la vie.

J'ai nommé la poésie naïve une *faveur de la nature*, afin de rappeler que la réflexion n'y a aucune part. C'est un premier jet, une heureuse inspiration, qui n'a nul besoin d'être corrigée, quand elle tourne bien, et qu'on ne peut rectifier non plus quand elle est mal venue. Avec le sentiment même s'accomplit l'œuvre entière du génie naïf; là est sa force, et là aussi sont ses bornes. Lors donc qu'il n'a pas *senti* tout d'abord d'une façon poétique, c'est-à-dire d'une façon parfaitement humaine, il n'est pas d'art au monde qui puisse remédier à ce défaut. La critique peut l'aider à s'apercevoir d'une faute, mais elle ne peut mettre aucune beauté à la place. Le génie naïf doit tout tirer de sa nature : il ne peut rien ou presque rien par sa volonté ; et il remplira l'idée du genre pourvu que la nature agisse en lui selon une nécessité intérieure. Or, s'il est vrai que tout ce qui arrive par le fait de la nature, est nécessaire, et si toutes les productions, heureuses ou non, du génie naïf, lequel ne répugne à rien tant qu'à l'arbitraire et au choix, sont empreintes aussi de ce caractère de nécessité : autre chose est la contrainte du moment, autre chose la nécessité interne qui tient à l'ensemble des choses. Considérée comme un ensemble, la nature est indépendante et infinie : considérée isolément dans chacun de ses effets, elle est, au contraire, pauvre et bornée. Même distinction, par conséquent, pour la nature du poëte. L'instant même où il est le plus heureusement inspiré, dépend d'un instant précédent, et, par conséquent, on ne peut lui attribuer qu'une nécessité conditionnelle. Mais maintenant, le problème que le poëte doit résoudre, c'est de rendre un état accidentel semblable au tout humain, et par conséquent de le fonder sur soi-même d'une manière absolue et nécessaire. Il faut donc qu'au moment de l'inspiration toute trace d'un besoin temporel reste à l'écart, et que l'objet même, si borné qu'il soit, ne borne point l'essor du poëte. Mais, on le conçoit de reste, cela n'est possible qu'autant que le poëte apporte à l'objet une liberté absolue, une absolue plénitude de facultés, et qu'il est préparé par un exercice antérieur à embrasser toutes choses avec toute son humanité. Or, cet exercice, il ne peut l'acquérir que par le monde où il vit, et dont il reçoit immédiatement les impressions. Ainsi le génie naïf est dans une certaine dépendance à l'égard de l'expérience, tandis que le génie sentimental en est affranchi. Le génie sentimental, nous le savons, commence son opération au point où l'autre finit la sienne : sa vertu est de compléter *par des éléments qu'il tire de lui-même* un objet défectueux, et de se transporter par sa propre force, d'un état borné, à un état de liberté absolue. Ainsi le poëte naïf a besoin d'une aide qui lui vienne du dehors, tandis que le poëte sentimental alimente son génie de son propre fonds et s'épure par lui-

même : il faut au premier, une nature pittoresque, un monde
poétique, une humanité naïve qui frappe, autour de lui, ses
regards, car il doit accomplir son œuvre sans sortir de la région sensible. Que si ce secours extérieur lui fait défaut, s'il se
voit entouré d'une matière qui ne parle point à l'esprit, il arrivera de deux choses l'une : ou bien, si les caractères généraux
de *l'espèce* sont ce qui domine en lui, il sort de la *classe* particulière à laquelle il appartient comme poëte, et devient sentimental, pour rester au moins poëte ; ou bien, si son caractère particulier comme poëte naïf garde le dessus, il sort de son *espèce*, et
devient nature inférieure et commune, pour rester au moins nature. De ces deux alternatives, la première pourrait nous représenter le cas où ont dû se trouver les principaux poëtes du
genre sentimental dans l'antiquité romaine et dans les temps
modernes. Nés à un autre âge du monde, transplantés sous
un autre ciel, ces poëtes qui nous émeuvent aujourd'hui, par
des idées, nous eussent charmés par la vérité individuelle et la
naïve beauté. L'autre alternative est l'écueil presque inévitable
pour un poëte qui, jeté dans un monde vulgaire, ne peut se
résoudre à perdre de vue la nature.

J'entends, à perdre de vue la nature *réelle* ; mais on ne saurait distinguer avec trop de soin, de la nature réelle, la nature
vraie, qui est le *sujet* des poésies naïves. La nature réelle existe
partout ; mais la nature vraie n'en est que plus rare ; car il y
faut une nécessité intérieure qui détermine son existence. Toute
éruption de la passion, si vulgaire qu'elle soit, est de la nature réelle ; il se peut même que ce soit de la nature vraie ; mais
ce n'est pas de la vraie nature *humaine*, car la vraie nature
humaine veut que la faculté autonome qui est en nous ait part
à chaque manifestation, et l'expression de cette faculté est à
chaque fois de la dignité. Toute bassesse morale est un phénomène où je reconnais la nature humaine réelle, mais non, j'aime
à le croire, la nature humaine vraie ; car celle-ci ne peut être que
noble. Il est impossible d'embrasser dans toute leur étendue les
écarts de goût où l'on a été conduit, soit dans la critique, soit
dans la pratique de l'art, par cette confusion entre la nature réelle
de l'homme et sa nature vraie. Quelles trivialités on tolère ou
même on applaudit en poésie sous prétexte, prétexte trop vrai,

hélas! que c'est de la nature réelle! Combien on prend plaisir
à voir des caricatures qu'on a déjà grand'peine à tolérer dans
le monde réel, à les voir, dis-je, soigneusement conservées dans
le monde poétique, et reproduites d'après nature! Sans doute,
le poëte peut imiter aussi la nature inférieure, et pour le poëte
satirique en particulier, cela entre dans la définition même du
genre; mais il faut alors que la beauté de sa propre nature soutienne l'objet et le *rehausse*, et non que la vulgarité du sujet
fasse descendre trop bas l'imitateur. Si le poëte lui-même, dans
l'instant au moins où il trace une peinture, est vraie nature
humaine, peu importe l'objet de ses tableaux; mais aussi ce
n'est absolument qu'à cette condition que nous pourrons tolérer une reproduction fidèle de la réalité. Malheur à nous qui
le lisons, quand la grimace se mire dans la grimace, quand la
verge de la satire est tombée entre des mains que la nature
avait destinées à manier un fouet tout autrement sérieux, et
lorsque des hommes absolument dénués de tout ce qu'on appelle esprit poétique, qui n'ont que le talent de singe de l'imitation vulgaire, l'exercent affreusement et brutalement aux dépens de notre goût!

Mais il n'est pas, disais-je, jusqu'au poëte vraiment naïf,
pour qui la nature vulgaire n'ait ses dangers; car enfin cette
belle harmonie entre la faculté de sentir et la faculté de penser,
harmonie qui fait proprement le poëte naïf, ce n'est après tout
qu'une idée qui n'est jamais absolument atteinte dans le monde
réel; et même chez les plus heureux génies de cette classe, la
sensibilité l'emportera toujours plus ou moins sur l'activité
spontanée. Mais la sensibilité est toujours, plus ou moins aussi,
subordonnée à l'impression externe, et il n'y aurait qu'une activité perpétuelle de la faculté créatrice, activité qu'on ne peut
attendre de la nature humaine, qui pût empêcher que la matière n'exerçât parfois sur la sensibilité une violence aveugle.
Or, toutes les fois que cela arrive, le sentiment, de poétique
qu'il était, devient vulgaire [1].

_____

1. S'il était besoin de montrer combien le poëte naïf dépend de son objet,
et combien de choses, chez lui, que dis-je? comme tout chez lui revient à
la sensibilité, la poésie des anciens nous fournirait pour cela les meilleures

Il n'est pas un génie naïf, à commencer par Homère, et à finir par Bodmer, qui ait complétement échappé à cet écueil; mais, à vrai dire, l'écueil est particulièrement dangereux pour ceux qui ont à se défendre, par le dehors, contre les impressions d'une nature vulgaire, ou de qui l'âme, faute de discipline intérieure, s'est dépravée et tourne au sauvage. C'est la première de ces deux causes qui fait que des écrivains même polis par la culture, ne restent pas toujours exempts de platitudes, et c'est la seconde qui a empêché plus d'un talent magnifiquement doué d'occuper la place à laquelle l'avait appelé la nature. Le poëte comique, dont le génie plus que tout autre se nourrit de la vie réelle, est aussi, par cette raison même, le plus exposé à tomber dans la grossièreté : témoin Aristophane et Plaute, et presque tous les poëtes qui plus tard ont marché

preuves. Tant que la nature est en eux et autour d'eux vraiment belle, leurs poésies le sont aussi : se dégrade-t-elle? l'inspiration disparaît aussi de leurs poésies. Tout lecteur de sens délicat doit être choqué, par exemple, de la façon dont ils peignent la nature féminine, les relations entre les sexes, et l'amour : il y a là un certain vide et une impression de dégoût, que toute la vérité, toute la naïveté de la peinture ne saurait racheter. Sans plaider la cause de l'exaltation romanesque, qui, j'en conviens, n'ennoblit point la nature, mais s'en écarte, il est permis d'admettre, je l'espère, que la nature, en ce qui touche l'union des sexes et le sentiment de l'amour, peut revêtir un caractère plus noble que celui que lui ont donné les anciens; on connaît aussi les circonstances *accidentelles* qui chez eux faisaient obstacle à l'ennoblissement de ces sortes d'affections. La preuve que c'était le fait des circonstances, des entraves extérieures, et non une nécessité intime, qui retenait en cela les anciens à un degré plus bas, c'est que les poëtes modernes ont pu aller bien plus loin que leurs devanciers, sans pourtant forcer la nature. Je ne parle point ici de ce que la poésie sentimentale a su faire de ce sujet : les poëtes de ce genre vont, par delà la nature, à l'idéal, et, par conséquent, leur exemple ne prouverait rien contre les anciens; je parle seulement de l'expression donnée à cette même passion par des poëtes vraiment naïfs, dans la *Sakontala* *, par exemple, dans les *Minnesänger*, dans bon nombre de *romans et d'épopées chevaleresques*, par Shakspeare, par Fielding, et par beaucoup d'autres, même en Allemagne. Toute la question ici, pour les anciens, aurait été de spiritualiser par une influence interne, par le *moi*, une matière trop rude par le dehors, de suppléer par la réflexion à ce qui manquait de valeur poétique dans le sentiment extérieur, de compléter la nature par l'idéal; en un mot, par l'emploi du procédé sentimental, de faire, d'un objet fini, un infini. Mais c'étaient des poëtes naïfs, et non des poëtes de l'ordre sentimental; et, par conséquent, leur œuvre s'achevait tout entière dans la région du sentiment extérieur. (*Note de Schiller.*)

* Drame sanscrit, qui venait d'être traduit, en anglais par W. Jones (1789), et de l'anglais en allemand par Forster (1791), et dont quelques scènes avaient été insérées au dixième cahier de la *Thalie*, publiée par Schiller.

sur leurs traces. Combien le sublime Shakspeare, dans certaines scènes, ne nous fait-il pas tomber bas! Que de trivialités blessantes pour notre délicatesse, dans Lope de Vega, dans Molière, dans Regnard, dans Goldoni! Dans quel bourbier ne sommes-nous pas entraînés avec Holberg! Schlegel, un des poëtes le plus richement doués de notre pays, car ce n'est pas faute de talent s'il ne brille pas au premier rang dans ce genre; Gellert, poëte vraiment naïf, et aussi Rabener, et Lessing lui-même, si j'osais le nommer ici, Lessing, formé à l'école de la critique, Lessing, si vigilant à se juger lui-même; tous enfin, n'ont-ils point pâti plus ou moins du caractère prosaïque et insipide de la nature qu'ils ont choisie pour matière de leurs satires? Quant aux derniers venus dans ce genre, je ne veux nommer personne, parce que je n'aurais à excepter personne.

Mais non-seulement le génie naïf est exposé à se trop rapprocher d'une réalité vulgaire : l'aisance avec laquelle il s'exprime, et ce fait précisément, qu'il se rapproche davantage de la vie réelle, tout cela encourage les imitateurs vulgaires à s'essayer dans le champ de la poésie. La poésie sentimentale, bien qu'elle offre d'ailleurs assez de dangers, comme nous le montrerons plus loin, a du moins cet avantage, de tenir cette tourbe à distance : car ce n'est pas le fait du premier venu de s'élever jusqu'à l'idéal; mais la poésie naïve leur donne la croyance qu'avec du sentiment, de l'*humour*, il ne faut qu'imiter la nature réelle, pour prétendre au titre de poëte. Or, il n'y a rien de plus révoltant que la platitude quand elle s'avise de vouloir être aimable et naïve, elle qui devrait s'entourer de tous les voiles de l'art pour dissimuler sa dégoûtante nature. C'est là aussi ce qui nous vaut ces incroyables trivialités que les Allemands aiment qu'on leur chante sous le titre de poésies naïves et facétieuses, et dont ils ont coutume de s'amuser indéfiniment autour d'une table bien servie. Sous prétexte de bonne humeur, de sentiment, on tolère ces pauvretés : mais cette bonne humeur et ce sentiment sont d'un genre qu'on ne saurait assez soigneusement proscrire. Les Muses de la *Pleisse*[1] en particulier

---

1. Leipzig est situé au confluent de la Pleisse et de l'Elster blanc. La Leine passe à Gœttingue, l'Elbe à Dresde et à Hambourg.

forment à cet égard un chœur à part, singulièrement pitoyable, et d'autres Muses leur répondent, par des accords qui ne valent pas mieux, des bords de la *Leine* et de l'*Elbe* [1]. Si ces plaisanteries sont fades, non moins pitoyable est la passion qui se fait entendre sur notre scène tragique, et qui, au lieu d'imiter la vraie nature, n'atteint qu'à l'expression insipide et ignoble de la *nature réelle :* si bien qu'après avoir essuyé ces déluges de larmes, on éprouve exactement la même impression que si l'on avait fait une visite à l'hôpital, ou lu *la Misère humaine* de Salzmann [2]. Mais le mal est bien pire encore dans la poésie satirique, et en particulier dans le roman comique, genres qui, par leur nature même, touchent de si près à la vie de tous les jours, et qui, par conséquent, comme tous les postes-frontières, devraient être précisément remis aux mains les plus sûres. En vérité, celui-là moins que tout autre est appelé à devenir le *peintre* de son siècle, qui est lui-même l'*enfant*, et la *caricature* de ce siècle. Mais, comme après tout rien n'est plus facile que de prendre à partie, ici ou là parmi ses connaissances, un caractère plaisant, ne fût-ce que celui d'un *homme gros et gras*, et d'en esquisser la charge à gros traits sur le papier, on voit souvent les ennemis jurés de toute inspiration poétique, éprouver la démangeaison d'essayer quelque barbouillage en ce genre, pour réjouir de cette belle création un cercle de dignes amis. Vous me direz qu'un cœur pur, un esprit bien fait, ne sera jamais exposé à con-

---

1. Ces bons amis ont très-mal pris, il y a quelques années, le reproche fait aux poésies de Bürger par un critique de la *G. U. de L.* [*] ; et le dépit avec lequel ils regimbent contre cet aiguillon semble faire voir qu'en défendant ce poëte, ils s'imaginaient combattre pour leur propre cause. Mais en cela ils se trompent fort. Cette semonce ne pouvait être raisonnablement adressée qu'à un vrai poëte, richement doué par la nature, mais qui avait négligé de développer ce rare présent par une culture personnelle. A un semblable personnage, on pouvait, on devait appliquer la plus haute mesure de l'art, parce qu'il avait en lui la force d'y satisfaire le jour où il l'eût voulu tout de bon ; mais ce serait un ridicule et en même temps une cruauté de procéder d'une façon semblable avec des gens à qui la nature n'a point songé, et qui, à chaque production qu'ils lancent sur la place, ne font qu'exhiber un bon et valable *certificat d'indigence*. (*Note de Schiller.*)

2. *Charles de Karlsberg ou la Misère humaine*, roman en 6 volumes, publié à Leipzig, de 1783 à 1786.

[*] La *Gazette universelle de littérature* d'Iéna. Voyez notre tome précédent, p. 301 et suivantes.

fondre ces productions d'une nature vulgaire avec les riches inspirations du génie naïf; mais cette pureté de sentiment est précisément ce qui manque, et dans la plupart des cas on ne songe qu'à satisfaire un *besoin* de la sensibilité, sans que la nature spirituelle réclame rien pour elle-même. Une idée juste au fond, mais bien mal comprise, l'idée que toute œuvre d'art a pour objet de *récréer*, contribue honnêtement pour sa part à entretenir dans les esprits cette indulgence, si toutefois on peut appeler cela indulgence, quand personne ne soupçonne même rien de plus élevé, et que tout le monde, le lecteur *comme* l'écrivain, y trouve son compte. C'est que ces instincts vulgaires, lorsqu'ils sont sollicités outre mesure, ne sauraient être satisfaits que par des *pauvretés* misérables, et qu'une intelligence même supérieure, lorsqu'elle n'est pas soutenue par une culture proportionnée du sentiment, ne se repose de ses occupations qu'au sein de ces jouissances sensibles, d'où la nature spirituelle est absente.

Que si le génie poétique doit avoir assez de force pour s'élever, avec une libre et personnelle activité, au-dessus de toutes les entraves *accidentelles* qui sont inséparables de chaque objet *déterminé*, pour arriver à représenter la nature humaine dans la plénitude absolue de sa puissance, il ne lui est pourtant pas permis, d'un autre côté, de s'affranchir des limites *nécessaires* que suppose l'idée même d'une nature humaine; car l'absolu, mais seulement dans le cercle de l'humanité, voilà son problème et sa sphère. Nous avons vu que le génie naïf n'est point exposé, il est vrai, à franchir cette sphère, mais bien plutôt à ne *pas la remplir tout entière*, accordant trop de place aux nécessités extérieures, aux besoins accidentels du moment, et cela, aux dépens de la nécessité interne ou absolue. Pour le génie sentimental, au contraire, le danger est, en s'appliquant à écarter toutes les bornes, de supprimer absolument la nature humaine, et non-seulement de s'élever, comme il en a le droit et le devoir, par delà toute réalité finie et déterminée, jusqu'à la possibilité absolue, ou, en d'autres termes, d'*idéaliser;* mais de passer au delà de la possibilité même, ou, en d'autres termes, de *rêver*. Cette faute, l'exaltation romanesque, tient précisément à la propriété spécifique du procédé sentimental, comme le défaut contraire, l'*atonie*, tient à l'opération propre du génie naïf. Le génie naïf, en effet, laisse dominer en soi la *nature*, sans la restreindre ; et comme la nature, dans ses phénomènes particuliers et du moment, est toujours dépendante et sujette à quelque besoin, il s'ensuit que le sentiment naïf ne restera pas toujours assez *exalté* pour pouvoir résister aux déterminations accidentelles de l'heure présente. Le génie sentimental, au contraire, laisse de côté le monde réel, pour se hausser jusqu'à l'idéal, et pour dominer avec une libre spontanéité sur sa matière. Mais, comme la raison, suivant la loi qui lui est propre, aspire toujours à l'inconditionnel, il s'ensuit que le génie sentimental ne restera pas toujours assez *calme* pour se renfermer uniformément et sans interruption dans les conditions que suppose l'idée même d'une nature humaine, et auxquelles la raison, même dans ses actes les plus libres, doit toujours rester attachée. Il ne pourrait se renfermer dans ces conditions que par une sensibilité proportionnée à sa libre activité ; mais le plus souvent cette activité, chez le poëte sentimental, domine autant la sensibilité, que la sensibilité, à son tour, la domine chez le poëte naïf. De là vient que si, dans les productions du génie naïf, on trouve parfois que l'*inspiration* manque, de même, dans les productions du *génie sentimental*, on se demande souvent en vain où est l'*objet*. Ainsi l'un et l'autre, bien qu'ils procèdent de deux façons parfaitement opposées, tomberont dans le *vide* ; car, devant le jugement esthétique, l'objet sans l'esprit et l'inspiration sans l'objet ne sont tous deux qu'une négation.

Les poëtes qui empruntent trop exclusivement leur matière au monde de la pensée, et qui sont portés à concevoir des tableaux poétiques plutôt par l'abondance intérieure des idées que par les suggestions de la sensibilité, sont tous plus ou moins exposés à donner dans cette sorte d'écarts. Dans leurs créations, la raison tient beaucoup trop peu de compte des bornes du monde sensible, et la pensée est toujours poussée trop loin pour que l'expérience puisse la suivre. Or, quand l'idée est poussée si loin que non-seulement aucune expérience déterminée ne peut plus y répondre (le beau idéal, en effet, peut et doit aller jusque-là), mais qu'elle répugne, en général, aux conditions de toute expérience possible, lorsqu'il faudrait, par conséquent, pour la réaliser, délaisser absolument la nature humaine, alors ce n'est plus une pensée poétique, mais une pensée exagérée : en supposant, bien entendu, qu'elle se soit annoncée comme capable de se représenter à l'imagination et comme poétique ; car, autrement, il suffit qu'elle ne soit pas contradictoire. Que si la pensée est contradictoire, ce n'est plus de l'exagération, c'est un *non-sens*; car ce qui n'existe absolument pas ne saurait excéder sa mesure. Mais quand la pensée ne s'annonce nullement comme un objet proposé à l'imagination, on est tout aussi peu fondé à dire qu'elle soit exagérée ; car la simple pensée est infinie, et ce qui est absolument sans limites ne peut outre-passer ses limites. On ne saurait donc taxer d'exagération que ce qui blesse, non pas la vérité logique, mais la vérité sensible, et ce qui néanmoins a la prétention d'être une vérité sensible. Par conséquent, si un poëte conçoit la malencontreuse idée de choisir pour objet de ses tableaux certaines natures qui sont tout simplement *surhumaines*, et qui ne *peuvent* être représentées d'autre sorte, il ne peut se mettre à l'abri de l'exagération qu'en renonçant à les décrire en poëte, en n'essayant même pas de confier l'exécution du sujet à l'imagination ; sans quoi, il lui arriverait de deux choses l'une : ou bien l'imagination, appliquant ses propres limites à l'objet, ferait d'un objet absolu un objet borné et purement *humain* (c'est ce qui est arrivé, par exemple, et ce qui devait arriver pour toutes les divinités de la Grèce); ou bien l'objet ôterait à l'imagination ses bornes, c'est-à-dire altérerait la nature de cette faculté; en quoi consiste précisément l'exagération.

Il faut distinguer entre l'exagération dans le sentiment et l'hyperbole dans la représentation ; je ne parle ici que de la première. L'objet du sentiment peut ne pas être naturel, mais le sentiment lui-même ne laisse pas pour cela d'être la nature, et par conséquent aussi il doit parler le langage de la nature. Ainsi, tandis que l'exagération dans le sentiment peut partir d'un cœur sincèrement ému et d'une véritable aptitude poétique, l'hyperbole dans la représentation témoigne toujours d'un cœur froid et très-souvent d'une véritable impuissance poétique. Ce n'est donc pas un défaut contre lequel le poëte sentimental doive être mis en garde, mais un danger seulement pour l'imitateur,

qui n'a point la vocation ; aussi se rencontre-t-il volontiers avec
la platitude, avec l'insipidité, voire même avec la bassesse. Le
sentiment exagéré n'est point du tout dénué de vérité, et par cela
même que c'est un sentiment réel, il faut bien qu'il ait un objet
réel ; aussi comporte-t-il, puisque c'est la nature qui l'inspire,
une expression simple, et, venant du cœur, il ne manquera
pas d'aller au cœur. Toutefois, comme son objet n'est pas pris
dans la nature, mais exclusivement et artificiellement produit
par l'entendement, il n'a aussi qu'une réalité logique, et par
conséquent le sentiment n'est pas purement humain. Ce n'est
pas une illusion que le sentiment d'Héloïse pour Abélard, de
Pétrarque pour sa Laure, de Saint-Preux pour sa Julie, de Werther pour sa Charlotte, d'Agathon, de Phanias, de Peregrinus
Proteus (je parle du Peregrinus de Wieland)[1], pour l'objet de
leurs rêves : le sentiment est vrai, l'objet seul est factice et en
dehors de la nature humaine. Si leur sentiment s'en était tenu
à la simple vérité sensible des objets, il n'aurait pu prendre
cet essor ; mais aussi un objet purement chimérique et arbitraire, un simple jeu de la fantaisie, sans aucune valeur intime,
n'eût pas été capable de remuer le cœur : le cœur n'est remué
que par ce qui est raison. Ainsi, cette sorte d'exagération a besoin d'être rappelée à l'ordre ; mais elle n'a rien de méprisable,
et ceux qui la tournent en dérision feraient bien de se demander à eux-mêmes si cette sagesse dont ils se piquent ne serait
pas chez eux manque de cœur, si ce ne serait pas faute de raison qu'ils ont tant d'intelligence. Telle est encore cette délicatesse exagérée en matière de galanterie et d'honneur qui caractérise les romans chevaleresques, en particulier ceux de
l'Espagne ; telle est cette tendresse raffinée et poussée jusqu'au
précieux dans les romans français et anglais (je dis les meilleurs)
du genre sentimental : ces sentiments ne sont pas seulement
vrais d'une vérité subjective ; même au point de vue objectif,
ils ne sont pas dénués de valeur ; ce sont des sentiments de bon
aloi, qui sortent réellement d'une source morale, et qui ne sont
condamnables qu'en ce qu'ils passent les bornes de la vérité

---

1. Agathon et Peregrinus donnent leurs noms à deux romans de Wieland.
Phanias est un des amants de Musarion, dans le poëme intitulé *Musarion*.

humaine. Sans cette réalité morale, comment pourraient-ils
toucher si énergiquement, si profondément se communiquer,
comme nous voyons en effet qu'ils se communiquent? Il en faut
dire autant de la rêverie morale et religieuse, du patriotisme
et de l'amour de la liberté, quand ils sont poussés jusqu'à l'exaltation. L'objet de ces sentiments étant toujours une pure idée,
et ne paraissant point dans l'expérience externe (car ce qui re-
mue le politique enthousiaste, par exemple, ce n'est pas ce qu'il
voit, mais ce qu'il conçoit par la pensée), l'imagination, avec
l'activité qui lui est propre, a ici une liberté pleine de périls,
et ne peut plus, comme dans d'autres cas, être rappelée dans ses
limites par la présence sensible de l'objet. Mais ni l'homme en
général, ni le poëte en particulier, ne peut se soustraire à la
loi de la nature que pour se ranger sous la juridiction opposée,
celle de la raison. Il ne peut abandonner la réalité que pour
l'idéal ; car il *faut* que la liberté se tienne à l'une ou à l'autre
de ces deux ancres. Mais il y a loin de la réalité à l'idéal, et,
entre les deux, on rencontre la fantaisie avec ses conceptions
arbitraires et sa liberté sans frein. Il est donc inévitable que
l'homme en général, et en particulier le poëte, lorsqu'il se
soustrait par la liberté de son entendement à la domination des
sentiments, sans y être poussé par les lois de la raison, c'est-à-
dire lorsqu'il abandonne la nature par pure liberté, se trouve,
tant que dure cet état, *affranchi de toute loi*, et par conséquent
livré en proie aux illusions de la fantaisie.

Est-il besoin de démontrer que les peuples, comme les individus, qui se sont soustraits à la sûre conduite de la nature,
se trouvent en effet dans le cas dont je parle? Il suffit de consulter l'expérience, et l'expérience aussi nous fait voir assez
d'exemples d'un semblable égarement dans la poésie. Sous prétexte que le véritable instinct de la poésie sentimentale passe
nécessairement les bornes de la nature réelle pour s'élever à
l'idéal, le faux instinct poétique s'en va dépasser toute espèce de
bornes, et se persuade qu'il suffit du libre jeu d'une imagination
sans règles pour former l'inspiration poétique. Le véritable
génie, qui n'abandonne la réalité qu'en vue de l'idéal, ne saurait tomber dans cette erreur, ou du moins il n'y tombera qu'aux
moments où il s'échappe à lui-même ; tandis qu'au contraire,

en suivant sa nature, il peut être entraîné à l'exagération des sentiments. Mais il peut, par son exemple, entraîner d'autres personnes dans la fantaisie, parce que des lecteurs dont l'imagination est vive et l'entendement faible ne voient chez lui que les libertés qu'il prend avec la nature réelle, sans pouvoir le suivre jusqu'à cette loi supérieure, cette nécessité intime dont il a le secret. Il en est du poëte sentimental, en ce point, comme il en était du génie naïf tout à l'heure. Parce que le véritable poëte naïf exécute tout ce qu'il veut sans s'inspirer que de sa nature, l'imitateur vulgaire prétend bien avoir dans sa nature à lui un guide qui ne le cède point à celle du modèle. Il s'ensuit que les chefs-d'œuvre du genre naïf sont ordinairement suivis des manifestations les plus plates et les plus ordurières de la nature vulgaire, de même que les chefs-d'œuvre de la poésie sentimentale ont pour cortége toute une légion d'œuvres purement fantastiques, comme il serait facile de le faire voir par des exemples pris dans la littérature de chaque peuple.

En fait de poésie, on reconnaît généralement deux principes, parfaitement justes au fond, mais qui, dans le sens où on les prend d'ordinaire, se détruisent exactement l'un l'autre. Le premier de ces deux principes, c'est « que la poésie a pour objet le plaisir et qu'elle est faite pour récréer. » Nous avons déjà dit plus haut que ce principe n'est pas médiocrement favorable à la frivolité et à la platitude dans les peintures poétiques. L'autre principe, à savoir « qu'elle sert à ennoblir moralement l'homme, » autorise de son côté l'exagération. Il n'est pas superflu d'examiner d'un peu près ces deux principes, que l'on a sans cesse à la bouche, qu'on interprète souvent d'une façon si absurde, et qu'on applique si maladroitement.

Nous disons qu'une chose nous récrée quand elle nous fait passer d'un état violent à l'état qui nous est naturel. Toute la question ici est donc de savoir en quoi nous faisons consister notre état naturel, et ce que nous entendons par un état violent. Si nous faisons consister purement et simplement notre état naturel dans le libre déploiement de toutes nos forces physiques, dans l'affranchissement de toute contrainte, il s'ensuit que chacun des actes de la raison, par cela seul qu'il exerce une résistance contre la sensibilité, est une violence que nous subissons, et que dès lors le repos de l'esprit, joint à un mouvement physique, sera pour nous l'état récréatif par excellence. Mais si, au contraire, nous faisons consister notre état naturel dans un pouvoir sans bornes pour toute manifestation de notre nature humaine, dans la faculté de disposer avec une égale liberté de toutes nos forces, il s'ensuit que tout ce qui divise, tout ce qui *isole* ces forces, sera pour nous un état violent, et que la récréation par excellence sera ce qui ramène l'ensemble de notre nature à une commune tendance, à l'harmonie. Ainsi, la première de ces deux récréations idéales est exclusivement déterminée par le besoin de la nature *sensible;* la seconde, par l'activité autonome de la nature *humaine.* De ces deux sortes de récréation, laquelle peut-on et doit-on demander au poëte? En théorie, cela ne fait pas question : personne ne voudrait paraître sujet même à la simple tentation de mettre l'idéal *humain* au-dessous de l'idéal de la brute. Cela n'empêche pas que, dans la pratique, les exigences qu'on témoigne communément à l'endroit du poëte et de ses œuvres ne soient prises surtout de l'idéal *sensible,* et que, la plupart du temps, ce ne soit d'après cet idéal, non pas, il est vrai, que se détermine l'*estime* que l'on montre pour ces sortes d'ouvrages, mais que se décide la *faveur :* c'est là-dessus qu'on se règle pour choisir son livre de prédilection. L'état d'esprit de la plupart des hommes est, d'une part, un *travail* qui les excite et les épuise; de l'autre, une *jouissance* qui les endort. Or, ce travail, nous le savons, fait du repos d'esprit, de la cessation de l'activité, un besoin sensible, plus impérieux cent fois que ne l'est celui de notre nature morale, qui nous sollicite à l'harmonie, à une liberté d'action absolue; car il faut tout d'abord que la *nature* physique soit satisfaite avant que l'*esprit* puisse manifester une *exigence.* D'un autre côté, la jouissance va jusqu'à enchaîner et paralyser les instincts moraux qui devraient manifester cette exigence. Aussi n'est-il rien de plus désavantageux pour le sentiment du vrai beau que cette double disposition, malheureusement trop commune parmi les hommes; et c'est ce qui explique pourquoi on en trouve si peu, je dis parmi les bons et même les meilleurs, qui portent un jugement sain dans les matières esthétiques. Le beau résulte de l'harmonie entre l'esprit et les sens; il s'adresse à la fois à toutes les facultés de l'homme, et par conséquent il ne saurait être senti et apprécié qu'autant que l'on suppose l'homme exerçant complétement et librement toutes ses forces. Il y faut apporter un sens ouvert, un cœur large, un esprit qui ait conservé toute sa fraîcheur et toute sa force; il y faut mettre à la fois toute sa nature; et c'est ce que nous n'obtiendrons jamais de ceux qui sont divisés au dedans d'eux-mêmes par l'abstraction, rétrécis par de misérables formules techniques, énervés par des efforts d'attention. Ceux-là demandent, il est vrai, une matière sensible, mais non pour continuer à exercer sur cet objet leurs facultés pensantes; c'est, au contraire, pour en suspendre l'exercice. Ils demandent à être affranchis, mais de quoi? D'un fardeau qui pesait à leur indolence, et non d'une entrave qui gênait l'activité de leur esprit.

Peut-on s'étonner après cela de la fortune que nous voyons faire, dans les choses esthétiques, aux talents médiocres et frivoles? ou de l'acharnement des petits esprits contre le beau véritable et énergiquement efficace? Ils comptaient y trouver une récréation, mais une récréation conforme à leurs besoins et à leur pauvre idée, et ils s'aperçoivent avec chagrin qu'on leur demande ici tout d'abord un déploiement de forces auquel ils pourraient bien n'être pas aptes, même dans leurs meilleurs moments. Chez l'écrivain vide et médiocre, au contraire, ils sont toujours, quels qu'ils soient, les bien venus : si peu de force d'esprit qu'ils apportent, il leur en faut beaucoup moins encore pour épuiser l'inspiration de leur auteur. Là, on les soulage tout d'un coup du fardeau de la pensée, et la nature, mise à l'aise, savourant le néant avec une complaisance béate, peut s'endormir et se refaire sur l'oreiller de la *platitude*. Dans le temple de Thalie et de Melpomène, tel du moins qu'il est fait chez nous, la déesse du lieu trône, et reçoit dans son vaste sein l'homme de science au sens obtus et l'homme d'affaires épuisé de fatigue; elle endort leur intelligence d'un sommeil magnétique, en même temps qu'elle réchauffe leurs sens engourdis, et berce doucement leur imagination.

Et pourquoi ne pardonnerait-on pas à des gens vulgaires ce qui arrive assez souvent même aux têtes les mieux faites? Ces instants de relâche que la nature réclame après tout effort de quelque durée, et qu'elle s'accorde même sans en demander la permission (et ce sont les seuls que l'on se réserve d'ordinaire pour goûter le charme des œuvres d'art), ces instants de repos sont si peu favorables au jugement esthétique, que, dans les classes vraiment occupées, il y a infiniment peu de personnes capables de prononcer sur les choses de goût avec sûreté, et, ce qui est ici d'une si grande importance, d'une manière conséquente et uniforme. Rien de plus commun que de voir, quand il s'agit de juger du beau, les savants prêter le flanc de la façon la plus ridicule aux gens du monde qui ont quelque culture; et, en particulier, les critiques de profession se faire bafouer de tous les connaisseurs. Leur sentiment, soit étourderie, soit exagération, soit grossièreté, les guide dans la plupart des cas tout de travers ; et, quoiqu'ils aient pour le défendre quelques raisons empruntées à la théorie, ils ne peuvent en tirer qu'un jugement *technique* (c'est-à-dire relatif à la convenance des moyens par rapport au but), et non un jugement *esthétique*, jugement qui doit toujours embrasser l'ensemble d'une œuvre d'art, et où par conséquent il faut que le sentiment décide. Si seulement ils se résignaient de bonne grâce à ne point porter de jugement esthétique, et s'ils s'en tenaient à l'autre, au jugement technique, ils seraient encore assez utiles, puisque le poëte, à ses heures d'inspiration, et le lecteur, dans les instants où il est sous le charme, sont très-enclins tous deux à négliger les détails. Mais le spectacle qu'ils nous donnent n'en est que plus ridicule, lorsqu'on voit ces natures grossières en qui tout le travail et toute la peine du monde ne développent tout au plus qu'une aptitude particulière, quand on les voit poser leurs chétives individualités en représentants du goût public, et juger souverainement, à la sueur de leur front, de ce qui est beau.

Nous venons de voir qu'on se méprend communément sur le genre de *récréation* que nous doit procurer la poésie : on restreint beaucoup trop cette idée, en ne la rapportant le plus souvent qu'à un simple besoin de la nature sensible. Tout au contraire, on donne ordinairement beaucoup trop d'étendue à l'autre idée, celle de l'ennoblissement moral que doit se proposer le poëte : on a le tort de la déterminer trop exclusivement par le pur idéal.

En effet, d'après le pur idéal, l'ennoblissement va à l'infini, parce que la raison, dans ses exigences, ne s'enchaîne point aux limites nécessaires du monde sensible, et ne se tient en repos qu'au sein de la perfection absolue. Rien ne peut lui donner satisfaction, tant qu'il est possible de concevoir quelque chose de supérieur encore; elle juge en toute rigueur, et n'admet point d'excuses tirées des besoins, de l'infirmité, de la nature finie; elle ne reconnaît d'autres limites que celles de la pensée, qui, nous le savons, s'élance au delà de toutes les limites du temps et de l'espace. Le poëte ne saurait donc se proposer pour but un tel idéal d'ennoblissement, cet idéal que lui trace la raison pure, pas plus qu'il ne doit se proposer ce grossier idéal de récréation que lui assigne la nature sensible; car son rôle est bien, à la vérité, d'affranchir la nature humaine de toutes les entraves accidentelles qui la gênent, mais sans détruire pour cela l'idée essentielle de notre humanité, sans en déplacer les bornes nécessaires. Tout ce qu'il se permet au delà de cette ligne est de l'exagération, et c'est précisément l'écueil où ne donne que trop aisément le poëte, lorsque, cherchant la noblesse, il se méprend sur le sens de cette idée. Mais le mal est qu'il ne peut lui-même s'élever au véritable idéal de la nature humaine ennoblie, sans faire quelques pas encore par delà cet idéal. En effet, pour s'élever jusque-là, il doit nécessairement abandonner le monde réel; car cet idéal de noblesse est comme tous les autres, on n'y saurait aspirer qu'en remontant à la source intime, à la source morale. Il ne le trouve point dans ce monde qui l'entoure, dans le tumulte de la vie active : il ne saurait le rencontrer que dans son cœur, et son cœur lui-même, il ne le trouve que dans le calme d'une méditation solitaire. Mais pour s'isoler ainsi de la vie réelle, il s'expose à perdre de vue, non-seulement les bornes accidentelles, mais bien souvent aussi les bornes nécessaires de l'humaine nature, celles qu'il n'est pas permis de franchir; et en cherchant la forme pure, il risque de se perdre en conceptions arbitraires sans vérité et sans fond. La raison poursuivra son œuvre en faisant beaucoup trop abstraction de l'expérience, et ce que l'esprit contemplatif aura découvert par la voie paisible de la pensée, l'homme d'action ne le pourra mettre en pratique, dans les chemins difficiles et parmi la presse de la vie réelle. Aussi ce qui le plus souvent fait de l'homme un rêveur, est précisément ce qui seul était capable d'en faire un sage ; et peut-être l'avan-tage de celui-ci est-il beaucoup moins de n'être pas devenu que de n'être pas resté un rêveur exalté.

Puis donc qu'il ne faut permettre ni à la classe des hommes qui travaillent de déterminer l'idée de récréation d'après ses besoins, ni aux contemplatifs de déterminer l'idée de noblesse d'après leurs spéculations, sous peine d'aboutir, avec les pre-miers, à une récréation trop physique et trop indigne de la poésie, avec les seconds, à quelque chose de trop hyperphy-sique et de trop excessif pour la poésie, et puisque ces deux idées cependant, comme l'enseigne l'expérience, dirigent le ju-gement de la plupart des hommes sur la poésie et sur les œuvres poétiques, il faut, pour nous les faire expliquer, que nous cherchions autour de nous une classe d'hommes qui soient tout à la fois actifs sans être condamnés au labeur, et capables d'idéaliser sans tomber dans la rêverie : réunissant en eux-mêmes toutes les réalités de la vie, avec le moins possible de ses limites, obéissant en un mot au courant des choses hu-maines, sans que leur liberté y fasse naufrage. Une telle classe d'hommes peut seule conserver la belle unité de la nature hu-maine, cette harmonie que tout travail déconcerte pour un moment et qu'une vie toute de travail détruit pour toujours ; elle seule est capable de juger par ses *sentiments* de tout ce qui est purement humain, et de donner des règles au jugement de tous. Existe-t-elle en réalité, cette troisième classe, ou plutôt celle qui répond en effet à toutes les conditions extérieures que je suppose, répond-elle aussi, par le dedans, à cette idée ? C'est une tout autre question, dont je n'ai point à m'occuper ici. Si elle n'y répond pas, elle ne peut s'en prendre qu'à elle-même, tandis que l'autre classe, celle qui travaille, a du moins la consolation de pouvoir se considérer comme victime de sa destinée. Mais si cette classe existait (c'est une simple idée que je pose, et non point un fait que je garantisse), elle devrait nécessairement réunir en soi le caractère naïf et le caractère sentimental, de façon que l'un préservât l'autre de son excès, et de telle sorte que l'âme fût protégée par le génie naïf contre l'exagération sentimentale, par le génie sentimental contre l'atonie. Car enfin, il faut bien en convenir, ni le caractère naïf ni le caractère sentimental, considéré isolément et en lui-même, ne représente pleinement l'idéal de la belle nature humaine : la seule expression complète de cet idéal, c'est la réunion intime de l'un et de l'autre génie.

A la vérité, tant que les deux caractères sont portés jusqu'à l'exaltation *poétique,* comme nous les avons considérés jusqu'ici, beaucoup de ce qui naturellement les limite disparaît, et leur contraste même est d'autant moins sensible qu'ils s'élèvent à un plus haut degré de poésie; car la disposition poétique est un tout indépendant où les disparates et les défauts s'effacent. Mais précisément parce que l'idée de la poésie est le seul milieu où se puissent concilier les deux façons de sentir, leur antagonisme respectif et l'insuffisance de chacun des deux génies lorsqu'il est seul, seront d'autant plus sensibles, qu'ils auront davantage dépouillé le caractère poétique ; et c'est ce que nous voyons dans la vie de tous les jours. Plus ils descendent vers la vie réelle, plus ils perdent leur caractère générique, celui qui les rapprochait l'un de l'autre; et ils finissent par ne plus offrir que de véritables caricatures où l'on ne retrouve que leur caractère spécifique, celui par où ils sont opposés l'un à l'autre.

Ceci me conduit à parler d'un phénomène très-remarquable, de cet antagonisme psychologique qui sépare les hommes dans un siècle cultivé : antagonisme radical, fondé sur une différence intime, sur la nature même de leurs âmes, et qui par conséquent met entre eux une division plus grave que jamais n'en pourrait mettre l'opposition accidentelle des intérêts; antagonisme qui ôte aux artistes et aux poëtes toute espérance de plaire et de toucher généralement, ce qui pourtant est leur but; aux philosophes, quelque chose qu'ils fassent, la possibilité de convaincre généralement, ce qui pourtant est l'objet de toute philosophie; à l'homme enfin qui vit de la vie pratique, l'espérance de voir jamais sa conduite généralement approuvée : antagonisme, en un mot, qui fait que nul ouvrage de l'esprit, et nulle action inspirée par le cœur, ne saurait rencontrer chez les uns une approbation un peu marquée, sans s'attirer, pour cela même, la condamnation des autres. Ce contraste, n'en doutons pas, doit dater de l'origine même de la civilisation, et ne disparaîtra guère, avant qu'elle ait consommé son œuvre, que chez quelques individus privilégiés, comme il faut croire qu'il y en eut et qu'il y en aura toujours; mais, bien que ce soit aussi un des effets de ce contraste, de déjouer tous les efforts que l'on pourrait tenter pour y mettre un terme (car le moyen d'amener les uns ou les autres à reconnaître, de leur côté l'absence, de l'autre la réalité d'un mérite?), il y aura toujours un assez grand profit à remonter jusqu'aux causes dernières d'une séparation si considérable, et de réduire ainsi à une formule plus simple le point essentiel du débat.

Le meilleur moyen de se faire une idée juste de ce contraste, c'est de dégager, ainsi que je le remarquais tout à l'heure, et du génie naïf, et du génie sentimental, ce qu'ils ont tous deux de poétique. Cette abstraction faite, il ne reste plus du génie naïf, que, au point de vue de la théorie, un certain esprit d'observation froid et calme, et une disposition constante à s'en tenir au témoignage uniforme des sens; en pratique, une soumission résignée à la nécessité, mais non à la contrainte aveugle, de la nature, l'assentiment donc d'une âme qui s'abandonne à ce qui est, à ce qui doit être. Il ne reste plus rien du génie sentimental, si ce n'est, en théorie, un esprit de spéculation toujours inquiet, qui dans toutes ses notions veut pousser jusqu'à l'absolu; en pratique, un rigorisme moral qui, dans tous les actes de la volonté, s'en tient à l'inconditionnel. Ceux qui se rangent dans la première classe peuvent être désignés par le nom de *réalistes*, et ceux qui forment la seconde, par celui d'*idéalistes*; mais il faut oublier, en se servant de ces deux noms, le bon comme le mauvais sens qu'on y attache en métaphysique [1].

Puisque le réaliste se laisse déterminer par la nécessité de la nature, tandis que l'idéaliste se détermine lui-même par la né-

---

1. Je ferai observer, afin de prévenir toute méprise, que je n'ai aucunement songé, en proposant cette classification, à faire un choix entre ceux-ci et ceux-là, ni par conséquent à me prononcer en faveur des uns, à l'exclusion des autres. Cet esprit d'*exclusion*, si commun dans la pratique, est précisément ce que je combats; et le résultat des considérations que je présente ici sera de faire voir que la *conciliation* parfaite et l'équilibre des deux génies est seul capable de répondre entièrement au concept rationnel de l'humanité. Je prends d'ail-

cessité de la raison, il doit y avoir entre l'un et l'autre le même
rapport qu'entre les effets de la nature et les actes de la raison.
La nature, nous le savons, bien qu'elle constitue dans son ensemble une grandeur infinie, se montre, dans chacun de ses
effets pris à part, dépendante et bornée; c'est seulement dans
la somme de ses phénomènes qu'elle exprime un caractère d'indépendance et de grandeur. Tout phénomène individuel, dans
la nature, suppose nécessairement un autre phénomène : rien
ne s'y produit de soi-même; tout y est la conséquence du moment qui a précédé, et le principe de ce qui va avoir lieu dans
le moment prochain. Mais c'est précisément ce rapport réciproque que soutiennent entre eux les phénomènes, qui assure
l'existence de chacun d'eux par l'existence des autres : la constance, la nécessité des effets individuels est inséparable de la
dépendance où ils sont entre eux. Il n'y a rien de libre dans la
nature, mais il n'y a non plus rien d'arbitraire.

Eh bien, tels sont justement les caractères du réaliste, dans
les *opérations de son esprit*, comme dans les *actes de sa volonté.*
Le cercle de son activité intellectuelle et de son activité morale
embrasse tout ce qui existe conditionnellement, mais jamais il
ne pousse au delà des notions contingentes; et les règles qu'il
se trace sur des expériences individuelles ne sont valables
aussi, à les prendre rigoureusement, que *pour un seul cas* : si
de la règle du moment il s'avise de faire une loi générale, il
tombe infailliblement dans l'erreur. Si donc le réaliste prétend
s'élever à quelque chose d'inconditionnel, une seule voie peut
l'y conduire, c'est celle que suit la nature pour s'élever elle-
même jusqu'à l'infini : c'est-à-dire qu'il doit considérer l'ensemble des phénomènes, et faire la somme des expériences.
Mais, comme la somme des expériences n'est jamais complète,
la plus haute notion où le réaliste puisse atteindre n'est jamais
qu'une généralité relative. C'est sur le retour des cas semblables

leurs l'un et l'autre terme dans son acception la plus digne, et dans toute l'extension de sens qu'on leur peut donner sans altérer le fond des deux idées, ni
effacer la différence spécifique que j'ai voulu établir. On verra aussi que l'idéalisme et le réalisme comportent tous deux un très-haut degré de vérité humaine ;
et que, sur les points où ils s'écartent l'un de l'autre, l'opposition est dans le
détail et non dans l'ensemble, dans la forme et non dans le fond.

(*Note de Schiller.*)

qu'il fonde sa notion ; et, par conséquent, il portera un jugement sûr de tout ce qui est dans l'ordre ; mais, au contraire,
pour tout ce qui se présente pour la première fois, sa science
est ramenée à son point de départ.

Ce qui est vrai de la connaissance du réaliste l'est aussi de sa
conduite (morale). Il entre de la moralité dans son caractère ;
mais, à prendre l'idée dans sa pureté, sa moralité ne repose en
particulier sur aucun de ses actes, mais seulement sur l'ensemble de sa conduite et de sa vie. Chacun de ses actes, pris
isolément, est déterminé par des causes extérieures, et par un
but placé hors de lui : seulement on peut dire que ces causes
ne sont pas purement accidentelles, que ce but n'est pas exclusivement propre à tel ou tel moment, mais que ces causes et ce
but procèdent subjectivement de l'ensemble de la nature, et s'y
rapportent objectivement. Ainsi les impulsions de sa volonté ne
sont, il est vrai, ni suffisamment libres, au sens rigoureux du
mot, ni moralement assez pures, car elles ont pour principe
quelque autre chose que la simple volonté, et pour objet quelque autre chose que la simple loi du devoir ; mais il n'est pas
plus vrai de dire que ces impulsions soient aveugles et matérielles ; car cet élément étranger qui y concourt, c'est la nature
même prise dans son ensemble et dans son absolue généralité,
par conséquent quelque chose d'indépendant et de nécessaire.
Tel se montre partout, chez le réaliste, dans ses pensées comme
dans sa conduite, le commun bon sens humain, qui est son lot
principal. C'est d'un cas particulier qu'il tire la règle de ses
jugements, c'est d'une impression particulière de la sensibilité
qu'il tire la règle de ses actes ; mais il a un merveilleux instinct
pour distinguer, ici et là, tout ce qui n'est que momentané et
accidentel : méthode excellente en somme, et avec laquelle il
n'aura guère à se reprocher de faute très-grave ; seulement il
pourrait bien se faire que, dans aucun cas particulier, il ne pût
prétendre à la dignité ni à la grandeur. La grandeur et la dignité
sont exclusivement attachées à l'indépendance et à la liberté,
dont nous voyons trop peu de traces dans ses actes individuels.

Il en est tout autrement de l'idéaliste, qui tire de lui-même,
et emprunte à la seule raison, le principe de ses connaissances
et de ses déterminations. Si la nature nous apparaît, dans ses

effets particuliers, toujours dépendante et bornée, la raison imprime uniformément à chaque action le caractère de l'indépendance et de la perfection. Elle tire tout d'elle-même, et rapporte tout à elle-même. Ce qui arrive par elle n'arrive que pour elle; toute idée qu'elle fait concevoir, toute résolution qu'elle détermine, est une grandeur absolue. Eh bien, c'est précisément aussi avec ce caractère que l'idéaliste, autant qu'il a droit à ce nom, se montre à nous, dans les notions de son esprit comme dans les actes de sa volonté. Il ne se contente pas de notions qui ne soient justes que dans telle et telle hypothèse déterminée, il aspire à des vérités qui ne reposent plus sur aucune hypothèse et qui soient elles-mêmes le fondement de tout le reste. Ce qu'il lui faut, ce n'est rien de moins que la connaissance philosophique, celle qui ramène toute notion conditionnelle à une notion absolue, et qui fonde toute expérience sur ce qu'il y a de nécessaire dans l'esprit humain. Le réaliste soumet sa pensée aux choses : l'idéaliste doit nécessairement soumettre les choses à sa faculté pensante. Et en cela son procédé est parfaitement légitime ; car, si les lois de l'esprit humain n'étaient pas en même temps les lois du monde, si la raison enfin était subordonnée à l'expérience, il n'y aurait même plus d'expérience possible.

Mais il peut s'être élevé jusqu'à des vérités absolues sans avoir pour cela beaucoup avancé ses connaissances. Car, s'il est vrai que toutes choses, en fin de compte, sont soumises à des lois nécessaires et générales, chaque chose, individuellement, se gouverne par des règles contingentes et particulières, et tout dans la nature est individuel. Il se peut donc que l'idéaliste, avec sa connaissance philosophique, domine l'ensemble des choses, et que cela ne lui serve de rien pour la connaissance des choses particulières, pour la pratique. Je dis plus : comme il cherche partout à remonter aux principes *suprêmes*, par qui toute chose est possible, il est exposé à négliger les causes *prochaines* par qui toute chose devient réelle ; comme il porte toujours son attention sur le général, et qu'à cette hauteur les cas les plus opposés reviennent au même, il est enclin à ne pas tenir compte des circonstances particulières par lesquelles tel cas diffère de tel autre. Il pourra donc, avec le genre de connaissance qui lui est propre, *embrasser* beaucoup, et par cela même peu *comprendre*, et souvent perdre en profondeur ce qu'il gagne en surface. C'est ce qui explique pourquoi l'esprit spéculatif, qui méprise les intelligences ordinaires parce qu'il les trouve *bornées*, est lui-même en butte à la raillerie des intelligences moyennes, qui le trouvent *vague et vide* ; car la faculté cognitive perd toujours du côté de la précision ce qu'elle gagne en étendue.

Voyons maintenant ce qu'est l'idéaliste quant à la morale. On trouvera chez lui, dans chaque acte particulier, une moralité plus pure, mais beaucoup moins d'égalité, d'unité morale dans l'ensemble de sa conduite. Comme l'idéaliste n'est digne de son nom qu'à la condition de se déterminer par des motifs tirés de la raison pure, et que la raison se montre avec le *caractère* de l'absolu dans chacune de ses manifestations, il s'ensuit que chacun des actes particuliers de l'idéaliste, dès que nous le supposons moral, devra exprimer *tout* le caractère de l'indépendance, de la liberté morale ; et on peut dire, en général, que s'il y a dans la vie réelle une seule action vraiment morale, assez morale pour demeurer telle aux yeux d'un juge rigoureux, cette action ne peut être faite que par l'idéaliste. Mais plus la moralité de ses actes particuliers est pure, plus aussi elle est sujette à l'accident ; car la constance et la nécessité sont bien le caractère de la nature, mais non celui du libre arbitre : non pas, il est vrai, que l'idéalisme puisse jamais se trouver aux prises avec la morale (cela serait contradictoire), mais parce que la nature humaine est absolument incapable d'un idéalisme toujours conséquent avec lui-même. Si le réaliste, même dans ses actes moraux, est tranquillement et uniformément soumis à une nécessité physique, l'idéaliste, au contraire, a besoin de prendre un élan, d'exalter momentanément sa nature ; et cela ne lui est possible qu'autant qu'il est soutenu par l'inspiration. Il est vrai qu'alors sa capacité morale est d'autant plus haute, et que sa conduite sera marquée d'un caractère de sublimité et de grandeur qu'on chercherait en vain dans les actions du réaliste. Mais la vie réelle n'est pas faite, tant s'en faut, pour éveiller en lui cette inspiration, et bien moins encore pour l'alimenter uniformément. De l'absolue grandeur, d'où l'idéaliste prend à chaque fois son point de départ, à l'infinie petitesse des cas particuliers auxquels il a à appliquer ses principes, le contraste est par trop grand. Comme sa volonté, quant à la forme, est toujours dirigée vers l'ensemble, il ne veut point, quant à la matière, l'abaisser, l'appliquer à des fragments; et pourtant ce n'est presque jamais que par des actions sans importance, qu'il peut faire paraître son sens moral. C'est ainsi qu'on le voit, en plus d'une rencontre, du haut de son idéal infini, méconnaître par distraction les cas particuliers où sa loi voudrait être appliquée; et tout plein de son maximum, négliger le minimum, qui seul pourtant peut donner lieu dans la réalité à toute grandeur.

Ainsi donc, pour rendre justice au réaliste, il le faut juger sur toute la suite de sa vie; pour apprécier avec équité l'idéaliste, il faut s'en tenir à ses manifestations particulières, mais après avoir fait un choix parmi elles. Il s'ensuit que le vulgaire, qui se décide si volontiers d'après un fait isolé, se taira, avec indifférence, sur le réaliste, parce que les actes particuliers de sa vie prêtent aussi peu au blâme qu'à la louange; sur l'idéaliste, au contraire, il ne manquera pas de prendre parti, et de se partager entre la désapprobation et l'admiration, parce que c'est dans les actions particulières que gît tout ensemble et la force et l'infirmité de l'idéaliste.

Il est impossible, partant de principes si opposés, que l'idéaliste et le réaliste ne portent dans bien des cas des jugements diamétralement contraires; et, lors même qu'ils se rencontreraient objectivement sur les résultats, qu'ils ne soient pas en désaccord sur le motif. Le réaliste demandera : *A quoi cela est-il bon?* et n'estimera les choses que par leur utilité. L'idéaliste demandera : *Cela est-il bon?* et prisera les choses en raison de leur mérite moral. Tout ce qui a son prix et son but en soi-même est, en exceptant pourtant toujours l'ensemble des choses, à peu près étranger ou indifférent au réaliste. En matière de goût, il plaidera pour le plaisir; en fait de morale, pour le bonheur, quoiqu'il ne fasse pas du bonheur la condition de la conduite morale; en religion même, il ne se résigne guère à perdre de vue son *intérêt* propre, sauf qu'il l'ennoblit et le sanctifie en le confondant avec l'idéal du *souverain bien*. Ce qu'il aime, il cherche à le rendre heureux; l'idéaliste cherchera surtout à *l'en-*

noblir. Par suite, si le réaliste, dans ses tendances politiques[1], se propose pour but le *bien-être*, dût-il en coûter quelque chose à l'indépendance morale de la nation, l'idéaliste n'aura en vue que la *liberté*, dût le bien-être en souffrir. L'un regarde comme son but suprême *d'arriver à un état indépendant*, l'autre de *ne plus dépendre de son état;* et l'on peut suivre cette différence caractéristique dans toutes leurs idées, dans toutes leurs actions respectives. Aussi le réaliste témoignera toujours son inclination en *donnant*, l'idéaliste en *recevant;* chacun d'eux, par ce qu'il sacrifie dans ses élans de générosité, montre ce qui lui tient le plus au cœur. Les désavantages attachés à son système, l'idéaliste les expie aux dépens de son individu, au prix de son bien-être temporel, mais il ne compte pour rien ce sacrifice : le réaliste les expie aux dépens de sa dignité personnelle, mais il n'a nullement conscience de ce sacrifice. Son système se justifie pour tout ce dont il a connaissance, pour tout ce qui lui fait éprouver un besoin : que lui importent des biens vers lesquels aucune aspiration ne le porte et auxquels il ne croit pas? Il est satisfait, il est en possession, la terre est à lui, il fait clair dans son esprit, et le contentement habite dans son cœur! L'idéaliste est loin d'avoir une félicité pareille. Non content de se brouiller souvent avec la fortune pour avoir négligé le moment de s'en faire une amie, il se brouille encore avec lui-même. Ni ce qu'il sait ni ce qu'il fait ne le peut contenter. Tout ce qu'il exige de soi est chose infinie, et tout ce qu'il produit est borné. Cette rigueur qu'il exerce contre lui-même, il ne la dément point dans sa conduite envers les autres. Généreux, parce qu'en présence d'autrui il se souvient moins de son individualité; il sera souvent injuste, parce qu'il oublie aussi aisément l'individualité chez les autres que chez lui. Le réaliste, au rebours, sera moins généreux, mais aussi plus juste, parce qu'il est plus habitué à juger de toutes choses en tenant compte de leur *nature bornée*. Il vous passera une idée, une action, vulgaires, et même basses; mais pour ce qui est arbitraire ou excentrique, il ne vous fera pas grâce.

---

1. Il y a ici dans les *Heures* une faute assez étrange : « Tendances poétiques, » au lieu de « Tendances politiques. »

L'idéaliste, au contraire, est l'ennemi juré de toute petitesse et de toute platitude, et il est homme à prendre son parti de ce qui est extravagant ou monstrueux, pour peu que l'extravagance témoigne d'une grande force. Le premier se montre ami des hommes, sans avoir une bien haute idée des hommes ni de l'humanité : le second s'est fait de l'humanité une si haute idée, que cela l'expose à mépriser les hommes.

Le réaliste, par lui seul, n'eût jamais étendu la sphère de l'humanité par delà les bornes du monde sensible ; jamais il n'eût fait connaître à l'esprit humain ce principe de grandeur indépendante et de liberté qui lui est propre : tout ce qu'il y a d'absolu dans notre nature n'est pour lui qu'une belle chimère, et ceux qui y croient ne sont guère, à ses yeux, que des rêveurs ; parce que jamais il ne considère l'homme en puissance et dans sa pure essence, mais seulement dans un effet déterminé et par conséquent borné. Mais aussi l'idéaliste, par lui seul, eût tout aussi peu cultivé nos facultés sensibles, tout aussi peu développé l'homme en tant qu'être de nature, ce qui est pourtant une part tout aussi essentielle de notre destination et la condition de tout progrès moral. L'idéaliste porte trop exclusivement ses visées par delà le monde sensible et par delà le présent : ce n'est qu'en vue du grand tout, en vue de l'éternité, qu'il veut semer et planter, oubliant que le tout n'est que la somme parfaite des existences individuelles, et l'éternité, la somme des instants. Le monde, tel que le réaliste voudrait l'arranger autour de lui et tel qu'il se l'arrange en effet, est un jardin bien planté, où tout rapporte, où tout paye sa place, où ce qui ne donne pas de fruit n'est point admis. Entre les mains de l'idéaliste, le monde est une nature moins bien exploitée, mais d'un plus grand dessein. Il ne vient pas à la pensée de celui-là que l'homme puisse être ici-bas pour autre chose que pour bien vivre, pour vivre content ; il ne voit pas que l'homme ne doit enfoncer de racines qu'afin de pousser sa tige vers le ciel. L'autre ne songe pas que, pour avoir constamment de bonnes et nobles pensées, la première condition est de bien vivre selon le vœu de la nature ; il ne songe pas que c'en est fait de la tige elle-même quand les racines viennent à manquer.

Dans tout système où quelque point essentiel est resté en

souffrance, et qui méconnaît un besoin impérieux de la nature, un de ces besoins auxquels on ne peut pas donner le change, la seule ressource de la nature est de se satisfaire par une inconséquence. Nous voyons ici, de part et d'autre, une inconséquence de cette sorte : nouvelle preuve, si l'on pouvait garder encore quelque doute, et de ce qu'il y a d'exclusif dans l'un et dans l'autre système, et de la richesse de la nature humaine. Pour l'idéaliste, je n'ai pas besoin de faire voir en détail qu'il est nécessairement jeté hors de son système dès qu'il se propose pour but une action déterminée; car toute existence déterminée est soumise à des conditions de temps et obéit à des lois empiriques. A l'égard du réaliste, au contraire, on pourrait ne pas voir aussi bien tout d'abord ce qui l'empêcherait, sans sortir de son système, de donner satisfaction à tous les besoins, à toutes les exigences nécessaires de l'humanité. Si l'on demande au réaliste : « Pourquoi fais-tu ce qui est juste, et pourquoi souffres-tu ce qui est nécessaire ? » il vous répondra selon l'esprit de son système : « Parce que la nature le comporte ainsi, parce qu'il faut que cela soit. » Mais ce n'est pas du tout répondre à la question; car il ne s'agit pas de savoir ce que comporte la nature, mais bien ce que veut l'homme; car l'homme est libre même de ne vouloir pas ce que veut la force des choses. On peut donc lui demander encore : « Pourquoi veux-tu ce qui doit nécessairement être? Pourquoi ton libre arbitre se soumet-il à cette nécessité de nature, à laquelle il pourrait tout aussi bien résister (sans succès, il est vrai, mais ce n'est pas de quoi il s'agit), et à laquelle résistent en effet des millions de tes frères? Tu ne peux pas dire que c'est parce que les autres créatures s'y soumettent, car tu es la seule qui soit douée de volonté; et ta soumission, tu le sens toi-même, doit être une soumission volontaire. Ainsi, quand tu te soumets librement et volontairement, tu n'obéis pas à la nécessité même des lois de nature, tu obéis à l'idée de cette nécessité; car la nécessité même ne te contraint que par force et aveuglément, comme elle contraint le ver de terre; mais elle ne peut rien gagner sur ta volonté, puisque tu es toujours libre, lors même qu'elle t'écrase, de vouloir autrement qu'elle. Mais cette idée de la nécessité, où l'as-tu prise? Ce n'est pas dans l'expérience, qui ne te peut donner que des effets particuliers de la nature, et non pas la nature même (comme ensemble), des réalités particulières, mais non point une nécessité. Tu vas donc au delà de la nature, et tu te détermines en idéaliste, toutes les fois que tu veux *agir en être moral*, ou simplement ne pas *subir aveuglément* la nécessité de nature. » Il y a donc évidemment dans les actions du réaliste plus de dignité morale qu'il ne veut bien le dire d'après sa théorie ; de même qu'il y a dans les pensées de l'idéaliste plus de sublimité que dans sa conduite. Ni l'un ni l'autre ne se l'avoue ; mais le réaliste, par toute la teneur de sa vie, rend hommage à l'indépendance de la nature humaine, de même que l'idéaliste, par ses actions particulières, rend témoignage de l'infirmité de notre condition.

Après la description que je viens de faire (et dont on peut reconnaître l'exactitude, lors même qu'on en contesterait la conclusion), je n'aurai pas besoin de démontrer à un lecteur attentif et impartial que l'idéal humain se partage entre les deux, et n'est complétement atteint ni par l'un ni par l'autre. L'expérience et la raison ont toutes deux leur juridiction propre ; et aucune d'elles ne peut empiéter sur le domaine de l'autre sans déterminer de fâcheuses conséquences pour l'état soit intérieur soit extérieur de l'homme. L'expérience seule peut nous faire connaître ce dont l'existence est conditionnelle, ce qui arrive dans une hypothèse donnée, ce qui doit se faire en vue d'un certain but. La raison seule, de son côté, peut nous révéler ce qui vaut par soi-même et sans condition aucune, ce qui doit nécessairement être. Lors donc que nous nous flattons, avec notre raison seule, d'agir en quoi que ce soit sur l'existence des choses extérieures, c'est une prétention puérile, et le résultat tourne au néant ; car toute existence particulière est subordonnée à des conditions, et la raison détermine sans condition. Mais quand nous permettons qu'un fait contingent décide de ce qui est implicitement dans l'idée même de notre être, dans notre essence, c'est nous alors qui devenons le vain jouet du hasard, et notre personnalité tourne au néant. Ainsi, dans le premier cas, la vie de l'homme n'est plus d'aucun *prix* (ou valeur temporelle) ; dans le second, elle perd tout ce qui faisait son *mérite* (sa valeur morale).

Nous avons reconnu, il est vrai, dans notre description de tout à l'heure, qu'il y a chez le réaliste un certain mérite moral, et chez l'idéaliste une certaine valeur expérimentale, mais seulement lorsqu'ils cessent de procéder conséquemment à leur principe et que la nature agit en eux plus puissamment que le système. Mais, quoique ni l'un ni l'autre ne réponde parfaitement à l'idéal de l'humanité, il y a toutefois entre eux cette différence considérable, que, si le réaliste ne satisfait dans aucun cas particulier à cet idéal tel que nous le concevons par la raison, en revanche il ne donne jamais aucun démenti à l'idéal tel que nous le concevons par l'entendement; tandis que l'idéaliste, qui, dans certains cas particuliers, approche davantage, il est vrai, de la plus haute idée de l'humanité, restera, au contraire, en mainte rencontre, au-dessous même de l'idée la plus basse que nous nous fassions de notre nature. Or, dans la pratique de la vie, il est beaucoup plus important que le tout soit *uniformément* bon selon la nature humaine, que si dans le détail on approchait *accidentellement* de la perfection divine; partant, si l'idéaliste est plus propre à nous donner une haute idée de ce dont la nature humaine est capable, et à nous inspirer du respect pour notre destinée, le réaliste aussi est seul à même de remplir constamment et effectivement cette destinée, de retenir l'espèce dans les bornes qui lui sont éternellement assignées. Le premier est sans doute un être plus noble, mais un être incomparablement moins parfait; le second nous paraît, à la vérité, comme un être infiniment moins noble, mais sa perfection aussi est d'autant plus grande; car la noblesse est déjà implicitement contenue dans tout ce qui témoigne d'une grande faculté; mais la perfection ne se trouve que dans la teneur de l'ensemble et dans l'acte réel.

Ce qui est vrai de l'un et de l'autre caractère, dans leur expression la meilleure, devient plus sensible encore dans leurs *caricatures* respectives. Le véritable réalisme est plus salutaire dans ses effets, mais seulement il est moins noble dans son principe; le faux réalisme, méprisable dans son principe, n'a pour lui que d'être un peu moins pernicieux dans ses effets. Je veux dire que le réaliste véritable se soumet bien à la nature, et à sa nécessité; mais il obéit à la nature considérée comme un tout et à sa nécessité en tant qu'éternelle et absolue, et non à sa contrainte aveugle, à ses exigences du moment. Il embrasse, il suit librement la loi de nature, et soumettra toujours l'individuel au général : aussi ne peut-il manquer de se trouver d'accord, en fin de compte, avec le véritable idéaliste, quoiqu'ils aient pris tous deux un chemin bien différent pour arriver au but. L'empirique vulgaire, au contraire, se soumet à la nature comme à une force, et s'y abandonne aveuglément et sans choix. Ses jugements roulent sur le particulier, ses aspirations sont bornées : il ne croit, il ne comprend que ce qu'il touche ; il n'estime que ce qui améliore sa condition sensible. Aussi n'est-il jamais rien de plus que ce que les impressions extérieures font accidentellement de lui ; son *moi*, sa personnalité est opprimée, et il n'a, comme homme, absolument aucun prix ni aucun mérite ; mais, en tant que simple créature, il ne cesse pas d'être quelque chose, il peut toujours être bon à quelque chose. Cette même nature à laquelle il s'abandonne en aveugle, ne le laisse pas tout à fait déchoir ; les bornes éternelles de la nature le maintiennent, ses inépuisables ressources le conservent, dès qu'il lui a fait, sans réserve, le sacrifice de sa liberté en tant qu'homme. En cet état, quoiqu'il ne se doute point de ce que c'est qu'une loi, celles de la nature, à son insu, le régissent ; et, quoique ses efforts individuels soient souvent en désaccord avec la loi générale, avec l'ensemble, l'ensemble saura infailliblement prévaloir sur toutes ces contrariétés. Il y a beaucoup d'hommes, que dis-je ? il y a des peuples entiers qui vivent dans cet état méprisable, qui ne subsistent que par la grâce de la nature et de ses lois, qui n'ont aucune espèce d'individualité, et par conséquent dont tout le prix est d'être bons *à quelque chose*; mais enfin ils vivent, ils subsistent, et il en faut bien conclure que cet état n'est pas dépourvu de toute valeur.

Que si, au contraire, l'idéalisme véritable est lui-même peu sûr dans ses effets, et souvent même dangereux; le faux idéalisme, dans ses effets, est quelque chose d'effroyable. L'idéaliste digne de ce nom ne s'écarte de la nature et de l'expérience, que faute d'y trouver le principe immuable et l'absolue nécessité que la raison lui ordonne malgré tout de poursuivre. L'idéaliste extravagant s'écarte de la nature par un pur caprice, pour être plus libre de s'abandonner à son sens propre, à ses appétits, et aux fantaisies de son imagination. La liberté, pour lui, ne consiste pas à s'affranchir des nécessités physiques, mais à se débarrasser des nécessités morales qui le gênent. Aussi n'abdique-t-il pas seulement son caractère d'homme ; il renonce à toute espèce de caractère, il se met en dehors de toute espèce de lois; il n'est donc absolument rien, et aussi ne sert absolument à rien. Mais précisément parce que ce mal ne vient pas d'avoir trop donné à la nature, mais bien d'un excès de liberté, comme il procède, par conséquent, d'une disposition estimable en soi, d'une faculté infiniment perfectible, il aboutit aussi à une chute infinie, à un abîme sans fond, et ne saurait prendre fin que par une entière destruction!

DE L'UTILITÉ MORALE

DES MŒURS ESTHÉTIQUES

DE L'UTILITÉ MORALE

DES MŒURS ESTHÉTIQUES[1].

L'auteur de l'article qui a paru dans le onzième cahier des *Heures* de 1795, *sur le Danger des mœurs esthétiques*[2], a eu raison de tenir pour douteuse une moralité qui n'est fondée que sur le sentiment du beau, et qui n'a d'autre garant que le goût. Mais il est évident qu'un sentiment vif et pur de la beauté doit exercer la plus heureuse influence sur la vie morale, et c'est la question que je vais traiter ici.

Quand j'attribue au goût le mérite de contribuer au progrès moral, mon intention n'est pas du tout de prétendre que l'intérêt que prend le bon goût à une action suffise pour en faire une action morale. La moralité ne saurait jamais avoir d'autre fondement qu'elle-même. Le goût peut *favoriser* la moralité dans la conduite, comme j'espère le démontrer dans le présent essai : mais, par lui-même et par sa seule influence, il ne saurait jamais *produire* rien de moral.

Il en est ici de la liberté interne et *morale* absolument comme de la liberté *physique* externe. Je n'agis librement, dans le sens physique, que lorsque, indépendamment de toute influence

---

1. Ce morceau a paru d'abord dans les *Heures* (3ᵉ cahier de 1796).
2. Schiller, après avoir publié à part dans les *Heures* l'article dont il parle ici, le rattacha plus tard, dans ses *Opuscules en prose*, au traité des *Limites à observer dans l'emploi des belles formes*. Il forme aussi la fin de ce traité dans les *OEuvres complètes* et dans notre traduction. Voyez plus haut, p. 329-335.

étrangère, j'obéis simplement à ma volonté. Mais la possibilité
d'obéir ainsi, sans entraves, à ma propre volonté, il se peut,
en fin de compte, que j'en sois redevable à un principe distinct
de moi, du moment qu'on admet que ce principe aurait pu gêner ma volonté. De même aussi, la possibilité d'accomplir telle
action conforme au devoir, il peut se faire que j'en sois redevable, en fin de compte, à un principe distinct de ma raison :
cela est possible, du moment que l'idée de ce principe est conçue comme une force qui aurait pu restreindre mon indépendance. Ainsi, de même qu'on peut dire d'un homme qu'il *tient*
sa liberté d'un autre homme, encore bien que la liberté proprement dite consiste à n'être point obligé de se régler sur autrui, de même on peut dire aussi que le goût sert ici la vertu,
encore bien que la vertu elle-même emporte expressément
cette idée, que l'on ne s'y sert d'aucun secours étranger.

Une action ne cesse pas du tout d'être libre parce que celui qui
pouvait en gêner l'accomplissement se sera heureusement ab-
stenu d'y mettre obstacle : il suffit que nous sachions que l'agent
n'y a été mû que par sa volonté propre, sans aucun égard à une
volonté étrangère. De même une action de l'ordre moral ne
perd pas son droit à être qualifiée d'action morale, parce que
les tentations qui pouvaient la faire tourner au rebours ne se
seront heureusement pas présentées : il suffit que nous admettions que l'agent n'a obéi qu'à l'arrêt de sa raison, à l'exclusion
de tous ressorts étrangers. La liberté d'un acte extérieur est
établie, *dès qu'il procède immédiatement de la volonté de la personne :* la moralité d'une action interne est établie, *dès que la
volonté de l'agent s'y est déterminée immédiatement par les lois de la
raison.*

Il peut nous être plus facile ou plus malaisé d'agir en hommes libres selon que nous rencontrons ou non, sur notre chemin, des forces qui agissent contrairement à notre volonté et
qu'il faut vaincre. En ce sens, la liberté est susceptible de plus
ou de moins. Elle est plus grande ou du moins plus visible,
lorsque nous la faisons prévaloir sur des forces ennemies,
quelque énergique que soit leur opposition ; mais elle n'est pas
suspendue parce que notre volonté n'aura rencontré aucune résistance, ou qu'une force étrangère venant à notre aide aura

détruit cette résistance, sans que nous ayons eu à y mettre du nôtre.

De même pour la moralité. Nous pouvons avoir plus ou moins de combats à rendre pour obéir immédiatement à la raison, suivant qu'il s'éveille ou non en nous des instincts qui luttent contre ses prescriptions, et qu'il nous faut écarter. En ce sens, la moralité est susceptible de plus ou de moins. Notre moralité est plus grande ou du moins plus en saillie, lorsque nous obéissons immédiatement à la raison, quelque puissants que soient les instincts qui nous poussent dans le sens contraire; mais elle n'est pas suspendue parce que nous n'aurons eu aucune tentation de désobéir, ou que cette tentation aura été paralysée par quelque force autre que notre volonté. Sommes-nous déterminés à une action uniquement parce qu'elle est morale, et sans nous être préalablement demandé si elle est de plus agréable? c'en est assez, voilà une action moralement bonne, et elle garderait ce caractère lors même qu'il y aurait lieu de supposer avec vraisemblance que nous agirions d'autre sorte si l'action nous coûtait quelque peine ou nous privait d'un plaisir.

On peut admettre, pour l'honneur de l'humanité, que nul homme ne saurait tomber assez bas pour préférer le mal uniquement parce qu'il est le mal; mais plutôt que tout homme sans exception préférerait le bien parce que c'est le bien, si, par quelque circonstance accidentelle, le bien n'excluait l'agréable, ou n'attirait après soi un désagrément. Ainsi, en réalité, toute action immorale semble n'avoir d'autre principe que le conflit entre le bien et l'agréable, ou, ce qui revient au même, entre la convoitise et la raison : la *force* des instincts sensibles, d'une part, et, de l'autre côté, la *faiblesse* de la volonté, de la faculté morale, telle est apparemment la source de toutes nos fautes.

Il peut donc y avoir deux différentes manières de favoriser la moralité, de même qu'il y a deux sortes d'obstacles qui la contrarient : ou bien il faut fortifier le parti de la raison, et la puissance de la bonne volonté, de sorte que nulle tentation ne la puisse vaincre; ou bien il faut rompre la force de la tentation, pour que la raison et la volonté, bien que plus faibles, soient encore en état de la surmonter.

On pourrait trouver, sans doute, que la moralité proprement dite ne gagne rien à ce second procédé, puisque tout s'y passe sans aucune modification de la volonté, et que cependant c'est la nature de la volonté qui seule donne aux actions un caractère moral. Mais disons aussi que, dans le cas dont il s'agit, un changement de volonté n'est pas du tout nécessaire; car nous ne supposons point une volonté mauvaise qui aurait besoin d'être corrigée, mais seulement une volonté portée au bien, et qui est faible. Or, cette volonté portée au bien, mais trop faible, ne laisse pas d'arriver par cette voie aux bonnes actions, ce qui peut-être n'aurait pas eu lieu si de plus fortes impulsions l'eussent sollicitée dans le sens contraire. Mais, toutes les fois qu'une volonté portée au bien devient le principe d'une action, nous sommes réellement en présence d'un fait moral. Je ne me fais donc aucun scrupule d'avancer cette proposition, que tout ce qui neutralise la résistance opposée à la loi du devoir par l'inclination, favorise véritablement la moralité.

La moralité a au dedans de nous-mêmes un ennemi naturel, l'instinct sensible : lequel, dès qu'un objet sollicite son désir, aspire aussitôt à se satisfaire et, dès que la raison exige de lui quelque chose qui lui répugne, ne manque pas de s'opposer à ses prescriptions. Cet instinct sensible est sans cesse occupé à mettre la volonté dans ses intérêts, la volonté qui pourtant est soumise à la juridiction des lois morales, et pour qui c'est une obligation de ne se trouver jamais en contradiction avec ce que demande la raison.

Mais l'instinct sensible ne reconnaît point la loi morale : il veut jouir de son objet, et le faire réaliser par la volonté, quoi que la raison en puisse dire. Cette tendance de notre faculté appétitive à diriger immédiatement la volonté sans se préoccuper aucunement de lois supérieures, est perpétuellement en conflit avec notre destination morale, et c'est le plus puissant adversaire que l'homme ait à combattre dans sa conduite morale. Les âmes grossières, qui sont dénuées tout à la fois d'éducation morale et d'éducation esthétique, reçoivent immédiatement la loi de l'appétit, et n'agissent que selon le bon plaisir de leurs sens. Les âmes morales, mais à qui manque la culture esthétique reçoivent immédiatement la loi de la raison, et c'est uniquement par égard pour le devoir qu'elles triomphent de la tentation. Dans les âmes esthétiquement épurées, il y a de plus un autre mobile, une autre force, qui plus d'une fois supplée à la vertu quand la vertu est absente, et qui la rend plus facile quand on la possède. Ce mobile, c'est le goût.

Le goût exige de nous de la modération et de la dignité; il a horreur de tout ce qui est anguleux, dur et violent; il aime tout ce qui s'arrange avec aisance et avec harmonie. Écouter la voix de la raison jusque parmi les tempêtes de la sensibilité, et savoir imposer des bornes à la nature dans ses explosions les plus brutales, c'est, comme chacun sait, ce qu'exige déjà le bon ton, lequel n'est autre chose qu'une loi esthétique : c'est ce qu'il exige de tout homme civilisé. Eh bien, cette contrainte que s'impose l'homme civilisé dans l'expression de ses sentiments, lui confère déjà un certain degré d'autorité sur eux, ou du moins développe en lui une certaine aptitude à s'élever au-dessus de l'état purement passif où était son âme, à interrompre cet état par un acte de son initiative, et à retarder par la réflexion la pétulance des sentiments toujours prêts à passer des affections aux actes. Or, tout ce qui rompt la violence aveugle des mouvements affectifs ne produit encore, je le veux bien, aucune vertu (car la vertu ne doit jamais avoir d'autre principe efficient qu'elle-même), mais cela fraye au moins la voie à la volonté pour se tourner du côté de la vertu. Toutefois, cette victoire du goût sur les affections brutales n'est point du tout une action morale, et la liberté que la volonté acquiert ici par l'intervention du goût n'est encore en aucune façon une liberté morale. Le goût ne délivre notre âme du joug de l'instinct qu'en lui imposant ses propres chaînes; et en désarmant le premier ennemi, l'ennemi déclaré de la liberté morale, il demeure lui-même, assez souvent, comme un second ennemi, qui peut être d'autant plus dangereux qu'il se présente sous les dehors d'un ami. Le goût, en effet, ne gouverne l'âme elle-même que par l'attrait du plaisir, d'un plaisir plus noble, il est vrai, puisque la raison en est le principe; mais enfin, tant que la volonté se détermine par le plaisir, il n'y a point encore de moralité.

Et, malgré tout, c'est déjà un grand point de gagné que cette

intervention du goût dans les opérations de la volonté. Toutes
ces inclinations matérielles, et ces appétits brutaux, qui souvent
s'opposent à la pratique du bien avec tant d'opiniâtreté et de
fougue, le goût esthétique en a débarrassé notre âme ; et à leur
place, il a semé en nous des inclinations plus nobles et plus
douces, qui se rapportent à l'ordre, à l'harmonie, à la perfection ; et bien que ces inclinations par elles-mêmes ne soient
point des vertus, elles ont au moins quelque chose de commun
avec la vertu : c'est leur *objet*. Ainsi désormais, si c'est l'appétit
qui parle, il aura à subir un contrôle rigoureux par-devant le
sens du beau ; si c'est la raison qui parle, et qui nous commande des actes conformes à l'ordre, à l'harmonie, à la perfection, non-seulement elle ne rencontrera plus d'adversaire
du côté de l'inclination, mais elle y trouvera le concours le
plus actif. Si nous parcourons en effet les différentes formes
sous lesquelles la moralité peut se produire, nous verrons que
toutes ces formes peuvent se réduire à deux : ou bien c'est la
nature sensible qui fait dans notre âme la motion que telle chose
se fasse ou ne se fasse point, et la volonté en décide ensuite
d'après la loi de la raison ; ou bien c'est la raison même qui fait
la motion, et la volonté lui obéit sans prendre conseil des sens.

La princesse grecque Anne Comnène parle d'un rebelle fait
prisonnier, et qu'Alexis son père, alors simple général de
son prédécesseur, avait été chargé de conduire à Constantinople.
Pendant le chemin, tous deux étant seuls et chevauchant de
compagnie, Alexis eut envie de faire halte à l'ombre d'un arbre
afin de se rafraîchir de l'extrême chaleur. Il ne tarda pas à céder au sommeil ; son compagnon seul, à qui la crainte de la
mort qui l'attendait ne laissait aucun repos, resta éveillé. Alexis
dormait donc d'un profond sommeil, et son épée était suspendue à une branche : le prisonnier aperçoit cette épée, et conçoit
aussitôt la tentation de se rendre libre en tuant son gardien.
Anne Comnène donne à entendre qu'elle ne sait trop ce qui fût
arrivé si Alexis, par bonheur, ne se fût réveillé en ce moment[1].
Voilà un cas de morale de la première espèce, où l'instinct sensible a le premier élevé la voix, et dont la raison n'a connu

1. Voyez l'*Alexiade* d'Anne Comnène, livre I, chap. IV.

qu'ensuite en qualité de juge. Mais, supposé que le prisonnier eût triomphé de la tentation rien que par égard pour la justice, il n'y aurait plus de doute, l'action eût été une action morale.

Lorsque le feu duc Léopold de Brunswick, sur le bord de l'Oder en furie, se demanda s'il devait au péril de sa vie, s'abandonner à l'impétuosité du fleuve pour sauver quelques malheureux, qui, sans lui, étaient privés de tout secours; et lorsque, je suppose ce cas, il s'élança, uniquement par conscience de son devoir, dans cette barque où nul autre ne voulait monter, personne ne contestera sans doute qu'il n'ait agi moralement. Le duc se trouvait ici dans le cas contraire au précédent. L'idée du devoir, dans cette circonstance, se présenta la première, et alors seulement s'éveilla l'instinct de la conservation pour s'opposer à ce que prescrivait la raison. Mais, dans les deux cas, la volonté s'est comportée de la même manière : elle a obéi immédiatement à la raison, et partant les deux actions sont morales.

Mais dans les deux cas l'action continuerait-elle d'être morale, si nous supposions que le goût esthétique y eût part?

Supposé, par exemple, que le premier, qui fut tenté de commettre une mauvaise action, et qui y renonça par respect pour la justice, ait le goût assez cultivé pour que toute action honteuse ou violente éveille en lui une horreur invincible : au moment où l'instinct de la conservation le pousse à quelque chose de honteux, le sens esthétique, seul, suffira pour l'en détourner; il n'y aura donc plus délibération devant le tribunal moral, devant la conscience : un autre mobile, une autre juridiction a d'avance prononcé. Mais le sens esthétique ne gouverne la volonté que par des sentiments, et non par des lois. Ainsi cet homme se refuse à goûter le sentiment agréable de la vie sauvée, parce qu'il ne peut supporter le sentiment odieux d'avoir commis une bassesse. Donc, tout s'est passé ici par-devant la sensibilité seule, et la conduite de cet homme, bien que conforme à la loi, est moralement indifférente; c'est simplement un bel effet de la nature.

Supposons maintenant que le second, celui à qui sa raison prescrivait de faire une chose contre laquelle protestait l'instinct de nature, supposons que cet homme ait également le sens du beau assez susceptible pour que tout ce qui est grand et parfait le ravisse : au moment même où la raison lui donne cet ordre, la sensibilité se rangera aussitôt du même bord, et il fera avec inclination ce que, sans cette sensibilité délicate pour le beau, il lui aurait fallu faire contrairement à l'inclination. Mais sera-ce une raison pour nous de le trouver moins parfait? Assurément non; car il agit, dans le principe, par pur respect pour les prescriptions de la raison; et s'il suit ses prescriptions avec joie, cela ne peut rien ôter à la pureté morale de son acte. Ainsi cet homme sera tout aussi parfait *dans le sens moral;* et *dans le sens physique,* au contraire, il sera *incomparablement* plus parfait ; car il est infiniment plus propre à faire un sujet vertueux.

Ainsi donc le goût donne à l'âme une direction qui la dispose mieux à la vertu, en écartant les inclinations qui y sont contraires, et en éveillant celles qui y sont favorables. Le goût ne saurait faire aucun tort à la véritable vertu, encore bien que, dans tous les cas où l'instinct de nature parle le premier, le goût commence par décider de son chef ce dont la conscience autrement aurait dû connaître, et bien qu'il soit cause par conséquent que, parmi les actions de ceux qui se gouvernent par lui, il y ait beaucoup plus d'actions moralement indifférentes que d'actions véritablement morales. En effet, l'excellence de l'homme ne consiste pas le moins du monde à produire une plus grande *somme d'actions particulières rigoureusement morales,* mais bien à témoigner dans l'ensemble d'une plus grande conformité de toutes les dispositions de sa nature avec la loi morale; et ce n'est pas une chose qui doive donner aux gens une idée bien avantageuse de leur pays ou de leur siècle, que d'y entendre si souvent parler de moralité, et d'actes particuliers que l'on vante comme des traits de vertu. Espérons que le jour où la civilisation aura consommé son œuvre (si seulement l'on peut concevoir ce terme par la pensée), il ne sera guère plus question de cela. Mais, d'un autre côté, le goût peut être d'une utilité *positive* pour la véritable vertu dans tous les cas où les instigations premières étant parties de la raison, sa voix court risque d'être étouffée par les sollicitations plus puissantes de l'instinct de nature. Alors, en effet, le goût détermine notre sensibilité à prendre parti pour le devoir, et fait ainsi qu'une médiocre force morale de volonté suffit à la pratique de la vertu.

Que si le goût, à ce titre, ne fait jamais tort à la vraie moralité, et si dans beaucoup de cas il est pour elle d'une utilité évidente, il faut tenir pour très-considérable cette circonstance, qu'il est souverainement favorable à la *légalité* de notre conduite. Supposons que l'éducation esthétique ne contribue aucunement à nous donner des sentiments meilleurs, du moins nous rend-elle propres à agir, quoique sans une disposition véritablement morale, comme nous aurions agi si notre âme eût été véritablement morale. Or, il est bien vrai que, devant le tribunal de la conscience, nos actes n'ont absolument d'importance que comme expression de nos sentiments ; mais c'est précisément l'inverse dans l'ordre physique et dans le plan de la nature : là ce ne sont plus nos sentiments qui importent, ils n'ont d'importance qu'en tant qu'ils donnent lieu à des actes qui servent au but de la nature. Mais l'ordre physique qui est régi par des forces, et l'ordre moral qui se gouverne par des lois, sont si exactement faits l'un pour l'autre et si intimement impliqués, que les actions qui, par leur forme, sont moralement convenables, renferment nécessairement aussi dans leur objet une convenance physique ; et de même que l'édifice entier de la nature semble n'exister que pour rendre possible le plus haut de tous les buts, qui est le bien, de même le bien peut à son tour être employé comme un moyen pour assurer la conservation de l'édifice. Ainsi, l'ordre de la nature a été rendu dépendant de la moralité de nos âmes, et nous ne pouvons aller contre les lois du monde moral sans provoquer en même temps une perturbation dans le monde physique.

Si donc il est à jamais impossible d'attendre de la nature humaine, tant qu'elle n'est que nature humaine, qu'elle agisse sans interruption ni défaillance, uniformément et constamment, comme raison pure, et qu'elle n'offense jamais les lois de l'ordre moral ; si, tout persuadés que nous sommes, et de la nécessité et de la possibilité de la pure vertu, nous sommes forcés de nous avouer combien en réalité l'exercice en est sujet à accidents, et combien peu nous devons compter sur la solidité de nos meilleurs principes ; si, avec cette conviction de la fragilité humaine, nous nous souvenons que chacune de nos infractions à la loi morale est une atteinte portée à l'édifice de la nature : si nous rappelons toutes ces considérations à notre mémoire, ce serait assurément la témérité la plus criminelle que de mettre les intérêts du monde entier à la merci, au hasard de notre vertu. Tirons plutôt de là cette conclusion, que c'est une obligation pour nous de satisfaire tout au moins à l'ordre physique par *l'objet* de nos actes, quand bien même nous ne devrions point satisfaire par *la forme* de ces actes aux exigences de l'ordre moral ; de payer au moins comme instruments parfaits, au but de la nature, ce dont nous demeurons redevables envers la raison en tant que personnes imparfaites, afin de ne point faire honteuse figure tout à la fois devant l'un et l'autre tribunal. Que si, parce que la simple légalité est sans mérite moral, nous refusions de faire aucun effort pour y conformer nos actes, l'ordre du monde, en attendant, pourrait se dissoudre, et, avant que nous fussions venus à bout d'asseoir nos principes, tous les liens de la société pourraient bien être rompus. Non, plus notre moralité est sujette aux hasards, plus il est nécessaire de prendre des mesures pour assurer la légalité : négliger la légalité par étourderie ou par orgueil, c'est une faute dont nous aurions à répondre devant la morale. Quand un aliéné croit sentir que son accès va le prendre, il ne laisse point de couteaux à la portée de sa main, et il va de lui-même au-devant des liens, afin de n'être pas responsable, dans l'état de santé, des crimes que sa cervelle troublée pourrait lui faire commettre. Eh bien ! de même, c'est pour nous une obligation d'aller au-devant des liens salutaires que nous présentent la *religion* et les lois *esthétiques*, afin que notre passion, dans ces crises où elle prend le dessus, ne puisse porter aucune atteinte à l'ordre physique.

Ce n'est pas sans dessein que j'ai rangé la religion et le goût dans une seule et même classe. C'est que l'une et l'autre ont le mérite, commun par l'effet, quoique inégal en principe et en valeur, de suppléer la vertu proprement dite, et d'assurer la légalité là où il n'y a pas lieu d'espérer de moralité. Sans doute celui-là tiendrait un rang incontestablement plus élevé dans l'ordre des purs esprits, qui n'aurait besoin ni de l'attrait de la beauté, ni de la perspective d'une vie éternelle, pour se conformer en toutes rencontres aux exigences de la raison; mais, nous le savons, l'homme est borné, et sa faiblesse oblige le moraliste le plus rigide à tempérer quelque peu dans la pratique la sévérité de son système, quoiqu'il ne puisse rien céder en théorie; elle l'oblige, pour assurer le bien du genre humain, qui serait assez mal protégé par notre vertu sujette aux hasards, de recourir en outre aux deux fortes ancres de la religion et du goût.

DU SUBLIME

DU SUBLIME[1].

« L'homme n'est jamais contraint de dire : *il faut que je veuille*, »
dit le juif Nathan[2] au derviche ; et ce mot est vrai dans un sens
plus large qu'on ne serait peut-être tenté d'en convenir. La volonté est le caractère spécifique de l'homme ; et la raison même
n'est que la règle éternelle de sa volonté. La nature entière agit
raisonnablement : toute notre prérogative, c'est d'agir raisonnablement, avec conscience et volonté. Tous les autres objets
obéissent à la nécessité : l'homme est l'être qui veut.

C'est justement pour cela qu'il n'y a rien de plus indigne de
l'homme que de subir la violence, car la violence le supprime.
Celui qui nous fait violence ne nous conteste rien de moins que
notre humanité : celui qui subit lâchement la violence abdique
sa qualité d'homme. Mais cette prétention à rester absolument
libre de tout ce qui est violence, semble supposer un être en
possession d'une force assez grande pour repousser loin de soi
toute autre force. Que si cette prétention se rencontre chez un
être qui, dans l'ordre des forces, ne peut revendiquer le pre-

---

1. Ce traité parut pour la première fois, en 1801, dans le tome III des *Opuscules en prose*, où le titre est accompagné, à la table des matières, de la mention *ungedruckt* (non imprimé, inédit). Schiller, comme nous l'avons dit plus
haut (voyez la note de la p. 119), avait inséré dans la *Nouvelle Thalie* un
autre morceau portant le même titre, dont il réimprima plus tard la seconde partie seulement, en l'intitulant *du Pathétique*. La première partie, plus
particulièrement relative au sublime, ne fut admise ni dans le recueil des *Opuscules en prose*, ni plus tard dans les *OEuvres complètes*. Nous en donnerons la
traduction à la suite du présent traité, avec lequel elle ne fait nullement double
emploi.

2. Voyez *Nathan le Sage*, poëme dramatique de Lessing, acte Ier, scène 3.

mier rang, il en résulte une contradiction malheureuse entre
son instinct et son pouvoir.

L'homme est précisément dans ce cas. Entouré de forces sans
nombre, qui toutes lui sont supérieures et qui le dominent, il
prétend, par sa nature, n'avoir à souffrir d'aucune d'elles nulle
violence. Il est vrai que, par son intelligence, il ajoute artificiellement à ses forces naturelles, et que, jusqu'à un certain point,
il réussit, en effet, à régner physiquement sur tout ce qui est
physique. Il y a remède à tout, dit le proverbe, excepté à la
mort. Mais cette exception seule, si c'en est réellement une dans
le sens le plus rigoureux du mot, suffirait à ruiner tout entière
l'idée même de notre nature. Jamais l'homme ne sera l'être qui
veut, s'il y a un cas, *un seul*, où, bon gré mal gré, il soit forcé
à ce qu'il ne veut pas. Cette exception unique, terrible, d'être
ou de faire *ce qu'il faut, et non ce qu'il veut*, cette idée le poursuivra telle qu'un fantôme ; et, comme nous le voyons en effet
chez la plupart des hommes, elle le livrera en proie aux aveugles
terreurs de l'imagination ; sa liberté si vantée n'est absolument
rien s'il y a un point, un seul, où il soit contraint et lié. C'est
l'éducation qui doit remettre l'homme en liberté et l'aider à
remplir toute l'idée de sa nature. Elle doit donc le rendre capable de faire prévaloir sa volonté ; car, encore une fois,
l'homme, c'est l'être qui veut.

On peut arriver à ce but de deux manières : ou bien *réellement*, en opposant la force à la force, en dominant, comme nature, la nature même ; ou bien *par l'idée*, en sortant de la nature,
et en détruisant ainsi, par rapport à soi, l'idée même de violence. Tout ce qui aide l'homme à dominer réellement la nature est ce qu'on appelle l'éducation physique. L'homme cultive
son entendement et développe ses forces physiques, soit pour
faire des forces de la nature. selon leurs propres lois, les instruments de sa volonté, soit pour se mettre en sûreté contre leurs
effets lorsqu'il ne les peut diriger. Mais les forces de la nature
ne se laissent dominer ou détourner que jusqu'à un certain
point : passé ce point, elles se dérobent à la puissance de
l'homme, et le soumettent à la leur.

Ainsi, à partir de ce point, c'en serait fait de sa liberté s'il
n'était susceptible que d'éducation physique. Mais il faut qu'il

soit homme sans exception, et, par conséquent, qu'il n'ait rien
à subir, en aucun cas, *contrairement* à sa volonté. Lors donc
qu'il ne peut plus opposer aux forces physiques aucune force
physique proportionnée, il ne lui reste qu'une ressource pour
ne subir aucune violence : c'est *de faire cesser entièrement* ce *rapport* qui lui est si funeste ; c'est *d'anéantir en tant qu'idée* la violence qu'il est forcé de subir en fait. Or, anéantir une violence
en tant qu'idée, c'est tout simplement s'y soumettre volontairement. L'éducation qui rend l'homme apte à cela s'appelle
l'éducation morale.

L'homme façonné par l'éducation morale, et lui seul, est entièrement libre. Ou bien il est supérieur à la nature en tant
que puissance, ou bien il est d'accord avec elle. Aucune des
actions qu'elle exerce sur lui n'est violence ; car avant d'arriver
jusqu'à lui, elle est devenue un *acte de sa volonté propre*, et la
nature dynamique ne saurait jamais l'atteindre, parce qu'il se
sépare volontairement de tout ce à quoi elle peut atteindre.
Mais pour arriver à cet état de l'âme que la morale nous enseigne sous le nom de résignation aux choses nécessaires, et la
religion sous le nom de soumission absolue aux conseils de la
Providence : pour y arriver, dis-je, par un effet de son libre
arbitre et avec réflexion, il faut déjà un degré de lucidité dans
la pensée, et, dans la volonté, un degré d'énergie supérieur à ce
que l'homme en possède communément dans la vie active.
Heureusement pour lui, l'homme ici trouve, non-seulement,
dans sa nature rationnelle une aptitude morale qui peut être
développée par l'entendement, mais aussi, dans sa nature raisonnable et sensible, c'est-à-dire dans sa nature humaine, une
tendance *esthétique* qui semble avoir été mise là tout exprès, une
faculté qui s'éveille d'elle-même en présence de certains objets
sensibles, et qui, nos sentiments s'épurant, peut être cultivée
au point de devenir un puissant essor idéal. C'est de cette aptitude, *idéalistique*, il est vrai, dans son principe et dans son
essence, mais que le réaliste lui-même laisse voir assez clairement dans sa conduite, quoiqu'il ne la reconnaisse point en théorie[1] : c'est, dis-je, de cette faculté que je vais m'occuper ici.

---

1. Comme en général il n'y a proprement rien d'idéalistique que ce que le

Il est vrai que le sens du beau, quand il est développé par la culture, suffit déjà par lui-même à nous rendre, jusqu'à un certain point, indépendants de la nature, en tant que force. Une âme qui s'est assez ennoblie pour être plus sensible à la forme des choses qu'à leur matière, et qui, sans s'inquiéter aucunement de la possession des choses mêmes, trouve un plaisir tout libéral dans la simple contemplation des phénomènes, cette âme renferme en soi une source intime, une plénitude d'existence que rien ne saurait lui faire perdre; et, comme elle n'a pas besoin de s'approprier les objets au milieu desquels elle vit, elle n'a point à craindre non plus d'en être dépouillée. Mais enfin il faut pourtant bien que ces phénomènes aient un corps par lequel ils se manifestent, et, par conséquent, tant que nous éprouvons le besoin, ne fût-ce que de trouver une belle apparence, un beau phénomène, ce besoin implique celui de l'existence de certains objets, et il s'ensuit que notre satisfaction dépend encore de la nature considérée comme force, puisque c'est elle qui dispose souverainement de toute existence. Autre chose, en effet, est de sentir en soi le besoin d'objets doués de beauté et de bonté, ou d'exiger simplement que les objets qui nous entourent soient bons et beaux. Ce dernier désir est compatible avec la plus parfaite liberté de l'âme; mais il n'en est pas ainsi de l'autre : que l'objet qui est devant nous soit beau et bon, c'est ce que nous sommes en droit d'exiger; mais que le beau et le bien soient réalisés objectivement devant nous, nous ne pouvons que le souhaiter. Eh bien, cette disposition de l'âme où l'on ne s'inquiète pas de savoir si le beau, le bon et le parfait existent, mais où l'on exige avec la dernière rigueur que ce qui existe soit bon, beau et parfait, s'appelle par excellence grande et sublime, parce qu'elle renferme en soi tous les caractères positifs d'une belle âme, sans en partager les caractères négatifs.

C'est un signe auquel on reconnaît les âmes belles et bonnes, mais qui ne laissent pas d'être faibles, que d'aspirer toujours avec impatience à trouver leur idéal moral réalisé dans le monde

---

parfait réaliste pratique, en fait, sans le savoir, et ne conteste, en théorie, que par une inconséquence. (*Note de Schiller.*)

des faits, et d'être douloureusement affectées de tout ce qui y met obstacle. Une âme ainsi faite se réduit à une triste dépendance par rapport au hasard, et l'on peut toujours lui prédire, sans craindre de se tromper, qu'elle fera la part plus grande qu'il ne faut à la matière dans les choses morales et esthétiques, et qu'elle ne soutiendra point les suprêmes épreuves du caractère et du goût. Les imperfections morales ne doivent pas être pour nous une cause de *souffrance* et de douleur : la souffrance et la douleur témoignent plutôt d'un besoin non apaisé que d'une exigence morale non satisfaite. Une exigence morale non satisfaite doit être accompagnée d'un sentiment plus viril et fortifier notre âme, la confirmer dans son énergie, plutôt que de nous rendre malheureux et pusillanimes.

La nature nous a donné deux génies pour compagnons dans notre vie en ce bas monde. L'un, aimable et de bon commerce, nous abrége, par la gaieté de ses jeux, les peines du voyage; il nous rend légères les chaînes de la nécessité, et nous conduit, entre la joie et les ris, jusqu'aux endroits périlleux où il nous faut agir comme de purs esprits et nous dépouiller de tout ce qui est corps, jusqu'à la connaissance du vrai et à la pratique du devoir. Une fois là, il nous abandonne; car son domaine se borne au monde des sens : ses ailes terrestres ne pourraient le porter au delà. Mais à ce moment aussi l'autre compagnon entre en scène, silencieux et grave, et de son bras puissant il nous porte par delà le précipice qui nous donnait le vertige.

Dans le premier de ces deux génies on reconnaît le sentiment du beau ; dans l'autre, le sentiment du sublime. Sans doute le beau lui-même est déjà une expression de la liberté : non pas de celle qui nous élève au-dessus de la puissance de la nature et qui nous affranchit de toute influence corporelle, mais seulement de cette liberté dont nous jouissons, en tant qu'hommes, sans sortir des bornes de la nature. En présence de la beauté, nous nous sentons libres, parce que les instincts sensibles se trouvent en harmonie avec les lois de la raison; en présence du sublime, nous nous sentons libres, parce que les instincts sensibles n'ont aucune influence sur la juridiction de la raison, parce que c'est alors le pur esprit qui agit en nous, comme s'il n'était soumis absolument à aucune autre loi qu'aux siennes propres.

Le sentiment du sublime est un sentiment mixte. C'est à la fois un *état pénible*, qui, dans son paroxysme, se manifeste par une sorte de frisson; et un *état joyeux*, qui peut aller jusqu'au ravissement, et qui, sans être proprement un plaisir, est préféré de beaucoup à toute espèce de plaisir par les âmes délicates. Cette réunion de deux sensations contraires dans un seul et même sentiment prouve d'une façon péremptoire notre indépendance morale. Car, comme il est absolument impossible que le même objet soit avec nous dans deux rapports contraires, il s'ensuit que c'est *nous-mêmes* qui soutenons avec l'objet deux rapports différents; qu'il faut par conséquent que deux natures opposées soient unies en nous, lesquelles, à l'idée de cet objet, sont mises en jeu de deux façons tout à fait opposées. Ainsi, nous éprouvons par le sentiment du sublime que l'état de notre nature spirituelle n'est pas nécessairement déterminé par l'état de notre nature sensible, que les lois de la nature ne sont pas nécessairement nos lois, et qu'il y a en nous un principe autonome, indépendant de toutes les impressions sensibles.

L'objet sublime peut être envisagé de deux manières. Ou bien nous le rapportons à notre *compréhension*, et nous essayons en vain de nous en faire une image ou une idée; ou bien nous le rapportons à notre *force vitale*, et nous le considérons comme une puissance devant laquelle la nôtre n'est plus rien. Mais, quoique, dans l'un comme dans l'autre cas, nous éprouvions, à l'occasion de cet objet, le sentiment pénible de *nos* limites, nous ne cherchons pourtant point à le fuir; tout au contraire, nous sommes attirés à lui par une force irrésistible. Cela pourrait-il être, si les limites de notre imagination étaient en même temps celles de notre compréhension? Serions-nous volontiers rappelés au sentiment de la toute-puissance des forces de la nature, si nous n'avions par devers nous quelque autre chose que ce qui peut devenir la proie de ces forces? Nous nous plaisons au spectacle de l'infini sensible, parce que nous sommes capables d'atteindre par la pensée ce que les sens ne peuvent plus embrasser et ce que l'entendement ne peut plus saisir. La vue d'un objet terrible nous

transporte d'enthousiasme, parce que nous sommes capables
de vouloir ce que les instincts rejettent avec horreur, et de
rejeter ce qu'ils désirent. Nous souffrons volontiers que notre
imagination, dans le monde des phénomènes, trouve quelque
chose qui la dépasse, parce qu'en définitive il n'y a là qu'une
force sensible qui triomphe d'une autre force sensible, mais
que la nature, malgré toute son infinité, ne peut atteindre à
la grandeur absolue qui est en nous-mêmes. Nous soumettons
volontiers à la nécessité physique et notre bien-être, et notre
existence : c'est que ce pouvoir même nous rappelle qu'il y a
en nous des principes qui échappent à son empire. L'homme
est dans les mains de la nature, mais la volonté de l'homme
est dans sa main, à lui.

Et voilà comme la nature est allée jusqu'à se servir d'un
moyen sensible pour nous apprendre que nous sommes quelque chose de plus que de simples natures sensibles : voilà
comme elle a su elle-même tirer parti de nos sensations pour
nous mettre sur la trace de cette découverte, que nous ne
sommes nullement soumis en esclaves à la violence des sensations. Et c'est là un tout autre effet que celui qui peut être produit par le beau : j'entends le beau du monde réel, car le
sublime lui-même se confond dans le beau idéal. En présence
de la beauté, la raison et la sensibilité se trouvent en harmonie,
et ce n'est qu'à cause de cette harmonie que le beau a de l'attrait pour nous. Par conséquent, la beauté seule ne saurait
jamais nous apprendre que notre destination est d'agir comme
de pures intelligences, et que nous sommes capables de nous
montrer tels. En présence du sublime, au contraire, la raison
et la sensibilité ne sont point en harmonie, et c'est précisément
cette contradiction entre l'une et l'autre qui fait le charme du
sublime, son irrésistible action sur nos âmes. Ici, l'homme
physique et l'homme moral se séparent de la façon la plus
tranchée ; car c'est justement en présence des objets qui font
seulement sentir au premier combien sa nature est bornée,
que l'autre fait l'expérience de sa *force* : ce qui abaisse l'un
jusqu'à terre est précisément ce qui relève l'autre jusqu'à
l'infini.

Je suppose un homme doué de toutes les vertus dont la réu-

nion compose *un beau caractère* : un homme qui trouve son
plaisir à pratiquer la justice, la bienfaisance, la modération,
la constance et la bonne foi ; tous les devoirs dont l'accomplissement lui est prescrit par les circonstances ne sont pour lui
qu'un jeu ; et j'admets que la fortune le favorise de telle sorte,
qu'aucune des actions que pourra lui demander son bon
cœur ne lui soit difficile. Qui ne serait charmé d'une si belle
harmonie entre les instincts de la nature et les prescriptions
de la raison ? et qui pourrait s'empêcher d'aimer un pareil
homme ? Mais enfin, quelque inclination qu'il nous inspire,
sommes-nous bien sûrs qu'il soit réellement vertueux ? ou
même, en général, qu'il y ait quelque chose qui réponde à l'idée
de vertu ? Quand cet homme n'aurait eu en vue que de se ménager des sensations agréables, à moins d'être fou, il ne pouvait absolument pas agir d'autre sorte, et il faudrait qu'il fût
ennemi de soi-même pour vouloir être vicieux. Peut-être le
principe de ses actions est-il pur ; mais c'est une question à
débattre entre sa conscience et lui ; quant à *nous*, nous n'en
voyons rien. Nous ne lui voyons rien faire de plus que ce que
ferait un homme simplement habile qui n'aurait d'autre dieu
que le plaisir. Ainsi, toute sa vertu est un phénomène qui s'explique par des raisons tirées de l'ordre sensible, et nous n'avons
nullement besoin d'en aller chercher le principe par delà le
monde des sens.

Mais je suppose que ce même homme tombe tout à coup dans
l'infortune : on le dépouille de ses biens, on flétrit sa réputa-
tion ; la maladie le cloue sur un lit de douleur ; la mort lui
ravit tous ceux qu'il aime ; tous ceux sur qui il compte l'abandonnent dans sa détresse. Qu'on l'étudie de nouveau dans cette
condition, et qu'on lui demande, à présent qu'il est malheureux, la pratique des mêmes vertus auxquelles il était si disposé jadis, au temps de sa prospérité. Si on le trouve sur ce
point absolument tel qu'on l'a vu autrefois, si la pauvreté n'a
point altéré sa bienfaisance, l'ingratitude son obligeance ser-
viable, la douleur son égalité d'âme, l'adversité sa joie du
bonheur d'autrui ; si son changement de fortune est sensible
dans ses dehors, mais non dans ses mœurs, dans la matière,
mais non dans la forme de sa conduite : alors, sans doute, on

ne pourra plus expliquer sa vertu par aucune raison tirée de l'ordre physique; *l'idée de la nature*, idée qui suppose toujours nécessairement que le phénomène actuel repose sur quelque phénomène antérieur, comme l'effet sur la cause, cette idée ne suffit plus à nous faire comprendre cet homme; car il ne se peut rien de plus contradictoire que d'admettre que l'effet puisse rester le même, quand la cause s'est changée en son contraire. Il faut donc renoncer à toute explication naturelle, il ne faut plus songer un seul instant à trouver la raison de ses actes dans sa condition; il faut sortir nécessairement de l'ordre physique, et chercher le principe de sa conduite dans un monde tout autre, auquel la raison peut bien s'élever avec ses idées, mais que l'entendement ne peut saisir par ses concepts. C'est cette révélation de la puissance morale absolue qui n'est subordonnée à aucune condition de nature, c'est là ce qui donne au sentiment douloureux dont notre cœur est saisi à la vue d'un pareil homme, cet attrait tout particulier, ce charme inexprimable, que nulle volupté des sens, si épurés qu'on les suppose, ne saurait faire éprouver au même degré que le sublime.

Ainsi le sublime nous ouvre une issue pour franchir les bornes de ce monde sensible, où le sentiment du beau voudrait bien nous retenir à tout jamais emprisonnés. Ce n'est pas peu à peu (car entre la dépendance absolue et l'absolue liberté il n'y a pas de transition possible), c'est soudain et par une secousse, que le sublime arrache notre nature spirituelle et indépendante aux liens où la retenait la sensibilité, même épurée par le goût, à ce filet qui enchaîne d'autant plus fortement une âme qu'il est plus subtilement tissu. Quelque empire que la sensibilité ait pris sur les hommes par l'influence latente d'un goût efféminé, quand bien même elle aurait réussi, sous la trompeuse enveloppe du beau spirituel, à pénétrer jusqu'au siége intime de la juridiction morale, et là, à empoisonner la sainteté des principes dans leur source même, il suffit souvent d'une émotion sublime, d'une seule, pour rompre tout ce tissu d'impostures, pour rendre tout d'un coup à la nature spirituelle enchaînée toute son élasticité, pour lui révéler sa destination véritable, et pour l'obliger à concevoir, au moins pour l'instant, le sentiment de sa dignité. La beauté, sous la forme de la divine Calypso, a ensorcelé le brave fils d'Ulysse, et, par le pouvoir de ses charmes, elle le retient longtemps prisonnier dans son île. Longtemps il croit servir une divinité immortelle, tandis qu'il n'est que dans les bras de la volupté ; mais tout à coup voici qu'une impression du sublime le vient saisir sous les traits de Mentor : il se souvient qu'il est appelé à une destinée plus haute, il se jette dans les vagues, il est libre.

Le sublime, comme le beau, est répandu à profusion par toute la nature, et la faculté de sentir l'un et l'autre a été donnée à tous les hommes ; mais ce germe ne se développe pas également, et il est besoin que l'art lui vienne en aide. Le but de la nature suppose déjà par lui-même que nous devons nous porter spontanément au-devant du beau, quoique nous fuyions encore le sublime ; car la beauté est comme la nourrice de notre enfance, et c'est à elle de polir nos âmes en les arrachant à la rudesse de l'état de nature. Mais, bien qu'elle soit notre premier amour, et que notre faculté de sentir se développe d'abord pour elle, la nature a pourvu néanmoins à ce que cette faculté ne mûrît qu'à la longue, et attendît pour achever son développement que l'entendement et le cœur fussent formés. Si le goût atteignait sa pleine maturité avant que la vérité et la moralité se fussent établies dans notre cœur par un meilleur chemin que celui qu'eût pris le goût, le monde sensible resterait à jamais la limite de nos aspirations. Nous ne saurions, ni dans nos idées ni dans nos sentiments, passer par delà le monde des sens, et tout ce que l'imagination ne peut se représenter serait aussi sans réalité pour nous. Mais heureusement il entre déjà dans le plan de la nature que le goût, bien que ce soit lui qui fleurisse le premier, soit néanmoins de toutes les facultés de l'esprit la dernière à mûrir. Pendant cet intervalle, l'homme a gagné assez de temps pour mettre dans sa tête une provision d'idées, un trésor de principes dans son cœur, puis pour développer tout particulièrement, en la tirant de la raison, sa sensibilité pour le grand et le sublime.

Tant que l'homme n'était que l'esclave de la nécessité physique, qu'il n'avait trouvé aucune issue pour échapper du cercle étroit des appétits, et qu'il ne sentait pas encore dans sa poitrine cette liberté supérieure qui le rapproche des *anges*, la nature, en tant qu'*incompréhensible*, ne pouvait que lui rappeler l'insuffisance de son imagination, et la nature, en tant que *force destructrice*, que lui rappeler son impuissance physique. Il lui fallait donc passer timidement à côté de l'une, et se détourner de l'autre avec effroi. Mais à peine la libre contemplation l'a-t-elle assuré contre l'aveugle oppression des forces de la nature, à peine a-t-il reconnu, parmi ce flux de phénomènes, quelque chose de permanent dans sa propre personne, aussitôt ces masses grossières de la nature qui l'entourent, commencent à parler un tout autre langage à son cœur, et la grandeur relative qui est hors de lui, devient pour lui un miroir où il contemple la grandeur absolue qui est en lui-même. Il approche sans crainte et avec un frémissement de plaisir de ces tableaux qui effrayaient son imagination, et fait appel à toute la force de cette faculté par laquelle nous nous représentons l'infini sensible, tout exprès pour avoir la joie, si malgré cela elle échoue dans cette tentative, de sentir d'autant plus vivement combien ses idées sont supérieures à tout ce que peut donner de plus relevé la faculté sensible. La vue d'un lointain infini, d'une hauteur à perte de vue, ce vaste Océan qui est à ses pieds, et cet autre océan plus vaste encore qui s'étend au-dessus de sa tête, transportent et ravissent son esprit par delà le cercle étroit du réel, par delà cette prison étroite, accablante, de la vie physique. La majesté simple de la nature lui offre une mesure moins bornée pour évaluer les grandeurs, et, entouré des grandes figures qu'elle lui présente, il ne peut plus rien supporter de mesquin dans sa façon de penser. Qui nous dira combien d'idées lumineuses, combien de résolutions héroïques, qui n'eussent jamais pris naissance dans le cabinet obscur où le savant s'emprisonne, ni dans le salon où se coudoient les gens du monde, ont été inspirées tout à coup, dans une promenade, rien que par le contact et la lutte généreuse de notre âme avec le grand esprit de la nature ! Qui sait si ce n'est pas à un commerce moins fréquent avec ce génie sublime qu'il faut attribuer en partie cette petitesse d'esprit si commune aux gens de la ville, toujours courbés sur des minuties où leur âme se rabougrit et s'étiole, tandis que l'âme du nomade demeure ouverte et libre, comme le firmament sous lequel il dresse sa tente!

Mais ce n'est pas seulement l'inimaginable ou le sublime de quantité, c'est aussi l'incompréhensible, ce qui échappe à l'entendement et ce qui le *trouble*, qui peut servir à nous donner une idée de l'infini supra-sensible, dès que cet élément va jusqu'à la grandeur, et s'annonce à nous comme l'ouvrage de la nature (car autrement il n'est que méprisable) : il aide alors notre âme à se représenter l'idéal, et lui imprime un noble essor. Qui n'aime mieux l'éloquent désordre d'un paysage naturel que l'insipide régularité d'un jardin français? Qui n'admire plus volontiers, dans les plaines de la Sicile, ce merveilleux combat de la nature avec elle-même, de sa vertu créatrice et de ses forces destructives; qui n'aime mieux repaître ses yeux des cataractes sauvages de l'Écosse, et de ses montagnes brumeuses, de cette grande nature dont s'inspirait Ossian, que de s'extasier, dans cette Hollande tirée au cordeau, devant le laborieux triomphe de la patience sur le plus opiniâtre des éléments? Nul ne contestera que dans les pacages de la Hollande les choses ne soient mieux ordonnées pour les besoins de l'homme physique que sous le perfide cratère du Vésuve, et que l'entendement, qui aime à tout comprendre et à tout ranger, ne trouve bien plutôt son compte dans un jardin de ferme régulièrement planté, qu'à la sauvage beauté d'un paysage naturel. Mais l'homme a encore un autre besoin que ceux de la vie naturelle et du bien-être; il a une autre destination que de comprendre les phénomènes qui l'entourent.

De même que, pour le voyageur sensible, la bizarrerie sauvage a tant d'attrait dans la nature physique, ainsi, et pour la même raison, toute âme capable d'enthousiasme trouve, jusque dans la regrettable anarchie du monde moral, la source d'un plaisir tout particulier. Sans doute, celui qui ne voit la grande économie de la nature qu'en s'éclairant de la pauvre lueur de l'*entendement;* celui qui n'a jamais d'autre pensée que de réformer son hardi désordre et d'y substituer l'harmonie: celui-là ne saurait se plaire dans un monde où il semble que

tout soit livré aux caprices du hasard plutôt que gouverné
selon une sage ordonnance, et où le mérite et la fortune sont la
plupart du temps en désaccord. Il voudrait que le monde entier,
dans son vaste cours, fût réglé comme une maison bien admi-
nistrée; et quand il n'y trouve pas cette régularité tant dési-
rée (déception presque inévitable), il ne lui reste plus qu'à
attendre d'une vie future, et d'une autre nature meilleure, la
satisfaction que lui doit et ne lui donne point la nature présente et passée. Si, au contraire, il renonce de bonne grâce à
la prétention de ramener ce chaos anarchique de phénomènes
à une seule et même notion, il regagne d'un autre côté avec
usure ce qu'il consent à perdre de celui-ci. Ce manque absolu
de liaison, de communauté quant au but, entre tous ces phénomènes qui se pressent, cette anarchie qui les rend inaccessibles et inutiles à son entendement, qui est forcé de s'en tenir
à cette forme d'association finale, c'est précisément ce qui les
rend plus précieux pour la pure raison : la raison y voit un
emblème d'autant plus frappant; plus la nature est désordon-
née et sans lien, mieux la raison y trouve représentée sa propre
indépendance par rapport aux conditions de la nature. Et en
effet, étant donnée une série de choses, supprimez tout lien, tout
rapport entre elles, vous avez l'idée de l'indépendance, idée qui
s'accorde d'une façon surprenante avec l'idée de la liberté telle
que nous la concevons par la raison pure. Ainsi, sous cette idée
de liberté qu'elle tire de son propre fonds, la *raison* comprend
et ramène à l'*unité de pensée* ce que l'*entendement* ne pouvait ramener à nulle *unité de notion;* par cette idée, elle domine l'infinie diversité des phénomènes, et témoigne ainsi en même
temps de sa supériorité sur l'entendement, en tant que faculté
soumise à des conditions de l'ordre sensible. Que si, après cela,
on veut bien se rappeler combien il est précieux pour un être
raisonnable de se sentir indépendant des lois de la nature, on
comprendra comment il se fait qu'un homme dont l'âme est
tournée au sublime, se tienne pour dédommagé par cette idée
de liberté que lui offrent les objets sublimes, de tous les échecs
de sa faculté de connaissance. La liberté, avec toutes ses contradictions dans l'ordre moral, avec tous ses maux dans l'ordre
physique, est pour les nobles âmes un spectacle infiniment plus

intéressant que le bien-être et le bon ordre sans la liberté, qu'une société réglée comme un troupeau, où les moutons suivent docilement le berger, qu'une machine où la volonté autonome se réduit au rôle officieux d'un rouage de montre. Cette régularité fait de l'homme un simple produit, un simple citoyen de la nature, produit plus ingénieux, citoyen plus favorisé que les autres, et c'est tout : la liberté fait de lui le citoyen d'un monde meilleur, où il a part au gouvernement d'une société dans laquelle il est infiniment plus honorable d'occuper la dernière place que de tenir le premier rang dans l'ordre physique.

C'est de ce point de vue, et de ce point de vue *seul*, que l'histoire est pour moi un objet sublime. Le monde, en tant qu'objet historique, n'est au fond que le conflit des forces de la nature, soit les unes avec les autres, soit avec la liberté de l'homme ; et l'histoire n'est que la relation de ces luttes et de leur issue. L'histoire, jusqu'au point où elle est arrivée, a eu à enregistrer de bien plus grandes actions au compte de la nature (c'est à la nature qu'il faut attribuer, dans l'homme, tous les phénomènes affectifs), qu'elle n'en a eu à mettre au compte de la libre raison : la raison n'a fait prévaloir sa puissance sur les lois de nature que dans quelques exceptions individuelles, dans l'âme d'un Caton, par exemple, d'un Aristide, d'un Phocion, et autres semblables. Quand on n'approche de l'histoire qu'avec la pensée d'y trouver un trésor de connaissances et de lumières, que de déceptions on se prépare! Toutes les bonnes intentions, toutes les tentatives de la philosophie, pour concilier ce que *veut* le monde moral avec ce que *donne en effet* le monde réel, sont démenties par les rapports de l'expérience, et autant la nature, dans son *règne organique*, suit ou semble suivre avec complaisance les principes réguliers de la logique. autant elle est déréglée dans l'ordre moral, et se plaît à rompre la bride avec laquelle les spéculatifs ne demanderaient pas mieux que de la conduire.

Mais quelle différence, quand on renonce à *expliquer*, et que l'on fait de cette incompréhensibilité même le point d'appui de son jugement! Précisément parce que la nature, vue dans sa généralité, se rit de toutes les règles que notre entendement voudrait lui prescrire; précisément parce que, dans son cours libre et fantasque, elle renverse avec la même irrévérence les créations de la sagesse et les œuvres du hasard; précisément parce qu'elle entraîne dans une seule et même ruine les grandes choses aussi bien que les petites, les nobles aussi bien que les communes; parce que tantôt elle respectera une fourmilière, et que tantôt, sous l'étreinte de ses bras gigantesques, elle écrasera l'homme, la plus noble de ses créatures; parce que vous la voyez souvent détruire, dans une heure d'étourderie, l'ouvrage qui lui a coûté le plus de peine, et travailler durant des siècles entiers à quelque création insensée : en un mot, précisément parce que la nature, prise en général, s'écarte manifestement des lois intellectuelles auxquelles elle se soumet dans chacun de ses phénomènes en particulier, nous voyons qu'il est absolument impossible d'expliquer *la nature même par des lois de la nature*, et d'affirmer *de* son empire ce que nous affirmons de ce qui se passe *dans* son empire; et, par conséquent, l'effet de ce spectacle est de pousser l'âme, par un mouvement irrésistible, du monde des phénomènes vers le monde des idées, du conditionnel à l'absolu.

Mais si la nature, en tant qu'infini sensible, nous élève ainsi vers l'idéal, la nature, en tant que terrible et destructive, nous jette encore bien plus avant dans le monde des idées, du moins tant que nous en demeurons simplement les libres spectateurs; car, il faut bien le reconnaître, l'homme sensible, et la sensibilité mêlée en lui à l'élément raisonnable, ne redoutent rien tant que de se brouiller avec cette puissance qui décide de son bien-être et de son existence.

Le plus haut idéal où nous aspirions, c'est de rester en bonne intelligence avec la nature physique, sauvegarde de notre bonheur, sans être obligés pour cela de rompre avec la nature morale, qui assure notre dignité. Mais nous savons qu'il n'est pas toujours commode de servir deux maîtres; et, quand bien même (cas presque impossible) le devoir et les appétits ne devraient jamais être en lutte, la nécessité physique, après tout, ne passe aucun contrat avec l'homme, et ni la force ni l'adresse de l'homme ne peut l'assurer contre la malignité des destinées. Heureux donc celui qui a appris à supporter ce qu'il ne peut changer, et à sacrifier avec dignité ce qu'il ne peut sauver! Il

peut se présenter telles conjonctures où la destinée sera plus
forte que tous les remparts sur lesquels il fondait sa sécurité,
et où il ne lui reste plus d'autre ressource que de se réfugier
dans la sainte liberté des purs esprits, où il n'a plus d'autre
moyen de rassurer l'instinct de conservation que de le vouloir
rassurer, pas d'autre moyen de résister à la puissance de la
nature que de la prévenir, et, en se détachant librement de
tout intérêt sensible, de se dégager moralement de son corps,
sans attendre qu'une force physique l'en dépouille.

Or, il trouve cette force dans les émotions sublimes et dans
un fréquent commerce avec la nature destructive, soit lorsqu'elle lui montre seulement de loin sa puissance redoutable,
soit lorsqu'elle l'exerce en réalité contre les autres hommes.
Le pathétique est une sorte de malheur artificiel, et, comme le
malheur véritable, nous met *immédiatement en contact* avec la loi
spirituelle qui commande dans notre âme. Mais il y a cette différence, que le malheur vrai ne choisit pas toujours bien son
temps ni son homme : souvent il nous surprend sans défense,
et, ce qui est encore pis, souvent il nous *rend incapables de défense*. Le malheur artificiel, au contraire, celui du pathétique,
nous trouve armés de toutes pièces; et, comme l'imagination y
est seule intéressée, le principe autonome a le loisir de maintenir dans notre âme son indépendance absolue. Eh bien, plus
l'esprit renouvelle souvent cet exercice de son activité propre,
plus il lui devient une facile habitude, et plus il gagne les devants sur l'instinct sensible, si bien qu'enfin, au jour où le malheur artificiel et imaginaire fait place à une sérieuse infortune,
il est en état de la traiter comme il eût fait un malheur artificiel, et (dernier et suprême essor de l'humaine nature!) de
transformer une souffrance réelle en une émotion sublime.
Ainsi le pathétique est, pour ainsi parler, une sorte d'inocu-
lation de l'inévitable sort, laquelle lui ôte sa malignité, et
détourne ses coups sur les côtés par où l'âme est le mieux
fortifiée.

Arrière donc ces ménagements mal entendus et cette délicatesse d'un goût efféminé qui jette un voile sur l'austère visage
de la nécessité, et qui, pour se mettre en faveur auprès des sens,
suppose faussement, entre le bien-être et la bonne conduite, une

harmonie dont il n'y a pas trace dans le monde réel! Que le mauvais destin se montre à nous face à face. Ce n'est pas dans l'ignorance des dangers qui nous entourent (car cette ignorance, après tout, doit avoir un terme), c'est *en nous familiarisant* avec eux que nous trouverons notre salut. Et quoi de plus propre à nous familiariser avec eux que le terrible et magnifique spectacle de cette perpétuelle évolution qui détruit toutes choses, et qui les crée de nouveau pour les détruire encore; qui tantôt les mine lentement, tantôt les foudroie tout d'un coup? ou que ces tableaux pathétiques qui nous montrent l'humanité aux prises avec le sort, la fortune toujours prête à fuir et que rien n'arrête, la sécurité trompée, l'injustice triomphante et l'innocence qui succombe : tableaux que l'histoire nous présente en grand nombre, et que l'imitation tragique place devant nos yeux? En effet, quel est l'homme qui, n'ayant pas absolument perdu toute aptitude morale, pourra assister à ces luttes opiniâtres qui n'ont point sauvé Mithridate, à la ruine de Syracuse ou de Carthage, qui pourra, dis-je, assister à de pareilles scènes sans rendre hommage en frissonnant à cette sombre loi de la nécessité, sans tenir en bride, au moins sur le moment, ses appétits, et sans se rattacher, frappé et saisi de cette éternelle vanité de tout ce qui est sensible, au principe permanent qu'il porte dans son sein? La capacité de sentir le sublime est donc une des plus nobles aptitudes de la nature humaine, et mérite tout ensemble et notre *respect* à cause de son origine (car elle procède de la faculté indépendante de penser et de vouloir), et le plus complet développement, à cause de son influence sur l'homme moral. Le beau a droit à notre reconnaissance, mais son bienfait ne va pas au delà de l'*homme*. Le *sublime* s'adresse dans l'homme au *pur esprit;* et puisqu'enfin c'est notre destination, malgré toutes les barrières que nous oppose la nature sensible, de nous diriger selon le code des purs esprits, il faut que le sublime se joigne au beau pour faire de l'*éducation esthétique* un tout complet, pour que le cœur humain et sa faculté de sentir s'étendent aussi loin que va notre destination, et, par conséquent, par delà les limites du monde sensible.

Sans le beau, il y aurait entre notre destination naturelle et notre destination rationnelle un éternel conflit. En nous effor-

çant de satisfaire à notre *vocation en tant qu'esprits*, nous né-
gligerions notre *humanité*, et, toujours prêts à nous élancer hors
du cercle du monde sensible, nous demeurerions à jamais des
étrangers dans cette sphère de la vie active qui nous a été assignée. Sans le sublime, le beau nous ferait oublier notre dignité.
Amollis par une suite non interrompue de jouissances, nous
perdrions l'énergie du *caractère*, et, indissolublement attachés
à cette *forme d'existence tout accidentelle*, nous cesserions d'avoir
devant les yeux notre destination immuable et notre vraie patrie. Ce n'est que lorsque le sublime se marie avec la beauté,
et que notre aptitude à sentir l'un et l'autre a été également
cultivée, que nous sommes enfin de véritables et parfaits citoyens de la nature, sans être pour cela ses esclaves, et sans
renoncer à notre droit de cité dans le monde de l'intelligible.

Maintenant il est bien vrai que la nature présente déjà par
elle-même une foule d'objets sur lesquels pourrait s'exercer
notre aptitude à saisir le beau et le sublime; mais ici encore,
ainsi que dans beaucoup d'autres cas, l'homme est mieux servi
de seconde main que de première, et il aime mieux recevoir
des mains de l'art une matière choisie et préparée, que d'aller
puiser, péniblement et pauvrement, à la source non épurée de
la nature. Cet instinct qui nous porte à imiter et façonner les
objets, instinct qui ne peut recevoir aucune *impression* sans être
aussitôt sollicité à la rendre par une *expression* vivante, qui voit
dans tout grand objet, dans toute belle forme de la nature, une
provocation à lutter avec elle : cet instinct, dis-je, a ce grand
avantage sur sa rivale, de pouvoir traiter comme objet principal, et comme un tout particulier, ce que la nature, en supposant qu'elle ne l'ait pas laissé tomber de ses mains sans dessein, n'a fait que rencontrer au passage et entraîner dans son
cours, en poursuivant quelque autre but qui l'intéresse de
plus près. Tandis que la nature, dans ses belles créations organiques, *souffre quelque violence*, soit par l'individualité défectueuse de la matière, soit par l'influence de forces hétérogènes; ou que, dans les scènes grandes et pathétiques qu'elle
nous présente, elle *exerce elle-même quelque violence*, s'imposant
et se faisant sentir à l'homme en tant que force, elle qui ne
peut devenir esthétique qu'à la condition de se présenter simple-

ment comme un objet de libre contemplation : nous voyons son imitateur et son rival, l'art plastique, en possession de la plus entière liberté, parce qu'en traitant son objet, il fait abstraction de toutes les circonstances accidentelles qui le restreignent; et il laisse aussi l'âme du spectateur parfaitement libre, parce qu'il n'imite que *l'apparence* et non la *réalité* des objets. Mais, comme tout l'attrait du sublime et de la beauté consiste seulement dans l'apparence et non dans la valeur intrinsèque de l'objet, il s'ensuit que l'art a tous les avantages de la nature sans partager les liens qui la gênent.

FRAGMENT

SUR LE SUBLIME

FRAGMENT

SUR LE SUBLIME[1].

(POUR SERVIR DE DÉVELOPPEMENT A CERTAINES IDÉES
DE KANT.)

Nous nommons *sublime* un objet à la représentation duquel notre nature physique sent ses bornes, en même temps que notre nature raisonnable sent sa supériorité, son indépendance de toutes bornes : un objet donc à l'égard duquel nous sommes *physiquement* les plus faibles, tandis que *moralement* nous nous élevons au-dessus de lui par les idées.

En tant qu'êtres sensibles seulement, nous sommes dépendants ; en tant qu'êtres raisonnables, nous sommes libres.

L'objet *sublime* nous fait éprouver premièrement notre dépendance comme êtres physiques ; et secondement il nous fait connaître l'indépendance où nous nous maintenons par rapport à la nature, aussi bien *en dedans* qu'*en dehors* de nous, en qualité d'êtres raisonnables.

Nous sommes dépendants, en tant qu'il tient à quelque chose qui est hors de nous qu'il puisse se passer telle ou telle chose en nous.

---

1. Voyez les notes des pages 119 et 457.

Nous ne pouvons sentir notre dépendance, aussi longtemps que la nature hors de nous se conforme aux conditions sous lesquelles telle ou telle chose devient possible en nous. Pour que nous en ayons conscience, il faut que la nature se présente à nous comme en lutte avec ce qui est un besoin pour nous et qui pourtant ne peut s'accomplir qu'avec la coopération de la nature : en d'autres termes, il faut que la nature se trouve en contradiction avec nos instincts.

Or, tous les instincts qui sont actifs en nous, en tant que nous sommes des êtres sensibles, peuvent se ramener à deux instincts fondamentaux. D'abord nous avons l'instinct de modifier notre état, de manifester notre existence, d'être actifs; et comme tout cela revient à acquérir des idées, nous pouvons le nommer l'instinct des idées, de la connaissance. Secondement, nous avons l'instinct de conserver notre état, de continuer notre existence : c'est ce qu'on appelle l'instinct de la conservation de soi-même.

L'instinct des idées se rapporte à la connaissance, l'instinct de la conservation de soi-même aux sentiments, par conséquent aux perceptions intérieures de l'existence.

Ainsi, par ces deux sortes d'instincts, nous sommes dans une double dépendance de la nature. La première nous devient sensible quand, par le fait de la nature, il y a absence des conditions auxquelles nous acquérons des connaissances; la seconde nous devient sensible quand la nature contrarie les conditions auxquelles il nous est possible de continuer notre existence. De même, par notre raison, nous nous maintenons dans une double indépendance de la nature. La première consiste à outre-passer (théoriquement) les conditions naturelles, à pouvoir nous représenter par la pensée plus de choses que nous n'en connaissons; la seconde, à nous affranchir (en pratique) des conditions naturelles, et à pouvoir contrarier nos appétits par notre *volonté*. Un objet à la perception duquel nous éprouvons le premier genre d'indépendance, est *théoriquement grand*, c'est le sublime de connaissance. Un objet qui nous fait sentir l'indépendance de notre volonté est *pratiquement grand*, c'est le sublime de disposition.

Dans le sublime théorique, la nature, en tant qu'*objet de con-*

naissance, est en contradiction avec l'instinct des idées. Dans le sublime pratique, elle est en contradiction, en tant qu'*objet de sentiment*, avec l'instinct de la conservation. Dans le premier genre, nous ne la considérions que comme un objet qui doit étendre nos connaissances; dans le second, elle est représentée comme une puissance qui doit déterminer notre propre état. Aussi Kant nomme-t-il le sublime pratique, sublime de puissance ou sublime dynamique, par opposition au sublime mathématique. Mais, comme les termes *dynamique* et *mathématique* ne peuvent nullement nous dire si la sphère du sublime est ou non épuisée par cette division, j'ai préféré diviser en *sublime théorique* et *pratique*.

De quelle manière dépendons-nous dans nos connaissances des conditions naturelles, et comment acquérons-nous le sentiment de cette dépendance? c'est ce qui ressortira suffisamment de l'explication du sublime théorique.

Que notre existence, en tant qu'êtres sensibles, dépende de conditions naturelles qui sont hors de nous, c'est, je pense, ce qui n'aura guère besoin d'une démonstration spéciale. Dès que la nature change le rapport déterminé où elle est avec nous, et sur lequel se fonde notre bien-être physique, aussitôt notre existence dans le monde des sens, laquelle se fonde sur ce bien-être physique, est attaquée et mise en danger. La nature a donc en son pouvoir les conditions de notre existence, et, pour que nous soyons attentifs à ce rapport avec la nature qui est si indispensable à notre existence, il a été donné à notre vie physique un gardien vigilant, qui est l'*instinct de la conservation;* et auprès de cet instinct, pour l'avertir, a été placée la *douleur*. En conséquence, dès que notre bien-être physique éprouve un changement qui menace d'y substituer l'état contraire, la douleur nous prévient du danger, et l'instinct de la conservation est, par elle, provoqué à la résistance.

Le danger est-il de telle nature que notre résistance serait vaine, alors naît nécessairement la *crainte*, la *terreur*. Par suite, un objet dont l'existence contrarie les conditions mêmes de la nôtre, est, quand nous ne nous sentons pas aussi forts que lui, un objet de crainte, un objet *terrible*.

Mais il n'est redoutable pour nous qu'en tant qu'êtres sensibles, car c'est en cette qualité seulement que nous dépendons de la nature. Ce qui en nous n'est pas nature, ce qui n'est pas soumis à la loi de nature, n'a rien à craindre de la nature en tant que force. La nature, quand elle se présente à nous comme une force qui peut, il est vrai, déterminer notre état physique, mais n'a aucun pouvoir sur notre volonté, est *dynamiquement* ou *pratiquement sublime.*

Le sublime pratique se distingue donc du sublime théorique en ce qu'il contrarie les conditions de notre existence, tandis que celui-ci ne contrarie en nous que les conditions de la connaissance. Un objet est théoriquement sublime, en tant qu'il emporte avec lui l'idée de l'infinité, que l'imagination ne se sent pas de force à représenter. Un objet est pratiquement sublime, en tant que son idée entraîne celle d'un danger dont notre force physique ne se sent pas capable de triompher. Le premier, c'est en vain que nous tentons de nous le représenter; le second, c'est en vain que nous tentons de résister à sa puissance. L'Océan paisible est un exemple du premier genre; l'Océan agité par la tempête, un exemple du second. Une tour ou une montagne immensément haute peut être sublime pour la connaissance. Si elle s'incline vers nous, elle se changera en un objet sublime pour le sentiment. Mais ces deux sortes de sublime ont cela de commun, que, par leur opposition aux conditions de notre existence et de notre activité, ils nous révèlent en nous-mêmes une force qui ne se sent liée à aucune de ces conditions : une force donc qui, d'une part, peut aller par la pensée au delà de ce que le sens perçoit, et qui, de l'autre, ne craint rien pour son indépendance, et ne souffre aucune violence dans ses manifestations, dût l'élément sensible qui l'accompagne succomber à la terrible puissance de la nature.

Mais, bien que les deux genres de sublime aient le même rapport avec notre faculté de raison, ils diffèrent entièrement l'un de l'autre par leur relation avec la sensibilité, ce qui établit entre eux une différence essentielle et de force et d'importance.

Le sublime théorique contrarie l'instinct de représentation, le sublime pratique l'instinct de conservation. Le premier ne s'attaque qu'à une seule manifestation de la faculté sensible de représentation; mais le second, au fondement même de toutes les manifestations possibles de l'instinct de conservation, c'est-à-dire à l'existence.

Or, le vain succès d'un effort fait pour connaître est toujours accompagné de déplaisir, parce qu'il contrarie un actif instinct. Toutefois, ce déplaisir ne peut jamais aller jusqu'à la douleur, tant que nous savons notre existence indépendante du bon ou mauvais succès d'un tel effort, et que notre estime pour nous-mêmes n'a rien à en souffrir.

Mais un objet qui contrarie les conditions de notre existence, et qui, dans la sensation immédiate, causerait de la *douleur*, produit, quand nous nous le représentons, de la *crainte*; car il fallait que la nature prît pour la conservation de la faculté même de tout autres mesures que pour en entretenir simplement l'activité. Notre sensibilité est donc tout autrement intéressée par un objet *redoutable* que par un objet *infini*; car l'instinct de conservation parle bien plus haut que l'instinct de représentation. C'est tout autre chose d'avoir à craindre pour la possession d'une seule idée, ou pour le fondement même de toutes les idées possibles, pour notre existence dans le monde des sens; pour notre être même, ou pour une seule manifestation de cet être.

Mais l'objet *redoutable*, précisément parce qu'il attaque notre nature sensible plus puissamment que l'objet *infini*, nous fait sentir d'autant plus vivement la distance de la faculté sensible à la faculté supra-sensible, et fait d'autant plus ressortir la supériorité de la raison, ainsi que la liberté intime de l'âme. Or, comme l'essence du sublime repose entièrement sur la conscience que nous avons de notre liberté rationnelle, et que tout le plaisir que nous prenons au sublime se fonde uniquement sur cette conscience, il s'ensuit naturellement (et l'expérience aussi nous l'enseigne) que, dans la représentation esthétique, *le terrible* doit nous toucher plus vivement et plus agréablement que *l'infini*, et que, par conséquent, le sublime pratique, quant à la force de l'émotion, a un très-grand avantage sur le sublime théorique.

La grandeur théorique ne fait proprement qu'étendre notre *sphère*; la grandeur pratique, le sublime dynamique, accroît notre *force*. C'est seulement par ce dernier que nous éprouvons réellement notre véritable et complète indépendance de la nature : car c'est tout autre chose de se sentir indépendant des conditions naturelles dans le simple acte de la représentation et dans toute son existence intérieure, que de se sentir transporté au delà et élevé au-dessus du destin, et de tous les accidents, et de toute la nécessité de nature. Rien ne touche l'homme, en tant qu'être sensible, de plus près que le souci de son existence, et nulle dépendance ne lui pèse plus que de regarder la nature comme le pouvoir qui peut disposer de son être ; et c'est de cette dépendance qu'il se sent affranchi quand il contemple le sublime pratique.

« La puissance irrésistible de la nature, dit Kant, nous fait connaître, il est vrai, notre impuissance, en tant qu'êtres sensibles ; mais elle nous découvre en même temps, au dedans de nous, la faculté de nous juger indépendants d'elle, et une supériorité sur la nature qui se fonde sur une conservation de notre être, laquelle est d'une tout autre espèce que celle que la nature peut compromettre, et qu'elle peut mettre en péril hors de nous : en péril de telle sorte que *l'humanité* n'est nullement abaissée en notre personne, dût *l'homme* succomber à cette puissance. C'est ainsi, continue-t-il, que la redoutable puissance de la nature est, au point de vue esthétique, jugée sublime par nous, parce qu'au dedans de nous elle excite notre propre force, qui n'est point nature, à considérer comme *petit* tout ce qui fait l'objet de notre inquiétude, en tant qu'êtres sensibles, les biens, la santé et la vie, et, par suite de cela, à ne pas considérer non plus ce pouvoir même de la nature auquel, par rapport à tous ces biens, nous sommes absolument soumis, à ne pas le considérer, dis-je, quant à nous et à notre personnalité, comme une puissance sous laquelle il nous faudrait nous courber s'il s'agissait de nos plus hauts principes, s'il fallait se résoudre à les soutenir ou à les abandonner. En conséquence, conclut-il, la nature est ici nommée sublime, parce que, à la hauteur où elle élève l'imagination, celle-ci se représente ces occurrences où l'âme peut se rendre sensible à elle-même la sublimité propre de sa destination. »

Cette sublimité de notre destination rationnelle, cette indépendance pratique où nous sommes de la nature, il faut avoir bien soin de la distinguer de la supériorité que nous savons, dans certains cas particuliers, conserver sur elle, en tant que puissance, soit par nos forces corporelles, soit par notre intelligence : supériorité qui sans doute est aussi quelque chose de grand, mais qui n'a en elle rien absolument de sublime. Un homme, par exemple, qui combat contre une bête sauvage et en triomphe par la force de son bras ou par la ruse ; un fleuve impétueux, comme le Nil, dont la puissance est brisée par des digues, et que l'intelligence humaine sait même changer, d'objet nuisible, en objet utile, en recevant dans des canaux ses eaux qui débordent et s'en servant pour arroser des champs arides ; un vaisseau sur la mer, qui, par l'art même de sa structure, est en état de braver toute la furie du fougueux élément ; bref, tous les cas où l'homme, par son esprit inventif, a contraint la nature de lui obéir et de servir à ses fins, là même où elle lui est supérieure comme puissance, et armée pour sa ruine : tous ces cas, dis-je, n'éveillent point le sentiment du sublime, quoiqu'ils offrent quelque analogie avec lui, et que, par suite, ils plaisent aussi dans le jugement esthétique. Mais pourquoi ne sont-ils pas sublimes, tout en nous représentant la supériorité de l'homme sur la nature?

Il nous faut ici revenir à l'idée du sublime, où se découvrira aisément la raison de cette différence. En vertu de cette idée, cet objet-là seul est sublime, auquel nous succombons en tant qu'*êtres physiques*, mais dont nous nous sentons absolument indépendants en tant qu'êtres raisonnables et n'appartenant pas à la nature. Par conséquent, tous les *moyens naturels* que l'homme emploie pour résister à la puissance de la nature, sont *exclus* par cette idée du sublime ; car cette idée veut absolument que nous ne soyons pas de force à résister à l'objet, en tant qu'êtres physiques, mais qu'en même temps, par ce qui en nous n'est point nature (et cela n'est autre chose que la raison pure), nous nous sentions indépendants de lui. Or, tous ces moyens indiqués, par lesquels l'homme se rend supérieur à la nature, l'adresse, la ruse et la force physique, sont tirés de la nature, et par conséquent appartiennent à l'homme en tant qu'être physique. Il ne résiste donc pas aux objets comme

intelligence pure, mais comme être sensible; non pas moralement par sa liberté interne, mais physiquement par l'emploi de
forces naturelles. Aussi ne succombe-t-il pas à ces objets, mais
il leur est supérieur par sa simple constitution d'être sensible.
Or, là où ses forces physiques suffisent, il n'y a rien qui le
puisse forcer à recourir à son *moi* intellectuel, à la puissance
intérieure, indépendante, de sa faculté rationnelle.

Pour le sentiment du sublime, il faut donc absolument que
nous nous sentions entièrement dépourvus de tout *moyen physique de résistance,* et que nous cherchions un secours dans notre
moi non physique. Il faut donc que l'objet soit *redoutable* pour
notre nature sensible, et il cesse de l'être dès que nous nous
sentons capables de lutter avec lui par nos forces naturelles.

C'est aussi ce que confirme l'expérience. La plus puissante
force de la nature est d'autant moins sublime que l'homme la
dompte davantage, et elle redevient bien vite sublime dès
qu'elle défie l'art de l'homme. Un cheval qui court encore çà
et là dans les forêts, libre et non dompté, nous est *redoutable*
comme force physique supérieure à nous, et il peut devenir
l'objet d'une peinture sublime. Ce même cheval, une fois dompté,
soumis au joug ou attelé à une voiture, perd ce qu'il a de terrible, et en même temps tout ce qu'il a de sublime. Mais que
ce cheval dompté rompe ses liens, qu'il se cabre furieux sous
son cavalier, qu'il reprenne violemment sa liberté, aussitôt il
redevient redoutable, il est de nouveau sublime.

La supériorité de l'homme sur les forces de la nature est
donc si loin d'être un principe de sublime, qu'au contraire,
presque partout où elle se rencontre, elle diminue ou détruit
entièrement la sublimité de l'objet. Sans doute, nous pouvons
nous arrêter à contempler avec un sensible plaisir l'adresse humaine qui a su se soumettre les forces les plus violentes de la
nature; mais la source de ce plaisir est *logique* et non *esthétique :* c'est un effet de la réflexion, il ne nous est pas donné
par l'idée immédiate.

Ainsi la nature n'est nulle part pratiquement sublime, que là
où elle est *terrible.* Mais ici s'élève une question : la proposition
réciproque est-elle vraie aussi? La nature, partout où elle est
terrible, est-elle aussi pratiquement sublime?

Il faut ici que nous revenions encore à l'idée du sublime. Si elle veut essentiellement que nous nous sentions, en tant qu'êtres sensibles, dépendants de l'objet, elle n'exige pas moins essentiellement, d'autre part, que nous nous en sentions indépendants, en tant qu'êtres raisonnables. Quand il n'est pas satisfait à la première condition, quand l'objet n'a rien de redoutable pour notre nature sensible, la sublimité n'est point possible. Quand le second caractère manque, quand l'objet est simplement terrible, quand nous ne sentons pas notre supériorité sur lui, en tant qu'êtres raisonnables, elle n'est pas possible davantage.

La liberté intime de l'âme est absolument nécessaire pour trouver le terrible sublime et pour y prendre plaisir; car il ne peut être sublime que par cela même qu'il nous fait sentir notre indépendance, la liberté de notre âme. Or, la crainte réelle, la crainte sérieuse, enlève toute liberté d'âme.

Il faut donc que l'objet sublime soit, il est vrai, terrible, mais qu'il n'excite pas une crainte réelle. La crainte est un état de *souffrance* et de *violence subie*, et le sublime ne peut plaire que dans la libre contemplation et par le sentiment de l'activité intérieure. Il importe, par conséquent, ou que l'objet terrible ne dirige pas du tout sa force contre nous, ou, si cela a lieu, que notre esprit demeure libre, tandis que notre sensibilité est vaincue. Or, ce dernier cas est fort rare, et demande une élévation de la nature humaine qu'on peut à peine se représenter comme possible dans un sujet quelconque; car, lorsque nous sommes réellement en danger, que nous sommes nous-mêmes en butte à une des forces de la nature, à une force ennemie, alors c'en est fait du jugement esthétique. Quelque sublime que puisse être une tempête considérée du rivage, ceux qui se trouvent sur le vaisseau, pendant qu'il est brisé par elle, peuvent fort bien être très-peu disposés à porter de cette tempête un jugement esthétique.

Nous n'avons dès lors à nous occuper que du premier cas, de celui où l'objet terrible nous fait, il est vrai, voir sa puissance, mais où il ne la dirige pas contre nous, où *nous nous savons à l'abri* de son atteinte. Alors nous nous plaçons simplement en pensée dans la situation où nous pourrions subir nous-mêmes

cette puissance, et où toute résistance serait inutile. Le terrible
est donc uniquement dans l'idée ; mais la simple idée du danger, si elle est quelque peu vive, suffit à exciter l'instinct de
conservation, et il en résulte quelque chose d'analogue à ce que
produirait la sensation réelle. Un frisson nous saisit, un sentiment d'inquiétude s'éveille, notre sensibilité est révoltée. Sans
ce commencement de souffrance réelle, sans cette attaque sérieuse contre notre existence, nous ne ferions que jouer avec
l'objet : il faut que la chose soit sérieuse, au moins quant à
l'émotion, pour que la raison soit obligée de recourir à l'idée
de sa liberté. D'autre part, la conscience de notre liberté intérieure ne peut avoir de prix et de valeur qu'autant qu'elle est
prise au sérieux, et elle ne peut être prise au sérieux si nous ne
faisons que jouer avec l'idée du danger.

J'ai dit qu'il était nécessaire que nous fussions en sûreté pour
que le *terrible* nous plût. Or, il y a des malheurs et des dangers
dont l'homme ne peut jamais se savoir à l'abri, et qui pourtant
peuvent être et sont réellement sublimes dans l'idée. Le sentiment de la sûreté ne peut donc pas se borner à ce qu'on se sache
physiquement préservé du danger, comme, par exemple, quand
on regarde, appuyé sur une haute et solide balustrade, à une
grande profondeur, ou que d'une hauteur on promène ses yeux
sur la mer en furie. Ici, sans doute, l'intrépidité se fonde sur la
conviction qu'il est impossible que le danger nous atteigne.
Mais sur quoi voudrait-on se fonder pour se croire en sûreté à
l'endroit du destin, de la puissance partout présente de la Divinité, des maladies douloureuses, des pertes sensibles, de la
mort? Il n'y a là aucune raison physique d'assurance, et quand
nous nous représentons le destin avec toutes ses terreurs, nous
sommes forcés de nous dire que nous ne sommes rien moins
qu'à l'abri de ses coups.

Il y a donc un double fondement de la sécurité. En présence
des maux auxquels nous sommes physiquement capables d'é-
chapper, nous pouvons avoir une sécurité extérieure et physique ; mais en présence de ceux auxquels nous ne pouvons ni
résister ni échapper par des moyens naturels, nous ne pouvons
avoir qu'une sécurité intérieure ou morale. Cette différence est
surtout importante par rapport au sublime.

La *sécurité physique* est un motif immédiat de tranquillité pour notre nature sensible, sans aucun rapport à notre état intérieur ou moral. Aussi n'a-t-on aucune peine à regarder sans crainte un objet à l'endroit duquel on se trouve dans cette sécurité physique. De là vient qu'on remarque chez les hommes une bien plus grande unanimité de jugement sur ce qu'ont de sublime de tels objets, dont la vue est accompagnée de celte sécurité physique, que sur ceux en présence desquels on n'a qu'une sécurité morale. La raison de cela saute aux yeux. La sécurité physique se produit pour chacun de la même façon; la sécurité morale, au contraire, suppose un état de l'âme qui n'est pas celui de tout le monde. Mais, comme cette sécurité physique ne vaut que pour la nature sensible, elle n'a par elle-même rien qui puisse plaire à la raison, et son influence est purement négative, car elle ne fait qu'empêcher que l'instinct de conservation ne soit alarmé, et que la liberté de l'âme ne soit détruite.

Il en est tout autrement de la *sécurité intérieure* ou *morale*. Elle est sans doute aussi un motif de tranquillité pour la nature sensible (autrement elle ne serait pas sublime), mais elle ne l'est que par l'intermédiaire des idées rationnelles. Nous regardons le terrible sans terreur, parce que nous sentons que nous échappons, soit par la conscience de notre *innocence*, soit par la pensée de *l'indestructibilité de notre être*, à la supériorité que le terrible a sur nous, en tant qu'êtres physiques. Cette sécurité morale suppose donc, comme nous le voyons, des *idées religieuses;* car la *religion* seule, et non la *morale*, offre des motifs de tranquillité à notre nature sensible. La morale suit inexorablement, et sans nul égard à l'intérêt de notre sensibilité, les prescriptions de la raison; mais c'est la religion qui cherche à concilier et à mettre d'accord les exigences de la raison et l'intérêt de la sensibilité. Il ne suffit donc pas du tout, pour la sécurité morale, que nous ayons des dispositions morales; mais il faut en outre que nous nous représentions la nature d'accord avec la *loi morale*, ou, ce qui revient au même ici, que nous nous la figurions sous l'influence d'un pur être de raison. La mort, par exemple, est un objet par rapport auquel nous n'avons qu'une sécurité morale. La vive représentation de toutes les terreurs de la mort, jointe à la certitude de ne pouvoir échapper à la mort, empêcherait absolument la plupart des hommes, qui, après tout, sont beaucoup plus êtres sensibles qu'êtres raisonnables, de garder autant de calme qu'il en faut pour un jugement esthétique, si la foi rationnelle à l'immortalité n'offrait un moyen passable de se tirer d'affaire.

Mais il ne faut pas entendre cela comme si la représentation de la mort, quand le sublime s'y associe, devait ce sublime à l'idée de l'immortalité. Rien n'est moins vrai. L'idée de l'immortalité, telle que je l'admets ici, est un motif de tranquillité pour notre instinct de durée, par conséquent pour notre nature sensible; et il faut que je fasse observer, une fois pour toutes, que, dans tout ce qui est propre à faire une impression sublime, la nature sensible, avec ses exigences, doit être absolument exclue, et que les motifs de tranquillité ne sont à chercher que dans la raison. Dès lors cette idée de l'immortalité, où la sensibilité trouve encore jusqu'à un certain point son compte (et c'est ainsi que la présentent toutes les religions positives), ne peut nullement contribuer à faire de la représentation de la mort un objet sublime. Cette idée doit plutôt n'être là que comme en réserve, pour venir simplement en aide à la nature sensible, dans le cas où elle se sentirait exposée sans consolation et sans défense à toutes les horreurs de l'anéantissement, et menacerait de succomber à cette violente attaque. Mais, si l'idée de l'immortalité vient à dominer dans l'âme, la mort perd ce qu'elle a de *terrible*, et le *sublime* disparaît en même temps.

La Divinité, représentée avec sa toute-science, qui éclaire et pénètre tous les replis du cœur humain, qui ne souffre aucun mouvement impur de l'âme, et avec sa toute-puissance, qui tient en son pouvoir notre destin physique, est une idée *terrible*, et peut dès lors devenir une représentation *sublime*. Nous ne pouvons avoir, par rapport à l'action de cette puissance, aucune sécurité physique, parce qu'il nous est également impossible de lui *échapper* et de lui *résister*. Il ne nous reste donc que la sécurité morale, qui se fonde sur la justice de cet être divin et sur notre innocence. Nous voyons sans terreur les manifestations terribles par lesquelles il fait connaître son pouvoir, parce que la conscience de notre innocence nous rassure et nous préserve. Cette sécurité morale nous permet de ne pas perdre entièrement la liberté de notre âme à l'idée de cette puissance sans bornes, irrésistible et partout présente; car l'âme, dès qu'elle n'a plus sa liberté, n'est propre à porter aucun jugement esthétique. Mais une telle sécurité ne peut être la source du sublime, parce que le sentiment que nous en avons, bien qu'il repose sur un fondement moral, ne fournit après tout qu'un motif de tranquillité à la nature sensible, et satisfait l'instinct de la conservation; or, ce n'est jamais sur la satisfaction de nos instincts que se fonde le sublime. Pour que l'idée de la divinité devienne pratiquement (dynamiquement) sublime, il faut que le sentiment de notre sécurité se rapporte, *non à notre existence*, mais *à nos principes*. Il importe que ce qui nous peut arriver en tant qu'êtres physiques nous soit indifférent, pourvu que nous nous sentions indépendants de cette puissance en tant que purs esprits. Or, comme êtres raisonnables, nous nous sentons indépendants, même de la toute-puissance, en tant qu'elle ne peut elle-même supprimer notre autonomie, ni déterminer notre volonté contrairement à nos principes. C'est donc seulement en tant que nous ne laissons à la Divinité aucune *influence naturelle sur les déterminations de notre volonté*, que son influence est dynamiquement sublime.

Mais se sentir indépendant de la Divinité dans les déterminations du vouloir, cela revient à dire qu'on a conscience que la Divinité ne peut jamais agir, *comme une puissance*, sur notre vouloir. Or, une volonté pure ne pouvant manquer de coïncider toujours avec la volonté divine, il ne peut jamais arriver que nous nous déterminions par la raison pure contre le vouloir de la Divinité. Par conséquent, nous lui dénions l'influence sur notre volonté en tant seulement que nous avons conscience *qu'elle ne peut influer sur les déterminations de notre vouloir par rien autre chose que par son accord avec la loi rationnelle pure qui est nous*, et non dès lors par autorité, par récompense ou punition, par aucun égard à sa puissance. Notre raison n'honore dans l'Être divin que la sainteté, et ne craint rien de lui que sa désapprobation; encore ne la craint-elle qu'en tant qu'elle reconnaît ses propres lois dans la raison divine. Mais il ne dépend pas du *caprice* divin d'approuver ou de désapprouver les dispositions de notre âme : ici tout tient à notre propre conduite. Pour le seul cas donc où la Divinité pourrait devenir redoutable pour nous, à savoir pour le cas de sa désapprobation, nous ne dépendons pas d'elle. Ainsi la Divinité, représentée comme une puissance qui peut, il est vrai, détruire notre *existence*, mais qui, tant que nous existons, ne peut exercer nulle influence sur les actes de notre raison, est dynamiquement sublime; et cette religion seule qui nous donne une telle idée de la Divinité, porte le cachet du sublime [1].

Il faut que l'objet du sublime pratique soit redoutable pour la nature sensible; il faut qu'un mal menace notre état physique, et que l'idée du danger éveille l'instinct de la conservation.

Il faut que notre *moi rationnel*, ce qui en nous n'est point nature, se distingue, dans cette émotion de l'instinct de conservation, de la partie sensible de notre être, et qu'il ait conscience de son autonomie, de son indépendance de tout ce qui peut atteindre la nature physique, bref de sa liberté.

Mais cette liberté est absolument morale, non physique. Il ne faut pas que nous nous sentions supérieurs à l'objet redou-

---

1. A cette analyse du concept du sublime on pourrait, dit Kant, objecter, ce semble, que nous avons coutume de nous représenter Dieu, dans la tempête, dans les tremblements de terre, etc., comme une puissance irritée, et pourtant comme sublime, et dans ce cas toutefois ce serait folie de notre part, et coupable témérité, de nous imaginer une supériorité de notre esprit sur les effets d'une telle puissance. Ici ce n'est point le sentiment de la sublimité de notre propre nature, mais plutôt un humble abattement, une entière soumission, qui paraît être l'état convenable de notre âme à la manifestation d'un tel objet. Dans la religion, en général, il semble que se prosterner, adorer avec des gestes de contrition et d'inquiétude, soit la seule manière d'être qui convienne en présence de la Divinité : aussi est-ce celle qu'ont adoptée la plupart des peuples. Mais, continue Kant, cette disposition de l'âme est loin d'être liée aussi nécessairement qu'on le suppose à l'idée de la *sublimité* d'une religion. L'homme qui a conscience de sa faute et qui, par conséquent, a des raisons de craindre, n'est nullement dans une disposition convenable pour admirer la grandeur divine. C'est seulement quand sa conscience est pure, que ces effets de la divine puissance servent à lui donner une idée sublime de la Divinité : il faut pour cela que le sentiment de sa propre sublimité de cœur l'élève au-dessus de la crainte des effets de cette puissance. Il a le respect, non la crainte, de la Divinité ; tandis que la superstition, au contraire, n'éprouve pour la Divinité que crainte et terreur, sans la respecter : disposition d'où ne peut naître, en place de la religion qui règle la vie, que la flatterie, et la recherche de la faveur divine. *Kant, Critique du jugement esthétique, analytique du sublime* [*].

(*Note de Schiller.*)

* Tome IV, p. 121, 122, éd. Rosenkranz.

table, par nos forces naturelles, par notre entendement, et en tant qu'êtres sensibles ; car alors notre sécurité ne reposerait que sur des causes physiques, et par conséquent sur un fondement empirique : notre dépendance de la nature subsisterait toujours. Ce qui nous peut arriver en tant qu'êtres sensibles doit nous être tout à fait indifférent, et il importe que notre liberté consiste uniquement à ne pas considérer du tout notre état physique, qui peut être déterminé par la nature, comme faisant partie de notre moi, mais comme quelque chose d'extérieur et d'étranger qui n'a aucune influence sur notre personne morale.

Grand est celui qui triomphe du terrible ; *sublime*, celui qui, lors même qu'il y succombe, ne le craint pas.

Annibal fut théoriquement grand lorsqu'il se fraya, à travers les Alpes inaccessibles, un chemin pour passer en Italie ; grand d'une grandeur pratique, sublime, il ne le fut que dans le malheur.

Hercule fut grand quand il entreprit et acheva ses douze travaux.

Sublime fut Prométhée lorsque, attaché sur le Caucase, il ne se repentit pas de son action, et n'avoua pas qu'il eût tort.

On peut se montrer grand dans le bonheur ; on ne peut se montrer sublime que dans le malheur.

Ainsi donc nous nommerons pratiquement sublime tout objet qui nous fait remarquer, il est vrai, notre impuissance en tant qu'êtres de la nature, mais en même temps révèle en nous une faculté de résistance d'une tout autre espèce, qui, j'en conviens, n'éloigne pas le danger de notre existence physique, mais (ce qui est infiniment plus) détache notre existence physique elle-même de notre personnalité. Ce n'est donc pas d'une sécurité *matérielle* et ne s'appliquant qu'à un cas particulier, mais d'une sécurité *idéale*, s'étendant à tous les cas possibles, que nous avons conscience dans la représentation du sublime. Le sublime ne se fonde donc pas du tout sur le fait de vaincre ou d'écarter un danger qui nous menace, mais sur la suppression de la condition essentielle sans laquelle il ne peut y avoir de danger pour nous ; car le sublime nous apprend à considérer la partie sensible de notre être comme un objet naturel extérieur, qui ne concerne nullement notre vraie personne, notre *moi* moral.

———

Après avoir établi le concept du sublime pratique, nous voici en état d'en distinguer diverses classes, selon la différence des objets qui en éveillent le sentiment, et selon la différence des rapports que nous avons avec ces objets.

Dans l'idée du sublime, nous distinguons trois choses : premièrement, un objet de la nature, comme puissance ; secondement, un rapport de cette puissance à notre faculté physique de résister ; troisièmement, un rapport de cette puissance à notre personne morale. Le sublime est donc l'effet de trois idées successives : 1° d'une puissance physique objective ; 2° de notre impuissance physique subjective ; 3° de notre supériorité morale subjective. Mais, bien que ces trois éléments, toutes les fois qu'une idée sublime s'offre à nous, doivent être essentiellement et nécessairement réunis, la manière dont nous arrivons à cette idée est pourtant accidentelle, et là-dessus se fonde une double distinction capitale du sublime de puissance.

I. Ou bien ce qui nous est donné dans notre idée, c'est simplement un objet, comme puissance, la cause objective de la souffrance, et non la souffrance elle-même, et le sujet qui juge opère au dedans de lui-même la représentation de la souffrance, et change l'objet donné, en le rapportant à l'instinct de conservation, en un objet de terreur, et, en le rapportant à sa personne morale, en un objet sublime.

II. Ou bien, outre l'objet, comme puissance, c'est en même temps ce qu'il a de redoutable pour l'homme, et la souffrance même, qui est représenté objectivement, et tout ce qu'il reste à faire au sujet qui juge, c'est d'en faire l'application à son état moral, et de tirer du terrible le sublime.

Un objet de la première classe, est *contemplativement sublime* ; un objet de la seconde, *pathétiquement sublime*.

LE SUBLIME DE PUISSANCE CONTEMPLATIF.

Les objets qui ne nous montrent qu'une puissance de la nature, bien supérieure à la nôtre, mais qui du reste nous laissent libres d'en faire ou non l'application à notre état physique ou à notre personne morale, ont simplement le caractère du sublime contemplatif. Je les nomme ainsi parce qu'ils ne saisissent point l'âme avec assez de force pour qu'elle ne puisse pas demeurer à leur vue dans un état de paisible contemplation. Dans le sublime contemplatif, c'est l'activité propre de l'âme qui a le rôle principal, parce que du dehors il n'est fourni qu'un élément, et que c'est au sujet lui-même à fournir les deux autres. Pour cette raison, le sublime contemplatif n'a ni une influence aussi forte, autant d'intensité, ni une influence aussi étendue que le sublime pathétique. Il n'a point *une influence aussi étendue*, parce que les hommes n'ont pas tous assez d'imagination pour produire en eux-mêmes une vive représentation du danger, et que tous n'ont pas assez de force morale indépendante pour ne pas préférer échapper à cette représentation. Il n'a point *une influence aussi forte*, parce que l'idée du danger, quelque vive qu'elle soit, est pourtant toujours, en ce cas, *volontaire*, et que l'âme demeure plus facilement maîtresse d'une idée qu'elle a produite par son activité propre. Le sublime contemplatif procure donc une jouissance moindre, mais aussi moins mélangée.

La nature ne fournit, pour le sublime contemplatif, qu'un objet comme puissance, dont l'imagination peut à son gré faire quelque chose de terrible pour l'homme. Selon que la part de l'imagination à la production de ce terrible est grande ou petite, selon qu'elle accomplit sa tâche d'une manière ou plus franche ou plus occulte, le sublime doit nécessairement varier.

Un abîme qui s'ouvre à nos pieds, un orage, un volcan en

éruption, une masse de rocher suspendue au-dessus de nous, comme si elle allait tomber à l'instant même, une tempête sur la mer, un rude hiver dans les régions polaires, un été de la zone torride, des bêtes féroces ou venimeuses, une inondation et autres choses du même genre, sont de ces puissances de la nature contre lesquelles notre faculté de résistance ne peut compter pour rien, et qui pourtant sont en contradiction avec notre existence physique. Même certains objets d'un genre idéal, le *temps*, par exemple, considéré comme une puissance qui agit sans bruit mais inexorablement; la *nécessité*, aux lois rigoureuses de laquelle aucun objet de la nature ne se peut soustraire; jusqu'à l'idée morale du *devoir*, qui assez souvent se comporte comme une puissance ennemie à l'égard de notre existence physique : ce sont là des objets terribles, dès que *l'imagination* les rapporte à l'instinct de conservation; et ils deviennent sublimes, dès que la *raison* les applique à ses lois suprêmes. Mais, comme, dans tous ces cas, c'est l'imagination qui seule ajoute le terrible, et qu'il dépend entièrement de nous de supprimer une idée qui est notre œuvre, ces objets-là rentrent dans la classe du sublime contemplatif.

Cependant l'idée du danger a ici un fond *réel*, et il suffit d'une opération toute simple, à savoir de réunir en une seule idée l'existence de ces objets avec notre existence physique, pour que le terrible naisse. L'imagination n'a rien à y ajouter de son fonds ; elle s'en tient à ce qui lui est donné.

Mais il n'est pas rare que des objets de la nature, indifférents en eux-mêmes, soient changés subjectivement, par l'intermédiaire de l'imagination, en puissances redoutables, et c'est l'imagination elle-même qui non-seulement *découvre* le terrible par comparaison, mais qui de son chef le *crée*, sans avoir pour cela une raison objective suffisante. C'est le cas pour *l'extraordinaire* et pour *l'indéterminé*.

Pour l'homme, dans l'état d'enfance, où l'imagination est le plus effrénée, tout ce qui est inaccoutumé est terrible. Il croit voir, dans toute manifestation inattendue de la nature, un ennemi qui est armé contre son existence, et l'instinct de conservation est aussitôt occupé de résister à l'attaque. Dans cette période, l'instinct de conservation est chez l'homme le maître absolu, et comme cet instinct est inquiet et lâche, sa domination est le règne de la crainte et de la terreur. La superstition, qui prend naissance et forme à cette époque, est en conséquence lugubre et terrible, et les mœurs ont aussi ce caractère sombre et hostile. On trouve l'homme armé avant d'être vêtu, et c'est d'abord à son glaive qu'il porte la main lorsqu'il rencontre un étranger. La coutume des anciens habitants de la Tauride de sacrifier à Diane tout étranger que son mauvais destin amenait sur leur rivage, n'a guère d'autre origine que la *crainte*, car ce n'est que l'homme *dépravé par un commencement de culture*, non l'homme *sans culture*, qui pousse la barbarie jusqu'à sévir contre ce qui ne peut lui nuire.

Cette crainte de tout ce qui est extraordinaire se perd, il est vrai, dans l'état de culture, mais pas au point qu'il n'en reste aucune trace dans la contemplation *esthétique* de la nature, où l'homme s'abandonne volontairement au jeu de l'imagination. C'est ce que savent fort bien les poëtes : aussi ne manquent-ils pas d'employer *l'extraordinaire*, au moins comme un des éléments du terrible. Un profond silence, un grand vide, les ténèbres, éclairées soudain, sont en soi des choses fort indifférentes, qui ne se distinguent que par l'extraordinaire et l'inaccoutumé. Toutefois elles éveillent un sentiment d'effroi ou du moins fortifient l'impression de l'effroi, et sont dès lors appropriées au sublime.

Quand Virgile veut nous remplir d'horreur au sujet des enfers, il nous rend surtout attentifs au vide et au silence qui y règnent. Il les nomme *loca nocte late tacentia*, « les champs de la nuit au loin silencieux; » *domos vacuas Ditis et inania regna*, « les demeures creuses et le royaume vide de Pluton [1]. »

Dans les initiations aux mystères chez les anciens, on avait surtout en vue de produire une impression terrible, solennelle, et pour cela on employait aussi tout particulièrement le silence. Un profond silence donne à l'imagination un libre espace, et excite l'attente, dispose à voir arriver quelque chose de terrible. Dans les exercices de la dévotion, le silence de toute une réunion de fidèles est un moyen très-efficace de donner de l'élan à l'ima-

---

1. *Énéide*, livre VI, v. 265 et 269.

gination et de mettre l'âme dans une disposition solennelle.
Même la superstition populaire y a recours dans ses rêveries :
on sait qu'il faut observer un profond silence quand on veut
découvrir un trésor. Dans les palais enchantés qui se présentent dans les contes de fées, il règne un silence de mort, et c'est
un trait de l'histoire naturelle des forêts enchantées, qu'il ne
s'y doit rien mouvoir de vivant.

La solitude est aussi quelque chose de terrible, dès qu'elle
est durable et involontaire, comme, par exemple, le bannisse-
ment dans une île inhabitée. Un vaste désert, une forêt solitaire
longue de plusieurs lieues, une course errante sur l'Océan sans
bornes, sont des choses dont l'idée excite l'horreur et qui peuvent s'employer en poésie pour le sublime. Mais pourtant ici
(dans la solitude), il y a déjà une raison objective de crainte,
parce que l'idée d'un grand isolement entraîne l'idée de *délais-
sement*, d'absence de secours.

L'imagination se montre bien plus occupée encore de faire
de l'*indéterminé*, du *mystérieux*, de l'*impénétrable*, un objet de
terreur. C'est proprement ici qu'elle est dans son élément; car
n'étant pas bornée par la réalité, et ses opérations n'étant pas
restreintes à un cas particulier, le domaine immense des pos-
sibilités lui est ouvert. Mais qu'elle incline au *terrible*, et que
de l'inconnu *elle craigne plus qu'elle n'espère*, c'est ce qui est dans
la nature de l'instinct de conservation qui la guide. L'horreur agit infiniment plus vite et plus puissamment que le
désir, et de là vient que derrière l'inconnu nous soupçonnons
plutôt du mal que nous n'attendons du bien.

L'*obscurité* est terrible, et, précisément pour cette raison
même, propre au sublime. Elle n'est pas terrible par elle-
même, mais parce qu'elle nous cache les objets, et que dès lors
elle nous livre à toute la puissance de l'imagination. Aussitôt
que le danger est visible, une grande partie de la crainte s'évanouit. Le sens de la vue, le premier gardien de notre existence,
nous refuse dans l'obscurité ses services, et nous nous sentons
exposés sans défense au péril caché. Voilà pourquoi la superstition place toutes les apparitions de fantômes à l'heure de mi-
nuit, et l'empire de la mort est représenté comme l'empire de
la nuit éternelle. Dans les poésies d'Homère où l'humanité parle

encore sa langue la plus naturelle, l'obscurité est représentée comme l'un des plus grands maux.

> Là sont situées la contrée et la ville des hommes Cimmériens.
> Ils tâtonnent constamment dans la nuit et la brume, et jamais
> Le Dieu du soleil qui éclaire le monde ne porte sur eux ses regards
>   rayonnants ;
> Mais une nuit terrible enveloppe les hommes misérables[1].

« Jupiter, crie le vaillant Ajax dans les ténèbres du combat, délivre les Grecs de cette obscurité. Fais qu'il soit jour, fais que ces yeux voient ; puis, si tu veux, laisse-moi tomber ici à la lumière[2] ! »

L'*indéterminé* est aussi un élément du terrible, et pour cette seule raison, qu'il donne à l'imagination la liberté d'achever à son gré la peinture. Le *déterminé*, au contraire, mène à une connaissance nette, et enlève l'objet au jeu arbitraire de la fantaisie, en le soumettant à l'intelligence.

La description du monde souterrain dans Homère est d'autant plus effrayante qu'elle nage en quelque sorte dans un brouillard, et les figures des esprits dans Ossian ne sont que de nuageuses et aériennes figures dont l'imagination à son gré dessine les contours.

Tout ce qui est *enveloppé*, *plein de mystère*, contribue à l'effroi, et par là est susceptible de sublimité. De ce genre est l'inscription qu'on lisait, à Saïs en Égypte, sur le temple d'Isis : « Je suis tout ce qui est, qui a été et qui sera. Aucun homme mortel n'a levé mon voile. » Cette même incertitude et ce mystère donnent quelque chose d'horrible aux idées que l'homme se fait de l'avenir après la mort. C'est une impression heureusement exprimée dans le monologue bien connu d'Hamlet.

La description que nous fait Tacite de la marche solennelle de la déesse Hertha devient effrayante et sublime par l'obscurité qu'il y répand. Le char de la déesse disparaît tout au fond de la forêt, et aucun de ceux qui ont été employés à ce mystérieux office ne revient vivant. On se demande en frissonnant ce

---

1. *Odyssée*, livre XI, v. 14-16 et 19.
2. *Iliade*, livre XVII, v. 645-647. — Nous n'avons pas traduit le grec d'Homère, mais l'allemand de Schiller, qui a rendu en vers la citation de l'*Odyssée*, et en prose celle de l'*Iliade*.

que peut bien être cet objet qui coûte la vie à qui le voit : *Quod tantum morituri vident*[1].

Toutes les religions ont leurs mystères, qui entretiennent une sainte horreur; et de même que la majesté de Dieu habite derrière un rideau dans le saint des saints, de même la majesté des rois s'entoure ordinairement de mystère, pour tenir constamment en haleine, par cette invisibilité artificielle, le respect des sujets.

Voilà les principales espèces du sublime de puissance contemplatif, et, comme elles sont fondées sur la destination morale de l'homme, qui est commune à tous, on est en droit de supposer que tout sujet humain est susceptible de ces impressions : ne l'être point ne peut, comme lorsqu'il s'agit d'émotions purement sensibles, s'excuser par un jeu de la nature, mais doit s'imputer au sujet comme une imperfection. Parfois on trouve le sublime de connaissance associé au sublime de puissance, et l'effet est d'autant plus grand lorsque ce n'est pas seulement la faculté sensible de résistance, mais encore la faculté de représentation, qui se trouve impuissante et bornée à l'endroit d'un objet, et lorsque la double prétention de la nature sensible est rebutée et vaine.

II

LE SUBLIME PATHÉTIQUE.

Lorsqu'un objet est donné objectivement, non pas uniquement comme puissance en général, mais en même temps comme puissance funeste à l'homme, quand il ne *montre* pas seulement sa force, mais la *manifeste* en effet d'une manière hostile, alors il ne dépend plus de l'imagination de le rapporter ou non à l'instinct de conservation : *il faut* qu'elle l'y rapporte; elle y est

---

1. Tacite, *Germanie*, chap. 40. Schiller a déjà cité ce passage dans le *Vi-sionnaire* (voy. tome VII, p. 89), en remplaçant de même *perituri*, qui est dans Tacite, par *morituri*.

objectivement contrainte. Mais la souffrance réelle ne permet pas le jugement esthétique, parce qu'elle ôte la liberté de l'esprit. Il importe donc que ce ne soit pas sur le sujet qui juge que l'objet redoutable prouve son pouvoir destructeur ; c'est-à-dire il importe que nous ne souffrions pas *nous-mêmes*, que la souffrance soit seulement *sympathique*. Mais la souffrance sympathique a elle-même trop d'action sur la nature sensible, quand elle a *hors de nous* une existence réelle. La douleur compatissante l'emporte sur toute jouissance esthétique. C'est seulement quand la souffrance est ou simple illusion et invention, ou (dans le cas où elle a eu lieu en réalité) quand elle n'est pas représentée immédiatement aux sens, mais à l'imagination, qu'elle peut devenir esthétique et éveiller le sentiment du sublime. La représentation d'une souffrance étrangère, accompagnée d'émotion et de la conscience de notre liberté morale intérieure, est *pathétiquement sublime*.

La sympathie ou affection compatissante (communiquée) n'est pas une manifestation libre de notre âme, qu'il nous faille d'abord produire en nous-mêmes par notre activité propre, mais une affection involontaire de la faculté sensible, une affection déterminée par la loi de nature. Il ne dépend nullement de notre volonté de partager, ou non, la souffrance d'une autre créature. Dès qu'elle nous est représentée, *il faut* que nous la partagions. C'est la *nature*, et non notre *liberté*, qui agit, et l'émotion précède toute résolution.

Ainsi, dès qu'une souffrance nous est objectivement représentée, il arrive nécessairement, en vertu de la loi naturelle, loi immuable, de sympathie, que nous ressentons en nous-mêmes un contre-coup de cette souffrance. De la sorte, nous la faisons nôtre en quelque manière. *Nous compatissons.* Ce n'est pas seulement la peine sympathique, l'émotion excitée par un malheur d'autrui, qui s'appelle *compassion*, mais toute affection triste, sans distinction, que nous éprouvons après un autre. Il y a donc autant d'espèces de compassion qu'il y a d'espèces diverses de souffrance originelle : il y a la crainte et la terreur compatissantes, l'inquiétude, l'indignation, le désespoir par compassion.

Mais ce qui excite l'émotion, mais le pathétique, ne peut devenir une source de sublime qu'à la condition qu'il ne sera pas poussé jusqu'à *la souffrance personnelle*. Au milieu de l'émotion la plus vive, il faut que nous nous *distinguions* du sujet qui souffre lui-même; car c'en est fait de la liberté de l'esprit dès que l'illusion se change en complète vérité.

Si la compassion s'élève à un tel degré de vivacité que nous nous confondions sérieusement avec celui qui souffre, nous ne dominons plus l'émotion, mais elle nous domine. Si, au contraire, la sympathie demeure dans les bornes esthétiques, elle réunit deux des conditions principales du sublime : la représentation vive et sensible de la souffrance, et le sentiment de la sécurité personnelle.

Mais ce sentiment de la sécurité, à la représentation des souffrances étrangères, n'est en aucune façon le *fondement* du sublime, ni, en général, la *source* du plaisir que nous tirons de cette représentation. Le pathétique devient sublime uniquement par la conscience de notre liberté morale, non de notre liberté physique. Ce n'est point parce que nous nous voyons soustraits à cette souffrance par notre heureux destin (car nous n'aurions toujours là qu'une bien mauvaise garantie pour notre sûreté), c'est parce que nous sentons notre *moi* moral soustrait à la causalité de cette souffrance, c'est-à-dire à son influence sur la détermination de notre volonté : c'est pour cela que la souffrance *élève* notre âme et devient *pathétiquement sublime*.

Il n'est pas absolument nécessaire que l'on sente réellement en soi la force dont l'âme a besoin pour maintenir sa liberté morale, quand un sérieux danger se présente. Il ne s'agit point ici de ce qui *arrive*, mais de ce qui *doit* et *peut* arriver; de notre *disposition*, et non de notre *conduite* réelle; de la force, non de son emploi. Quand nous voyons un vaisseau de transport sombrer dans la tempête, nous pouvons, en nous mettant à la place du marchand dont toute la richesse est engloutie par les flots, nous sentir très-malheureux. Toutefois nous sentons en même temps que cette perte ne touche que des choses fortuites, et que c'est un devoir de se mettre au-dessus de ce malheur. Mais ce qui ne peut s'accomplir ne peut être un devoir, et il faut nécessairement que ce qui *doit* avoir lieu *puisse* avoir lieu. Or, que *nous puissions* nous mettre au-dessus d'une perte qui, en tant qu'êtres sensibles, nous est à bon droit si douloureuse, cela montre qu'il y a en nous une faculté qui agit d'après de tout autres lois que la faculté sensible, et qui n'a rien de commun avec l'instinct de nature. Or, tout ce qui nous donne la conscience de cette faculté-là est *sublime.*

On peut donc fort bien se dire qu'on ne supporterait rien moins qu'avec calme la perte de ces biens; cela n'empêche nullement le sentiment du sublime, pourvu que l'on sente qu'on *devrait* se mettre au-dessus d'un tel dommage, et que c'est un devoir de n'accorder à ces biens aucune influence sur la détermination propre de la raison. Pour celui sans doute qui n'a pas même le sentiment de ceci, toute la force esthétique du grand et du sublime est perdue.

Il faut donc que l'âme soit apte tout au moins à parvenir à la conscience de sa destination rationnelle, et qu'elle soit susceptible de l'idée du devoir, dût-elle du reste reconnaître les bornes que la faiblesse humaine pourrait mettre à l'accomplissement de ce devoir. En général, ce serait, quant au plaisir qu'on doit prendre au bien et au sublime, une condition bien fâcheuse, qu'on ne pût avoir de sentiment que pour ce qu'on a soi-même atteint ou que l'on compte atteindre. Mais c'est un caractère estimable de l'humanité de se ranger, au moins dans les jugements *esthétiques,* du parti du bien, fallût-il pour cela *se condamner* soi-même, et de rendre au moins hommage par l'émotion aux idées pures de la raison, dût-on ne pas avoir toujours assez de force pour *agir* conformément à ces idées.

Ainsi, pour le *sublime pathétique,* deux conditions principales sont exigées : d'abord, une vive représentation de la *souffrance,* pour exciter avec la force convenable l'affection compatissante; en second lieu, une idée de la *résistance* à la souffrance, pour éveiller la conscience de la liberté intérieure de l'âme. Ce n'est qu'à la première de ces deux conditions que l'objet devient *pathétique;* ce n'est qu'à la seconde que le pathétique devient *sublime.*

De ce principe découlent les deux lois fondamentales de tout l'art tragique, qui sont : premièrement, la représentation de la

nature souffrante ; secondement, la représentation de l'indépendance morale dans la souffrance[1].

1. C'est à ce morceau que se rattachait primitivement, comme une suite immédiate, la dissertation *sur le Pathétique* dont nous avons donné plus haut la
traduction, p. 117-148.

RÉFLEXIONS

SUR L'USAGE

DE L'ÉLÉMENT VULGAIRE ET BAS

DANS LES ŒUVRES D'ART

RÉFLEXIONS

DE L'ÉLÉMENT VULGAIRE ET BAS

DANS LES ŒUVRES D'ART[1].

J'appelle *vulgaire* (commun) tout ce qui ne parle point à l'*esprit*, ce dont tout l'intérêt ne s'adresse qu'aux sens. Il y a sans doute une infinité de choses vulgaires en elles-mêmes, rien que par leur matière et leur objet ; mais, comme la vulgarité de la matière peut toujours être rehaussée par l'exécution, il n'est question en fait d'art que de la *vulgarité* de la forme. Un esprit vulgaire déshonorera la matière la plus noble en la traitant d'une façon commune : un grand esprit au contraire, une âme noble, saura ennoblir même une matière commune, et cela en la rattachant à quelque chose de spirituel, et en y découvrant quelque côté par où cette matière a sa grandeur. Ainsi, par exemple, un historien vulgaire nous contera les actions les plus insignifiantes d'un héros avec un soin tout aussi curieux que ses exploits les plus sublimes, il s'arrêtera tout aussi long-temps à son arbre généalogique, à son costume, à son ménage,

---

1. Ce morceau parut pour la première fois, en 1802, dans le tome IV des *Opuscules en prose*, et le titre, dans la table des matières, est accompagné, comme celui du morceau *sur le Sublime*, de la mention *ungedruckt*, « inédit. »

qu'à ses projets et à ses entreprises. Celles de ses actions qui ont le plus de grandeur, il les racontera de telle sorte que personne n'y retrouvera ce caractère. Réciproquement, un historien de génie, et doué lui-même de noblesse d'âme, mettra jusque dans la vie privée et dans les actions les moins considérables de son héros un intérêt et une valeur qui les rendront considérables. Ainsi encore, en fait d'arts plastiques, les peintres hollandais et flamands ont fait preuve d'un goût vulgaire; les Italiens, et plus encore les anciens Grecs, d'un goût noble et grand. Les Grecs allaient toujours à l'idéal, ils rejetaient tout trait vulgaire, et ne choisissaient aucun sujet commun.

Un peintre de portraits peut représenter son modèle d'une façon *commune* ou avec *grandeur : d'une façon commune*, s'il reproduit les détails purement *accidentels* avec le même soin que les traits essentiels, s'il néglige le grand pour exécuter curieusement les minuties; avec *grandeur*, s'il sait découvrir et mettre en relief ce qu'il y a de plus *intéressant*, distinguer l'accidentel du nécessaire; s'il se contente d'indiquer ce qui est petit, réservant pour ce qui est grand tout le fini de l'exécution. Or, il n'y a de *grand* que l'expression de l'âme même, se manifestant soit par des actions, soit par des gestes, soit par des attitudes.

Le poëte traite son objet d'une manière commune lorsqu'il s'appesantit dans l'exécution sur des faits sans valeur, et qu'il y glisse rapidement sur ceux qui ont de l'importance. Il le traite avec grandeur lorsqu'il sait le rattacher à une idée qui a elle-même ce caractère. Homère, par exemple, a su traiter avec génie le bouclier d'Achille, bien que la fabrication du bouclier, à ne considérer que la matière, soit quelque chose de bien commun.

Un degré encore au-dessous du commun ou du vulgaire, se trouve l'élément *bas ou grossier*, lequel diffère du commun en ce que ce n'est plus seulement quelque chose de *négatif*, un simple défaut d'inspiration ou de noblesse, mais quelque chose de *positif*, qui marque des sentiments grossiers, de mauvaises mœurs et des manières de penser dignes de mépris. La vulgarité témoigne seulement d'un avantage qui manque, et dont l'absence est regrettable : la bassesse indique le défaut d'une qualité qu'on est en droit d'exiger de tous. Ainsi, par exemple, la vengeance considérée en elle-même, *en quelque lieu* et *de quelque façon* qu'elle se manifeste, la vengeance est quelque chose de vulgaire, parce qu'elle est la preuve d'un manque de générosité; mais on distingue encore en particulier une vengeance *basse*, lorsque l'homme qui l'exerce emploie, pour la satisfaire, des moyens dignes de mépris. Le bas indique toujours quelque chose de grossier et qui sent la populace : le commun peut se rencontrer même chez un homme bien né et bien élevé; il pourra penser ou agir d'une façon commune, s'il n'a que des facultés médiocres. Un homme agit d'une façon *commune* lorsqu'il n'est préoccupé que de son intérêt, et c'est en cela qu'il est en opposition avec l'homme véritablement *noble*, lequel sait au besoin s'oublier lui-même pour procurer quelque jouissance à autrui. Mais ce même homme agirait d'une façon *basse* s'il obéissait à ses intérêts, même aux dépens de son honneur, et s'il ne prenait même plus sur lui de respecter en pareil cas les lois de la décence. Ainsi le commun n'est que le contraire du noble : le bas est tout à la fois le contraire du noble et du convenable. S'abandonner sans aucune résistance à toutes ses passions, satisfaire tous ses instincts, sans se laisser contenir même par les règles de la décence, encore moins par celles de la morale, c'est tenir une conduite basse et trahir la bassesse de son âme.

L'artiste aussi peut tomber dans le genre bas, non-seulement en choisissant de ces sujets ignobles que réprouvent la décence et le bon goût, mais aussi en les *traitant d'une manière basse*. C'est *traiter* son sujet *d'une manière basse*, que d'en faire ressortir les côtés que la décence ordonne de cacher, ou de l'exprimer par des traits qui éveillent incidemment des idées basses. La vie des plus grands hommes peut présenter des particularités d'un genre bas, mais il n'y a qu'une imagination basse qui aille précisément les relever et les peindre.

On voit des tableaux tirés de l'Écriture sainte, où les apôtres, la Vierge et le Christ même sont représentés de telle sorte, qu'on les croirait pris dans la lie du peuple. Une semblable exécution témoigne toujours d'un goût bas, qui donne le droit de conclure que l'artiste lui-même pense d'une façon grossière et comme la populace.

Sans doute il y a des cas où l'art même peut se permettre des images basses : par exemple, lorsqu'il s'agit de provoquer le rire. Un homme de mœurs polies pourra aussi quelquefois, sans trahir par là un goût corrompu, s'amuser de certains traits où la nature s'exprime crûment, mais avec vérité, et du contraste qui est entre les mœurs de la société polie et celles du petit peuple. Un homme de condition qui se montrerait en état d'ivresse nous fera toujours et partout une impression désagréable ; mais un postillon, un matelot, un charretier ivre est pour nous un objet risible. Des plaisanteries qui seraient intolérables chez un homme du monde, nous amusent dans la bouche d'un homme du peuple. De cette sorte sont beaucoup de scènes d'Aristophane, qui malheureusement dépasse quelquefois aussi cette limite et devient absolument condamnable. De là aussi le plaisir que nous prenons aux parodies, où les sentiments, les locutions et les manières d'agir du bas peuple sont malignement prêtés aux grands personnages que le poëte avait traités avec toute la dignité et la décence possibles. Dès que le poëte ne veut faire autre chose qu'une plaisanterie, et qu'il ne prétend qu'à nous amuser, nous pouvons lui passer jusqu'à des traits du genre bas, pourvu qu'il n'aille jamais jusqu'à soulever l'indignation ou le dégoût.

Il soulève l'indignation lorsqu'il met la bassesse là où la bassesse est absolument impardonnable, je veux dire chez les hommes de qui nous sommes en droit d'attendre des mœurs polies. En leur prêtant des bassesses, ou bien il blessera la *vérité*, car nous aimons mieux le tenir pour un menteur que de croire sur sa parole que des hommes bien élevés puissent agir en effet d'une façon si basse ; ou bien ses personnages blesseront notre sens moral, et exciteront, ce qui est encore pis, notre indignation. Ce n'est pas à dire que je condamne *les farces* : la farce suppose entre le poëte et le spectateur cette convention tacite, qu'on n'y doit attendre aucune *vérité*. Dans la farce, nous dispensons le poëte de toute *fidélité dans ses peintures*, il a comme un privilége pour nous conter des mensonges. Ici, en effet, tout le comique consiste précisément dans le contraste de la peinture et de la vérité. Or, on ne peut exiger d'une peinture qu'elle soit tout à la fois vraie et en contraste avec la vérité.

Ce n'est pas tout : dans le sérieux même et dans le tragique, il y a certains cas où l'élément bas peut être mis en usage. Mais alors il faut que la chose aille jusqu'au *terrible*, et que l'atteinte portée momentanément à notre goût soit couverte par une forte impression qui mette en jeu la passion : en d'autres termes, que l'impression basse soit comme absorbée par une impression tragique supérieure. Le *vol*, par exemple, est quelque chose d'*absolument bas*, et quelques raisons que notre cœur nous puisse suggérer pour excuser un voleur, quelle que soit la pression des circonstances qui l'ont conduit au vol, c'est toujours une flétrissure indélébile qui lui est imprimée, et, esthétiquement parlant, il restera à jamais un objet bas. Sur ce point, le goût pardonne encore moins que la morale, et son tribunal est plus sévère, parce qu'un objet esthétique est responsable même des idées accessoires qui s'éveillent en nous à l'occasion de cet objet, tandis que le jugement moral fait abstraction de tout ce qui n'est qu'accidentel. D'après cela, un homme qui dérobe serait toujours pour le poète qui veut faire des tableaux sérieux, un objet à rejeter absolument. Toutefois que cet homme en même temps soit un *meurtrier*, le voilà sans doute bien plus condamnable encore *selon la morale;* mais, selon le jugement esthétique, cela le hausse d'un degré, cela le rend plus propre à figurer dans une œuvre d'art. Celui qui s'abaisse (je parle toujours selon le jugement esthétique et non selon la morale), celui qui s'abaisse par une *vilenie* peut jusqu'à un certain point se relever par un *crime*, et se rétablir ainsi dans notre estime *esthétique*. Cette contradiction entre le jugement moral et le jugement esthétique est un fait notable et digne d'attention. On peut l'expliquer de plusieurs manières. D'abord, j'ai déjà dit que le jugement esthétique dépendant de l'imagination, toutes les idées accessoires qui sont éveillées en nous à l'occasion d'un objet et qui s'associent naturellement avec lui, doivent influer elles-mêmes sur ce jugement. Or, si ces idées accessoires sont basses, infailliblement elles communiquent ce caractère à l'objet principal.

En second lieu, ce que nous considérons dans le jugement esthétique, c'est la *force*, tandis que, dans un jugement rendu au nom du sens moral, nous considérons la *légalité*. Le manque de force est quelque chose de méprisable, et toute action de laquelle on peut inférer que l'agent manque de force est par cela même une action méprisable. Toute action *lâche* et rampante nous répugne, parce qu'elle est une preuve d'impuissance ; et au contraire une scélératesse diabolique peut, *esthétiquement* parlant, flatter notre goût, dès qu'elle marque de la force. Or, un vol témoigne d'une âme vile et rampante ; un meurtre au moins a pour lui l'apparence de la force ; l'intérêt que nous y prenons esthétiquement est en raison de la force qui y est manifestée.

Une troisième raison, c'est qu'en présence d'un crime grave et horrible, nous ne songeons plus à la *qualité*, mais bien aux *conséquences* redoutables de l'action. L'émotion la plus forte couvre et étouffe la plus faible. Nous ne regardons point en arrière, dans l'âme de l'agent : nous regardons en avant dans sa destinée, nous songeons aux effets de son action. Or, sitôt que nous commençons à *trembler*, toutes les délicatesses du goût sont réduites au silence. L'impression principale remplit entièrement notre âme : les idées accessoires et accidentelles, où réside proprement toute l'impression de bassesse, en sont effacées. C'est pour cela que le vol commis par le jeune Ruhberg dans *le Crime par ambition*[1], loin de nous répugner à la scène, est d'un effet vraiment tragique. Le poëte, avec une grande habileté, a ménagé les circonstances de telle sorte, que nous sommes entraînés : c'est à peine si l'on respire. L'effroyable misère de la famille, et surtout la douleur du père, sont des objets qui, attirant toute notre attention, la détournent, de la personne même de l'agent, sur les conséquences de son acte. Nous sommes beaucoup trop émus pour nous arrêter longtemps à nous représenter la note d'infamie dont est marqué le larcin. En un mot, l'élément bas disparaît sous le *terrible*. Il est singulier que ce vol réellement accompli par le jeune Ruhberg nous inspire moins de répugnance que ne fait, dans une autre pièce, le simple soupçon d'un vol, soupçon qui, en réalité, n'est point fondé. Ici, c'est un jeune officier qui est accusé sans raison d'avoir soustrait une cuillère d'argent, laquelle se retrouve plus tard. Ainsi l'élément bas se réduit ici à quelque chose de purement imaginaire, à un

---

1. Drame d'Iffland. Voyez la note 1 de la p. 301 du tome VII.

simple soupçon, et cela suffit néanmoins pour faire un tort irré-
parable, dans notre appréciation esthétique, au héros de la pièce,
en dépit de son innocence. C'est qu'un homme que l'on suppose
capable d'une bassesse ne jouissait pas apparemment d'une ré-
putation de moralité bien solide ; car les lois de la convenance
veulent qu'on tienne quelqu'un pour un homme d'honneur tant
qu'il ne *montre* pas le contraire. Si donc on lui impute quelque
chose de méprisable, il semble que, par quelque endroit de sa
conduite passée, il ait donné lieu à un pareil soupçon, et cela
lui fait tort, bien que tout l'odieux et la bassesse d'un soupçon
immérité soient proprement à la charge de celui qui accuse. Ce
qui fait encore plus de tort au héros de la pièce dont je parle,
c'est qu'il est *officier* et *amant* d'une dame de condition, élevée
comme il convient à son rang. De ces deux titres du héros à
celui de voleur, il y a un contraste tout à fait révoltant, et il
nous est impossible, quand nous le voyons près de sa dame, de
ne pas songer qu'en cet instant même il a peut-être la cuiller
d'argent dans sa poche. Enfin, le plus malheureux de son affaire
est qu'il ne se doute point du soupçon qui pèse sur lui : car, s'il
en avait connaissance, en qualité d'officier il exigerait une répa-
ration sanglante ; dès lors, les conséquences du soupçon tour-
neraient au terrible, et tout ce qu'il y a de bas dans sa situation
disparaîtrait.

Distinguons encore entre la bassesse des sentiments et celle
qui tient à la manière de vivre et à la condition. La première,
à tous égards, est *au-dessous* de la dignité esthétique : la seconde,
en maintes rencontres, peut parfaitement s'accommoder avec
elle. L'*esclavage*, par exemple, est chose basse ; mais une âme
servile chez un homme libre est méprisable. Les travaux de l'esclave, au contraire, ne le sont pas, lorsque ses sentiments ne
sont point serviles. Loin de là, une condition basse, lorsqu'elle
est jointe à des sentiments élevés, peut devenir une source de
sublime. Le maître d'Épictète, qui le battait, tenait une conduite basse, et l'esclave frappé par lui montrait une âme sublime. La véritable grandeur, lorsqu'elle se rencontre dans
une condition basse, n'en est que plus brillante et plus magnifique ; et l'artiste ne doit pas craindre de nous montrer ses
héros même sous des dehors méprisables, dès qu'il est sûr

de pouvoir leur donner, quand il voudra, l'expression de la dignité morale.

Mais ce qui peut être permis au poëte, on ne l'accorde pas toujours au peintre. Le poëte ne s'adresse qu'à l'imagination : le peintre s'adresse immédiatement à nos sens. Il s'ensuit que non-seulement l'impression du tableau est plus vive que celle du poëme ; mais aussi que le peintre, réduit à n'employer que des signes naturels, ne saurait rendre l'âme même de ses personnages aussi visible que le peut faire le poëte avec les signes arbitraires dont il dispose ; et pourtant, il n'y a que le spectacle de l'âme même qui puisse nous réconcilier avec certains dehors. Quand Homère fait paraître son Ulysse sous les haillons d'un mendiant[1], nous sommes libres de nous représenter plus ou moins complétement cette image, et de nous y arrêter plus ou moins longtemps. Mais en aucun cas elle n'aura assez de vivacité pour exciter notre répugnance ou notre dégoût. Mais qu'un peintre ou même un tragédien prétende reproduire fidèlement l'Ulysse d'Homère, nous nous en détournerons avec répugnance. C'est qu'ici en effet, le plus ou moins de vivacité de l'impression ne dépend plus de notre volonté : *nous ne pouvons pas ne pas voir* ce que le peintre nous met sous les yeux ; et il ne nous est pas facile d'écarter les idées accessoires que l'objet rappelle à notre esprit.

1. Voyez Homère, *Odyssée*, livre XIII, v. 397 et suivants.

NOTE DES ÉDITEURS

ET

NOTE DU TRADUCTEUR

NOTE DES ÉDITEURS

RELATIVE

AUX LETTRES DE SCHILLER.

Lorsque nous avons entrepris la publication d'une traduction complète des œuvres de Schiller et de Goethe, nous voulions y comprendre toute la correspondance de ces deux grands écrivains, et cette intention a été annoncée au public, en ce qui concerne Schiller, dans la préface mise en tête du premier volume de ses œuvres (page vi). Nous avons fait plus ; toutes les lettres de Schiller ont été traduites par M. Prevost, une partie de celles de Goethe à Schiller par M. Regnier, et les manuscrits sont entre nos mains.

Mais, au moment de les livrer à l'impression, plusieurs considérations graves nous ont frappés.

D'abord quel ordre devions-nous suivre? Fallait-il imprimer à la suite des œuvres de chacun des deux auteurs toutes les lettres qu'on a conservées de lui? Mais, dans ce cas, on aurait perdu l'avantage de réunir dans une seule et même publication, comme on l'a fait en Allemagne, l'importante correspondance échangée entre Goethe et Schiller, et, en rompant la chaîne, on aurait beaucoup diminué et l'intérêt et la clarté. Quant aux lettres adressées à d'autres personnes, les aurait-on données isolément, ou bien y aurait-on joint les réponses imprimées dans divers recueils? A cet égard, on se trouvait placé, comme l'on voit, dans l'alternative de rester incomplet ou d'étendre démesurément la publication.

Enfin le nombre des volumes, qui pour les œuvres de Schiller avait été fixé à sept dans les prévisions de la traduction, s'est trouvé finalement porté à huit. Fallait-il imposer au public l'obligation d'acheter en sus trois volumes au moins de correspondance?

Nous avons pensé qu'il y avait lieu de chercher à concilier tous les intérêts au moyen d'une combinaison qui nous paraît préférable, à quelque point de vue qu'on se place, et qui est d'une extrême simplicité.

Les lettres de Schiller et de Goethe ne seront point comprises dans la traduction que nous publions de leurs *Œuvres complètes*, dont au reste elles ne font pas partie davantage dans les éditions allemandes. Nous nous réservons de les donner ultérieurement, dans la forme qui nous paraîtra la plus favorable pour en rendre la lecture attrayante et commode. Le mieux serait peut-être de faire de la correspondance de Schiller et de Goethe, et de celle de Schiller avec Kœrner, deux recueils distincts et complets en eux-mêmes. Les autres correspondances seraient réunies dans une seule publication, avec les divisions qu'elles comporteraient, et on y ajouterait celles des lettres des correspondants qui seraient nécessaires pour la clarté ou d'un grand intérêt.

Nous livrons aujourd'hui au public le tome VIII° et dernier des œuvres de Schiller. La traduction de celles de Goethe sera entièrement imprimée en 1862. L'accueil plus ou moins favorable qui sera fait à ces deux importants ouvrages, avancera ou retardera l'époque de la publication des correspondances.

L. HACHETTE et Cⁱᵉ.

Paris, le 20 août 1861.

NOTE DU TRADUCTEUR.

TROIS PETITES LACUNES RÉCEMMENT COMBLÉES DANS LES DRAMES DE MARIE STUART ET DE GUILLAUME TELL.

Qu'on nous permette de joindre à cet avis de MM. les éditeurs un autre avis du même genre. Depuis que nous avons commencé à publier notre traduction, il a paru un petit nombre de morceaux inédits de Schiller, auxquels on en peut joindre quelques autres déjà connus qu'on hésitait à lui attribuer, et dont on sait maintenant qu'il est l'auteur. En outre, une critique habile et persévérante a çà et là épuré et corrigé son texte. C'est une tâche à laquelle s'est surtout dévoué, avec autant de zèle et d'intelligence que de succès, M. le docteur Joachim Meyer de Nüremberg, une tâche dont nous pouvons d'autant mieux apprécier l'importance que nous avons fait nous-même un travail du même genre pour notre traduction, en collationnant les éditions allemandes actuelles avec les éditions anciennes [1], en plaçant au bas des pages beaucoup de variantes, et en traduisant, outre les écrits contenus dans les œuvres, ceux qui, à tort ou à raison, en ont été exclus. Les fruits des recherches de M. Meyer, et quelques autres publications récentes, pourraient nous fournir un petit appendice à joindre à notre dernier volume; mais comme nous savons que ce ne sont encore là que des pierres d'attente, que l'œuvre se poursuit, et qu'on prépare une édition complète et critique de tous les ouvrages de Schiller, nous pensons qu'il est sage d'attendre, pour faire apprécier d'ensemble tout ce travail de révision,

---

1. Parmi les recueils périodiques où Schiller a publié la première édition de plusieurs de ses écrits, il en est quelques-uns que, malgré tout le bon vouloir de MM. les Éditeurs, nous n'avons pu nous procurer; mais nous n'en avons pas été privé pour cela. M. de Staelin, conservateur de la Bibliothèque royale de Stuttgart, nous les a prêtés très-gracieusement. Nous le prions d'agréer ici pour sa libérale obligeance nos bien sincères remercîments.

qui d'ailleurs intéresse bien plus le texte original qu'une version française, que l'édition espérée ait paru. Nous en rendrons compte alors et en ferons connaître d'une manière ou d'une autre les résultats. Pour le moment, nous nous bornerons à indiquer, dans deux des principaux drames de Schiller, trois lacunes que M. Meyer a découvertes, et à dire comment il les a comblées à l'aide des manuscrits.

Dans la scène XIV du V⁰ acte de *Marie Stuart* (tome IV, p. 128), après ces mots de Shrewsbury : « Les choses ont changé de face, il faut qu'on renouvelle l'enquête, » l'exclamation suivante de Davison avait été supprimée dans les éditions :

« Qu'on renouvelle l'enquête?... Divine miséricorde! »

Dans la scène I du I⁰ʳ acte de *Guillaume Tell* (tome IV, au bas de la page 356), il faut ajouter une réponse de Tell et compléter ainsi le dialogue :

RUODI.

Voici Tell, qui sait aussi manier la rame; qu'il dise lui-même, je le prends à témoin, si l'on peut risquer la traversée. (*Violents coups de tonnerre. Bruyante agitation du lac.*)

TELL.

Quand la nécessité commande, batelier, on peut tout risquer.

RUODI.

On veut que je me jette, etc.

Dans la scène III du IV⁰ acte du même drame (tome IV, p. 449), Armgast prononce un vers de plus :

« Au meurtre! au meurtre! Il chancelle, il tombe! Il est atteint. La flèche l'a frappé au milieu du cœur. »

(Voyez *Neue Beiträge zur Feststellung, Verbesserung und Vermehrung des Schiller'schen Textes, von Professor Dr. Joachim Meyer. Nürnberg, bei dem Verfasser.*)

TABLE ALPHABÉTIQUE

DE TOUTES LES ŒUVRES

CONTENUES DANS LES HUIT VOLUMES.

(N. B. — Le chiffre romain marque le volume,
le chiffre arabe la page.)

FIN DE LA TABLE ALPHABÉTIQUE.

TABLE DES MATIÈRES.

FIN DU HUITIÈME ET DERNIER VOLUME.

- - - - - - -

Coulommiers. — Typogr. A. MOUSSIN.

www.ingramcontent.com/pod-product-compliance
Lightning Source LLC
Chambersburg PA
CBHW061025030726
47504CB00002B/259